ISBN 978-1-5285-9204-8
PIBN 10979904

1 MONTH OF
FREE
READING

at

www.ForgottenBooks.com

By purchasing this book you are eligible for one month membership to ForgottenBooks.com, giving you unlimited access to our entire collection of over 1,000,000 titles via our web site and mobile apps.

To claim your free month visit:

www.forgottenbooks.com/free979904

English
Français
Deutsche
Italiano
Español
Português

www.forgottenbooks.com

Mythology Photography **Fiction**
Fishing Christianity **Art** Cooking
Essays Buddhism Freemasonry
Medicine **Biology** Music **Ancient
Egypt** Evolution Carpentry Physics
Dance Geology **Mathematics** Fitness
Shakespeare **Folklore** Yoga Marketing
Confidence Immortality Biographies
Poetry **Psychology** Witchcraft
Electronics Chemistry History **Law**
Accounting **Philosophy** Anthropology
Alchemy Drama Quantum Mechanics
Atheism Sexual Health **Ancient History**
Entrepreneurship Languages Sport
Paleontology Needlework Islam
Metaphysics Investment Archaeology
Parenting Statistics Criminology
Motivational

REVUE DU NORD

DE LA FRANCE.

—

TOME II.

2

Noms des Collaborateurs de la *Revue du Nord* dont les articles ont été publiés dans le présent volume.

MM.

THÉODORE ASTRUC.

PAUL BERNARD.

A. BOURSAULT, à Paris.

GUSTAVE BOUCHEZ.

BRIANCHON,

BRUN-LAVAINNE, gérant.

HENRY BRUNEEL, homme de lettres.

JUSTIN CABASSOL

J. CHARLOPIN, à Wazemmes.

L. COUAILHAC, homme de lettres.

A. CUNYNGHAM.

LOUIS DE BAECKER, inspecteur des monuments historiques du département du Nord.

C. DECHARMES, professeur des sciences physiques et naturelles, au Lycée, à Amiens.

CH. DE FRANCIOSI, homme de lettres.

DE LA FONS-MÉLICOCQ, correspondant du Ministère de l'instruction publique.

Feu le Chevalier JOSEPH DE GIRARD.

ALEXANDRE DEPLANCK.

M.ᵐᵉ DESBORDES-VALMORE.

M.ᵐᵉ ADÈLE DESLOGE.

HECTOR DUBUS.

ÉMILE DUPONT (de Douai).

ALBERT DUPUIS, avocat.

G.-B. DUTHILLŒUL, conservateur de la bibliothèque de Douai.

A. DUTILLEUX, membre de la Société des antiquaires de Picardie, à Amiens.

CASIMIR FAUCOMPRÉ, homme de lettres.

LAMY, docteur ès-sciences.

PIERRE LEGRAND, avocat, membre du corps législatif.

CH. MILLIN.

HENRI PAJOT.

JULES PÉROCHE, de Bailleul.

ROUSSEL-DEFONTAINE.

EDOUARD SAINT-AMOUR.

HIPPOLYTE VALMORE.

MICHEL VION.

ADOLPHE WACQUEZ, peintre.

REVUE
DU NORD

DE LA FRANCE,

Publiée par une réunion d'hommes de lettres,

SOUS LA DIRECTION DE

M. BRUN-LAVAINNE,

Ex-Rédacteur en chef de la *Revue du Nord*, fondée en 1838.

———

TOME DEUXIÈME.

———

LILLE,

AU BUREAU DE LA *REVUE*, CHEZ LEFEBVRE-DUCROCQ, IMPRIMEUR,

Place du Théâtre, 36.

UN DRAME DE MÉNAGE.

NOUVELLE (1).

SUITE (1).

XII.

DEUXIÈME LETTRE DE MARIE A JEANNE.

De Vitry.

Ma chère Sœur,

Tu avais pris une bonne résolution ; pourquoi t'arrêter en route ? Oui,
je te l'ai déjà dit, ce qu'il y a de mieux à faire dans ta situation, c'est
d'aller droit à ton mari et de lui parler avec fermeté. Dans ces sortes
d'événements, la confiance et le grand jour réussissent bien. Un homme
résiste et recule lorsqu'il voit ses intentions dévoilées ; il a honte de sa
conduite, lorsqu'il entend une voix qu'il aime et respecte, lui en mettre
devant les yeux toute l'indignité. Comme il ne pèche souvent que dans
l'espoir que son péché restera caché , il se dégoûte bien vite des projets
que n'enveloppe plus le mystère.... et puis, une épouse a tant d'influence
quand elle sait faire valoir ses droits. Ose donc, chère sœur, ose donc ;
il en est temps encore, et tu réussiras ; déjà même , usant du droit que
me donnent mes liens avec toi et le vif et légitime intérêt que je te
porte, j'aurais écrit à Jules et fait résonner à ses oreilles le langage de
la raison, si je ne savais que dans ces affaires-là l'intervention d'un

(1) Autorisation de reproduire pour les journaux qui ont traité avec la Société des
Gens de Lettres.
(1) Voir la *Revue* , tome I , pages 193, 225, 255, 280.

tiers est toujours nuisible, et que tel, qui aurait cédé à la voix qui lui est familière et domestique, se révoltera contre des conseils venant du dehors.

J'ai été touchée plus que je ne saurais te dire de l'appel que tu fais à mes souvenirs au sujet de notre double mariage. Toutes les fois que je reporte mon esprit de ce côté-là, je remercie le ciel de la grâce qu'il m'a faite de n'être pas trompée dans mes espérances. Ce n'est pas sans crainte et sans secrètes angoisses, je te l'assure, que j'ai uni mon sort à celui d'un homme qui était plus âgé que moi et qui n'avait au dehors rien de ce qui flatte l'amour-propre d'une femme. Mais M. Lebrun a bien remplacé par les qualités du cœur ce qui lui manquait du côté des avantages extérieurs. Il m'entoure de soins et de prévenances, il cherche tout ce qui peut me rendre la vie douce et facile. Enfin il m'aime véritablement. Ne va pas croire, ma chère et bonne sœur, que je dise tout cela pour t'affliger et tirer une maligne vengeance de l'impression qu'a produite sur toi mon union avec M. Lebrun. Non, je te porte trop d'amitié pour cela et j'espère bien que je n'aurai pas besoin de me justifier à tes yeux de cette méchante intention; si j'ai dit tout cela, c'est pour te prouver que l'on peut trouver la félicité dans son intérieur, c'est pour te montrer le sort qui t'est réservé à toi-même, si tu veux seulement avoir un peu plus de force et de légitime énergie dans le caractère. Car je ne saurais trop te le répéter, la conduite du mari dépend presque toujours de la position plus ou moins forte que sait prendre la femme. L'empire qu'une femme armée de ses droits peut avoir sur son mari est bien grand, surtout lorsqu'elle sait l'exercer dans de justes bornes. En général on crie beaucoup contre les maris, mais ils sont pour la plupart ce que nous les faisons. Notre timidité ou nos déréglements les jettent à mal; notre sage et honnête influence les maintient dans le droit chemin. Et la partie est d'autant plus belle que Jules a le fond excellent, qu'il possède toutes les qualités requises pour te faire une existence heureuse, et qu'il est seulement égaré un instant par une espèce de feu follet dont la lumière ne dure qu'un instant.

Quoiqu'il en soit, tu m'as aidée sans t'en douter à faire une bonne action. J'avais encore l'esprit tout occupé de ce passage de ta lettre, lorsque Victoire, cette petite dont tu aimais tant les beaux cheveux noirs et les yeux brillants, est venue me consulter sur un sujet délicat. Elle est demandée par deux poursuivants entre lesquels, sinon son cœur, du moins sa raison balance.

Le premier est un bon gros garçon joufflu, pas trop beau, pas trop spirituel, pas trop élégant; il est meunier dans le village. Le second est le fils de l'un des voisins et amis de son père; c'est un jeune homme qu'ont dégrossi sept années passées au service militaire d'où il a rapporté des galons de sous-officier; il a la figure martiale, la tournure dégagée, l'air tapageur, la petite moustache noire, le langage facile, la plume abondante et séductrice. Tu conçois combien les mérites du pauvre meunier palissent auprès des siens. C'est l'histoire d'un âne lourd et dis-gracieux mis en regard d'un cheval fougueux et bien pris dans son allure.

Tout naturellement, Victoire s'est laissée prendre aux pipeaux du mauvais sujet et a jetée un regard de dédain sur le paysan. Quand il s'est agi de faire une réponse décisive à son père, elle s'est prononcée suivant son inclination. Le père qui est un homme de sens lui a fait de sages remontrances et lui a encore donné huit jours pour réfléchir.

Voilà Victoire un peu ébranlée, un peu embarrassée, un peu inquiète. Que fait-elle? N'osant pas s'en rapporter à sa propre prudence, elle a recours à la recette ordinaire des gens simples et ignorants; elle consulte le sort. Elle met dans une poche de son tablier un caillou blanc pour l'amant de son choix, un caillou noir pour le meunier. Si elle ramène le caillou blanc, elle se prononcera pour le militaire, si c'est le caillou noir, pour le meunier; et tout bas elle souhaite ardemment de ramener le caillou blanc! Elle tire d'une main tremblante! Elle ramène le caillou noir! Tu juges de son dépit.

Mais comme nous acceptons volontiers les arrêts du sort lorsqu'il nous sont favorables, et que nous les récusons autant que nous le pouvons lorsqu'ils contrarient nos penchants, Victoire en vient à composer avec elle-même! La première épreuve n'est jamais la meilleure; il faut avoir recours à une seconde.

Cette fois Victoire va vers le soir cueillir au jardin deux roses bien épanouies. Au moment de se coucher, elle place l'une à la droite de son Christ en ivoire, l'autre à la gauche; celle de droite est pour le militaire, celle de gauche pour le meunier. Le côté le meilleur à celui qu'elle préfère! Si l'une des deux roses n'est pas fanée le matin, celui à qui elle appartiendra sera l'époux de Victoire. Tu devines quel est celui des deux concurrents que Victoire recommanda au bon Dieu dans sa prière du soir. Elle eut un sommeil bien agité, et pendant la nuit ses yeux se portèrent plus d'une fois malgré elle vers le Christ en ivoire que lui dérobait l'obscurité! Enfin l'aurore vint dorer sa chambrette de ses

premières lueurs. Elle se lève à la hâte, fait le signe de la croix, jette les
yeux sur les deux roses, hélas! celle de droite était toute effeuillée, toute
penchée à terre, toute flétrie, tandis que celle de gauche était brillante,
ferme, glorieuse, comme si elle venait d'être cueillie! Victoire les saisit
toutes deux, et les foula aux pieds de bien bon cœur.

Encore une épreuve! Oh! ce sera la décisive!... Le chiffre *trois* est
cabalistique et tous ceux qui consultent le destin ne sauraient se soustraire à son influence.   .

Victoire avait deux jolies tourterelles qu'elle élevait dans un coin de
son colombier, et auxquelles elle n'avait pas encore donné la volée.
Un beau matin elle met à l'une un ruban rose au cou, à l'autre un ruban
bleu; le ruban rose sera pour le gros meunier, le ruban bleu pour le
gentil militaire.... Le bleu est le signe de l'espérance. — Elle lâcha les
deux tourterelles. Celle qui reviendrait la première au gîte devait assurer
l'avantage au poursuivant dont elle portait les couleurs. Un temps avant
souper, Victoire vient au colombier toute tremblante et toute émue. Que
voit-elle tout d'abord? La tourterelle au ruban rose, qui de retour de
son premier voyage, se reposait fièrement dans son ancienne prison; le
ruban bleu n'était pas encore là.... et bien mieux! il ne reparut plus
du tout! le pauvre oiseau s'était égaré en route, ou bien était devenu la
proie de quelque méchant vautour!

N'y avait-il pas là une sorte de fatalité? Trois épreuves en faveur du
meunier! Victoire était abattue et consternée! Mais elle ne se rendit
pas encore, afin de reculer le plus possible l'instant du sacrifice, et de
ne se rendre, s'il le fallait absolument, qu'à la dernière extrémité.
Comme elle avait une grande confiance en moi, elle vint me trouver. Un
mot de ma bouche devait détruire tout ce qui s'était fait jusqu'alors!
Quelle partialité! Toujours la balance penche du côté de l'un au détriment
de l'autre. C'est ainsi que notre cœur dicte des lois même au sentiment
de justice qui nous anime.

Victoire me raconta sa naïve histoire. Je lui parlai comme lui avait
parlé son père. Je cherchai à lui faire sentir combien était préférable
un mari dont elle connaissait les goûts honnêtes et le bon caractère, à
un mari qui pendant la longue oisiveté des garnisons avait peut-être
contracté des habitudes mauvaises et violentes, qu'il dissimulait habilement. Enfin elle se rendit à mes raisons. J'attribue moins ce résultat
à mon éloquence persuasive qu'aux trois épreuves; mais enfin je suis
toute fière de mon triomphe dont tu peux aussi revendiquer ta part.

J'ai assisté à la noce de Victoire pour soutenir jusqu'au bout sa résolution. Elle avait l'air un peu triste, je crois même avoir vu une larme s'échapper de ses yeux. Mais ce n'est là qu'un dernier tribut payé à la faiblesse de son sexe. Je crois qu'elle se consolera bien vite, car elle sera heureuse! Le meunier a une bonne et honnête physionomie. Il est tout glorieux d'épouser Victoire qui est la plus jolie fille de l'endroit et il paraît l'aimer de tout son cœur. Quand une passion de cœur a l'amour-propre pour auxiliaire, il est bien rare qu'elle ne soit pas solide et durable. J'aurai toujours les yeux sur ce ménage-là. Je regarde le mariage de Victoire comme mon ouvrage et je désire qu'elle ne s'en repente pas.

La fête des épousailles a été fort brillante. On s'est rendu à l'église, violons en tête, au milieu d'un double rang d'habitants du pays et des cantons environnants; le garde-champêtre de la commune et les frères de Victoire tiraient sur le côté du cortége des coups de fusil en guise de réjouissance! Au dîner se trouvaient réunis toutes les autorités du lieu, le maire, le brigadier de gendarmerie, le curé, le maître d'école. Celui-ci a lu au marié et à la mariée un compliment écrit de sa plus belle main sur une feuille de papier bien blanc, qu'il avait enjolivée tout à l'entour par un encadrement de traits de plume. Au dessert les têtes étaient un peu montées, et le curé qui avait dit le Bénédicite fort vite et fort couramment a eu un peu plus de peine à réciter les Grâces.

Le soir on a dansé sur la Grande-Place. J'ai ouvert le bal avec le marié qui avait peur de me toucher la main. Mais enfin il s'est enhardi, et je t'assure qu'à la dernière figure il me secouait un peu rudement. Le sous-officier disgracié a paru un instant, sans doute pour faire parade de ses charmes et exciter du repentir dans l'âme de Victoire. Mais elle n'a pas seulement fait semblant de l'apercevoir. C'est un bon commencement.

Je viens de faire avec M. Lebrun un petit voyage jusqu'à Bar-le-Duc, où il avait quelques affaires. Bar-le-Duc, ma chère sœur, ne ressemble nullement à nos bonnes petites villes champenoises, si simples et si franches dans leur rusticité. Bar-le-Duc a des prétentions à la grande cité; elle a de petites boutiques coquettement ornées. Les femmes y singent les femmes de Paris et les hommes se donnent toutes les peines du monde pour n'avoir pas l'air d'être de leur endroit. C'est la grenouille qui veut se faire aussi grosse que le bœuf. On est gêné et mal à l'aise à Bar-le-Duc. Il y a la vieille ville et la ville neuve. La ville neuve est au bas d'une colline sur laquelle est située la vieille ville.

Rien n'est plus piquant que ce contraste. Autant la ville neuve est gaie, coquette, bruyante, parée, autant la vieille ville est sombre, noire, silencieuse.

Comme je te l'ai dit, la vieille ville est placée sur une colline. C'était autrefois une des places de défense des ducs de Lorraine; on voit encore tout autour de la colline des vestiges de fortes murailles et de tours crénelées. Quand on sort des rues pimpantes et agitées de la ville neuve, on se sent ému malgré soi en montant les rues mornes et obscures de la vieille ville. Toutes les maisons y ont comme un cachet d'antiquité; toutes y portent sur des façades lézardées la date de leur construction. L'imagination se plaît à les peupler de leur anciens et rudes habitants tout bardés de fer. On évoque le souvenir des grandes guerres et des longs siéges qu'elles ont vus. Oh! j'ai eu bien du plaisir à me rappeler alors les pages d'histoire que nous avons si souvent lues autrefois ensemble, et à animer par les efforts de ma mémoire ces habitations qui au premier abord semblent si ruinées et si désertes.

Tout au haut de la vieille ville, et de manière à la dominer entièrement dans toutes ses parties, se trouve une vieille église, vénérable et beau monument. Nous l'avons visitée dans toutes ses parties.

Il y a dans un coin de l'église un fort beau tombeau où a été enseveli l'un des grands ducs de Lorraine; sa statue en marbre, admirable et hideuse statue à tête de vivant et à corps de squelette, se dresse sur la pierre du sépulcre. On ne peut se défendre à sa vue d'une certaine émotion. On est tout à la fois étonné de la bizarrerie courageuse de l'homme qui a pu ordonner à l'artiste de le représenter après sa mort dans un état de décomposition dont l'idée seule nous fait frémir tous, et on admire le talent du sculpteur dont le ciseau a rendu avec tant d'énergie et de force la pensée de son maître. Le sonneur de cloche qui nous conduisait ne savait même pas le nom de ce sculpteur, et la ville tout entière était peut-être dans le même cas que lui. Mais demandez le nom de celui qui a fait le premier pot de confitures de Bar, et on vous le dira de suite.

Notre guide nous proposa de monter sur la plate-forme de la principale tour de l'église, nous assurant qu'on jouissait de là d'une vue magnifique. Nous y consentîmes sans savoir, hélas! dans quelle expédition terrible nous nous engagions. Imagine-toi que comme les visiteurs et surtout les visiteurs de notre sexe, sont assez rares à l'église paroissiale de Bar-le-Duc, toutes les précautions n'ont pas été prises pour que l'on pût parvenir en toute sécurité sur la plate forme. Il y a une échelle pour monter, échelle assez tremblante et assez mal assurée ; mais tu sais que je ne m'effraie pas de si peu de chose et que ce n'était pas cela qui pouvait m'arrêter. Je ne savais pas tout, grand Dieu ! l'échelle ne va pas jusqu'à la plate-forme ; elle s'arrête à une poutre assez grosse qui est distante de la plate-forme d'environ trois pieds et qui est placée un peu plus bas qu'elle. Cette lacune de trois pieds donne sur le vide ; par cette lacune les yeux plongent dans l'église et ne s'arrêtent avec effroi que sur le parvis sacré. C'est un épouvantable abîme.

Pour parvenir au but, il faut, après avoir quitté l'échelle, se placer debout sur la poutre, et sans jeter les yeux dans le gouffre béant sous ses pieds, s'élancer rapidement et legèrement sur la plate-forme.

Arrivée au bout de l'échelle vacillante, je sentis toute la gravité de la position. Mais je ne voulus pas reculer, je suivis le guide.

A peine suis-je debout sur la poutre', que mes yeux se portent involontairement sur l'abîme, ma tête se perd, mes idées se troublent, mes membres tressaillent... je ne me sens plus la force de franchir l'obstacle... je suis clouée à ma place, comme fascinée par le danger, comme attirée par le vide. Je jette un cri de détresse !...

Aussitôt Lebrun qui était derrière moi s'élance sans consulter le péril... il pose un pied sur la poutre, l'autre sur le bord de la plate-forme... le moindre mouvement hasardé pouvait lui faire lâcher pied et le précipiter sur le pavé de l'église... Il me saisit d'un bras nerveux et, faisant un effort désespéré, s'élance avec moi sur la plate-forme où il tombe haletant et sans force...

Oh ! je te jure que je l'embrassai de grand cœur sur ses deux grosses joues, non pas tant à cause de la joie que j'éprouvais d'avoir échappé par son secours à la mort certaine qui me menaçait, qu'à cause de la joie non moins douce que me faisait ressentir la preuve d'amour et d'attachement qu'il venait de me donner. Tu sais combien ce pauvre M. Lebrun craint les dangers de toute sorte, et tu sentiras que pour faire ce qu'il a fait, il a fallu que l'inspiration du moment fut bien forte, et qu'il fit une violence bien grande et bien rapide à sa timidité habituelle. Aussi a-t-il été fort longtemps à se remetre de son émotion ! il suait à grosses gouttes et ne prit aucun plaisir à examiner avec moi les vertes collines qui entourent la colline sur laquelle est placée la vieille ville, et la longue échappée de vue qui va se perdre sur la route poudreuse de Nancy.

Quand il fut question de partir, mon mari, dont l'accès d'héroïsme était tout à fait passé, ne consentit à quitter la plate-forme qu'après que l'on eût choisi pour descendre les moyens les plus sûrs et les plus commodes. Il fallut que le sonneur allât quérir un menuisier qui établît un pont de planches assez solides sur la lacune de trois pieds! Encore M. Lebrun tremblait-il comme un enfant en traversant ce pont aérien, et ce fut moi cette fois qui me trouvai forcée de lui prêter la main. Ce n'était plus du tout le même homme que j'avais vu un instant auparavant. Quelle influence, quel empire n'a pas sur les actions et les sentiments des hommes l'exaltation du moment! Je comprends maintenant les dévouements sublimes et les sacrifices héroïques.

Adieu, ma sœur, mon bavardage a bien duré; mais j'aime autant à écrire de longues lettres lorsqu'elles te sont destinées, qu'à en lire de longues lorsqu'elles me viennent de toi.　　　　MARIE.

XIII.

SIXIÈME LETTRE DE JEANNE A MARIE.

Des environs de Paris.

Ma bonne Sœur,

Tu disais, je crois, dans ta dernière lettre : « Il n'y a de passion forte et véritablement durable, que celle qui s'appuie sur l'amour-propre. » Cette phrase a été pour moi un trait de lumière. Elle m'a donné le secret de la froideur que Jules éprouve pour moi, et du penchant qui l'attire vers Mme de Préville... Oui, c'est bien cela... Je n'ai pas été assez convaincue de cette vérité, qu'en fait de passions, celle-là seule est forte et véritablement durable qui s'appuie sur l'amour-propre! Oui,... un homme aime que la femme qui reçoit ses hommages soit brillante et attire les yeux de tous, afin que son bonheur devienne pour tous un objet d'envie. Aussi que d'avantages Mme de Préville n'avait-elle pas sur moi ? Elle était éclatante, glorieuse, faite aux usages du monde; elle rehaussait par l'art les dons qu'elle tenait de la nature; elle ne négligeait aucun artifice, aucune coquetterie, aucune de ces armes élégantes que la femme de haute société, et la femme de Paris surtout, sait aller puiser dans l'arsenal de la mode et du bon goût, tandis que moi, pauvre provinciale, je me présentais au combat simple et désarmée, telle enfin que m'avaient faite une éducation ordinaire et une vie de petite ville ! Je conçois que Jules, homme jeune et d'un tempérament fougueux encore, se soit laissé prendre à tout ce faux clinquant qui jetait des reflets si séduisants et si vifs ! Mais l'adversité m'a ins-truite ! J'accepte la lutte avec Mme de Préville ! Puisqu'il faut être adorée pour conserver l'amour de Jules, je serai adorée ! Tout me dit qu'il est encore temps de l'arracher aux piéges de cette femme; c'est là une bonne œuvre que je tenterai ! Ma rivale pose devant moi; je prendrai des leçons d'elle-même ! C'est elle qui me fournira les moyens de la vaincre.

Tu vois, ma bonne sœur, que je suis pleine de courage, et que, docile à tes conseils, j'ai tout à fait jeté de côté cette sotte et pénible abnégation à laquelle je m'étais résignée ! Tu m'applaudis, j'en suis sûre, et tu es fière d'avoir une sœur qui ne dément pas la force de ton caractère ! Puisse ma résolution se maintenir, et n'être pas une de ces lueurs passagères qui s'éteignent avec la minute qui les a fait naître.

Jules m'a annoncé tout à l'heure que nous prolongerions encore assez longtemps notre séjour ici. J'ai accepté cette nouvelle avec un air si parfait de contentement, que comptant sans doute me voir faire une figure triste et maussade, il a paru étonné. Ah! c'est que je suis toute remplie de l'idée que par mes seules et propres forces je saurai ramener Jules à moi, avant que cette femme ait pu dire qu'elle m'a ravi des embrassements jadis si brûlants et si tendres ! Que je serais heureuse et grande dans ma propre estime, si j'arrivais à ce but, si cette victoire était réservée à mes faibles, mais énergiques efforts !

Que tu ferais une singulière figure, ma bonne sœur, si tu entrais en ce moment dans ma chambre. Tu me verrais entourée de gravures de modes, d'étoffes nouvelles, de coiffures à la dernière forme, d'ouvrières en vogue que j'ai fait venir de Paris et qui travaillent pour moi... C'est un véritable atelier de toilette. Puis à chaque instant je me place devant ma glace, essayant tantôt une parure, tantôt une autre, choisissant les nuances qui me conviennent le mieux, arrangeant, dérangeant, brisant, raccommodant.... Voilà pourtant à quoi passe sa vie une femme qui veut donner le ton ou s'y conformer...

L. COUAILHAC.

La suite prochainement.

HISTOIRE.

Amiens, 25 juin 1854.

A Monsieur le Directeur de la *Revue du Nord*.

MONSIEUR LE DIRECTEUR,

Vous avez mis tant de bienveillance à rendre compte du livre que je vous avais adressé, il y a quelques mois, sur Pierre L'Hermite et les Croisades, ou la civilisation chrétienne au moyen-âge, que je n'hésite pas à supposer que vous voudrez bien encore aujourd'hui prêter la publicité de votre *Revue* à une courte polémique dans laquelle nous engage l'insistance de nos voisins de Belgique à réclamer pour eux-mêmes l'honneur de posséder le berceau du grand personnage auquel la ville d'Amiens élève une statue monumentale le 29 de ce mois.

J'ai la confiance d'avoir répondu, autant que cela pouvait être fait dans un ouvrage sérieux, aux prétentions de M. Grandgagnage, l'auteur de cette croisade posthume, motivée par la possession du tombeau de Pierre L'Hermite à Huy, près de Liége ; et j'ai lieu de croire que c'est uniquement parce que mon livre, édité à Amiens tout récemment, n'a pu encore être connu en Belgique, que tant d'articles relatifs à cette question ont paru depuis lors, soit dans l'organe d'Huy, soit dans le *Bulletin de l'Institut archéologique liégeois*, sans tenir aucun compte de cette publication qu'ils n'ont pas même citée. Aussi, j'attendais patiemment les répliques que ne tarderont certainement pas à leur faire MM. Paulet et H. Hardouin, auteurs des lettres publiées dans les *Bulletins de la Société des Antiquaires de Picardie*, lettres sur lesquelles se sont uniquement escrimés jusqu'ici nos réclamants de grands hommes.

Mais aujourd'hui, leurs prétentions finissent par dépasser les proportions d'une boutade individuelle, composée assez légèrement quant au fond, et spirituellement écrite ; elles trouvent (toujours en Belgique, il est vrai), un écho et un appui considérable dans la personne et le talent de M. B. C. Du Mortier, ancien ministre, qui vient de relever de toute l'autorité de son crédit personnel, dans un article publié le 29 mai dernier, par l'*Emancipation de Bruxelles*, la motion de M. le président Grandgagnage.

M. Du Mortier, parlant en quelque sorte au nom de la Belgique entière, ramène comme étant l'objet d'un débat pendant entre les deux nations, « la question de savoir si Pierre L'Hermite est Belge ou « Français, Liégeois ou Picard, » et formule hardiment sa pensée en ces termes : « Dans cette lutte, la France a pour elle ses historiens,... « elle a pour elle la ville d'Amiens, qui veut élever une statue au « grand orateur dont la voix souleva l'Occident, et qu'elle prétend être « un de ses enfants. La Belgique n'est représentée que par un seul « écrivain; mais elle est forte, car elle a pour elle la vérité, et pour « défenseur l'un des hommes les plus éminents de notre pays, le spiri- « tuel et savant M. Grangagnage, président à la cour de Liége. » Il termine par ce belliqueux ultimatum qu'il fulmine contre nous : « C'est « donc à Huy et non à Amiens que sa statue (celle de Pierre L'Hermite « s'entend) doit être élevée. Les Amiénois respectent trop la vérité « pour ne pas la comprendre en envoyant à la ville d'Huy le produit «. de la souscription qu'ils ont faite dans le but de célébrer la mémoire « du grand homme qu'ils ont eu l'honneur de posséder parmi eux et à « qui ils doivent ce témoignage de reconnaissance. »

En présence de cette ridicule situation que l'on voudrait nous faire, notre qualité de Français, d'Amiénois, de membre de la Société des Antiquaires de Picardie, et surtout auteur de la *Biographie critique de Pierre l'Hermite*, nous oblige à sortir pour un instant de la tranquillité de conscience où nos recherches nous ont permis d'arriver dans la question qui nous occupe, et à protester énergiquement contre cette persistance acharnée à méconnaître un des faits les mieux attestés par l'unanimité de l'histoire. Nous venons repousser de toute la force de notre conviction une prétention née d'hier, et qui n'a d'autre gravité que la haute position sociale et littéraire des deux personnes éminentes qui la soutiennent, prétention qui, selon nous, a le tort immense de se tenir dans un perpétuel état de défensive, se borner à parer les coups plus ou moins heureux qu'on lui porte, tandis qu'il serait grand temps, si l'on a par devers soi de puissants arguments, de prendre enfin l'offen- sive, de s'armer de toutes pièces et de descendre franchement dans la lice, pour essayer d'infirmer l'imposante autorité des siècles, et de repousser l'éclatante notoriété qui attribue à l'Amiénois le berceau de Pierre L'Hermite.

L'article de M. Du Mortier ne fait que reproduire les raisons déjà précédemment exposées par M. Grandgagnage. La base d'opérations stratégiques est, comme toujours, la fameuse note du nécrologe de Neufmoustier, dont M. le président de Liége est devenu « l'heureux posses- « seur, » note que ces Messieurs se hâtent de proclamer inédite et contemporaine de Pierre L'Hermite, sans avoir l'air de se douter le moins du monde qu'elle fût connue depuis des siècles, citée par les chroniqueurs belges, et rapportée par Dom Grenier, sans qu'aucun de ceux qui l'ont mentionnée y ait jamais vu une preuve de l'origine liégeoise de ce grand homme. Le P. D'Oultreman la connaissait bien aussi apparemment, lui qui déclare avoir écrit tout ce qui concerne la biographie et la vie de Pierre L'Hermite d'après les sources originaires et sur un manuscrit conservé dans cette même abbaye de Neufmoustier.

Nous ne voulons point, l'original du fameux nécrologe n'ayant jamais passé sous nos yeux, incriminer l'authenticité ou la contemporanéité de la note qui concerne Pierre L'Hermite. Peut-être bien, en y regardant de près, pourrait-on y découvrir une de ces mentions faites après coup, et longtemps après le corps même du livre, sortes d'intercalations si fréquentes au moyen-âge et dont le nécrologe de la cathédrale d'Amiens, qui repose aux archives de la ville, nous offre de nombreux exemples. — Mais laissons cela, nous ne voulons rien affirmer que de précis et d'incontestable. .

Le texte de cette note a été de notre part l'objet d'une attention toute spéciale et longtemps méditée. Nous déclarons encore une fois qu'elle n'a d'autre valeur que d'indiquer le lieu et la date de la mort de Pierre, qu'elle dépouille, assez mal à propos, selon nous, du nom ou du surnom de L'Hermite. Au surplus, en voici la traduction littérale : « Le hui- « tième des ides de juillet (1115) est décédé Dom Pierre, de pieuse « mémoire, vénérable prêtre et hermite, qui mérita d'être élu du sei- « gneur comme premier prédicateur de la Sainte-Croix. — Après la « conquête de la Terre-Sainte, étant revenu au sol natal (*cum reversus* « *fuit ad natale solum*), à la demande de plusieurs hommes nobles et « non nobles, et fonda en l'honneur du Saint-Sépulcre et de saint Jean « cette église qu'il choisit pour lieu de sépulture. »

Maintenant, nous le demandons à tous les lecteurs de bonne foi, que signifient ces paroles? Etablissent-elles que Pierre est né soit à Huy, soit dans ses environs? Et ces mots : « *Reversus ad natale solum* » — ont-ils, à eux seuls, comme on le prétend, la vertu de contrebalancer les autorités contemporaines qui s'accordent à faire naître à Amiens l'apôtre des Croisades? Mais qui ne sait qu'à cette époque, et bien long-temps après encore les auteurs ecclésiastiques et les chroniqueurs ne désignaient les différentes parties de l'Europe que sous les anciennes dénominations adoptées par les auteurs latins? Donc le pays d'Amiens, l'Amiénois est compris dans cette « partie de la région gallique supé- « rieure, » dont parle Guibert de Nogent, et il faisait également partie de la « Germanie inférieure, » mentionnée par la chronique de l'abbaye de Saint-André-lez-Bruges. Mais, oui certainement, après la mort de Godefroy de Bouillon, Pierre est revenu au *pays natal;* certainement, il s'est dirigé vers les *régions supérieures de la Gaule,* ou les *régions infé- rieures de la Germanie,* comme l'on voudra. N'est-ce point dans ces provinces que florissait Amiens, son berceau?

Qu'on cesse donc de chercher à nous égarer dans ces inutiles déduc-tions géographiques, qu'on laisse les textes et les provinces en repos; qu'on n'exige point des chroniqueurs des Croisades la précision et la méthode à laquelle nous a habitués notre nouvelle école historique, et qu'on cesse de nous rejeter toujours devant les yeux cette trop fameuse note du nécrologe de M. Grandgagnage. Elle constitue un acte de décès, et ne saurait, malgré le talent de ceux qui la mettent en œuvre, se trans-former en un acte de naissance.

Examinons maintenant la manière dont s'y prennent nos voisins pour réfuter les preuves données par M. Hardouin, dans sa lettre à la Société des Antiquaires.

Albert d'Aix est la première de ces autorités que MM. Du Mortier et Grandgagnage ont la prétention de renverser. Le manuscrit de ce vieux chroniqueur contemporain porte : *Sacerdos quidam Petrus nomine, quon-dam Eremita, ortus de civitate Amiens.* Aussitôt, on déclare que le mot *Amiens* a été introduit après coup dans ce manuscrit, aujourd'hui perdu d'ailleurs. Le copiste ne pouvant déchiffrer le mot du texte aura laissé en blanc le nom de la ville, et cette lacune aura été remplie plus tard par une main étrangère Mais on ne nous explique pas comment et à quelle époque s'est opérée cette prétendue interpolation, ni ce qu'il y avait dans le texte primitif. On n'ose pas encore aller jusqu'à substituer le mot *Huy* au mot *Amiens.* En supposant qu'il y ait une lacune dans le

manuscrit, nous n'y voyons nullement une affirmation au profit de la
ville d'Huy. Bien au contraire, nous en tirons cette conséquence qu'il
était d'une notoriété si incontestable qu'Amiens était le berceau de Pierre
L'Hermite, que la personne entre les mains de qui ce manuscrit est
tombé s'est empressée sans hésitation de remplir le vide, et d'y inscrire
le nom de notre bonne ville que tout le monde alors savait être la
patrie du célèbre hermite. Cette notoriété, cette *vox populi* était tellement ferme et solide que *jamais* aucun annaliste belge n'a prétendu la
contester, et que D'Oultreman, qui a consulté les titres, les moines,
et les souvenirs du monastère de Neufmoustier ne fait pas seulement
mention de la prétention que l'on vient aujourd'hui soulever après tant
de siècles. Notez qu'à l'époque où écrivait D'Oultreman, Valenciennes,
sa ville natale, était flamande de cœur et d'origine, et qu'il n'aurait
point sacrifié, de gaieté de cœur et à la légère, une des plus grandes
gloires du pays belge, pour en décorer la ville d'Amiens, à laquelle il
s'intéressait fort peu, je suppose.

Nous avouons ne pas comprendre comment M. Du Mortier voit une
nouvelle preuve du peu de crédit que l'on doit accorder à Albert d'Aix
dans ces mots qui suivent immédiatement le nom d'Amiens « qui est en
occident, du royaume de France. » Nous ne ferons pas à notre adversaire l'injure de supposer qu'il ignore qu'Albert n'écrivait point d'*Aix
en Provence*; nous sommes persuadé qu'il sait aussi bien que nous que
ce chroniqueur était chanoine d'Aix-la-Chapelle. Par rapport à lui,
Amiens n'était-il donc pas en occident et au royaume de France ?

Le témoignage de Guibert de Nogent est, s'il est possible, plus torturé
encore. — Ici c'est M. Du Mortier lui-même que nous supposons en
flagrant délit de fausse interprétation et d'interpolation audacieuse. Pour
rendre son explication un instant supportable, il est obligé de s'abriter
derrière la mauvaise latinité du moyen-âge, qu'il accuse tout à fait
gratuitement. Voici la phrase de Guibert : *Quem (Petrum) ex urbe in
fallor Ambianensi ortum in superiori nescio quâ Galliarum parte solitariam
sub habitu monachico vitam duxisse comperimus.* La virgule, dit M. Du
Mortier, n'était point inventée encore au temps où écrivait Guibert.
Aussi, au lieu d'en placer une avec les éditions modernes, après le mot
ortum, c'est avant ce mot qu'il faut l'inscrire, et alors on traduira tout
naturellement ainsi : « Nous apprenons que Pierre, originaire de je
« ne sais quelle partie de la Gaule supérieure, avait mené une vie de
« solitaire dans la ville d'Amiens, si je ne me trompe. — Mais non,

Monsieur, même en vous concédant cette malencontreuse virgule, jamais un latiniste belge ou français ne pourra traduire ainsi. Dans quel temps, dans quel pays, le mot *ex*, cette racine de tous les mots qui expriment l'idée de départ, de sortie, d'extraction, cette préposition qui a toujours signifié *hors*, *au-delà*, *de*, a-t-elle tout à coup complètement changé sa signification constante, pour venir, sous la plume de notre adversaire, dire : *Ex urbe Ambianensi; dans la ville d'Amiens?* Il n'est personne qui, en lisant ce texte, sans prévention, qu'il y ait ou n'y ait pas de virgules, ne traduise, ainsi d'ailleurs qu'on l'a toujours fait jusqu'ici, ainsi que le fait M. Grandgagnage lui-même, par ces mots : « Pierre, « originaire, si je ne me trompe, de la ville d'Amiens, avait mené la « vie de solitaire dans je ne sais quelle partie de la Gaule supérieure. »

Plus habile en ceci que M. Du Mortier, M. Grandgagnage ne fait point procès à la virgule, il se garde bien de traduire *ex* par *dans*. Mais il conclut des expressions de doute, *in fallor*, *nescia quâ*, employées par Guibert, qu'on ne peut invoquer son témoignage pour ou contre le lieu de naissance de Pierre L'Hermite. — Que M. Grandgagnage nous permette une courte observation : Le *in fallor*, formule évidemment poétique, n'est peut-être, de la part de notre chroniqueur, qu'un de ces remplissages à l'aide desquels il aime à donner du corps à sa phrase et du tour à ses périodes. Ou bien, si ces mots indiquent vraiment quelque incertitude de sa part, cette incertitude porte très-vraisemblablement, non pas sur le pays où il est né, sur le mot *Ambianensi*, mais sur le mot *ex urbe*. Pierre est-il de la *ville même*, ou seulement du *pays d'Amiens*, de *pago Ambianensi?* Voilà ce que Guibert ne peut préciser. Il sait qu'il est Amiénois; mais il ignore si c'est dans la ville même ou aux environs qu'il a reçu le jour. N'oublions pas que Guibert fut le contemporain, le voisin de Pierre. Il habitait Beauvais et Nogent-sous-Coucy, près de Laon. Puis comme le lieu de l'hermitage de Pierre est assez indifférent en lui-même, le chroniqueur ne se donne pas la peine de faire des recherches à ce sujet. « Il a vécu en hermite dans je ne « sais quelle partie de la Gaule supérieure »

Oui, Messieurs les Belges, nous vous accordons bien volontiers que notre Pierre ait vécu en hermite dans vos contrées. Gilles d'Orval, que vous citez pour en faire une arme en votre faveur, dit bien que Pierre, au retour de la Croisade, « revint dans le pays de Liége » *Ad partes Leodienses* REVERTITUR. Et nous avons établi, dans notre livre que vous n'avez pas lu, que L'Hermite habita quelque temps dans la retraite les environs de votre ville de Liége. Voilà comment le mot *revertitur* de Gilles d'Orval se trouve justifié; mais il ne saurait par cela même fournir une arme à ceux qui réclament pour Huy l'honneur d'avoir vu naître Pierre L'Hermite.

« Evidemment, poursuit toujours M. Du Mortier, s'il revient dans le « pays de Liége, c'est qu'il en était parti. — Ceci nous semble incontestable. — « Et ce qui le confirme, c'est que l'apôtre des Croisades « n'emmène pas avec lui les Picards, mais les Belges. Or, s'il eût été « d'Amiens, ç'aurait été les Picards, et non les Belges qu'il eût conduits. »

Et voilà comme on écrit l'histoire! Nous le regrettons pour M. Du Mortier; mais ici encore il se met en contradiction flagrante avec ce qu'il y a de mieux établi par tous les documents, de même que tout à l'heure il donnait un léger coup de pied à la grammaire latine. Pierre emmena avec lui des Belges, nous en convenons, et cela n'a rien d'étonnant, puisqu'il traînait derrière lui cent mille pélerins de tous les pays. Mais les autorités les plus formelles établissent qu'il fut suivi par un grand nombre de chevaliers picards, vulgairement désignés sous le nom de Francs, puisque le nom de Picardie n'existait pas encore. Il nous serait facile d'écraser l'allégation de notre adversaire par quelques pages de noms de famille du diocèse d'Amiens, dont les chefs, au nombre de plus trois cents, obéirent à l'appel de Pierre L'Hermite, et firent partie de la première Croisade. Bornons-nous à relater ce fait assez éloquent par lui-même : Pierre donna le commandement de la première partie de sa troupe à son ami, Gautier, sire de Poix; et celui-ci étant mort en Bulgarie, son choix tomba sur l'un de ses quatre neveux, Gautier-sans-Avoir, originaire de la même ville. Nous ajouterons, pour l'édification de M. Du Mortier, que Poix est aujourd'hui un bourg assez important, situé à cinq ou six lieues d'Amiens.

Faut-il suivre plus loin MM. Grandgagnage et Du Mortier dans l'espèce de gageure qu'ils nous semblent s'être imposée contre l'évidence la plus palpable, en plaidant à outrance dans une cause ostensiblement implaidable, et qu'ils n'auraient peut-être pas songé à combattre, si personne n'était venu la prendre en mains avec des arguments plus ou moins serrés. Est-il besoin de réfuter une prétention tendant à annuler le témoignage de Guillaume de Tyr, lequel « n'a rien dit, selon eux, « parceque sa chronique porte *simplement que Pierre L'Hermite était un* « *prêtre de l'évêché d'Amiens, au royaume des Francs.* Où était-il né, *ortus?* « La chronique ne le dit pas. C'était un prêtre de l'évêché d'Amiens, « voilà tout. Or, n'est-il pas dans l'usage de désigner ainsi tout prêtre,

« chanoine, bénéficier, religieux, hermite, exerçant dans l'étendue
« d'un diocèse, quel que soit le lieu de sa naissance? » On le voit,
c'est toujours le même procédé hardi de traduction ou plutôt de trahison
à l'égard des autorités les plus respectables. L'un fait litière des virgules,
l'autre intervertit ou supprime les membres de phrase qui le gênent.
Guillaume de Tyr porte textuellement : « *Sacerdos quidam, Petrus nomine,*
« *de regno Francorum, de episcopatu Ambianensi, qui et re et nomine cogno-*
« *minabatur Heremito...* » Cela s'est toujours traduit : « Un prêtre,
« nommé Pierre, du royaume de France, de l'évêché d'Amiens, qui,
« de nom et de fait, s'appelait L'Hermite... » Cela a toujours signifié que
Pierre L'Hermite était originaire, sinon de la ville même, du moins du
diocèse d'Amiens. Guillame de Tyr, dont personne n'a jamais contesté
les profondes connaissances et la véracité, n'avait pas besoin d'une
désignation plus claire et plus complète que celle-là. Comment donc
des hommes sérieux, qui ne sont pas assurément payés pour soutenir
une cause perdue, jusqu'à extinction du droit d'abuser de la parole ou
de la plume, peuvent-ils ainsi essayer de surprendre la bonne foi des
lecteurs inattentifs et crédules? Est-ce que, par hasard, à cause qu'il
s'agit *simplement* d'un fait historique, vieux de 700 ans, l'on aurait le
droit, dans une discussion, de s'affranchir des règles et des usages de la
logique et de la sagacité ordinaire?

Par une bizarrerie qui résulte de la fausse direction imprimée par ces
Messieurs à a controverse, peu s'en faut que nous n'ayions à soutenir
contre eux, en faveur du pays de Liége, un avantage qui ne peut pourtant lui être dénié, celui d'avoir hébergé Pierre L'Hermite avant et après
la grande expédition de Jérusalem. Dans leur générosité de circonstance, il se montrent tout disposés à nous accorder, ce que nous sommes
loin de vouloir exclusivement réclamer : savoir que Pierre a mené la
vie érémitique au pays d'Amiens. Ils vont même jusqu'à prendre des
réserves contre M. Léon Paulet, affirmant dans sa lettre au secrétaire
perpétuel de la Société des Antiquaires de Picardie : « Entre autres
« choses fort risquées et sur lesquelles ils pourraient bien revenir, »
que Pierre L'Hermite avait habité, dès sa jeunesse, les environs de
Huy, dans un petit hermitage, que l'on montre encore et que l'on
appelle dans le pays la grotte de l'Hermite. C'est à tel point que M. L.
Paulet s'est cru obligé de revenir exprès dans le pays pour retrouver
cet hermitage, à la place duquel il a eu la singulière fortune de rencontrer un nom de *Mont-Picard* ou *Montagne du Picard*, donné au plateau

rocheux qui domine la citadelle d'Huy. Ces Messieurs sentent si bien
que la possession du berceau de Pierre L'Hermite est ici la vraie question et la seule chose importante, en tant que signe indiqué providen-
tiellement pour la distinction des grands hommes, qu'ils ont improvisé
une petite tradition orale faisant naître Pierre L'Hermite à Huy. Mais ce
n'est pas chose facile que d'inventer ainsi ou de déplacer une tradition
pour le besoin de sa cause. Avant de faire si grand fond sur l'article Huy,
publié par son correspondant et ami, M. A. d'Héricourt, dans l'*Encyclo-
pédie moderne*, (Paris, Firmin Didot, 1850), M. Grandgagnage aurait dû
s'assurer de la teneur de l'article *Amiens*, dans le même ouvrage, et il
aurait apparemment reconnu que si le personnage dont nous nous
occupons a été, plus que tout autre, pendant le cours de sa vie, doué
d'un privilége d'ubiquité embarrassant pour ses historiens, il n'a pourtant dû naître qu'une fois et en un seul lieu. Or, M. Paulet affirme hautement, dans une excellente dissertation, adressée par devant le public,
à ceux qui l'ont provoquée par leurs écrits, MM. le président Grandgagnage, l'académicien et ancien ministre Du Mortier, et Ch. de Thier,
avocat de Liége, que cette tradition *sortant de toutes les bouches*, il ne
l'a trouvée nulle part à l'état de traduction orale, ni chez les Hutois
actuels, ni chez les Hutois des temps les plus anciens : « J'ai consulté
le peuple, dit-il, et « la réponse que j'ai obtenue, la voici: *Il est mort
à Huy*, mais il n'y est pas né. »

Il y a donc embarras, même en Belgique, et pour les tenants du fameux
nécrologe de Neufmoustier au sujet du trop élastique *natale solum*. Ce
sera Huy, ce sera Liége, ce sera la forêt des Ardennes, ce sera *Acher*,
si la critique augmente ses exigences. Car nos voisins viennent aussi de
se préoccuper de la designation de *Petrus Acheriis*, donnée par Ordéric
Vital et instamment recommandée par le Bénédictin Mabillon. M. Du
Mortier, et c'est le seul point sur lequel il ait réellement renchéri sur
M. Grandgagnage, vient de s'apercevoir, dans son article publié dans
l'*Emancipation* du 29 mai dernier, que la Belgique « a *un Acher*, à
« cinq lieues de Huy, vers Bouillon. » Est-ce bien sûr, au moins, cette
fois? Vos interprétations capricieuses nous donnent le droit d'être
défiants; aussi nous sommes-nous empressés de consulter vos diction-
naires et cartes géographiques, où nous avons trouvé *Achène* et *Achele*
dans la province ne Namur. C'est là votre *Acher*, sans doute? Soit.
Mais en vous concédant même cette nouvelle interpolation, ou substitution de la terminaison *éle* ou *éne* en *er* (qui est un fait très-grave en

science étymologique), je ne vois là rien de concluant en votre faveur. Sans remonter jusqu'au celtique, il est facile de reconnaître que la racine de ce mot et de ses congénères a de l'analogie avec l'*aqua, aquarium* du Latin; donc, c'est, comme tant d'autres noms géographiques, une désignation tirée de la nature même du pays, qui devait, par cela même se retrouver dans plusieurs endroits différents et prêter à la confusion, comme cela est arrivé pour la ville d'Aix en Provence et celle d'Aix (la-Chapelle) *Achen* en allemand.

Il y a bien aussi en Picardie, près de La Fère, un bourg assez célèbre, écrit en toutes lettres comme le surnom de notre Pierre; mais nos savants ne réclament pour lui que l'honneur d'avoir donné le jour au bénédictin Luc d'Achéry, sachant fort bien que c'est dans l'Amiénois même que la *Gallia christiana* renvoie les explorateurs de ce filon resté jusqu'ici dans l'obscurité. Or, l'ancien Amiénois, ou plutôt le département actuel de la Somme nous offre deux Acheux, dont un, celui du canton de Moyenneville, présente, dans sa partie basse, un ancien fief, signalé dans le nobiliaire de Picardie et dans le cadastre moderne, sous le nom d'*Achery*. C'est là que nous avons naturellement renoué le fil indiqué par Mabillon. La famille des Vidames d'Amiens, dont Pierre descendait par sa mère, a possédé ce fief; et voilà pourquoi Pierre L'Hermite, ou Pierre d'Amiens, a porté le nom de Pierre d'Achery. Mais cette désignation retrouvée sur notre sol amiénois, ne nous empêche pas de rester solidement attachés à la tradition, contrôlée pendant huit siècles, par les historiens picards, français et étrangers, qui ont eu occasion de prononcer ce grand nom historique, en disant avec tous les annalistes et les commentateurs, avec la notoriété la plus vivace et la plus frappante qui se puisse rencontrer : Oui, c'est dans la Picardie d'aujourd'hui, c'est dans l'Amiénois, c'est dans Amiens même, c'est dans le Bas-Vidame que Pierre L'Hermite a pris naissance.

Nous terminerons cette réplique, beaucoup trop longue, par la démonstration la plus péremptoire qui puisse être produite dans une polémique de ce genre, c'est-à-dire en empruntant à nos contradicteurs des preuves irrécusables pour établir que leur titre n'en est pas un, et que leurs prétentions n'ont aucune base sérieuse.

Nous empruntons à M. L. Paulet, p. 16, de sa *Dissertation sur la Naissance de Pierre L'Hermite*, le piquant aperçu suivant sur les historiens de Liége ou d'Huy, qui, tous, à l'unanimité, sont d'un avis opposé à celui de Messieurs leurs compatriotes d'aujourd'hui.

La tradition sort de toutes les bouches, dites-vous! Pourquoi donc, dans un de vos articles, faites-vous dire à l'organe d'Huy :

« Les historiens modernes étaient unanimes pour placer à Amiens le « berceau du promoteur des Croisades. On n'aurait jamais songé à lui « contester cet honneur, lorsqu'il y a quelques années, la découverte « d'un ancien manuscrit *vint éveiller* quelques doutes... »

Comment la tradition sort de toutes les bouches, et il faut qu'un manuscrit vienne éveiller quelques doutes! Avouez, Messieurs, que voilà une tradition qui ressemble furieusement à la *Belle aux bois dormant*.

Si nous ouvrons les historiens du pays, la vérité en sortira encore d'une manière plus palpable.

F. Corrisen, enfant de la ville d'Huy, professeur d'histoire au collége d'Huy, qui a publié à Huy, en 1839, *l'Histoire de la ville et du château d'Huy*, d'après les manuscrits de Neufmoustier, dit textuellement : « Le vénérable Pierre L'Hermite, né à Amiens, dans le courant de l'année 1053, descendait de la noble famille des Hermites, que l'on prétend être un rameau de l'illustre maison des comtes d'Auvergne... dégoûté du métier des armes, et ayant confié la tutelle de ses enfants à quelques amis, il prit les ordres sacrés et se retira pauvre et ignoré dans une retraite qu'il s'était choisie au pays de Liége. »

Un autre historien, le naïf et judicieux Mélart, *bourgmestre* d'Huy, dit dans son vieux style chaud et pittoresque.

« Après le monastère des Croisiers, on voit du côté de la Meuse, reluire et se pavaner l'abbaye de Neufmoustier, ainsi nommé à cause d'un plus ancien, qui avait été basti longtemps devant en l'honneur de Saint-Blaise, fondée par Pierre l'Ermitte, gentilhomme Picard, de la diocèse d'Amiens. »

Et le poète Godin, qui vivait il y a plus de 250 ans, à Huy, et qui était prêtre au Neufmoustier, n'a-t-il pas écrit un huitain dont voici le premier vers :

« Nasceris *Ambianis*, Petre, mundi spretor inanis »

Tous les historiens Liégeois du XVII.ᵉ et du XVIII.ᵉ siècles, qui ont été en leur qualité de religieux, à même de consulter les manuscrits de Neufmoustier, font naître Pierre L'Hermite dans la Picardie.

Le père Bouille, par exemple : *Pierre L'Hermite, gentilhomme Picard et prêtre* (*Histoire de la ville de Liége*. Tom. I. page 122.)

Les auteurs de *Délices du pays de Liège: Pierre L'Hermite, prêtre Picard*.

Nous demandons après cela, ce que peut prouver au sujet du lieu de naissance de Pierre L'Hermite le manuscrit de M. Grandgagnage, quelque vieux et authentique qu'il le veuille supposer. Quand même il le déclarerait, avec M. Du Mortier, rédigé sur le corps même du saint homme expirant, rien ne fera que le *Natale solum* soit une expression claire et signifie Huy plutôt qu'Amiens, la Belgique plutôt que la France. C'est ailleurs qu'il faudra chercher des lumières à cet égard. Quand au nécrologe en lui-même, le vague et l'impropriété des expressions précitées en ce qui concerne notre personnage, le grand nombre de notes, d'additions et de changements qui, de l'aveu du possesseur, encombrent son manuscrit, nous porteraient à croire qu'il a été fait à distance et de souvenir, dans un but tout autre que de servir d'archives au monastère de Neufmoustier, ou personne ne l'a mentionné spécialement. Mais ce n'est pas à dire pour cela qu'il n'a pas été vu et apprécié *in globo* par les chroniqueurs de Belgique, les annalistes de Liége et surtout le bénédictin Dom Grenier, dans ses extraits des manuscrits de Belgique, pour la biographie de Pierre L'Hermite. Ce qui nous paraîtrait le plus étonnant, en tout ceci, c'est le malheur pour ce cher nécrologe d'avoir échappé pendant 720 ans à tous les regards des personnes le plus intéressées à le connaître. Il ne lui manquait plus après une si tardive résurrection que d'être considéré comme absolument inutile, et d'être renvoyé dormir, après sa triste apparition sur la scène.

....*Habent sua fata libelli.*

En échange du malencontreux *Natale solum* qui a si fort et si mal à propos surexcité le patriotisme de MM. Du Mortier, Ch. de Thier et Grandgagnage, il est un mot fort spirituel que nous recommandons aux méditations des ces Messieurs, comme propre à clore le débat et réservant à leurs pays encore un assez bel avantage. Ce mot vient, dit-on, de Monseigneur de Montpellier, évêque de Liége, assistant lui-même avec 14 autres prélats, à l'inauguration de notre belle statue de Pierre L'Hermite, le 29 juin, sur une de nos places publiques, à Amiens : « J'ai la conscience de pouvoir revendiquer, au nom d'un de mes prédécesseurs, évêque de Liége, l'honneur d'avoir reçu l'acte de décès de Pierre L'Hermite, consigné au nécrologe de Neufmoustier ; mais je n'ai jamais vu son acte de naissance dans nos archives. »

Amiens, 30 juin 1854.

MICHEL VION.

Chef d'institution à Amiens, membre de la Société des Antiquaires de Picardie.

POÉSIE.

LES PETITS CERCUEILS.

Je fais de beaux cercueils pour les petits enfants,
 En chêne, en orme, et je défends
 Que l'on me fasse concurrence;
 Accordez-moi la préférence,
 Mères, pour vos petits enfants.

Mes cercueils, voyez-vous, sont pleins de voluptés,
 Mères : le fond et les côtés
 Sont garnis de blonde fougère,
 De duvet, de mousse légère,
 Mille attrayantes voluptés !

Sur le couvercle jaune est une belle croix
 En papier d'argent, et je crois
 Que nul découpeur, fut-il maître,
 Ne saurait découper et mettre
 Sur un cercueil plus belle croix.

Ils ont l'air là dedans, ces chers petits amis,
    De pâles Amours endormis
    Sur un oreiller de verdure...
    Le pain est cher, la vie est dure,
    Songez à moi, petits amis.

Un cercueil de vendu c'est trois jours de bon temps;
    Puis d'autres que moi sont contents :
    Dieu pour sa part y gagne un ange;
    Le prêtre une messe.... et la fange
    Pour ses vers un peu de bon temps.   .

Si ce n'est aujourd'hui ce sera pour demain,
    En attendant laissez ma main,
    Enfants, prendre votre mesure ;
    Laissez, enfants, car rien n'assure
    Que vous vivrez encor demain.

J'ai fait quatre cercueils, je le dis sans remords,
    Pour mes quatre enfants qui sont morts;
    Jamais ouvrier à l'ouvrage
    Ne mit tant d'ardeur et... de rage,
    Hélas! je le dis sans remords.

Je fais de beaux cercueils pour les petits enfants,
    En chêne, en orme, et je défends
    Que l'on me fasse concurrence;
    Accordez-moi la préférence,
    Mères, pour vos petits enfants.

CASIMIR FAUCOMPRE.

A UN VIEIL ÉVENTAIL.

Il est peint par Boucher, c'est un vieil éventail,
Aux branches en ivoire éclatantes d'émail,
Eblouissantes d'or, de luxe et de richesse ;
Bijou venant pour sûr de marquise ou duchesse.

Délicieux bijou que je trouvai perdu
Dans mille bric-à-brac, chez un vieux juif barbu.
De ta splendeur passée as-tu gardé mémoire?...
Dis-moi tes jours de deuil et tes beaux jours de gloire.

Mystérieux témoin de chagrins et d'amours,
Ce fut dans les palais que tu passas tes jours,
Cachant aux yeux de tous, la chose qui désole,
L'Ennui qui nous fatigue et l'amour qui console.

Au front de dix-huit ans, tu cachas la rougeur
Que l'innocence y met, quand l'amour vient au cœur ;
Le regard qui répond au regard qui soupire,
Le cœur qui seul se parle et se prend à sourire.

Ou bien une marquise à l'œil noir et fripon,
Aux cheveux tout poudrés, une mouche au menton,
Passant devant le duc, qu'à peine elle regarde
Exprès te fit tomber à ses pieds par mégarde.

Peut-être aussi parfois de leurs si blanches mains,
Ou duchesse ou marquise exposée aux dédains
De quelque chevalier infidèle ou volage,
Sur toi pauvre innocent ont satisfait leur rage.

Et puis, victime aussi des révolutions,
Tu vécus oublié, sans consolations,
De tes vieux souvenirs animant ton silence,
Sans chagrin du passé, le cœur sans espérance.

Dans ton superbe hôtel un jour tout fut vendu :
Dix ou quinze ans plus tard, le juif pour un écu
T'acheta d'un laquais; c'est là qu'à la fenêtre,
Je te vis un matin, et je devins ton maître.

Hors des mains d'une femme, un éventail n'est rien
Qu'un objet curieux, travaillé mal ou bien;
Un objet d'art, dont l'un admire la peinture,
Un autre la richesse, un autre la sculpture.

Mais sous ses doigts soudain, il devient tour à tour,
Témoin muet du cœur, interprète d'amour;
La femme à l'éventail donne la vie, une âme,...
Et lui, donne en retour, le mystère à la femme.

PAUL BERNARD.

BIBLIOGRAPHIE.

Fables, Contes et autres Poésies par M. Valery Derbigny[1].

Notre intention étant de rendre compte de ce livre remarquable dont l'auteur est, à plus d'un titre, un homme de nos contrées, nous sommes heureux d'avoir à insérer dans la *Revue du Nord*, la lettre suivante qui nous est adressée de Normandie :

A Monsieur le Rédacteur en chef de la REVUE DU NORD.

Monsieur,

J'ai lu le volume de Fables, Contes et autres Poésies de M. Valery Derbigny, et je l'ai lu sans préméditation, tout d'un trait ; c'est ainsi qu'on lit les bons recueils d'apologues, et La Fontaine en tête, cela va sans dire. J'ai hâte de vous remercier de ce gracieux envoi : et, pour vous prouver l'estime que j'en fais, permettez-moi de détacher de cet écrin littéraire quelques perles dont je veux, à mon tour, vous mieux faire apprécier la valeur.

Dans un discours d'introduction, auquel on ne peut reprocher que sa forme fragmentaire et son ton trop modeste, deux défauts qui ne feront pas école, M. Derbigny se livre à des considérations très-justes et très-sensées sur l'apologue et sur la manière dont il doit être traité : « On ne demande pas, dit-il, à ceux qui composent des fables d'où leur « viennent leurs sujets, s'ils les doivent aux anciens, aux étrangers ou « à eux-mêmes. Sans s'inquiéter de la source, on les accueille plus « ou moins favorablement selon le degré de plaisir qu'ils ont procuré. » (C'est aussi le sentiment de La Fontaine : « On ne considère en France « que ce qui plaît ; c'est la grande règle et, pour ainsi dire, la seule. ») « La fable est-elle traduite, on ne s'enquiert point si la traduction est « fidèle, s'il y a été retranché ou ajouté ; il suffit que l'auteur remplisse « les conditions de son œuvre, qu'il intéresse, qu'il attache, qu'il « transporte même ; qu'il soit conteur sans cesser d'être poète ; que son « style soit, selon le besoin, ou simple, ou gracieux, ou grave, ou « sévère, ou élevé quelquefois même jusqu'au sublime ; car la fable « admet tous les tons, le trivial excepté. On lui fera grâce de l'invention « du sujet, parce que, dans le conte ou la fable, le choix des pensées « est aussi invention et c'est La Bruyère qui l'a dit. » Voilà la règle tracée. On l'appliquera tout à l'heure...

---

[1] Paris, Plon frères, 1853. — Lille, E. Vanakere. — 1 vol. in-8.°, vignettes charmantes. Edition de luxe.

Est-il besoin de rappeler ici quelques-uns des noms à la suite desquels M. Derbigny vient d'inscrire si heureusement le sien? Oui : car il faut montrer combien il est glorieux d'imprimer la trace de ses pas : « *Thugh* « *the last not the least,* » dans une carrière où tant d'autres ont déjà passé.

Bidpay (Pilpay) le premier en tête avec son *Pautcha-Tautra ;* Nathan, (car n'est-ce pas une fable et des plus touchantes que sa parabole immortelle de la *Brebis du Pauvre?*) Lockman, proclamé sage par les peuples de l'Arabie; Esope, qui eut cet insigne honneur d'être traduit par Socrate; Phèdre, chez les Romains; Saadi, chez les Perses; La Fontaine, en France; Gay, en Angleterre; Pignotti de Ziglini, Yriarte de Ténériffe, voilà presque les seuls fabulistes célèbres qui aient frayé la route suivie, depuis, non sans gloire, par Lamotte, Lessing, Florian, Le Bailli, Arnault, Viennet, Lachambaudie, Stassart, etc. et, en dernier lieu, par M. Valery Derbigny

De toutes ces abeilles de la ruche fabuliste le miel n'est pas sans doute également doux : chaque climat, chaque nation en ont produit d'espèce différente. Quoiqu'il en soit, je me garderai bien d'entrer dans l'examen critique de ces divers poètes,

> « Ce ne sont pas là mes affaires. »

Je me bornerai à chercher dans les fables de M. Derbigny, avec l'espoir de les y rencontrer souvent, les qualités du genre et les conditions indiquées plus haut par l'auteur lui-même : L'invention, la gaieté, le naturel, l'utile, l'art d'intéresser et celui de plaire, l'atticisme et le bon sens, une facilité sans négligence, une recherche sans affectation, la variété, l'élégance, la simplicité, la douceur, certaine allure de liberté qui n'a rien de commun avec la licence, certain air de bonhomie qui cache l'épine sous la rose, et, pour tout résumer enfin dans une langue meilleure que la mienne :

> Ces traits, si délicats de finesse et de grâce,
> Qui font vivre les vers des successeurs d'Horace,
> Et nous font admirer, chez ceux des plus beaux jours,
> Florian maintes fois, La Fontaine toujours !
>
> *Allocution,* p. **30.**

La beauté complète d'une femme, ce n'est pas seulement la réunion et l'harmonie des divers agréments du corps; c'est aussi et surtout ce reflet moral qui, jaillissant de son cœur, éclaire tout l'ensemble et le fait aimer; de même, si vous agréez la comparaison, pour qu'une fable soit bonne, il ne suffit pas que le sujet en soit heureux, le style vif, le tour agréable; il faut encore qu'une leçon juste, claire, sorte naturellement du récit, comme la fleur de sa tige. Ce mérite appartient, en général, aux fables de notre auteur; mais il se révèle avec une grâce singulière dans le *Bouton de fleur,* l'une des plus charmantes du recueil.

Le bouton de fleur se plaint des feuilles qui couvrent ses jeunes attraits et retardent pour lui le premier baiser du zéphyr. Une main officieuse, telle qu'aux boutons de fleur il s'en offre trop souvent, arrache le feuillage qui lui servait d'abri; désabusé trop tard, le bouton de fleur languit et meurt :

> Vous donc qui me lisez, ô mère de famille!
> Bien mieux que vos enfants connaissez leurs besoins ;

> Ce feuillage, ce sont vos soins ;
> Ce bouton là, c'est votre fille.

N'est-ce pas là une exquise moralité, que le cœur comprend et que l'esprit retient? On en doit dire autant de cette autre qui couronne la fable intitulée le *Départ des Mouches* :

> Tant que règne chez vous l'abondance et la joie ,
> . . . .
> Zèle pour vous servir anime tous les cœurs :
> Serment de vous aimer sort de toutes les bouches.
> Mais viennent la tempête et les jours de malheurs,
> La perte de vos biens, le cri de vos douleurs ,
> Chacun s'en va : C'est le départ des mouches .

Mais, pour mieux répondre à vos propres impressions, je veux remettre en entier sous vos yeux une de ces fables d'élite, prise au hasard parmi d'autres qu'il me faudrait citer, telles que *Le Patineur et le Vieillard , Le Bûcheron et le Loup , la Chasse aux papillons, l'Ane et le Cheval, l'Homme et son Chien, les Allouettes ou la Chasse au Miroir, le Platane et les Voyageurs, l'Abeille et le Monde, le Propriétaire et la Mappemonde, le Singe et le Renard, la Girouette et le Paratonnerre*, etc.

Voici cette fable où l'amour-propre se trouve couvert d'un si grand ridicule que nous le supporterons encore moins, s'il se peut, désormais, chez les autres :

LA VIRGULE ET L'APOSTROPHE.

> L'apostrophe en ces mots gourmandait la virgule :
> Je suis, prétendez-vous, de votre parenté.
> Je conçois votre plan : j'en vois l'habileté ;
> Un pygmée aisément se croit du sang d'Hercule.
> A vos yeux, entre nous parfaite identité,
> Même port, mêmes traits, même air de dignité;
> Dans nos veines enfin même sang qui circule ;
> Et, là dessus, vous croyez sans scrupule
> Pouvoir de vous à moi traiter d'égalité.
> Quelle insolente vanité !
> Moi, qui tient lieu de particule !
> Moi, que l'homme créa pour un si noble emploi !
> Oser vous comparer à moi!
> Votre prétention. ma chère, est ridicule.
> A ce prix le pâtre et le roi
> Seraient donc de même lignage;
> Tous deux aussi sont de même limon;
> Le même dieu les fit à son image :
> Et pourtant le pâtre Simon
> N'est pas celui des deux à qui l'on rend hommage.
> Pour avoir droit au vôtre, ainsi qu'il est d'usage,
> Vous me voyez sur le haut bout;
> Cette raison répond à tout :
> N'en demandez pas davantage.
> Si le sort vous a mise en un moins haut étage,
> Restez modeste en votre coin,
> Que si vous en souffrez, souffrez en philosophe :
> Et retenez qu'il y a loin
> De la virgule à l'apostrophe.

Que dites-vous de ce discours? Saint-Simon lui-même , c'est-à-dire la plus haute expression du moi humain, Saint-Simon tiendrait-il un autre langage au malheureux gentilhomme assez abandonné du hazard ou de Louis XIV pour n'être pas qualifié duc et pair ? Quel ton d'orateur convaincu! quelle vanité consciencieuse! quelle impertinence de bonne foi! Voyez-vous cette virgule outrecuidante, qui, sous je ne sais quel spécieux prétexte d'offrir, ainsi que l'apostrophe,

Même port, mêmes traits, même air de dignité,

s'en va prétendre, elle, « chétive pécore » à marcher l'égale d'une personne aussi haut placée!

Quelle insolente vanité!
Moi qui tient lieu de particule!

S'écrie l'apostrophe, au paroxisme d'une indignation qui déborde et qui donne le coup de grâce :

Moi qui tient lieu de particule!

L'entendez-vous? *Summum jus, summa injuria!* S'attaquer à quelque signe vulgaire, au trait-d'union, au point, à l'accent aigu et même à l'accent grave, à la lie du peuple enfin, passe encore, mais à moi!

« Moi qui tient lieu de particule! »

Que répondre à cela? rien : c'est le parti le plus sage, c'est celui que prend la virgule; ce qui incline à redire, en voyant l'une si orgueilleuse et si bavarde, l'autre si réservée et si muette, qu'incontestablement

Il y a loin
De la virgule à l'apostrophe.

A l'exemple de La Fontaine, M. Derbigny, qui a moissonné dans le domaine de la fable, a voulu glaner dans celui du conte, mais il ne l'a fait qu'avec cette discrétion de bon goût, cette réserve d'homme de bien dont tous les esprits délicats et chrétiens lui sauront gré. Conserver à la plume du conteur ses libres allures, sans même effleurer la licence, est un art bien plus difficile qu'on ne le pense; et c'est ce à quoi excelle l'ingénieux auteur du *Fermier, son Fils et le Voleur*, du *Clou de Waterloo*, de la *Charette et le Tilbury*, de l'*Ane mis en fourrière*, etc., etc.

Une Scène dans les Pyrénées, véritable chef-d'œuvre de narration poétique, mis sous les regards du prédicateur de la station du carême à Bordeaux, en 1842, a valu à l'auteur la réponse suivante que chacun voudrait avoir inspirée ou avoir écrite :

Bordeaux, 30 mars.

MONSIEUR,

« Je vous remercie de la bonne pensée que vous avez eue de m'apporter vous-même de si aimables vers. Il y a bien longtemps que je n'en avais lu d'un style qui me causât autant de plaisir. Nous avons trop perdu la trace du vrai naturel. Heureux les esprits qui l'ont conservée comme vous, et plus heureux ceux qui, comme vous encore, embaument leurs pensées et leurs expressions d'un parfum religieux! »

Signé : Fr. HENRI-DOMINIQUE LACORDAIRE, des Frères Prêcheurs.

Disons à notre tour : heureux M. Derbigny, de recevoir de pareils éloges! plus heureux encore de les mériter!

Veuillez agréer, Monsieur, etc., etc.

BRIANCHON.

Gruchet-le-Volasse, 10 mai 1854.

BULLETIN DE LA QUINZAINE.

Nouvelles artistiques et littéraires.

M.°° Julian-Vangelder, l'ex-pensionnaire du théâtre de l'Opéra et du théâtre de S. M. à Londres qui fit naguère les délices des dilettantes lillois, vient d'être engagée à de magnifiques conditions comme *prima donna assoluta* au théâtre *Liceo* à Barcelonne.

— Depuis quelques mois, des bruits de toute nature circulent sur l'Opéra. On a parlé de quatre capitalistes qui devaient s'associer à M. Roqueplan, on a parlé d'actionnaires ; diverses combinaisons ont été mises en avant, aucune n'a réussi.

Aujourd'hui la crise est terminée. L'Académie Impériale de musique vient d'être réunie au domaine du chef de l'état. Une commission nommée par l'Empereur est chargée d'exercer la haute surveillance sur l'art et les artistes. M. Nestor Roqueplan est nommé *régisseur-directeur*, pour le compte de la liste civile, de cette entreprise, qui, depuis trop longtemps était livrée aux chances de la spéculation. De plus, l'Opéra aura le droit dorénavant de choisir dans les autres théâtres les sujets qui pourront lui convenir.

M. N. Chasseriau est nommé administrateur de l'Opéra.

M.°° Stolz, la célèbre cantatrice, vient d'être engagée à l'Académie Impériale de musique. Son engagement vient d'être signé à Londres. C'est le premier acte important de la nouvelle administration.

— La mort frappe sans relâche autour de nous. En ce moment elle décime tout particulièrement le monde des arts après avoir décimé la science. M. Emile Souvestre vient d'être enlevé subitement aux belles lettres, dans un âge où son talent en pleine maturité faisait encore espérer quelques œuvres de mérite. M. Émile Souvestre tiendra un jour son rang dans la galerie des honnêtes gens qui ont tenu au dix-neuvième siècle une place savante, correcte et passionnée après De Balzac, après Frédérick Soulié, entre Charles De Bernard et l'auteur de *Don Juan d'Autriche*. On dira aussi qu'il a tenu la plume de critique et la plume de l'historien avec beaucoup de zèle, d'intelligence et de probité.

— L'opéra des *Trovatelles* dont les rôles principaux sont joués par le jeune Riquier, notre compatriote, Ponchard fils et M.°° Decroix a été très-bien accueilli à l'Opéra-Comique. Le parterre dans son enthousiasme a même rappelé tous les acteurs. La musique de ce petit opéra est l'œuvre d'un musicien habile, M. Duprato, plein de goût, de verve, savant dans l'art d'employer les voix de l'orchestre. L'ouverture est écrite d'une main aussi légère que ferme. C'est charmant, vif, alerte, fin. Le libretto de MM. Michel Caré et Lorin offre des scènes fort agréables bien que les auteurs fassent la part trop grande à l'imagination.

— Dans un article relatif aux *séances de musique de chambre* publié par le *Journal des Débats*, nous avons lu avec plaisir l'éloge d'un de nos concitoyens, M. F. Lavainne :
« M. Lavainne, dit M. Berlioz auteur de l'article, a prouvé aux parisiens dans plusieurs

parties de son sextuor que la province possédait des talents d'un ordre vraiment élevé. » Ce sextuor pour cinq instruments à cordes et piano a été entendu et apprécié avec une impartialité rare de nos jours.

— On annonce un ouvrage dont la partition est écrite par M. Halévy. Le poème est dû, dit-on. à la collaboration de MM. de Saint-Georges et Léon Halévy, frère de l'illustre compositeur.

— On répète activement à l'Opéra-Comique, un opéra en trois actes de MM. Scribe et Adolphe Adam. Le rôle principal de cet ouvrage est destiné à M.*** Lefebvre, les autres rôles sont confiés à Pujet, Ponchard, Nathan et à M.elle Favel.

— Parmi les objets de différentes collections royales que Sa Majesté la reine d'Angleterre vient de faire transporter au Musée de l'art ornemental de Malborough-House, pour servir de modèle aux élèves de l'école de dessin, il y en a un qui attire l'attention particulière du public, c'est un sabre Indou dont la poignée est entièrement couverte de diamants, et sur la lame duquel se trouvent fixées des deux côtés une infinité de très petites lames, recourbées comme celles des canifs, et dont chacune est combinée avec un ressort qui joue dès que l'on fait avec le sabre un mouvement violent, de manière que ces petites lames pénètreraient dans les chairs de la personne qui aurait été blessée par le sabre. Cette arme meurtrière qui est en même temps un objet d'art très-curieux, fait partie de la collection d'armes antiques et étrangères de l'arsenal (Armoury), du château de Windsor.

— Le Gymnase est véritablement en veine. *Les amoureux de ma femme*, vaudeville en un acte de MM. Marc Fournier et Laurencin a obtenu un succès digne des auteurs, cette petite pièce pleine de bon esprit atteste une fois de plus le goût et l'habileté du directeur.

— *Une idée de jeune fille* de M. A. Deslandes n'a eu qu'un succès de passage. Ce vaudeville qui manque un peu de vraisemblance a le tort de ressembler au torrent de pièces qui s'écoule chaque semaine au théâtre des Variétés, ce qui fait qu'on ne s'y arrête guère.

— Le drame de *Schamyl*, représenté au théâtre de la Porte Saint-Martin a réussi d'un bout à l'autre de l'œuvre. L'intérêt, la curiosité, l'étonnement, le grand spectacle, la richesse et l'éclat des décorations, l'actualité par dessus tout ont tenu les spectateurs attentifs, charmés et leur ont arraché une foule de bravos. La pièce de M. Paul Maurice est remplie d'éloquence et faite avec un art sincère, habile, ingénu. Mélingue qui joue à s'y tromper le rôle de l'inspiré, du soldat, du fanatique et de l'amoureux, a partagé avec l'auteur les honneurs de la soirée.

— Jules Gérard, cet héritier d'Hercule. qui au lieu d'être revêtu comme son aïeul, de la peau d'une de ses victimes, porte élégamment l'uniforme de spahis ; — Jules Gérard, le *tueur de lions*, qui dans l'antiquité aurait eu un petit temple quelque part, vient de passer de l'action au récit. et de publier sur ses chasses héroïques, un livre plein d'originalité et de nouveauté, où l'on voit véritablement le désert et où l'on entend rugir le lion

— On raconte de Levassor, le comique du Palais-Royal, un trait qui mérite d'être cité. Un curé des environs de Paris l'avait convié à une fête de charité, et pour remercier l'artiste de son empressement et surtout de la bonne recette qu'il avait procurée, le bon prêtre prit dix louis qu'il enferma dans un œuf de pâques pour les offrir plus délicatement à Levassor. Celui-ci prit l'œuf et l'ouvrit : « Vous savez, M. le Curé, que j'aime les œufs, et je remercie votre charité de m'avoir offert celui-là, mais j'ai l'habitude de ne manger que le blanc ; le jaune est pour les pauvres. » Le bon curé reprit le *jaune*, et les pauvres s'en régalèrent, comme bien on pense.

— L'auteur de *Pierre L'Hermite*, M. Michel Vion, dans une cantate pour la fête d'inauguration de la statue de l'illustre Croisé, vient de nous découvrir un talent que nous ne lui connaissions pas, celui de la poésie. Cette cantate, d'un rhythme à la fois gracieux et sévère, pleine de nobles pensées a dû parfaitement inspirer le compositeur chargé de la partition.

— Sous le titre de *Rimes humoristiques d'un Athénien du Nord*, il vient de sortir des presses douaisiennes de M. Adam, d'Aubers, un livre très-joliment imprimé ; mais qui est loin d'être parfaitement conçu et surtout parfaitement écrit. La plupart des poésies que renferme ce volume semblent avoir été composées sur les bancs d'un collége et faites pour être lues entre camarades à l'insu du maître ou du surveillant. M. Alfred de Musset, qu'affectionne tout particulièrement l'auteur, lui a servi évidemment de modèle dans la structure de ses vers et l'originalité de ses idées ; toutefois, ajoutons que l'originalité du maître a été outre-passée par l'élève au point de devenir souvent de l'enfantillage pour ne pas dire plus. Quant aux idées, elles sont loin de valoir pour la finesse, l'esprit et l'à-propos celles de l'auteur de *Rolla* ; elles n'ont pour elles qu'une qualité inhérente à l'âge de l'auteur : de la naïveté. Nous en sommes désolés, mais nous ne pouvons véritablement louer l'auteur que sur ce point, encore dirons-nous que cette naïveté qui selon nous est une très-grande qualité chez un écrivain, quand elle est naturelle, dégénère quelquefois en prétention chez l'Athénien du Nord. Ainsi, auprès d'une petite pièce intitulée : *à une jeune dame*, page 35, la plus jolie peut-être du recueil, nous regrettons de voir celle adressée *à Léonie*. Le *Diable nous grille* et les *Palsambleu* sont plus que passés de mode. — Après avoir admiré de très-jolis vers dans *Morice et Faustina*, nous sommes forcés de fermer le livre sur des stances d'un *débraillé* qui fait peine ; cette pièce, celle adressée *à un ami* et celle enfin, intitulée *Boutade*, espèce de conspiration d'élèves qui ne pouvait avoir d'à-propos qu'au lycée, dénotent une grande facilité d'écrire, mais cette facilité ; l'auteur en abuse pour tomber dans un excès qui frise le ridicule. Il pourrait faire de très-jolies choses : à chaque page, on reconnaît de la poésie, de la vraie poésie, mais l'Athénien est jeune, il a de jeunes amis et il a cédé trop facilement au conseil pernicieux de l'impression. Un grand nombre des rimes humoristiques auraient gagné à demeurer longtemps encore en portefeuille ; dans quelques années l'auteur n'aurait plus écrit « A l'*école poly—technique*. — *C'est aisé*,» et une foule d'autres vers du même genre.

Avis à Messieurs les Collaborateurs.

Plusieurs de nos collaborateurs nous ont témoigné le désir d'avoir un certain nombre d'exemplaires des numéros dans lesquels se trouvent leurs articles; mais comme nous ne faisons tirer que juste le nombre de feuilles nécessaires à notre distribution, nous les prions de s'adresser, avant le tirage, à M. LEFEBVRE-DUCROCQ, imprimeur de la *Revue*, qui s'empressera de satisfaire à leur demande et de leur en expédier l'objet contre remboursement.

Pour tous les articles non signés :

Les Rédacteurs-Propriétaires:

BRUN-LAVAINNE, *Gérant;* A. DEPLANCK, CASIMIR FAUCOMPRÉ.

Lille. Imp. de Lefebvre-Ducrocq.

LITTÉRATURE.

UN DRAME DE MÉNAGE.

NOUVELLE (1).

SUITE (2).

Mais ce n'est là que la partie matérielle des nouvelles occupations
que j'ai choisies... Il y a aussi le côté moral, intellectuel, physionomiste
que je suis loin de négliger... Le soir au salon, j'ai les yeux fixés sur
Mme de Préville ou sur toute autre des femmes en haute réputation
d'élégance qu'elle a l'habitude de recevoir chez elle.... J'étudie leur
tenue, leurs moindres mouvements, leur manière d'être, leur habileté
à cacher leurs défauts et à mettre leurs qualités en relief; la patience
avec laquelle elles se sont fait un jargon à elles, langage de marquetterie
et de pièces rapportées qui fait fureur parmi notre jeunesse dorée; le
savoir-faire dont elles donnent preuve en ne parlant que de choses
qu'elles ont lues et apprises, mais en parlant de ces choses-là avec autant
d'aplomb que leur professeur, qui est le feuilleton du journal du matin
ou le dernier roman en vogue tombé entre leurs mains. Je m'initie
à ces mille petits riens qui constituent une femme en état de bon
ton, qui font d'elle une réputation de boudoir, une existence fashionable,
(car c'est de ce dernier mot-là qu'ils se servent, ma sœur, et je t'avoue
que je ne le comprends pas).

(1) Autorisation de reproduire pour les journaux qui ont traité avec la Société des
Gens de lettres.
(2) Voir la *Revue*, tome I, pages 193, 225, 255, 280; tome II pages 1.

Tu aurais de la peine, bonne sœur, à me reconnaître aujourd'hui, tant je suis différente de ce que j'étais hier. Entre nous, je ne crois pas avoir gagné au change; mais c'était une nécessité de changer, pour vivre au milieu de ce monde qui n'a pour lui que des dehors. Du reste, ce n'est rien encore, et je veux que dans quelques mois tu ne me reconnaisses plus.... Mais je crois que lorsque j'aurai réussi, je déposerai avec bien du plaisir ces vains ornements qui me pèsent déjà, ce masque qui me brûle la figure, et que j'aimerai à redevenir ce que j'étais. Alors, ma bonne sœur, nous vivrons encore à côté l'une de l'autre, heureuses et simples toutes deux comme autrefois.

JEANNE.

SEPTIÈME LETTRE DE JEANNE A MARIE.

Des environs de Paris.

Ma bonne Sœur,

J'ai réussi; je remarque que depuis deux ou trois jours M.ᵐᵉ de Préville lance sur moi des regards pleins de colère et d'envie. Si elle pouvait me foudroyer de ses yeux, elle le ferait. N'est-ce pas là, dis, la meilleure preuve de mon succès ?

M.ᵐᵉ de Préville était habituée à trôner seule et à laisser dans l'ombre toutes les femmes qui l'entouraient. Maintenant, et je ne parlerais pas avec tant d'immodestie si je ne te parlais pas, ma sœur, maintenant je commence à partager avec elle le privilége d'attirer l'attention des papillons du salon qui voltigent autour de nous. Maintenant je reçois de fades compliments, et j'ai mon cercle aussi, cercle bien petit encore, il est vrai, mais qui pourrait augmenter, si Jules me tenait encore longtemps rigueur. Tu penses bien que M. Charles de Nieubourg est aux premiers rangs de mon petit cercle; sa constance me touche peu.

Tu vois que si j'étais orgueilleuse, il y aurait là de quoi me tourner la tête ! Un tel triomphe après un essai de si peu de jours ! Mais hélas ! je n'attacherai de prix à ce triomphe, qu'autant qu'il contribuera à me rendre l'amour de Jules, son amour entier et exclusif ! Je n'en suis pas là ! Mon mari ne semble pas encore avoir remarqué mes progrès : De là à en être fier, il y a bien loin encore ! N'importe, j'espère que cette distance sera bientôt parcourue ; je suis pleine de confiance. Jules préférera peut-être à une étrangère, sa femme qu'il chérissait tant, et dont il connaît le cœur, — lorsqu'il la verra aussi recherchée, aussi admirée, aussi savante dans toutes les délicatesses et dans toutes les futilités de la grande vie.

Je porte la tête bien haut ce matin. Je te vois déjà me demandant la cause de ce petit mouvement de vanité. Imagine-toi qu'hier j'ai remporté sur ma rivale un léger, mais bien doux avantage ! C'est hardi, n'est-ce pas , d'attaquer ainsi et de molester un ennemi sur ses propres terres ? Mais la fortune récompense l'audace. D'ailleurs Mme de Préville a usé à mon égard d'assez peu de ménagements pour que je ne craigne pas de lui rendre la pareille.

Hier nous nous sommes rendus à une fête de village dans les environs. Séduite par un souvenir de nos belles campagnes, je proposai étourdiment que notre société partageât les réjouissances des bons paysans et prit part aux quadrilles. Mme de Préville s'opposa à ce projet. Aussitôt se souleva un ouragan d'opinions que j'avais été loin de prévoir ; les uns prétendaient que c'était se compromettre , les autres trouvaient au contraire l'idée charmante et originale. Enfin un jeune auditeur au conseil-d'état qui était avec nous, trancha la difficulté en mettant la question aux voix ; tous ceux qui partageaient le sentiment de Mme de Préville devaient se ranger de son côté, et les autres venir du mien. Il était convenu que la palme resterait à la proposition de celle qui aurait réuni le plus d'adhérents, le plus de suffrages. J'étais déjà confuse de ce premier succès, mais que devins-je, lorsque je vis que la victoire me demeurait toute entière ? Ma joie ne fut égalée que par mon embarras. Mme de Préville se pinçait les lèvres jusqu'au sang ; mais en femme d'esprit, elle fut obligée de faire contre fortune bon cœur, et de paraître contente et même radieuse au moment où elle avait la rage dans le cœur. C'était un spectacle divertissant, je t'assure, que de voir et d'étudier les efforts qu'elle faisait pour prendre part à nos jeux sans trop de mauvaise grâce, et pour se mettre à l'unisson de notre gaieté. Je me suis donné de grand cœur cette petite jouissance.

Voilà qui n'est pas mal pour un début, bonne sœur, mais ce qui m'a surtout causé une bien vive satisfaction dans cette circonstance, ce qui m'est d'un prix bien plus cher que ma victoire elle-même, c'est que Jules dont je suivais tous les mouvements , a longtemps hésité entre Mme de Préville et moi, et n'est allé vers elle qu'après une assez longue incertitude. Mais tu conçois bien qu'il devait prendre ce parti, ne fut-ce que par politesse. Ainsi j'en suis arrivée à balancer, et peut-être à surpasser le pouvoir de Mme de Préville.

Oh ! il y a bien longtemps que je n'ai été aussi joyeuse qu'à cette fête de village.

Encore un mot, chère sœur.

Combien ces fêtes des environs de Paris diffèrent de nos fêtes de campagne ! Ce n'est pas, comme chez nous, une réunion cordiale et franche de cinq ou six paroisses d'alentour, hommes et femmes, jeunes filles et garçons à la parure naïve, pauvre et grossière, aux manières simples, à la joie brillante et toute en dehors. Ici, l'on trouve des paysannes élégantes et coquettes comme des demoiselles de magasin de nouveautés ; des garçons qui se modèlent sur les jeunes gens de la capitale, et paraissent gênés dans leurs habits coupés à la mode ; des bourgeois de Paris avec leurs femmes et leurs filles. Ajoute à cela une danse maniérée, des prétentions, des minauderies, une gaieté triste et guindée, pas d'élan, pas de laisser-aller. Tout cela sent le voisinage et le frottement de la grande ville ; tout cela ressemble parfaitement à un bal de grisettes dans une sous-préfecture. Quand donc pourrai-je assister entre toi et Jules, dans notre Champagne, à une bonne et véritable fête de village !

JEANNE.

XIV.

TROISIÈME LETTRE DE MARIE A JEANNE.

De Vitry-le-Français

Ma chère Sœur,

J'avais bien raison de te dire qu'avec les caractères faibles et mal assurés, il n'y a pas de droites et sages mesures à espérer, et que toutes les extrémités sont à craindre. Certes je suis aise de voir que tu as repris un peu de force et de vigueur, et que tu as secoué l'apathie dangereuse pour tes intérêts dans laquelle tu t'abîmais tous les jours de plus en plus. Mais pourquoi n'avoir pas donné à cette force et à cette vigueur une autre direction ? Pourquoi ne les avoir pas employées à adresser à ton mari de sages et énergiques remontrances, et à faire valoir à son oreille les prérogatives d'épouse et de mère ? Pourquoi les avoir fourvoyées et gaspillées dans la mise à exécution d'un projet qui ne convient ni à ton tempérament, ni à ton éducation ?

Je conçois qu'avec ta nature molle et timide, tu aies mieux aimé prendre un chemin de traverse et de détour qu'un chemin direct ; que tu aies choisi un moyen oblique et tortueux, de préférence à un moyen qui va droit au but. Cela t'épargne, sans aucun doute, les frais de hardiesse et de vigueur. Le danger te semble moins grand parce que tu ne le vois pas en face, la position plus facile à emporter parce que tu la tournes. Tu ne te sens pas de cœur pour parler à ton mari, ce qui terminerait l'affaire en un instant, et tu t'environnes de longues et pénibles séductions. Ce n'est là qu'un enfantillage tout pur. En effet l'enfant ne fait pas autre chose, lorsqu'il ferme les yeux au moment de boire un breuvage amer. Ta sagesse et ta raison auraient dû te faire éviter cet écueil. D'autant plus que je suis bien éloignée de croire que tu aies adopté le parti le meilleur. Les avantages que tu te vantes d'avoir déjà remportés sont tout à fait nuls et puérils et tu t'exagères leur importance. Et je crains qu'avec le système que tu as adopté, l'avenir ne t'en réserve pas de plus grands. En présence de Mme de Préville, tu valais surtout quelque chose par ta simplicité, par ta naïve pudeur, par tes manières sans afféterie, par tes grâces toutes naturelles, enfin par tout ce qui distingue les femmes que n'ont point déformées et faussées les subtilités de la coquetterie du grand ton.

Ce sont tes qualités sincères et franches, c'est la puissance du contraste qui auraient éloigné Jules de Mme de Préville, et l'auraient ramené vers toi. Le mensonge n'a qu'un empire incertain et court; la vérité finit toujours par l'emporter. Mais en entrant en lice avec Mme de Préville, en te servant des mêmes armes, des mêmes artifices qu'elle, tu renonces volontairement et de gaieté de cœur à la belle et heureuse situation que le destin t'avait faite. Tu quittes un camp fortifié et imprenable, dans lequel Mme de Préville n'aurait seulement jamais pensé à venir lutter avec toi, dans lequel tu aurais pu attendre avec patience les événements dont l'issue ne pouvait manquer de t'être favorable, et tu suis ta rivale au milieu d'une carrière où elle marche depuis longtemps, et te sera, quoique tu fasses, toujours supérieure. Compte en outre que les premières impressions sont les plus puissantes, et que comme c'est Mme de Préville qui la première aura agi sur Jules par les manéges de la coquetterie, elle aura encore le pas sur toi de ce coté-là et par ce moyen.

Enfin voici une dernière considération qui pourra avoir son effet. N'estu pas un peu honteuse, ma bonne sœur, de te trouver sur la même ligne et dans les mêmes règles de vie et de tenue que Mme de Préville? N'as-tu pas la conscience que tu vaux mieux que cette femme, et que

loin de l'imiter, tu devrais lui servir d'exemple? Le rôle que tu t'es prise
à jouer n'est-il pas indigne de toi? Ne répugne-t-il pas à tes habitudes
et à tes mœurs? N'est-tu pas le jouet d'une pensée inconséquente et
folle ? Sors donc, chère sœur, sors d'une voie ou tu n'aurais jamais dû
t'engager et qui n'aboutit qu'à des déceptions.

Ne te laisse pas entraîner par des espérances erronées, ne t'entête pas
dans une fausse résolution; lis ma lettre sans dépit et sans répugnance ;
ne la jette pas loin de toi avec un mouvement de dédain; écoute mes
conseils qui sont dictés par mon amitié de sœur, et tu t'épargneras bien
des regrets.

MARIE.

XV.

Il était nuit. — Le parc du château de M.ᵐᵉ de Préville était silencieux et solitaire. — Seulement quelqu'un qui à cette heure aurait
promené ses rêveries par les allées obscures, eût entendu ces paroles
prononcées à voix basse :

— Madame, il serait temps de prendre un parti décisif... Tout languit,
tout est en suspens... Dérancourt est indécis, découragé... Je ne sais
vraiment ce qui vous arrête.... Il est nécessaire pour notre bonheur à
tous deux que le dernier coup soit bientôt porté... Mettez le sceau à
votre triomphe... Que l'une des plus prochaines journées termine ce
long combat qui m'impatiente et me fatigue... Il le faut, et j'en appelle
au besoin aux termes de notre traité !... Me le promettez-vous ?

— Je vous le promets...

Et tous deux, prenant un sentier différent, disparurent comme des
ombres.

XVI.

HUITIÈME LETTRE DE JEANNE A MARIE.

Des environs de Paris.

Ma pauvre Sœur,

Je suis donc destinée à être jetée d'extrémités en extrémités ; extrémités de douleur et de joie, extrémités de douces espérances, et
d'amers désenchantements ! Tu sais, ma pauvre sœur, en quel consolant
avenir j'avais reposé mon espoir ! Mes séductions et mes grâces toutes
nouvelles devaient ramener Dérancourt aux sentiments si vifs et si tendres

qu'il ne témoignait autrefois. Hélas ! comme tout ce beau plan est déjà renversé ! J'ai foulé aux pieds mes parures et mes fleurs , et je suis redevenue ce que j'étais, abattue et découragée.

Et, ma sœur, je ne veux pas me faire à tes yeux meilleure que je ne le suis réellement. Non, ce n'est pas pour obéir à tes conseils que j'ai déposé le voile de coquetterie dont je m'étais couverte, que j'ai résisté à cet élan involontaire qui m'emportait vers un monde pour lequel j'étais si peu faite ; non, la cause de mon retour à mes mœurs d'autrefois est plus triste et moins louable.

J'ai été trompée un instant par de fausses apparences. Je me suis misérablement abusée , lorsque j'ai cru voir que Dérancourt était touché des efforts que je faisais pour lui plaire et tournait vers moi des regards qu'il en a trop longtemps détachés. Cela n'était pas. Il semble au contraire que depuis que je suis descendue dans l'arène où se pavane si orgueilleusement Mme de Préville, mon mari ait encore pour moi moins d'attentions et de prévenances. Oh ! depuis deux jours surtout, depuis deux jours, je subis un terrible supplice. Depuis deux jours , Dérancourt semble tout à fait avoir oublié ma présence... Je n'existe plus pour lui... Car devant mes yeux, devant mes yeux ! il prodigue à cette femme tous les témoignages de l'admiration la plus vive... Est-il possible d'être à ce point bafouée et méprisée ... Mon cœur se déchire et saigne... Tiens... tu sais si j'éprouve le moindre penchant pour M. de Nieubourg !.. Eh bien !... Dans ces moments où Dérancourt me sacrifie si outrageusement et me foule aux pieds, il me semble que j'écouterais M. de Nieubourg avec un plaisir qui aurait quelque chose de la vengeance !.. Et si jamais !.. Oh ! mon Dieu ! Éloignez ce malheur de moi ; éloignez ce calice de mes lèvres !....

JEANNE.

L. COUAILHAC.

La suite prochainement.

ÉTUDES LITTÉRAIRES ET ARTISTIQUES.

LES CRAINTIVES (¹)

Poésies par M.ᵐᵉ Maria DELCAMBRE.

Il en est de la poésie comme de l'amour : les premiers vers, la première affection, voilà le dessus du panier de l'inspiration et du cœur ! Bientôt, arrivent les sentiments raisonnables et les phrases correctement stylées. Dans sa vie, dans ses écrits, on descend vers la prose; et l'âge mûr se passe ainsi, jusqu'à ce que survienne (pour les mieux doués, s'entend) un regain de jeunesse, un été de la Saint-Martin qui n'a qu'un jour et dont on se hâte de profiter pour écrire son dernier vers, pour aimer de son dernier amour....

Donc, chez les poètes et chez les amoureux, c'est surtout le début et la fin qui nous intéressent. L'adolescent qui murmure ses doux rêves d'avenir, le vieux barde qui chante les riantes illusions de son passé, nous semblent jeunes tous deux. En somme, la poésie, qu'est-ce autre chose qu'une éternelle jeunesse? — On vit un jour, Ducis octogénaire scandaliser par sa pétulance toute une réunion de beaux-esprits. Il arriva en tenant une grosse pêche entre les mains; les yeux attachés sur ce fruit, le vieillard gambadait comme un enfant et poussait mille exclamations joyeuses, triomphantes, sur le frais coloris, sur le tendre duvet de sa pêche. « Mais voyez donc, Messieurs, voyez donc, s'écriait-il, comme c'est beau une pêche !!! » Et, là dessus, il se mit à improviser toute une tirade de vers frais et roses comme le sujet qui les lui inspirait. Certes, en ce moment là, le cœur du vieux Ducis n'avait pas vingt ans.

Comme encore, pas plus tard qu'hier, dans les rues de Lille, nous avons rencontré un grand vieillard qui portait sous le bras son dernier-né

---

(1) Paris, 1854. 1 vol. in-8°, à la Librairie nouvelle.

de poésie : un beau. volume tout humide encore des étreintes de la presse. Il s'en allait montrer son livre à ses amis, aux journaux, à la ville, à l'univers, et fallait voir de quel air joyeux et victorieux !... Il y a quelque chose comme cinquante ans que celui-là fait des vers ; et, pendant tout ce demi-siècle, il ne s'est aperçu ni des cheveux blancs qui lui poussaient, ni de sa taille qui se courbait, ni de sa fortune qui s'en allait. Il a fait de sa vie un beau rêve sans réveil, rimant ses songes les uns après les autres, et se tenant pour très-richement payé de ses peines par le droit de signer publiquement son nom au bas de sa pensée, un nom sonore comme il en faut aux poètes, un nom de gentilhomme, par ma foi ! et qui fait penser à quelque vieux castel de lord irlandais, cachant ses créneaux moussus sous les ombrages de la verte Erin. Ah ! si je n'arrivais trop tard pour vous parler de ce Nestor des poètes lillois, comme j'aurais pris plaisir à vous montrer en détail ce bel échantillon de feue la poésie impériale : des vers dont la structure dit toute une époque, des alexandrins bâtis sur le modèle des grenadiers de la Vieille-Garde, des vers grands, robustes, un peu lourds, mais majestueux et ronflants comme les canons d'Austerlitz !.... A côté de ces gigantesques grognards, on ne peut s'empêcher de prendre en pitié nos miévreries langoureuses, nos rimes poitrinaires, nos vers blancs-becs d'aujourd'hui...

Oui, j'aurais voulu ne pas manquer la belle occasion qui semblait s'offrir d'elle-même de mettre ici le passé et le présent en regard l'un de l'autre, sur la même page, de marier, dans ma critique, un vieux poète à une jeune muse, de saluer d'une même salve d'honneur Antoine Cunyngham et M.me Maria Delcambre. Mais hélas! la *Revue du Nord* a déjà décerné sa palme olympique au vieux poète; il ne nous reste plus qu'à couronner de marguerites et de bleuets non pas une brune Corinne en proie au dithyrambe échevelé, mais une blonde fille d'Ossian dont la lyre amoureuse et chaste étouffe ses sons craintifs dans les brumes de la Scandinavie....

. . . .
Oh ! mes sœurs, disait-elle, oh ! laissez-moi chanter,
Puisque mon aile blanche à vous ne peut monter.
J'ai d'immenses douleurs, j'ai des larmes amères ;
En épanchant leurs flots, j'aurai moins de misères.
J'ai des baisers brûlants retenus dans mon cœur,
Des extases d'amour et des élans d'ardeur ;
Je suis poète, enfin! et ne pouvant vous suivre,
Il me faut bien pourtant chanter si je veux vivre.

Elle chanta... Ses chants, les voilà devant vous ;
Les muses ayant dit : enfant, chante avec nous !
Bons ou mauvais, les chants partis d'un cœur sincère
Ont toujours un rayon pour éclairer la terre.

Et voilà comme débute ce livre de poésies que Mme Maria Delcambre
intitule *les Craintives;* les vers que vous venez de lire lui servent de préface. Puis viennent à la file de douces chansons d'enfant, de tendres
rêveries de mère, de timides soupirs de jeune fille, de brûlantes aspirations d'épouse et d'amante. Le cœur de la femme chante en ce livre
toutes ses gammes de dévouement, de foi et d'amour ; c'est l'odyssée
complète d'une âme errante qui dit à tous les échos de la route les
joies et les peines, les espoirs et les déceptions qui surgissent en son
chemin. Or, tout cela semble si vrai, si sincère, si réel, que, pour se
consoler, on a grand besoin de savoir qu'ici les bonheurs seuls sont des
réalités, que le reste n'existe que dans les mirages de l'imagination et
qu'enfin notre muse éplorée est, de fait, une bonne et heureuse mère
qui écrit ses vers à côté du berceau de sa fille adorée.... Lisez plutôt
cette pièce-ci.

A Marguerite.

J'avais, pour te fêter, ma douce Marguerite,
De fleurs et de chansons fait réserve en ce jour ;
Lorsque mon Adrienne, enfant de mon amour,
S'empara de ma plume et, là, toute petite,
Assise gravement comme nos grands auteurs,
T'écrivit ce qui suit pour ton bouquet de fleurs :

ANGE A ANGE.

J'ai dix-sept mois bientôt, c'est un bien petit âge :
Mais, à ce que l'on dit, je suis déjà bien sage ;
Je sais dire : Maman, papa, joujou, gâteau ;
Et j'aime les enfants, mes frères en berceau.
Je vous vis une fois, gentille demoiselle,
Et, depuis, chaque jour, de vous je me rappelle,
Le soir, quand du ciel bleu descend la nuit sur nous,
Ma petite maman me fait mettre à genoux
Et me dit : Chère enfant! fais ta sainte prière ;
Il est des noms par nous révérés sur la terre ;
Ces noms, qu'un saint amour grava dans notre cœur,
Enfant, il faut à Dieu demander leur bonheur.
Alors, j'entends nommer un père qui vous aime ;
Il est bon pour le mien, et je l'aime de même.

Je murmure son nom et le vôtre après lui :
C'est encor sa bonté qui vous fête aujourd'hui ,
Puisque pour ses bienfaits, je vous donne en échange
Mon petit cœur d'enfant et ma prière d'ange.

Entendons-nous : Je ne fais pas ici de la critique de détail; je veux au contraire laisser en paix une foule d'incorrections et de défaillances de style qui procèdent évidemment d'une plume inexpérimentée. Ce qu'il nous convient de demander avant tout à une jeune femme poète , c'est du cœur, encore du cœur, toujours du cœur. Ah! s'il s'agissait d'un homme fait, d'un écrivain ainsi déclaré , nous ne le tiendrions pas quitte à si bon compte! Ce livre pourrait bien lui valoir de notre part un gros réquisitoire... Mais à quoi nous servirait de prouver à M.ᵐᵉ Maria Delcambre qu'elle ne sait pas encore parfaitement les choses du métier? La littérature française ne sera pas mise en péril , j'imagine , parcequ'on aura, pour cette fois, laissé reposer sa férule, et qu'on se sera pris à aimer, sans arrière-pensée, cette poésie jeune, fraîche et blonde, à peu près comme Louis XIV aimait la jeune, la fraîche, la blonde La Vallière qui cependant, elle aussi, boitait un tantinet...

Quoiqu'il en soit, nous avons été étrangement impressionné par le diapason de quelques pièces de ce recueil nées de cette sorte d'éblouissement que répandent autour d'elles les grandeurs et les prospérités humaines. La force, la puissance, le bonheur, sont bien moins faits pour inspirer une jeune muse que le malheur et la faiblesse. La vraie fleur de poésie, ce n'est pas la Couronne-Impériale avec sa corolle empourprée, mais l'humble violette reléguée au fond des bois... O jeunes poètes! Tendez toujours la main vers celle-ci : elle ne demande pas mieux que d'être cueillie par vous. Quant à l'autre , souvenez-vous de certaine loi espagnole , et n'y touchez pas...

HENRY BRUNEEL.

HISTOIRE.

DE L'ARTILLERIE DE LA VILLE DE LILLE

AUX XIV.º, XV.º ET XVI.º SIÈCLES.

Archers. — Arbalétriers. — Canonniers.

XIV.ᵉ SIÈCLE.

« Quand on veut écrire l'histoire, a dit le plus grand écrivain des
« temps modernes, ce n'est pas tout que de chercher les faits dans des
« *éditions commodes*, il faut voir de ses propres yeux, ce qu'on peut
« nommer la physionomie des temps; il faut manier les siècles et
« respirer leur poussière (1). »

Pour se convaincre que cette belle et noble pensée de l'immortel
défenseur de nos libertés, est aussi exacte que sublime, il suffirait de
compulser les riches archives communales de Lille, que M. Bernard,
archiviste, a mises à notre disposition avec une obligeance toute particulière. A l'aide de ces vénérables débris du passé, nous avons pu, nous
aussi, entrevoir la physionomie des temps; apprécier la vie, si mystérieuse au moyen-âge, des générations dès longtemps éteintes; juger
leurs passions, partager leurs joies; nous initier à leurs malheurs qui,
presque toujours, furent ceux de la France. Bien qu'étranger par notre
naissance à la ville de Lille, les expressions nous manqueraient pour
dire combien profonde fut notre émotion à la vue des glorieux stigmates
que les siècles avaient laissés sur ces antiques monuments de la vie de
nos pères : cicatrices immortelles qui, traversant les âges avec ces précieux manuscrits, viennent proclamer hautement, aujourd'hui, qu'au
jour de ses siéges héroïques, le feu de l'ennemi ne respecta même pas
les vénérables archives de la valeureuse capitale de la Flandre.

---

(1) Châteaubriand, préface des *Etudes historiques*, p. 256.

Parlons maintenant des diverses machines, alors nommées engins, dont on fit usage à Lille dans ces circonstances mémorables.

Chacun sait qu'au moyen-âge on désignait par le mot *artillerie* toutes les armes alors usitées, tels que catapultes, balistes, mangonaux, espringales, arcs, arbalètes, etc. Selon Roquefort (1), *artiller*, signifiait à cette époque fortifier, armer, équiper un homme de guerre, etc. Nous aurons donc à nous occuper d'abord de ces diverses armes aussi bien que des archers et des arbalétriers lillois (2).

Le premier registre aux comptes de la ville de Lille remonte à l'année 1318, nous y voyons qu'à cette date les échevins allouaient à l'argentier L s. pour deux ars de cor (noisetier) à 1 piet ; XLIII s. pour XLIII arbalestres (3). On se contente de mentionner les espringalestes.

Quelques années après (1337), trois arcs de cor reviennent à X l. (4), alors que, en 1338, l'acat de sept ars à tour, d'un arch de cor et de six arbalestres, occasionne une dépense de XXIII l. XXI d., parmi le caritet et voiture, et que diverses sommes sont accordées à M.° Jehan de Venduille pour avoir rappareillié les espringales, quariaux et les engiens.

En 1340, le comptable, après avoir porté en dépense, d'abord, les IX l. IIII s. donnés à XXIII carpentiers qui wetièrent (firent le guet) as espringales, parmi VI nuis; puis les quatre sous remis à chacun des XX carpentiers, qui furent as espringales par trois fois, quant li bancloke sonna, et une fois quant eschevin alèrent vir treres les springales, nous apprend que l'on fist mener as portes et as garites les espringales, les ars à tour, les tours et les *caukes*. Il nous parle aussi des ars à *quauqiet et à 1 piet*. Quant à M.° Pieron Blanc-Pain, il obtenait LXXIII s. VI d. pour une espringale et une nœue nois. Trois ans après (1343), M.° Willaume Doulieu vendait à la ville une espringale moyennant IIIIXX l.; tandis que, en 1346, on ne lui accordait que LIIII l, pour une espringalle, 1 tour et un grand arc à tour.

Les arcs à *caucque* étaient encore en usage en 1382, car nous voyons qu'à cette époque trente *arbrières* d'arcs à *caucque* furent payées XXV l. IIII s. Leurs *escrics*, les oeches de leur *caucque* sont aussi mentionnés, ainsi que les clefs *des tours à vir*.

La corde de poil employée pour les espringales coûtait cinq derniers la livre, tandis que celle de poil ouvret en valait huit. Huon de Carvin livrait à cette époque quatre-vingt-huit livres de *wames* de ce dernier, et un cordier de La Bassée obtenait LXVI s. VIII d. pour cent liv. de corde de poil à *faire wames d'espringalles*. Le *sauniel*, à dix-huit deniers de Flandre la livre, était aussi fort employé, car on en achète, en 1360, plus de deux mille livres. En 1364, il est question d'un artilleur qui rembrache et rekerque de poil une espringalle.

---

(1) *Dictionnaire de la langue romane.*
(2) Au sujet des archers, des arbalétriers et des canonniers de diverses localités, Voyez notre *Cité picarde*, pages 1, 13, 231, 241 : *Les Archives du Nord de la France*, de M. Dinaux, t. I.", 3.° série, p. 500, 509.
(3) Il y a sans doute erreur.
(4) En 1341, six ars à tour acatés XVI s. de gros, à XXII d. le gros, reviennent à XVII l. XII s. En 1348, XXVI ars de cor vendus par un Allemand coûtent XLVIII onches d'or, val. XXXIIII l. XVI s.

En 1382, le fil d'*auviers* à faire cordes d'espringales et de grans ars à huit gros la livre, aussi bien que le fil à les *treuquefiller*, sont tour à tour mentionnés. Ainsi, la cordière *de la Bretesque* livre, moyennant XXIIII s., trois cordes de fil d'*auviers* servans as tours des grans ars de arbalestres. N'oublions pas les *vrayes cordes* des arcs, toujours distinguées *des fausses cordes*.

En 1358, nous trouvons mentionnés, d'abord, onze milliers de fiers de quariel payés XXX moutons de XXXVI l.; puis XXXIIII c. de fiers de quariel, achetés IX moutons et XXIII gros, de XI l. XIIII s. IX d., parmi le caritet. N'oublions pas *les fleques de quariauls*, dont I c. exige une dépense de XVI s. VII d., pour la façon seulement.

Pour empenner et enfierer ces quariaux, l'artilleur obtenait deux moutons de XXIIII·s. par millier.

En 1368, dix milliers de *fusteles, de quarriaus de tret, sans fiers et sans pennes*, sont payés, à Bruges, II s. de gros le millier; et le cent *de fusteles de piet* revient (1382) à huit gros. Pour en enferrer quinze cents l'ouvrier exige quinze sous.

Quant aux fers de ces *fusteles*, nommés *mousquettes*, il coûtaient douze gros le cent.

Cette même année (1368), XXV milliers de pennes à empener quarriaus étaient payés, à Bruges, VIII s. III d. de gros, de LVI s. XI d., et trois milliers et trois cents de petis claus à empener *bougons* revenaient à XV gros de VIII s. IIII d. Longtemps après (1391), Hanequin Mas, d'Arras, exigeait VI s. X d. pour les IIII c. XL quareaux fierés et empenés qu'il avait fournis.

En 1359, deux milliers de sayettes (flèches), accatées à Saint-Omer, sont payées XIII l. V s. (1400 sayettes à XII s. la XII.ᵐᵉ), et il faut débourser (1368) XXVII d. pour 1 c. et le tierch de 1 c. de *petis quarriaus d'arbalesterie;* alors que, en 1382, trois milliers de trets coûtent XVIII l. On mentionne aussi dix milliers *de tret de gambe*.

Les artilleurs de Bruges, que nous avons déjà cités plusieurs fois, jouissaient alors d'une grande réputation, car c'est presque toujours dans cette ville que les échevins lillois envoient faire leurs acquisitions. Ainsi, en 1368, on y achète dix arbalètes, à raison de deux sous de gros chacune.

Les arcs et les arbalètes portaient tous les armoiries de la ville, puisqu'*une ensengne à fleur de lis pour les arbalestres de la ville ensegnier*, coûte (1385) XVIII s. Longtemps auparavant (1355), Pieron de Sainte-Catherine avait reçu X s. VIII d. *pour avoir peint trente six escuchonnes des armes de la ville sur les arcs*. En 1392, L'artilleur Gilles du Prets, qui recevait par an dix couronnes de gages, obtenait XIIII l. VI s. pour *avoir verni* LI arbalestres, loyés de noels et rassis les clefs. Elles étaient aussi *nervées*.

D'ordinaire, on employait le canevas pour faire les fourreaux des arcs, afin de mieux conserver leurs escuchons. En 1400, les caprons de canevach pour les arcs coûtent III s. IIII d.

En 1365-66, l'arsenal de Lille renfermait LXX m. de quariaux, *tant à 1 piet, comme à tour et à cauque;* XXVII c. sayettes; XIIII m. baudrez; II m. de quariaux d'espringales; I tonnel plain de salpètre; I tonnel

plain de *caudes treppes* (chausse-trapes); VII canons et plusieurs qua-
riaus qui y appertiennent; LXVI ars de cor; XXXI espringales placées
aux portes.

Au sujet de ces dernières, il est bon d'observer que, durant l'hiver,
elles étaient couvertes de nattes ou d'ays, pour les garantir des negges
et des pluies.

Comme la milice bourgeoise de St.-Quentin (1), celle de Lille avait
des targes aux riches couleurs. En effet, en 1347, l'argentier, après
avoir parlé des grandes targes, à VI s. pièce, nous apprend que Jaque-
mart le Lormier a exigé XIIII s. pour chacune des L targes qu'il a
pointes, et qu'en outre on lui a donné XXV s. en amendement.

Les pavois étaient de couleur noire, car, en 1360, on donnait III s.
X d. de gros, de XXXVI s. IX d., à Pieron de Sainte-Katerine, qui avait
noirchi III sielles de cheval, II glaves (lances) et I pavois. En 1356,
II pavois coûtaient X gros.

En 1339, XXXI baudrel reviennent à CVIII s. VI d., à raison de
II s. VI d, chaque : le fil et les belieres coûtent V s.; les blouckes, les
crocs et les aniaux XLI s. IIII d.

Pour les caprons des gens d'armes, on faisait usage de royet, à IX
gros l'aune, et de blanc à X gros. En 1358, les XXIIII aunes et III quartiers de royet, et les XXVIII aunes et demi quartier de blanc, dont on
fist les LXV capprons, reviennent à XLIX s. VII d. gros, val. XXIIII l.
XII s. V. d. L'année suivante, les caprons des gens d'armes sont de
blanquet et de draps de Diestre, à XII gros l'aune. Nous lisons ailleurs
que XI²²ˣ XVI capprons pour cheus qui alèrent en l'ost, coûtèrent
CXVI s. VI d. de gros et II estrelins, val LV l. XVIII s. III d.

En 1385, les chaperons des arbalétriers étaient de kennevach à II.
gros estrelin l'aune. Parlons maintenant des bannières.

En 1347, deux bannières sont payées LXI s. IIII d. (2). En 1358, le
chendal et estoffes à faire le pignon (étendard) de la ville et les pignons
des glaves des gens d'armes coûtent, y compris leur façon, VII s. III d.
de gros, de LXXII s., alors que le cheval qui porte le pingnon de la
ville est acheté XXVIII moutons et XVIII gros, val. XXIIII l. VII s.

Cette même année, il faut V quartiers de *cendal de graine*, une aune
et demi de bougheran, ainsi que IX quartiers de rouge saye et verde
toille, payés IIII l. IIII d. de gros, de XLII l. IIII d., pour le grant
pingnon des XIIII glaves envoyées a Long (3), et pour ceux de ces
glaves.

A Rogier de Lille, on accorde XLIIII gros, de XXVI s., pour le faicon
dou grant pingnon et des petis pingnons et pour celle d'un cappron.

Outre leur pingnon, les arbalétriers de Lille avaient à St -Valéry *une
bannière de saye blanque et rouge*. Celui qui la porte reçoit un mouton
(sorte de monnaie) de XXIIII s.

En 1359, ce même Rogier de Lille obtenait XXV s. IX d. pour le

---

(1) Voyez le bulletin Arch. *du Comité des Arts et Monuments*, t. IV, p. 161.
(2) I behot et I baudrel à porter le banière des arbalestriers, VIII gros de VI s. V d.
(3) Long près Abbeville. Le beau château de cette localité appartient aujourd'hui à
notre bien cher parent M. le comte de Boubers-Abbeville.

fachon de XVII pingnons de saye blanque et viermelle, destinés aux gens d'armes envoyés au sénéchal de Hainaut; alors que, l'année suivante, XIIII l. XIX s. VI. d. lui étaient alloués pour II c. escucons mis à capprons, X grans pingnons des armes de le ville, XIII pignons, que de glaves que pour les cars, etc.

Les tentes étaient aussi ornées des armoiries de la cité, puisque, l'année précédente, le même Rogier de Lille confectionnait les escucons des tentes des gens d'armes envoyés à St-Valery.

C'est en 1350 que nous trouvons mentionnés pour la première fois *les trompeurs* des gens de guerre. Lors de l'expédition de La Bassée, à chacun *des deux trompeurs* on alloue VIII s. fors, et *les pignons de leurs trompes* coûtent XXVIII s. II d. fors, non compris la façon.

En 1358, les II *ménestreuls* qui accompagnent à Long les XIIII glaves envoyées par la ville, ont droit à II s. de gros par jour. Leur capprou revient à IX gros I estrelin chacun, prix, au reste, alloué pour les XLV autres. Deux *ménestreus* sont aussi comptés parmi les gens de guerre expédiés par Lille à St-Valery. Quant aux deux autres *ménestreuls* qui, l'année suivante, accompagnent XX arbalétriers et XVI glaves dirigés sur le Pont-à-Wendin, ils reçoivent I escu par jour.

A peine les échevins avaient appris que Jean II, dont le traité de Bretigni venait de briser les fers, était arrivé à Calais, qu'ils y envoyaient des menestrels, comme le constate ce passage des comptes : 1360. *As menestreuls de la ville, donné en courtoisie pour aler à Calais par deviers le roy, notre sire*, V escus de IIII l.

Des menestreus accompagnent aussi jusqu'à Calais les deux otages lillois (1).

Les diverses machines dont nous venons de parler allaient bientôt être remplacées par d'autres, qui devaient changer tout le système de la guerre.

« Chacun sait, dit M. L. Lalanne (2), que c'est dans un compte de « dépense du mois de juillet 1338, que l'on trouve la plus ancienne « mention des armes à feu en France; mais il est probable que leur « emploi est antérieur de plusieurs années à cet acte, car, à partir « de cette époque, il en est question très-souvent. On les voit figurer « aux siéges de Puy-Guillem (mars — avril 1339), de Cambrai (sept. « 1339), du Quesnoy (1340), du château de Rioult en Artois (1342). »

Nous nous étions souvent demandé pourquoi, parmi ces diverses cités flamandes et artésiennes, ne figurait pas Lille, cette célèbre capitale de notre belle Flandre; nous sommes heureux de pouvoir prouver aujourd'hui que ses curieuses archives municipales récélaient à cet égard de précieux secrets qui viennent lui restituer tous ses titres de gloire. Les documents que nous avons trouvés dans ce riche dépôt nous permettent, en effet, d'affirmer que Lille a fait usage du canon à une date

---

(1) Les registres aux comptes contiennent des documents d'un haut intérêt sur ces otages.
(2) *Rech sur le feu grégeois*, p. 81., éd. in-4 ° — V. aussi M. Lacabane, bibl de l'école des Chartres, 3.° série. t. I. p. 28;—M. de Saulcy. le *Moyen-âge et la Renaissance, art, armurerie*, t. IV, fol. XIX, V.°

aussi ancienne que Tournai (1); mais qu'à cette époque reculée, ce nouvel engin y était désigné sous un nom qui nous remet en mémoire ce passage d'un auteur arabe cité par Casiri dans sa bibliothèque arabe espagnole (2), et ainsi traduit par M. Reinaud : « ils mugissent comme si c'était le tonnerre. »

Ainsi, le comptable lillois de 1339-40, après avoir énuméré les dépenses occasionnées par l'entretien des diverses machines que nos lecteurs connaissent déjà; après avoir mentionné les *pots pleins de chaud*, *les mines pratiquées* à l'Abiete, à Saint-Jacques et au Noef-Markiet, déclare qu'il a payé IV l. XVI s. à Jehan Pied-de-Fier pour IV *tuiaux de tonnoire de garros et pour cent garros.* Deux ans après, c'est à un *Mestre du tonnoire* qu'il a remis XI l. XII s. VIII d. *pour ledit tonnoire faire*; alors même que XX s. sont alloués à M.ᵉ Jehan de Venduille, pour vin donnet à luy, *quant il fist gieter le premier engin.*

Ce *tonnoire* serait-il le même que l'engin éprouvé pour la première fois, comme nous venons de le voir, par Venduille? Cet engin, enfin, ne serait-il pas le canon des premiers temps de l'artillerie?

Peu satisfaits sans doute des essais de Venduille, les échevins faisaient appeler le maistre de l'artillerie de Tournai (1342), auquel ils ordonnaient de présenter vin de courtoisie. Le messager devait aussi *finer* dans cette ville *que on eust dou carbon de feure.*

Quoiqu'il en soit, nous voyons, que, en 1347, M.ᵉ Jehan-Blanc Pain, qui venait de faire un *nouvel engin à deux verghes*, recevait IIII s. VIII d. en courtoisie, *quant il fist gieter les engins qu'il avait fait el mois de novembre*, et IIII los de vin, de XXVIII d. le lot, *quant on fist gieter le triuwe* (3) au moliniel.

Ces derniers essais n'ayant pas complétement satisfait les officiers municipaux, ils faisaient appeler un *maistre qui vint chi gieter d'un tonnoile*. A ce dernier ils accordaient VIII s. en courtoisie, alors qu'on remettait par leur ordre XI s. VI d. *as maistre de la ville et plusieurs ouvriers qui burent à le bienvenue dou maistre qui gieta dou tonnoille parmi le salaire d'un vallet qui rala querre les garriaus.*

Enfin, nous trouvons, en 1348, le canon mentionné. Nous lisons : *pour I canon dont on giele garos acaté III escus val. LVII s. Pour poure dont on asaia che chanon et pour II garos* (4) *et le fachon, VI s. VIII d.*

Il est bon d'observer que ce canon ne coûte que LVII s., tandis que le *tonnoire* de 1341 avait été payé XI l. XII s. VIII d.

DE LA FONS-MELICOCQ.

---

(1) M. le comte Léon de la Borde, *les Ducs de Bourgogne*, t. 1., introd. p. XXXIV note.
(2) Voy. notre cité picarde, p. 53.
(3) Pour le fonds de le petite triuwe refaire. II s.
(4) 1382, Gariaus estoffés à III gros pièce.

La suite prochainement.

SCIENCES.

ÉCONOMIE AGRICOLE ET INDUSTRIELLE.

—

HISTOIRE DU COTON.

> L'agriculture et l'industrie sont deux sœurs, douées de facultés diverses, qui se complètent l'une par l'autre, et qui doivent rester inséparablement unies.

Cette comparaison, souvent répétée, s'applique particulièrement à la substance dont nous voulons esquisser l'histoire. Si en effet, les intérêts de l'agriculture et de l'industrie sont étroitement liés, si les progrès de l'une favorisent le développement de l'autre, si les mesures nuisibles à la première, sont fatales à la seconde, c'est surtout en ce qui touche la culture et l'industrie du coton. Par l'universalité de ses applications, par la prospérité qu'elle donne aux pays qui la cultivent ou la mettent en œuvre, cette précieuse soie peut être considérée comme l'une des matières premières les plus importantes que l'homme utilise. — Sa culture a fait la fortune des États du sud de l'Union américaine. Elle va contribuer pour une large part à la prospérité de notre colonie d'Afrique. — Son industrie est une des plus grandes sources de richesse de l'Angleterre. En France, elle fait vivre une population de plus de 600,000 ouvriers et produit une valeur annuelle de 600 millions de fr.

On a publié de nombreux documents sur la production et l'industrie du coton. Ce qui va suivre sera emprunté, en partie, aux publications de MM. Gérard et Hardy, ou aux résumés statistiques qui m'ont paru mériter le plus de confiance.

Le coton est produit par un arbrisseau nommé *cotonnier*. A l'époque de la maturité, les capsules du fruit s'ouvrent ; une sorte de touffe blanche apparaît, s'épanouit comme une grande fleur, c'est le précieux duvet qui forme un lacis filamenteux autour des graines du végétal.

Caractères botaniques. — Le cotonnier appartient à la famille des Malvacées, genre Gossypium. C'est une plante vivace, d'un port buissonneux ou pyramidal, pouvant atteindre 6 mètres de hauteur (1). — Les variétés les plus cultivées dépassent rarement 2 mètres 50 centimètres. — Il présente pour caractères : un double calice persistant, l'extérieur à trois divisions profondes, l'intérieur cupuliforme à cinq découpures : une corolle à cinq pétales hypogynes : un grand nombre d'étamines soudées en un seul tube ; un style simple, stigmate claviforme à trois ou cinq sillons : un ovaire à trois ou cinq loges; des graines nombreuses, ovales, à peu près de la grosseur des grains de café, et dont l'épiderme plus ou moins spongieux est recouvert de la laine épaisse appelée coton.

Les feuilles ont l'apparence grossière des feuilles de vigne.

Les fleurs sont grandes, blanches, jaunes ou purpurines, selon les espèces. Le coton est plus ou moins long, fin, soyeux, élastique : sa couleur varie du blanc éclatant jusqu'au jaune, en passant par les nuances du blanc d'argent, blanc mat, jaune paille, beurré, roux et nankin (2).

Le genre Gossypium ne comprend que des arbrisseaux. Certaines variétés sont dites *herbacées*, mais seulement sous le rapport agricole, parce que la nature du climat où on les cultive comme plantes annuelles ne leur permet pas de prendre le développement qu'elles atteignent, au bout de plusieurs années, sous des latitudes plus basses.

Nous citerons, parmi les espèces les plus importantes :

1.° Le cotonnier dit herbacé, originaire de l'Orient.

2.° Le cotonnier arborescent, cultivé aux Indes, en Chine.

3.° Le cotonnier de l'Inde.

4.° Le cotonnier velu, de l'Amérique.

5.° Le cotonnier religieux ou à trois pointes.

6.° Le cotonnier à feuilles de vigne.

Dans le commerce, on désigne les espèces sous le nom des pays de

---

(1) On peut voir dans les serres du jardin botanique de Lille, un cotonnier arborescent qui à près de 6 mètres de hauteur.

(2) Chacun connaît la réputation universelle des cotons nankins originaires de la Chine.

provenance, et avec la double dénomination de cotons à longue soie ou à soie courte.

Les plus estimés des cotons longue soie sont, d'abord :

Le Géorgie (Sea-Island), long, fin, élastique, d'un blanc d'argent, le premier des cotons connus.

Ensuite, le Bourbon, le Jumel d'Égypte, le Porto-Rico, le Cayenne, le Grenade ; puis le Bahia, le Haïti, le Guadeloupe, le Martinique, etc.

Le meilleur des cotons à soie courte, c'est le Louisiane, fin, doux, pas trop court, et d'un blanc légèrement beurré ; viennent après, le Cayenne, l'Alabama, le Mobile, le Tennessèe, le Caroline, le Géorgie courte soie, le Virginie, le Madras, etc.

Culture du cotonnier.—La culture du cotonnier est très-répandue à la surface du globe. Elle prospère partout où la température moyenne ne descend pas au-dessous de 17 à 18.° En Europe, elle ne dépasse guère le 43.me degré de latitude, bien qu'on ait voulu la porter jusqu'au 45.me Dans l'Amérique du nord, elle s'étend jusqu'au 41.me ; et dans l'Amérique méridionale, elle descend jusqu'au 30.me degré de latitude sud, sur le littoral oriental, et jusqu'au 33.me sur les côtes occidentales ; mais, dans ces limites, toutes les espèces ne réussissent pas également bien. Le cotonnier arbre ne prospère que dans les contrées intertropicales, tandis que les variétés dites herbacées peuvent être cultivées dans les régions tempérées de l'Europe méridionale, sur un sol et sous des conditions climatériques favorables.

Une terre de couleur foncée, de nature argilo-calcaire, profonde, très-perméable, ameublie par de nombreux labours, convient au cotonnier. Les semailles, les sarclages et les autres soins qu'il exige, sont déterminés d'après la température moyenne du climat, la nature du sol et l'état plus ou moins avancé du végétal. En Algérie, on plante en avril et mai et l'on récolte d'octobre à décembre. Semées à peu près comme les haricots, les graines peuvent lever au bout de cinq jours. Lorsque le fruit est arrivé à maturité, ses capsules s'ouvrent, le coton s'en échappe ; alors la cueillette commence. — Elle se fait en tirant avec les doigts les flocons des gousses sans enlever aucune partie sèche du calice. Elle doit avoir lieu par un temps sec, et durer seulement le temps nécessaire pour le complet et successif épanouissement des capsules.

La culture du cotonnier est plutôt améliorante qu'épuisante. En effet, d'un côté, le coton que l'on enlève n'est qu'une partie très-minime du végétal ; d'un autre, les tiges brûlées peuvent retourner au sol sous la forme de cendres ; enfin, après l'extraction de l'huile des graines, les tourteaux y retournent sous forme d'engrais. Selon les évaluations de M. Hardy, il faudrait 4079 kil. de tourteaux pour valoir 40,000 kil. de fumier normal.

Egrénage — Lorsque le coton a été récolté, il lui reste à subir une opération préparatoire des plus importantes, la séparation de la soie des graines auxquelles elle adhère. Cette opération, se fait généralement de la manière suivante. Deux rouleaux en fer ou mieux en bois, écartés l'un de l'autre seulement de la quantité nécessaire pour donner passage aux filaments, tournent en sens contraire, laissant d'un côté, les graines, entraînant, de l'autre, la soie.—Mais aucune machine ne peut remplacer le travail à la main pour faire un triage et par suite donner des produits de premier choix. — Quelque soit du reste le procédé suivi, le coton une fois égréné est foulé dans des balles dont le poids et la forme varient selon l'espèce et les lieux de provenance.

Filature mécanique du coton. — Le coton arrive ainsi en balles dans les grands centres manufacturiers, comme Manchester, Lille, Mulhouse, où il doit être filé.

La filature du coton, aujourd'hui toute mécanique, se compose d'une longue série d'opérations, simples en elles-mêmes, mais dont il est difficile de se faire une idée exacte, autrement que par l'inspection d'une manufacture.

Nous indiquerons en quelques mots le but plutôt que le mécanisme de ces opérations.

D'abord, le coton est *ouvert* à l'aide de baguettes soit à la main soit à la mécanique ; puis il est *épluché* et ensuite passé dans des cardes cylindriques qui démêlent ses filaments, rompent leur adhérence, les délivrent de leurs impuretés et les distribuent également sous la forme de nappes ou de rubans.

Alors commence une succession presque infinie de *doublages*, *d'étirages* et de *laminages*. En même temps que les rubans ou les fils sont réunis par 2, par 4, etc., ils sont soumis, au moyen de rouleaux comprimeurs animés de vitesses différentes, à un étirage tel que le fil résultant, suffisamment fort, est plus fin que chacun des fils composants. Ce travail a pour but de rendre la soie régulière, d'allonger ses fibres, de les unir, de les amener au parallélisme, enfin de leur donner du *nerf*, avec de l'éclat et du soyeux. Pour en faire comprendre l'importance, je dirai qu'un simple fil retors, en géorgie longue soie, pour tulles ou dentelles, résulte de la superposition par doublages et étirages successifs, depuis le départ de la carde jusqu'à la dernière bobine, de 162 milliards 533 millions 090 mille 808 rubans ou brins de coton !

Les fils convenablement préparés sont tordus par les broches des métiers appelés *mull-jenny*, et finalement enroulés sur des bobines. On les désigne, dans les manufactures, par des numéros d'autant plus élevés que leur diamètre est plus fin. Ces numéros n'indiquent pas explicitement le diamètre, mais seulement le nombre d'écheveaux de 1000 mètres ajoutés pour faire 1/2 kil. Par exemple : si pour faire un poids de 1/2 kil., on a réuni 100 écheveaux de 1000 mètres de longueur, soit 100,000 mètres, on a le N.º 100. Le N.º 500 est un des plus fins que l'on ait obtenu jusqu'à présent.

C'est sous la dénomination de ces divers numéros que, de la filature, le coton passe dans les manufactures où il sert à la confection de cette immense variété de tissus, depuis les couvertures les plus grossières jusqu'aux mousselines et aux gazes les plus délicates.

Historique de l'industrie du coton. — Le cotonnier paraît avoir été cultivé dans les Indes de toute antiquité : « Les Indiens, dit Hérodote, « possèdent une sorte de plante qui produit, au lieu de fruits, de la « laine d'une qualité plus belle et meilleure que celle du mouton. Ils « en font leurs vêtements. »

Le commerce des tissus de coton remonte à une époque également très-reculée. Masalia (Masulipatnam) avait les fabriques les plus renommées, et les mousselines du Bengale jouissaient de cette réputation qu'elles ont conservée de nos jours.

C'est à l'époque de l'ère chrétienne que le commerce des étoffes de coton s'étendit de l'Orient dans la Grèce et dans l'empire romain.

L'introduction du cotonnier en Europe date du IX.º siècle, et est due aux Arabes d'Espagne. Au XIV.º, Venise, Gênes, fabriquaient des tissus solides avec des cotons de Syrie et de l'Asie mineure. Vers la même époque, leurs navires portèrent à l'Angleterre les premiers cotons en laine qu'elle ait reçus. Ceux-ci ne furent d'abord employés qu'à faire des mèches de chandelles. Le travail de la filature ne commença qu'avec le XVII.º siècle. Manchester, déjà connue pour ses manufactures de laine, achetait en 1630, à Londres, du coton de Chypre ou de Smyrne, pour en faire de la futaine, des basins, des toiles peintes en rouge, qu'elle renvoyait ensuite à Londres pour être vendus ou expédiés à l'étranger.

Alors on ne filait qu'au rouet. — La prodigieuse consommation des étoffes de Manchester rendit bientôt insuffisante sa production. On comprit la nécessité de simplifier les procédés anciens, d'inventer des machines qui pussent filer plusieurs fils à la fois.

Les premiers essais, bien humbles, bien informes encore, furent tentés par John Wyatt, en 1730, en même temps que John Kay découvrait la navette volante. Plus tard, vers 1767, Hargreaves, tisserand de Stanhill, dans le Lancashire, construisit le métier appelé *Jenny*. Un autre tisserand, Samuel Crompton composa la *mule* qui fut substituée à la jenny.

Mais l'homme qui sut coordonner toutes les inventions éparses de ses devanciers, le créateur des laminoirs ou cylindres étireurs, le génie qui révolutionna l'industrie par la substitution de la force sans limites de la vapeur, aux moteurs animés ou hydrauliques, fut un barbier nommé Arkwright, né à Preston dans le Lancashire, en 1732.

Les immenses progrès qu'il fit faire à la filature ne le mirent pas à l'abri de la jalousie, de la haine, des procès et des persécutions qui semblent être le triste apanage de la plupart des inventeurs. Comme Hargreaves, l'auteur de la *Jenny*, Arkwright eût à souffrir de l'ingratitude de ses compatriotes, et dut fuir devant une populace furieuse, qui ne pouvait pas plus pardonner que comprendre ses brillantes découvertes.

Heureusement il était doué d'une énergie et d'une persévérance indomptables. — Il se sépara de sa femme qui brisait ses modèles de machines pour l'obliger à raser ses pratiques. — Il suscita la concurrence du comté de Lanarck contre l'ingratitude du comté de Lancastre, dont les manufacturiers s'étaient ligués pour empêcher la vente de ses produits. — Il triompha partout ; et en s'élevant des derniers rangs de la société au plus haut degré de la fortune, comme Watt il eût la gloire de contribuer pour une large part à la prospérité et à la richesse de son pays.

Un de ses associés, Strutt, découvrit en 1790, le *Mull-Jenny*, métier qui peut se mouvoir sans le secours de l'ouvrier. — Grâce à ces inventions, aujourd'hui 150 fileurs dirigeant autant de *Mull-Jennys* font l'ouvrage de 40000 fileurs travaillant au rouet.

L'établissement de l'industrie cotonnière en France remonte au milieu du XVII.ᵉ siècle. En 1668, 200,000 kil. de coton en laine étaient importés du Levant par Marseille. — La filature mécanique ne date que des découvertes d'Arkwright. Amiens fut une des premières villes où elle s'établit en grand. Mais, soit faute de bonnes machines et d'ouvriers exercés, soit manque de débouchés pour nos tissus, elle ne se développa d'abord que très-lentement. — Depuis un certain nombre d'années, ses progrès ont été relativement rapides. Mulhouse (1) et Lille ont rivalisé d'efforts pour atteindre Manchester. Actuellement, si la production de la France n'est pas aussi colossale que celle du Royaume-Uni, l'état de ses manufactures peut cependant se comparer à celui des filatures anglaises, et nous pouvons lutter sous le rapport de la beauté et de la perfection des produits.

Historique de la culture du cotonnier en Algérie. — En 1807, des essais de culture du cotonnier avaient été faits, dans plusieurs départements du midi, par ordre de l'empereur Napoléon. Ils avaient assez bien réussi pour qu'on eût dû les continuer, et néanmoins on y avait renoncé.

Ces tentatives devaient naturellement être répétées dans nos possessions d'Afrique, dont le sol et le climat réunissent, mieux que nos départements méridionaux, les conditions nécessaires à la prospérité agricole du coton.

C'est à 1839 que remontent les premiers essais de culture entrepris par des propriétaires de la colonie; mais ce n'est qu'en 1842 qu'avec l'intervention de l'Etat, commencèrent des expériences sérieuses, décisives, sous l'habile direction de M. Hardy, directeur de la pépinière centrale d'Alger.

De toutes les espèces cultivées, on a reconnu que les plus avantageuses étaient le Géorgie longue soie et le Louisiane. La première surtout, introduite en 1849 par M. Ed. Cox, a réussi au-delà de toute attente.

Trois années d'expériences ont en effet prouvé que sur les côtes de la province d'Oran, comme sur les rivages de la Floride et de la Caroline du Sud, dans une atmosphère et un sol saturés des émanations salines de la mer, le Sea-Island peut fournir les filaments les plus longs, les plus soyeux, les plus fournis, les plus beaux. Loin de dégénérer, l'espèce acquiert, en s'acclimatant, de la force, de l'énergie, de la ductilité et réunit ainsi toutes les conditions recherchées dans l'industrie pour la filature des hauts numéros, qui servent soit à la confection des dentelles et des tulles, soit à la fabrication des plus beaux tissus des manufactures de Tarare, de Saint-Quentin et d'Alsace (2).

---

(1) La plus grande filature du continent est à Mulhouse. Elle fait mouvoir 110 mille broches

(2) M. Cox a pu obtenir de très-beaux filés depuis le numéro 200 jusqu'au numéro 360 en fil simple et 400 en fil retors.

L'opération de l'égrenage seule laisse encore à désirer. Mal faite, elle amoindrit considérablement la valeur du coton. On peut espérer que la protection si large et si efficace du gouvernement, fera naître quelque machine plus parfaite que les moulins actuellement en usage, destinés à remplacer, bien qu'imparfaitement, le travail à la main.

Le tableau suivant, donné par M. Hardy, résume la production et la valeur du coton en Algérie :

	ÉPOQUE MOYENNE de la maturité.	Poids du coton brut par hectare.	Proportion du coton à la graine	Produit brut du coton égrené par hectare.	Valeur moyenne du coton par kil.	Valeur moyenne du produit par hectare.
Géorgie longue soie	Novembre et décembre.	1460 kil.	20 0/0	292 kil.	7 fr. 00	2044 fr.
Louisiane.........	Octobre et Novembre.	2260	30 0/0	678	2 fr. 25	1525

Production générale du coton et consommation. — Les États-Unis reçurent pour la première fois en 1786 et plantèrent en Géorgie le cotonnier Sea-Island qui leur fut envoyé de Bahama. Le sol convenait si bien à cette plante qu'elle y prit promptement un développement immense. De là, la culture se répandit dans la Caroline du Sud, l'Alabama, à Mobile, etc. — En 1790, l'Union n'exportait encore que 81 balles; en 1853, sa production atteignait 3,262,882 balles, représentant une valeur de 600 millions de francs. Sa consommation n'a pas augmenté moins rapidement En 1842, tous les États n'employaient que 208,499 balles; en 1853, ils en consommaient 671,000.

L'Angleterre est le pays où l'importation avec la mise en œuvre et la consommation présentent les chiffres les plus élevés. En 1853, elle a importé 2,264,170 balles, soit 350 millions de kilogrammes; elle possède dans ses manufactures 21 millions de broches, et l'on évalue annuellement à deux millards de francs le produit de toute son industrie cotonnière.

Après l'Angleterre, la France tient le premier rang sous le double rapport de la fabrication et de la consommation. Son importation, l'année dernière, a été de 400,000 balles représentant 69,000 tonnes, et sa filature emploie 6 millions de broches. — Lille seule en met en mouvement 500,000.

Quant aux autres contrées Européennes, elles consomment entre elles environ 800,000 balles ou 120,000 tonnes et font mouvoir 3,185,000 broches réparties ainsi : 815,000 pour l'Allemagne, 700,000 la Russie, 650,000 la Suède, 420,000 la Belgique, 300,000 l'Espagne et 300,000 l'Italie.

La production du monde entier peut être évaluée approximativement à 1,700,000 balles ou 700,000 tonnes. L'Amérique du Nord fournit à elle seule 3,200,000 balles, et l'Angleterre en manufacture plus de 2 millions !

On raconte qu'Arkwright, enivré par la grandeur et la rapidité de sa fortune, ne rêvait rien moins que d'acheter le coton produit par le monde entier. Alors l'Angleterre n'en importait guère annuellement que 3 à 400,000 quintaux. — De nos jours, le rêve d'Arkwright peut-il paraître ambitieux, quand on voit quelques capitalistes de Liverpool opérer sur plus de 5 millions de quintaux, et certaine maison de commerce de Manchester exporter plus de 180 millions de kilogrammes de coton filé ou de tissus ?

Devant cette omnipotence industrielle, secondée par une production si rapidement croissante, doit-on même s'étonner de cette exclamation d'un manufacturier Lancastrien : « Qu'on nous ouvre l'accès d'une autre « planète, et nous nous chargeons d'en vêtir les habitants ! »

LAMY.

Deuxième session des assises scientifiques à Amiens.

2 ET 3 JUILLET 1854.

Dans un de nos précédents articles sur *l'Archéologie nationale au XIX.*e *siècle*, nous avons signalé l'influence exercée sur l'étude des sciences historiques par l'*Institut des provinces*, fondé par M. de Caumont, et les *Congrès scientifiques* qui chaque année réunissent dans une des villes de France, l'élite des savants et des érudits de la province.

Le but des *Assises scientifiques*, création récente du même Institut, est plus modeste et son cercle est plus restreint ; ces assemblées se tiennent chaque année dans la même ville, et ont principalement pour objet d'examiner l'état des sciences dans la circonscription pendant l'intervalle d'une année à l'autre ; elles établissent une sorte de lien fraternel entre les hommes d'étude ; elles propagent les idées et les découvertes nouvelles, et en appelant indistinctement aux séances et à la discussion toutes les personnes qui veulent bien y prendre part, elles tendent à populariser et à faire aimer la science.

Au reste, pour mieux faire apprécier l'esprit et les tendances de ces réunions périodiques, nous demandons à nos lecteurs la permission de faire passer sous leurs yeux le compte rendu sommaire de la deuxième session des Assises scientifiques, tenue à Amiens, les 2 et 3 juillet dernier, sous la présidence de M. de Vigneral. — Nous regrettons vivement que cette sèche et froide analyse enlève à la plupart des questions le charme et l'intérêt qu'ont su y répandre les personnes qui les ont discutées.

M. le président ouvre la séance en rappelant en quelques mots le but et l'origine des assises scientifiques : cette institution nouvelle, corollaire indispensable des grands congrès provinciaux, a fait depuis sa fondation de notables progrès : la réunion qu'il préside aujourd'hui, dit M. deVigneral, est tout à la fois un témoignage de ces progrès et une garantie que les questions du programme seront habilement traitées. — Il termine en témoignant ses pénibles regrets de ne plus voir auprès de lui M. le docteur Pauquy, que la mort a frappé récemment, et qui aux dernières assises avait plusieurs fois jeté dans la discussion les lumières de son vaste savoir.

M. Decharmes, l'un de nos collaborateurs à la *Revue du Nord*, demande la parole sur la première question : *Quels ont été les progrès des sciences physiques et naturelles dans la circonscription pendant l'année 1853?* Il expose quelques considérations théoriques sur l'électricité employée comme force motrice, et passe ensuite à la description d'un métier électrique pour le tissage des étoffes, inventé par M. Ed. Gand, d'Amiens ; déjà bien des savants se sont occupés de cette importante question et quelques-uns sont arrivés à des résultats relativement satisfaisants ; mais trop souvent, ces découvertes, fort belles en théorie, sont d'une difficile application pratique ; M. Gand a surtout cherché à rendre facile et économique l'emploi de l'électricité comme moteur appliqué au métier à la Jacquart ; il croit avoir réalisé tout à la fois une économie d'ouvriers, de matériel, de cartons, et rendu son système applicable à la fabrication de tous les genres d'étoffes, unies ou façonnés.

Après cette intéressante improvisation, M. le docteur James lit une courte notice sur *l'état actuel de la botanique.* — Il rappelle les éminents services rendus à cette science par M. Pauquy, auteur de la *Flore du département de la Somme*, et il retrace quelques-unes des conquêtes récentes de l'horticulture, déjà précédemment exposées par lui dans un rapport à la Société d'horticulture de la Somme.

M. Andrieux, président de cette société, énumère les avantages incontestables des expositions périodiques d'horticulture ; on leur doit l'introduction d'un grand nombre de plantes nouvelles de serre et de jardin, le développement sans cesse croissant de nos cultures maraîchères et l'amélioration sensible des fruits de table.

M. Dutilleux présente ensuite *l'état des sciences archéologiques.* — Les découvertes et les trouvailles sont peu nombreuses ; une des plus importantes est celle d'une grande quantité de haches ou coins celtiques trouvés près d'Amiens, à d'assez grandes profondeurs ; un d'entre eux, au dire des ouvriers, aurait été rencontré dans le même banc d'alluvion que des fragments de défenses fossiles d'éléphant. — D'importants travaux de restauration se poursuivent toujours à la cathédrale d'Amiens ;

on pourra bientôt se faire une idée de ce que devait être ce magnifique monument dans son état primitif. Du reste le style ogival fait partout de nouveaux progrès, et le temps est proche où l'on renoncera complètement, pour les édifices religieux, aux copies malencontreuses des temples antiques. — *Les études historiques sur Gamaches*, par M. Darsy, *Les lettres archéologiques sur le château de Lucheux*, par M. Labourt, *L'Essai, sur les monnaies des comtes de Ponthieu*, par M. Deschamps de Pas, les notices de M. Prarond, sur les *rues et l'arrondissement d'Abbeville, les enceintes, et les rues d'Amiens*, de M. Goze, sont, avec quelques autres ouvrages moins importants, les principales productions archéologiques de l'année 1853.

M. L. Boca, archiviste du département, rend compte de la publication des *Coutumes locales du bailliage d'Amiens*, entreprise par M. Bouthors ; après avoir rendu justice à la savante érudition qui a présidé à ce long et pénible travail, il examine si le droit appelé *maritagium* dont parlent quelques coutumes a bien le caractère général et odieux qu'on a voulu lui attribuer récemment. D'après M. Boca, le *maritagium* est simplement la redevance perçue par le seigneur en échange de la permission, du congé qu'il donne à son vassal de prendre femme. M. Bouthors, présent à la séance, soutient que ce droit dérive de la puissance absolue du maître sur son esclave, et qu'ainsi il a pû s'exercer primitivement en nature ; mais ils est porté à reconnaître qu'il s'est transformé en simple redevance ; c'est d'ailleurs à ce titre qu'il apparaît dans les coutumes du bailliage d'Amiens.

M. Garnier, bibliothécaire de la ville, rappelle que l'année 1853 a vu encore publier d'autres ouvrages importants pour l'histoire du pays : il faut citer en première ligne le livre de M. Vion sur *Pierre L'Hermite*, grâce auquel il n'est plus permis de contester à la Picardie l'honneur d'avoir vu naître l'apôtre des croisades, ni d'amoindrir le rôle immense qu'il a joué dans l'histoire de notre civilisation ; — et aussi *l'Histoire de la confrérie de Notre-Dame du Puy, d'Amiens*, intéressante monographie dans laquelle M. A. Breuil retrace l'origine, les progrès et la décadence d'une des plus anciennes et des plus célèbres associations littéraires et artistiques de nos provinces du Nord.

M. Blanchet, professeur au lycée, lit sur la neuvième question : *quelle est l'histoire chronologique des jardins dans la circonscription ?* un mémoire dont le style spirituel, et les aperçus ingénieux captivent constamment l'intérêt et l'attention de l'assemblée. — M. Blanchet retrace l'histoire des promenades d'Amiens, Doullens, Abbeville, Péronne, et il examine les motifs qui tendent à faire préférer aujourd'hui les jardins anglais aux grandioses plantations à la française, accessoire obligé des vieilles résidences seigneuriales. Cette transformation n'est que trop motivée par la nécessité où nous sommes aujourd'hui de réunir sur l'étroit espace de notre demeure, la plus grande quantité possible de fleurs, d'ombre et de verdure; mais si nous sommes forcés, pour nos jardins modernes d'accepter ce goût nouveau, il faut bien nous garder d'abattre et de remplacer par des massifs et des accidents de terrain pittoresques ces magnifiques avenues, ces hautes charmilles et ces vastes tapis verts qui, comme à Versailles, accompagnent d'une manière si heureuse les lignes pompeuses de l'architecture des XVII.ᵉ et XVIII.ᵉ siècles.

On passe ensuite aux questions spéciales à *l'agriculture.*

M. le président lit une note de M. de Rainneville relative aux essais faits dans ses cultures du procédé de semis par lignes ou en quinconces de M. Ledocte, directeur de l'école de Thourout (Belgique). Ce nouveau procédé procure une économie de semences de deux hectolitres par hectare, et une augmentation de rendement qui peut aller au delà d'un cinquième; il facilite singulièrement les travaux de culture et deviendrait une source incessante d'occupation pour les femmes et les enfants.

Plusieurs membres insistent sur la nécessité d'organiser sûr de nouvelles bases l'enseignement de l'agriculture dans les campagnes; il faudrait que les cours pratiques des écoles normales primaires reçussent plus de développements, et que l'agriculture fût enseignée, d'une manière obligatoire dans chaque commune : c'est aux instituteurs primaires que revient le devoir et l'honneur de propager les améliorations considérables que reçoivent chaque jour la grande et la petite culture.

La dixième question était ainsi conçue : *Les beaux-arts ont-ils été en progrès en 1853 dans la circonscription? Qu'a-t-on fait de plus digne d'être cité?*

Le président de la Société philharmonique d'Amiens, M. J. Deneux, constate avec empressement que la musique tend à se répandre et à se développer partout; presque toutes les communes du département possèdent aujourd'hui une musique instrumentale; Amiens compte trois musiques militaires complètes, une société chorale récemment fondée par M. de Tranchant, et enfin la Société philharmonique dont les concerts réunissent l'élite des grands artistes de la capitale. Mais une institution indispensable manque à notre ville : il faudrait, à l'exemple des villes du

M. de Tranchant, après avoir prouvé l'influence moralisatrice de la musique et surtout de la musique vocale sur les classes inférieures de la société, montre les heureux résultats qu'il a obtenus en fondant la *Société chorale;* il serait à désirer que l'on enseignât dans les écoles des campagnes les principes de la musique vocale : les Picards ont l'instinct du chant, mais cette disposition naturelle doit être perfectionnée par l'étude de l'harmonie et de la lecture musicale.

M. le président rend hommage au talent de M. Forceville, qui vient de doter la Picardie d'un superbe monument, où revivent les traits et l'œuvre de l'apôtre des croisades.

MM. Rigollot et Bouthors prennent successivement la parole, sur la onzième et la douzième question, relatives aux *dispositions qu'il est préférable d'adopter pour les musées de province.* Tout le monde sait que grâce à l'initiative et à la persévérance de la Société des antiquaires de Picardie, Amiens est à la veille de voir élever dans son sein un musée monumental; il est permis d'espérer, d'après les heureux résultats du concours ouvert pour sa construction, que ce monument réunira toutes les conditions de grandeur et d'utilité inhérentes à sa destination; l'aménagement intérieur a surtout été l'objet des plus graves méditations, et on a cherché avant tout à faciliter le service et la bonne disposition des diverses collections que les bâtiments doivent renfermer.

On examine ensuite *les moyens de rendre plus utiles pour les personnes qui s'occupent en province d'études historiques, les bibliothèques et les archives de Paris et des départements.* (7.me et 8.me questions)

M. Garnier, bibliothécaire de la ville, signale la publication de catalogues analytiques et raisonnés comme un des moyens les plus efficaces pour arriver à ce but; le conseil municipal d'Amiens fait dresser et publier le catalogue général de ses manuscrits et imprimés; M. Cocheris, de Paris, poursuit avec ardeur la suite de son inventaire des manuscrits relatifs à l'histoire de Picardie, conservés à la bibliothèque impériale, travail important couronné par la Société des antiquaires; M. Ch. Dufour a commencé une bibliographie de tous les imprimés concernant notre ancienne province, et M. L. Boca, s'occupe de dresser une table analytique des principaux documents historiques que renferment les archives départementales.— Tous ces travaux sont d'une utilité incontestable, et c'est grâce à eux que l'on arrivera à connaître les richesses de nos dépôts publics.

M. Decharmes pense qu'il serait également très-profitable aux études, d'autoriser à Amiens, le prêt au dehors des livres de la Bibliothèque; il montre les avantages qu'offrirait aux personnes qui travaillent sérieusement, cette mesure déjà adoptée par un grand nombre de villes, et suivie depuis longtemps à la bibliothèque impériale. Cette motion appuyé par la majorité de l'assemblée est prise en sérieuse considération.

Enfin on passe à la treizième et dernière question : *Quels vœux peut-on former pour l'avancement des études scientifiques et historiques dans la circonscription?*

M. Vion se plaint de l'exiguité et de la mauvaise disposition des salles consacrées aux cours communaux de la ville; il faudrait en outre qu'on ajoutât aux enseignements déjà existants, des cours de technologie, de géologie, d'astronomie, etc; il réclame aussi l'établissement à Amiens d'un Observatoire, qui trouverait tout naturellement sa place, soit à la bibliothèque, soit dans la partie supérieure du musée Napoléon.

M. le président insiste sur l'utilité des cours publics industriels; ils concourent de la manière la plus heureuse au progrès et au développement de l'industrie, et par suite de la richesse du pays.

M. Dutilleux émet le vœu de voir les sociétés savantes du nord de la France, s'occuper par l'étude des patois et des documents écrits, de la préparation d'un glossaire général et complet de tous les mots en usage dans la langue d'*oïl*, depuis le XII.ᵉ siècle jusqu'à nos jours, avec leurs différentes transformations : il serait à désirer que l'Institut des provinces prit l'initiative de ce grand travail. — M. le président approuve cette proposition; il la communiquera à ceux de ses collègues, qui présideront l'année prochaine les assises scientifiques dans la Flandre, la Picardie, la Normandie, la Champagne, l'Ile de France, etc.

Le programme des questions se trouvant épuisé, M. le président remercie les personnes présentes du concours empressé qu'elles ont prêté aux travaux de cette session, et l'assemblée se sépare après avoir payé à M. de Vigneral un juste tribut d'éloges pour le zèle, la courtoisie et le talent dont il a constamment fait preuve dans tout le cours de ces débats scientifiques.

A. DUTILLEUX,
de la Société des antiquaires de Picardie.

POÉSIE

RÉALISME

A M. BRUN-LAVAINNE.

I.

Maître, pourquoi vouloir dans mon âme engourdie
Remuer une cendre à jamais refroidie?
Me demander des vers, c'est demander, hélas!
La feuille à l'arbre mort, une rose à la neige,
Sa chanson à l'oiseau lorsque l'hiver assiége
Son pauvre petit nid caché sous les frimas!..

Ce reste décrépi de mes belles années
Compte à peine aujourd'hui quelques feuilles fanées,
L'épine m'est restée... et j'ai perdu la fleur!...
Que voulez-vous semer dans le désert aride!...
Je me sens vieux, glacé.. ., déjà la coupe est vide,
J'ai des rides au front.... j'en ai bien plus au cœur.

O maître! c'est qu'aussi, pour gagner le rivage,
Je n'ai point comme vous, luttant avec courage,
Su franchir pas à pas chaque écueil du chemin!
Pour mon pied délicat la roche était trop dure;
Je m'arrêtais sans force à la moindre blessure
Et toujours remettais la route au lendemain!...

Pendant que, soutenu par une foi solide,
Vous marchiez vers le but, voyageur intrépide,
Laissant parfois le sol trempé de vos sueurs...
J'attendais, pour gravir la montagne immortelle,
Qu'un ange ou qu'un oiseau vint me prêter son aile
Ou qu'un Dieu sous mes pas mît un tapis de fleurs.

Puis lorsque par hazard, surmontant ma paresse,
Je m'avançais un peu ; que, fier de ma prouesse ;
Triomphant j'apportais quelque fruit avorté...
Je me croyais bien grand ! et n'avais qu'ironie
Pour ceux qui s'en allaient, apôtres du génie,
Par un chemin si rude à l'immortalité !

.... Mais, hélas ! je marchais sans laisser plus de trace
Que l'oiseau, le nuage ou le vaisseau qui passe ;
Alors mon sot orgueil s'en prenait au *destin*,
A l'art qui se perdait, au siècle en décadence :
Enfin j'accusais tout.... hormis mon impuissance
Et sans avoir rien fait... j'arrive à mon déclin.

II.

A quoi bon, dites-vous, ces regrets que j'évoque ?
C'est qu'il sont bien un peu le mal de notre époque.
Combien ont, comme moi, perdu leurs plus beaux jours
A poursuivre sans but de vúlgaires amours !
Insensés ! ils croyaient posséder la déesse
Et n'avaient dans leurs bras qu'une obscure prêtresse !..
.... Oh ! la déesse fuit qui ne sait que gémir !
Pour être son amant il faut la conquérir,
Il lui faut un cœur fort qui, dans son vol sublime,
La suive sans vertige au-dessus de l'abîme,
Un bras puissant qui sache au moins la protéger
Et ne faiblisse pas au moment du danger.
Que peuvent-ils, bon Dieu ! ces faiseurs d'élégies

Eunuques dont les chants, faits entre deux orgies,
Ne sont qu'un long tissu de pleurs et de soupirs?
Quand ils se sont posés tout un jour en martyrs
Prostituant leur muse à quelque maritorne
Lazaroni de l'art, ils regagnent leur borne.
Contents de leur journée, ils dorment au soleil,
Attendant la fortune et la gloire au réveil.

   Mais la fortune, hélas ! ne vient pas, et le rêve
Pour ces *beaux ténébreux* bien rarement s'achève...
Ils s'indignent alors de chercher vainement
Sur leur stérile front le classique ornement :
Le *laurier* dont le songe avait paré leur tête,
La *palme* de rigueur, ce sceptre du poète
Qui, dans leurs mains, n'est plus qu'un bâton de jongleur...
Aux échos d'alentour confiant leur douleur
Ils disent que le siècle est indigne d'entendre
Leurs *sublimes accords* qu'il ne sait pas comprendre :
Ceux qui, les yeux fermés, n'admirent pas leurs chants
Sont *d'épais épiciers, des cretins, des marchands*
Indignes, enfouis qu'ils sont dans la canelle,
De cirer les sabots de cette haridelle
Qu'ils nomment leur pégase.... et qui pourrait au plus
Traîner le camion des *cretins, des intrus*....
Dont l'esprit, après tout, n'est pas si lourd qu'on pense.
Eux aussi, voyez vous, ont leur intelligence.
Le commerce n'est pas toujours la soif de l'or ;
Pour qui veut lui donner un grand et noble essor
Il faut dépenser là tout autant de génie
Que pour trouver le chant d'une vague harmonie ;
Et près de ces grands noms resplendissants dans l'art
De noms tout aussi grands l'industrie a sa part.

. . . .

Ce *marchand* qui confie une vaste entreprise,
Sa fortune, sa vie, au souffle d'une brise;
Qui va, courant les mers, de dix peuples nouveaux
Emprunter les produits; comparer les travaux,
Prendre les éléments d'une grande industrie
Dont il vient, au retour, enrichir sa patrie;

Cet homme qui s'en va (parfois sans trop d'espoir)
D'un hémisphère à l'autre établir un comptoir ;
Qui, s'il veut défricher quelques arpens de terre,
A contre lui le sol, le climat.... et la guerre,
Jusqu'aux lois d'un pays hostile à l'étranger ;
Qui, bravant sans pâlir l'obstacle, le danger,
Les dégoûts dont souvent son âme est débordée,
Avance sans soutien... et poursuit son idée ;
Entre les nations établit des rapports
Les rapproche ... fait tout plier sous ses efforts,
Quelque fois trouve encore en sa marche féconde
Un de ces grands secrets qui transforment le monde...
Et pour l'humanité devient un bienfaiteur !...
Oh ! cet homme est-il donc sans génie et sans cœur ?
Et croyez-vous enfin, que toute poésie
Pour lui soit une énigme, une folle hérésie ?
Ne répétez donc plus une banalité
Qu'on a trop confondue avec la vérité ...
Pour reposer, après une rude journée,
Leur âme, assez longtemps au négoce enchaînée,
Beaucoup viennent chercher un refuge dans l'art.
Pour preuve je n'aurais qu'à jeter mon regard
Au hazard... près de nous.... je trouverais sans peine
Certain de nos amis, qui rompt parfois sa chaîne,
Qui, bien qu'*industriel*, n'en est pas moins pourtant
Artiste sérieux, poète de talent,
Et souvent dans les vers d'une fable charmante,
Dans les chants gracieux d'une muse élégante
Nous fait voir aisément que, pour qui sait vouloir,
Le commerce n'est pas toujours un éteignoir.

   .   .   .   .

Mais j'en ai dit bien long... un mot... et je m'arrête :
J'ai peut-être blessé quelque jeune poète
En soufflant un peu fort sur ces illusions,
Sur ces rêves brillants, trompeuses visions
Que l'on voit apparaître aux jours du premier âge,

Ainsi que dans la plaine un décevant mirage....
Enfants ! pardonnez-moi ! si j'ai d'un doux sommeil
Troublé la rêverie, en brusquant le réveil,
J'ai voulu sous la fleur vous montrer les épines ;
J'ai voulu vous sauver de ces fausses doctrines
Qui, pour l'art au berceau sont un poison mortel
Et détruisent dans l'œuf plus d'un talent réel ;
J'ai voulu vous prouver que pour le *vrai* génie
Le monde, que parfois à tort l'on calomnie,
N'est pas toujours injuste... et, dans son équité,
A conduit plus d'un nom à la postérité.....
Rien n'est perdu pour vous... car vous voyez encore
Les premières lueurs de votre belle aurore ,
De votre ciel d'azur que rien n'a pu ternir....
Marchez... marchez. . enfants ! vous avez l'avenir !..

ÉDOUARD SAINT-AMOUR

Tourcoing, Juillet 1851.

BIBLIOGRAPHIE

Manuel de Logique, rédigé d'après les nouveaux programmes officiels de la classe de logique des lycées et les programmes du baccalauréat ès-lettres et ès-sciences, par M. Charles MALLET.

C'est pour les écrivains qui, comme nous, se sont voués à la glorification des hommes et des choses du Nord, un devoir et un plaisir tout à la fois d'appeler l'attention du public intelligent sur un nouvel ouvrage d'un enfant de la cité.

M. Charles Mallet, de Lille, après d'excellentes études à notre collége communal, a pris ses degrés dans l'instruction en passant par l'école normale ; il a professé d'abord l'histoire à Douai, puis la philosophie aux lycées de Limoges, Amiens, Grenoble, Rouen, Versailles et Saint-Louis. Inspecteur général des études, puis enfin recteur à Rouen, il a, jeune encore, obtenu sa retraite dont il emploie les loisirs à des travaux utiles à la jeunesse.

Le livre que nous annonçons, et dont nous nous réservons de donner plus tard une analyse étendue, contient les principes de l'enseignement philosophique, professé pendant vingt-deux ans par l'auteur dans les colléges de l'état.

Il se divise ainsi qu'il suit :

1.° Étude de l'esprit humain et du langage ;

2.° De la méthode dans les divers ordres de connaissances ;

3° Application des règles de la méthode à l'étude des principales vérités de l'ordre moral.

Une quatrième partie a pour objet l'analyse des cinq traités philosophiques prescrits par le programme officiel du 5 septembre 1852, annexé au réglement sur l'examen du baccalauréat ès-lettres

Les questions relatives à la logique sont également traitées dans le manuel.

Aucun livre n'est, suivant nous, plus utile que celui de notre compatriote M. Mallet, aux élèves qui se préparent au baccalauréat.

A l'occasion de l'inauguration de la statue de l'Empereur, à Lille, M. BAUDUIN DE WIERS, littérateur distingué, bien connu en cette ville, se propose de publier un recueil de poésies auquel des juges compétents prédisent du succès. LES VIOLETTES DU NORD, tel est le titre de ce nouvel ouvrage qui empruntera de la circonstance un intérêt de plus.

BULLETIN DE LA QUINZAINE.

Nouvelles artistiques et littéraires.

— Les nouvelles artistiques sont rares, dans cette saison où l'on préfère généralement les plaisirs de la *Villeggiature* aux charmes de la mélodie, où les grands théâtres sont fermés pour cause de réparations, où les petits font une consommation effrénée d'*ours* qui attendaient les jours caniculaires pour sortir tout poudreux des cartons directoriaux ; mais à défaut de triomphes dramatiques à enregistrer, nous constatons avec bonheur les succès que viennent encore d'obtenir, dans les concours du Conservatoire de musique, les élèves de notre département. Voici déjà une liste de noms assez bien fournie, en attendant ceux qu'il nous reste encore à connaître.

MM. Delannoy (Victor), premier deuxième prix de violon. — A. Bollaert, premier prix de chant religieux. — Ledé, premier prix de clarinette. — François Lefebvre, premier prix de basson. -- Danhauser, accessit d'harmonie et d'accompagnement pratique. — Boulanger, accessit de chant d'opéra-comique. — Bernard, accessit de flûte. — René Douai, accessit de violoncelle. — Lerouge, accessit de clarinette. — Mlle Marie Brun, accessit de piano. — Champon, accessit de solfége.

— N'en déplaise à l'un de nos collaborateurs qui, dernièrement, déclarait la guerre au PROGRÈS, nous voyons avec grand plaisir une localité voisine, rangée autrefois parmi les plus retardataires, se lancer résolument dans les routes fleuries de la littérature. Tourcoing — oui vraiment, — Tourcoing possède aujourd'hui des historiens et des poètes, et, ce qui est bien plus fort, un public capable de les apprécier. Je n'en veux d'autre preuve que l'accueil sympathique fait par deux fois dans cette ville à Melle Henriette Jacques. C'était une nouveauté que d'entendre réciter dans un concert des morceaux de poésie. A la première épreuve on trouva cela fort beau ; à la deuxième on vint en plus grand nombre et le succès fut complet ; succès auquel les auteurs ont peut-être moins de part que leur charmante interprète ; car malgré tout le respect dû à Victor Hugo, à Lafontaine.... et à bien d'autres que je m'abstiens de nommer, si leurs chefs-d'œuvre étaient confiés à l'un de ces corps sans âme qui remuent les bras avec la même régularité que l'automate de Vaucanson, à l'un de ces organes secs et monotones qui disent du même ton *aimer* et *haïr*, l'ennui nous prendrait en écoutant nos propres vers... Mais Melle Henriette Jacques réunit en elle la grâce, l'intelligence, la sensibilité ; elle prononce nettement, et sa physionomie mobile, expressive est chez elle un puissant auxiliaire de la parole. Le retour des soirées d'hiver nous permettra sans doute encore d'entendre Melle Jacques à l'Association lilloise où déjà, l'an dernier, cette jeune artiste a recueilli de légitimes applaudissements.

— Il ne suffit plus à l'homme d'avoir trouvé dans la vapeur un moteur tout puissant qui abrège les distances, multiplie à l'infini les voies de communication et supplée dans une foule de travaux aux forces humaines, il court maintenant à la découverte des moyens d'obtenir ce moteur à meilleur marché. Remplacer le charbon par l'eau, voilà le nouveau problème. En effet, la houille ne se reproduit pas ; les veines de ce précieux combustible doivent s'épuiser un jour. L'eau ne s'épuise pas; elle ne fait que changer de place. Il est permis d'espérer que les efforts des nombreux savants qui s'occupent de cette recherche seront enfin couronnés de succès.

Voici, en attendant, un génois. M. Carosio, qui vient de trouver une solution, dans l'invention de la *pile hydrodynamique*. Au moyen d'un appareil dont la description ne saurait trouver place dans notre bulletin, M. Carosio vient, dit-il, d'obtenir, non pas le mouvement perpétuel, mais quelque chose qui y ressemble. Il procède ainsi : décomposition de l'eau par un courant électrique. — Séparation des gaz oxigène et hydrogène qui passent dans deux réservoirs où ils sont retenus sous la pression d'un nombre donné d'atmosphères. —Puis, quand la fonction d'un de ces gaz est remplie, l'eau est recomposée par un nouveau courant. . . . . Je ne sais pas trop si je me fais bien comprendre, mais il paraît que des épreuves de ce système se font en grand à Gênes, à Londres et à Paris. Si elles réussissent ce sera un terrible coup porté à la coalition des charbonnages belges.

— Le théâtre des Variétés vit, depuis quelques jours, sur les *Antipodes*, détestable libretto, échappé, on ne sait comment, de la plume de deux hommes d'esprit, et pour lequel un jeune compositeur a trouvé moyen de faire une charmante musique, la sauce encore une fois fait avaler le poisson.

— Les indiscrets parlent déjà de *Miss Fauvette*, opéra dont Victor Massé, auteur des *Noces de Jeannette*, écrit encore la musique. Nous n'avons pas la manie des primeurs et nous attendrons la représentation de ce nouvel ouvrage pour en parler.

— Le gouvernement vient de prendre une décision qui intéresse l'archéologie nationale. On restaure l'église de Montmorency près Paris, l'un des plus charmants souvenirs que nous ait laissés l'architecture de la renaissance. Commencé en 1525 par Guillaume de Montmorency, ce gracieux vaisseau fut terminé en 1569 par le fameux connétable de la même famille. Le gouvernement donne cinquante mille francs pour cette restauration et l'on présume que l'excédant sera payé par la commune. De beaux vitraux seront exécutés pour cette église par M. Maréchal, de Metz, d'après des cartons dont la direction est confiée à M. Ingres.

— A l'occasion du 406.ᵉ anniversaire de l'institution de la *saint Lucas Gilde*, association ou confrérie qui fut le berceau de l'école flamande, la Société des amis des arts d'Anvers a organisé une grande exposition de tableaux, sculptures, ciselures, gravures, médailles et autres objets exécutés par des artistes décédés. L'administration de la ville et les principaux amateurs ont réuni les plus remarquables chefs-d'œuvre de leurs cabinets, la plupart inconnus du public. Déjà environ 400 tableaux des premiers ma'tres, une centaine de morceaux de sculpture, un nombre considérable de meubles, vases, ivoires, ciselures et antiquités de tous genres se trouvent rassemblés dans les salons de la Société. Cette exhibition offrira un ensemble de belles choses et de raretés qui ne se renouvellera peut-être jamais.

Pour tous les articles non signés :

Les Rédacteurs-Propriétaires:

BRUN-LAVAINNE, *Gérant;* A. DEPLANCK, CASIMIR FAUCOMPRÉ,

Lille Imp. de Lefebvre-Ducrocq.

LITTÉRATURE.

UN DRAME DE MÉNAGE.

NOUVELLE (1).

SUITE (2).

XVII.

QUATRIÈME LETTRE DE MARIE A JEANNE.

Chère Sœur,

Je suis au dernier point émue, bouleversée et malade; je ne sais même pas comment je puis tenir la plume pour t'écrire! Si tu savais quel coup j'ai reçu!

J'avais pris, comme je te l'ai dit, un bien vif intérêt au mariage de la jolie Victoire et du gros meûnier; je le regardais comme mon œuvre, 'e mettais tout mon bonheur à croire que l'avenir réservait à ces nouveaux ipoux la plus grande somme de prospérités possible. Hélas, combien 'ai été vite désabusée! Insensée que j'étais! Je ne comprenais pas que a résignation de Victoire était involontaire et douloureuse, que ses goûts Staient froissés, ses inclinations violentées et détournées de leur but... e ne pressentais pas qu'avec ses habitudes mauvaises et sa nature gâtée, l'amant éconduit ne renoncerait pas à ses projets, et que loin de s'arrêter

---

(1) Autorisation de reproduire pour les journaux qui ont traité avec la Société des ens de lettres.
(2) Voir la *Revue*, tome I, pages 193, 225, 255, 280 ; tome II, pages 1 et 65.

devant un lien sacré, il regarderait la victoire comme plus belle et plus désirable ! Tout cela m'a échappé ! Je m'étais imaginée que parce que l'on peut épouser, sans danger et même avec des espérances de félicité, tant que l'on a le cœur inoccupé et libre, un homme pour lequel on ne ressent que de l'amitié et de l'estime, il en est absolument de même, quand on a au cœur une violente passion pour un autre. L'événement est venu brutalement dissiper mes rêves.

Tu sais tout maintenant.

Oui, l'infâme séducteur a rôdé comme un démon autour de la maison des jeunes mariés, oui, il a fasciné la pauvre Victoire et l'a entraînée au mal ; oui, un mois à peine après la bénédiction du prêtre, l'adultère s'est glissé dans la couche nuptiale.

Le mari outragé a porté plainte devant la justice.

Et la justice a eu son cours.

MARIE.

Jeanne ne répondit pas à cette lettre.

XVIII.

Six mois s'étaient écoulés.

Marie était fort inquiète de ne pas recevoir de nouvelles de Mme Dérancourt. Elle avait eu beau lui écrire plusieurs fois, jamais elle n'avait eu de réponse d'elle. Elle savait bien par des lettres de Dérancourt à Lebrun que les deux jeunes époux étaient à Paris, et qu'ils continuaient à vivre au milieu du tourbillon des plaisirs. Mais que signifiait ce silence obstiné de Jeanne vis-à-vis de sa seule amie? Peut-être était-elle heureuse ! Peut-être avait-elle retrouvé l'amour de son mari, et ne sentait-elle plus le besoin d'épancher ses ennuis dans le sein d'une confidente. Pour dire la vérité, l'esprit de Marie s'arrêtait peu sur cette dernière pensée. D'après la tournure des plus récentes communications de la pauvre Jeanne, elle était assez disposée à prêter aux événements accomplis une couleur des plus sombres. Et elle n'était pas là pour soutenir, pour consoler sa sœur ; et sa sœur ne l'appelait pas auprès d'elle, n'invoquait pas son secours. Oh! ce qui lui déchirait le cœur, c'était moins l'idée que Jeanne était en proie à de cuisantes douleurs, — car elle savait que la résignation et l'amitié cicatrisent les blessures les plus profondes — qu'une pensée affreuse qui venait souvent faire bourdonner ces mots à son oreille : « Tu as perdu la confiance de ta sœur, elle ne t'aime plus, elle ne t'aimera plus. »

Alors elle ne pouvait retenir ses larmes Sa raison ordinairement si calme, son courage si fortement trempé étaient impuissants à lutter contre la prévision d'un tel malheur.

Et Marie pleurait.

Mais elle n'était pas habituée à s'arrêter aux larmes, comme à la dernière de ses ressources. Elle passait bien vite sa main sur ses yeux, et s'ingéniait à trouver un bon prétexte pour déterminer M. Lebrun à faire un second voyage à Paris. Elle voulait à tout prix éclaircir ses doutes, et était sûre que si elle pouvait se trouver un seul instant en face de Jeanne, elle aurait le secret de son silence, qu'il fût motivé par un refroidissement de sympathie ou par une extrême infortune.

Mais la bonne Marie entreprenait là une tâche qu'il n'était pas très-facile de mener à bonne fin.

Lebrun n'avait pas conservé des souvenirs fort agréables de son séjour dans la capitale. Il avait coutume de dire, par allusion à cette époque de sa vie, qu'il avait fait une petite halte, dans le purgatoire, et qu'il était sûr d'aller tout droit au ciel. Avec sa nature inquiète et jalouse, il n'avait pu voir sans d'indicibles terreurs quelques muguets rôder autour de sa jeune et jolie femme. Charles de Nieubourg surtout lui en causait encore. Selon lui il fallait retourner certain proverbe, et dire que Paris était le paradis des femmes et l'enfer des maris. Aussi avait-il bien juré de ne jamais remettre les pieds dans cette maudite galère.

Mais l'esprit des femmes est doué de merveilleuses ressources. Quelque étroit et difficile que soit le défilé dans lequel leur mauvaise étoile les ait jetées, elles savent toujours trouver des issues pour en sortir et pour arriver d'un pas sûr au but auquel elles tendent.

Elles ont des armes pour tous les combats, des masques pour toutes les comédies. C'est le Protée de la fable, Protée aux nuances délicates et aux habiles transformations.

Marie ne se sentant pas en ce moment la force d'attaque de front la volonté de son mari et d'emporter son consentement de haute lutte, résolut de tourner la position.

Réduite à la ruse, c'est à la ruse qu'elle demandait le succès, et elle ne négligeait rien des artifices que lui suggérait sa fertile imagination.

Le soir, après souper, assise à côté de Lebrun devant une large et brillante cheminée, dans ces moments où la conversation devient plus intime est plus expansive, elle jetait adroitement ses jalons d'essai,

Tantôt elle s'écriait que Paris était une ville grande et magnifique, et que ce n'était pas en deux ou trois mois que l'on pouvait avoir connaissance de toutes ses merveilles. Tantôt elle se prenait à souhaiter de devenir la dame la plus brillante de Vitry afin de faire honneur à son mari, et elle ajoutait avec une petite moue charmante qu'elle n'avait pas eu le temps d'étudier dans la capitale les allures et les gracieuses· délicatesses des femmes du grand monde. Tantôt enfin elle gémissait sur la dure nécessité où ils se trouvaient de rester loin des Dérancourt, les seuls parents de leur âge à peu près et de leur humeur qu'ils eussent au monde, et elle vantait les jouissances de la vie de famille.

D'abord ces insinuations furent timides, embarrassées, et Lebrun fit la sourde oreille.

Mais depuis quelque temps, Marie mettait plus d'insistance dans ses observations, elle énonçait plus clairement sa pensée, et il n'était plus possible à Lebrun de se renfermer dans son prudent silence. Alors quand arrivait le moment fatal, quand sa femme ramenait la conversation sur le sujet en question, il avait coutume de s'enfoncer dans son fauteuil, de relever sa casquette, de croiser ses jambes, de joindre ses deux mains sur son abdomen, de prendre un air magistral et de dire d'une voix lente :

Tu sais, ma chère amie, que je me nourris exclusivement de la lecture de Voltaire, Rousseau, d'Alembert et autres grands hommes, et que je suis au dernier point philosophe, c'est-à-dire raisonnable, exempt de préjugés et de passions déréglées. Cependant, il est un point sur lequel je n'ai pu triompher de l'impétueuse violence de ma nature ; il est un mouvement mauvais de l'âme que je n'ai jamais pu réprimer entièrement. J'en ai été peut-être empêché par des circonstances particulières, que je développerai un jour que je serai en train de conter. — Mais enfin, je suis jaloux. — Je ne puis pas vous voir éloignée un instant de moi, Madame, sans trembler de tous mes membres, et lorsque je vous vois causer dans un salon avec un homme plus jeune que moi, j'aimerais mieux apprendre que mes actions sur le chemin de fer de Paris à St-Germain ont baissé de deux tiers. Je sais, madame Lebrun, combien je dois aveuglément compter sur votre sagesse, votre fidélité, vos principes sévères, votre attachement à vos devoirs, et votre excellente éducation : mais, comme on dit, celui-là ne se noiera jamais qui se tient toujours à deux cents pas de la rivière, l'occasion fait le larron, quelque forte que soit ta cuirasse, ne perds pas de vue les épées de tes ennemis. Or donc, madame Lebrun, si nous retournions à Paris, il faudrait encore me résigner à vous voir causer et galoper avec ces jeunes gens si beaux, si élégants, si spirituels, si séduisants, car je sais leur rendre justice, qui peuplent les salons de la Chaussée-d'Antin. Je sens l'infériorité de mes forces, et j'aime mieux éviter le danger que le braver. Ici, au contraire, à Vitry, je suis sur mon terrain, je ne vois autour de moi que physionomies et tournures dont j'ai peu de choses à redouter; je dors tranquille, je digère sans difficultés, et j'ai l'esprit le plus libre et le plus dégagé du monde. Voilà pourquoi, madame Lebrun, je tiens essentiellement à rester à Vitry-le-François, et à ne pas tenter un nouveau pélerinage dans la capitale.

Et sur ce, Lebrun enfonçait de nouveau sa casquette sur ses yeux, étendait ses jambes devant le feu, croisait les bras et faisait semblant de sommeiller, pour ne pas être importuné davantage.

Mais hélas! le pauvre homme commençait à sentir qu'il ne pouvait longtemps prolonger la résistance.

XIX.

C'était par une belle journée d'hiver.

Le soleil colorait faiblement de ses pâles et impuissants rayons le sable criard des allées des Tuileries. Les arbres nus, dépouillés et tristes, semblaient pleurer sur leurs ombrages perdus; les promeneurs fuyant les contre-allées si recherchées pendant les chaleurs de l'été, arpentaient à grands pas la belle avenue qui longe le bas de la terrasse Rivoli.

Cependant, çà et là, étaient assises auprès des grillages qui entourent les parterres, quelques jeunes femmes que l'amour maternel retenait loin de la foule. Celles-là, au lieu de faire étalage de leurs toilettes ou de leurs charmes, suivaient d'un regard inquiet les jeux de leurs enfants.

Parmi elles, on en remarquait une surtout, dont l'attitude était empreinte d'une ineffable expression de tristesse. Son œil jetait des feux si doux et si veloutés; sa figure aux lignes régulières, tendres et suaves, et à la peau d'une blancheur éclatante, se mariait si mélancoliquement aux reflets d'une capote de couleur foncée; son manteau jeté autour d'elle avec une grâce sans apprêt, accusait, malgré son ampleur, des formes d'un contour si délicieux et des habitudes de corps si élégantes; ses deux bras se croisaient si bien comme pour réprimer les battements pénibles de son cœur; enfin sa pose était à fois si pure de dessin et si sombre de couleur, que l'on aurait été tenté de s'arrêter devant elle comme devant l'image la plus parfaite et la plus belle de la douleur.

Mme Dérancourt (car c'était elle) était plongée dans une rêverie pleine d'angoisses; et de temps en temps une larme venait rouler le long de ses joues. Alors elle courbait le front pour ne pas se laisser surprendre à pleurer, pour ne pas dévoiler ainsi le secret de ses jours sans repos et de ses nuits sans sommeil. Puis bientôt, elle relevait le front comme si une idée consolante fut venue poindre à son horizon; elle tournait ses yeux encore humides du côté de sa fille Angèle qui, assise à côté de sa bonne, sur un monceau de sable, s'amusait, la chère enfant, à rassembler de ses petites mains quelques cailloux pour en former une pyramide que le premier souffle de vent devait abattre.

Et je vous assure qu'il y avait un saisissant contraste entre cette jeune tête si radieuse, si rosée, si naïve, si insouciante, et cette tête de mère, jeune aussi et déjà souffrante. Hélas! qu'il faut faire peu de pas dans la vie pour rencontrer des épines et des ronces sous ses pieds! Nous le savons déjà tous, nous qui avons à peine laissé derrière nous les premières bornes du chemin. Nous étions partis le front couronné de fleurs et le cœur inondé d'espérances, et nous ne voulions pas croire aux sinistres prédictions des vieillards! Hélas! hélas! et voilà que nous avons bu à la coupe amère des réalités. Malheur à nous! car il y des moments où nous nous sommes pris à nous approcher de ce gouffre sans fond qu'on appelle le néant, et à y jeter un regard d'envie!

Au moment où Mme Dérancourt tournait ses yeux du côté de sa fille, sa figure s'illuminait tout à coup comme d'un rayon de bonheur. Ainsi, pendant l'orage une échappée de soleil se révèle tout à coup au milieu des nuages vaincus, et jette sur le sombre tableau une brillante et rapide clarté.

On voyait que l'aspect d'Angèle reportait Mme Dérancourt vers une époque plus heureuse, vers une époque vierge de toute douleur et de tous remords, et elle s'y arrêtait avec délices; et absorbée dans les souvenirs du passé, elle oubliait un instant les déchirantes angoisses du présent. Pauvre mère! elle cherchait à se rattacher au bonheur par sa fille, par ce lien charmant.

Tout entière à cette douce sensation, la seule de ce genre qui lu restât, hélas ! elle se laissait aller au courant de ses pensées, lorsque Charles de Nieubourg qui l'avait aperçue par hasard et s'était approché, prit sans mot dire une chaise et s'assit à ses côtés.

Rappelée brusquement à elle, effrayée, Mme Dérancourt jette ses yeux sur l'homme qui l'aborde avec cette brutale impolitesse ; elle reconnaît Charles de Nieubourg. Elle tressaille involontairement, puis prend l'attitude d'une douloureuse résignation, attitude qui lui était habituelle vis-à-vis de son complice.

M. de Nieubourg se pencha vers elle et lui dit avec un accent plein de tendresse :

Jeanne, vous souffrez depuis quelque temps, et je souffre de vous voir souffrir. Ce n'est pas à l'âme qu'est votre mal... car vous êtes heureuse, n'est-ce pas ? heureuse de l'amour qui nous unit...

Ici Charles fit une pause habile ; il attendait une parole ou même un simple mouvement d'adhésion. C'eût été un premier avantage, un acheminement vers la réussite certaine du projet qu'il avait médité. Jeanne ne prononça pas une parole, ne fit pas un mouvement. Charles fut un peu piqué, mais il ne voulut pas faire une querelle d'amant et risquer de compromettre par cette sortie maladroite le gain de la bataille qu'il allait livrer. Il raffermit donc sa contenance et poursuit ainsi :

— C'est votre santé qui se délabre, se sont vos forces physiques qui vous font défaut, vous avez besoin d'une température plus clémente, d'un soleil plus chaud ; il vous faut vivre quelque temps sur une terre qui soit réjouie par un printemps éternel, et dont les tièdes et bienfaisantes émanations rendent à votre organisation cette heureuse élasticité, cette vigueur de bien-être qu'elle semble perdre tous les jours.

Jeanne commença à le regarder d'un air étonné et à recueillir avec une avide anxiété toutes les paroles qui tombaient de ses lèvres.

— Un voyage en Italie, un séjour un peu prolongé dans cette belle contrée, exerceraient la plus grande influence sur votre situation, ma chère Jeanne. Naples et son golfe d'azur, Naples et son air embaumé, opèreraient bien vite ce miracle. Allons à Naples. Vous engageriez facilement Dérancourt à cet agréable pélerinage. D'ailleurs, si l'expression de votre désir ne suffisait pas à le décider, j'y joindrais mes conseils, et comme j'ai sur lui quelque empire, je ne doute pas qu'il ne se rendît enfin à nos efforts combinés. Mais là n'est pas la plus grande difficulté. Vous savez que je suis la carrière diplomatique et qu'il ne m'est pas permis de m'éloigner de Paris si je veux obtenir tôt ou tard un poste avantageux. Mais heureusement que dans cette circonstance mes devoirs et mes penchants se peuvent concilier. Justement la place de secrétaire d'ambassade à Naples va être vaccante. On a fait déjà pour moi quelques démarches auprès du ministre. Mais comme la position est vivement ambitionnée et que des solliciteurs très-puissants la recherchent, il a fait un peu la sourde oreille lorsque mes protecteurs lui ont parlé en ma faveur. J'ai une autre protection que je crois plus efficace : on résiste à la puissance et à l'intrigue, mais on ne résiste pas à la beauté. Enfin, Jeanne, vous pouvez, si vous le voulez, combler tous nos vœux et me faire partir pour Naples en qualité de premier secrétaire d'ambassade.

— Moi ?...

Et Jeanne devint rouge et pâle tour à tour... elle trembla... elle fut sur le point de défaillir... C'est qu'elle venait de découvrir un terrible secret... c'est qu'elle tombait d'un grand malheur dans un malheur plus grand encore... c'est que jusque-là elle n'avait été que coupable, et que maintenant elle était encore humiliée et avilie...

— Oui, Jeanne, je vous le répète, reprit aussitôt Charles qui, tout entier à son ambition, n'avait pas eu le temps de remarquer l'effet qu'il avait produit sur M.me Dérancourt ; oui, vous pouvez me faire partir pour Naples en qualité de premier secrétaire d'ambassade. Le ministre des affaires étrangères a, comme tout Paris, du reste, reconnu la puissance de votre esprit. Dernièrement même, il lui a rendu publiquement hommage dans un de nos cercles les plus brillants... Tenez... il doit être demain à la soirée du banquier député Dussert... Allez à cette soirée... il viendra sans aucun doute vous faire sa cour, et si vous voulez dire un seul mot pour moi...

En cet instant M.me Dérancourt qui avait eu le temps de se remettre du coup qu'elle avait reçu et de reprendre ses forces, se leva en disant d'un air dédaigneux :

— C'est assez, Monsieur, je n'en entendrai pas davantage.

Puis saisissant d'une main convulsive la main de sa fille, elle s'éloigna à grands pas.

Charles de Nieubourg ne put la suivre ; car il était là atterré et confondu de ce premier mouvement d'énergie d'une femme qu'il avait vue jusque-là si docile et si tremblante.

L. COUAILHAC.

La suite prochainement.

UNE JOURNÉE A MONS-EN-PÉVÈLE. [1]

. . . .
. . . .
. . . .
. . . . . L'heure du repos a sonné ; les hommes que de rudes travaux
d'esprit ont tenus longtemps renfermés ; ceux qu'assiégent les incessantes
préoccupations de la politique ont hâte de partir.

Pas de distance trop grande à mettre entr'eux et les lieux qui leur
rappelleraient les fatigues et les soins de tous les jours! c'est pour eux
que résonnent les grelots de la poste, que sifflent par saccades les loco-
motives, que pivote l'hélice des bateaux à vapeur. Hélas! la plupart
n'emportent-ils pas toujours avec eux le noir souci d'Horace, l'*atra cura*,
assis en croupe derrière le postillon, pelotonné sur le coussin moelleux
du compartiment de première classe, adossé au bastingage du navire?

Pour moi, imitant le sage de Lafontaine qui, laissant courir son ami
par le monde, attend à sa porte ce que ce dernier allait vainement
chercher au loin, je veux jouir, à quelques pas seulement de la ville,
de ces distractions nécessaires que l'on va demander aux pays les plus
lointains.

Que désirent ces hommes dont je parlais au commencement pour ré-
créer leur esprit fatigué, pour reposer par la variété des sensations les
fibres émoussées de leur cerveau?

Que leur procureront l'Italie, la Suisse, l'Angleterre, les bords du
Rhin ?

---

(1) Ce morceau a été lu à la séance publique de la Société impériale des Sciences, de
l'Agriculture et des Arts de Lille.

Des points de vue pittoresques, des légendes merveilleuses, des souvenirs historiques, des moyens d'instruction scientifique et agricole....

Eh bien, nous avons tout cela sous la main, près de nous, sous nos remparts!

On ne connaît pas assez notre beau pays de Flandres; nos concitoyens, d'ailleurs très-bons patriotes, ne savent pas faire valoir, aux yeux de l'étranger, les avantages dont la nature a doté leur sol. Chaque jour ils laissent dire qu'il n'y a rien dans Lille ou dans ses environs qui sous aucun rapport mérite de fixer l'attention du voyageur.

Déjà, à propos de Bouvines, nous avons protesté contre cette fâcheuse abdication de nos qualités artistiques, territoriales ou historiques, et nous persistons plus que jamais dans notre opinion, aujourd'hui qu'une épreuve nouvelle nous a révélé, sur un autre point de l'arrondissement, une localité modeste, remarquable à plus d'un titre; je veux parler de Mons-en-Pévèle.

L'étranger qui par une belle matinée sortirait de Lille par la porte de Paris, suivrait la route de Douai jusqu'au chemin pavé du *Blocus*, traverserait Mons-en-Pévèle pour descendre à Thumeries, et regagnerait ainsi la ville par Phalempin et Seclin, rencontrerait, dans cette rapide excursion, un spécimen curieux des choses qu'on recherche au milieu des fatigues d'un long voyage.

Si vous doutez de mon assertion, permettez-moi de vous servir de guide.

Nous quittons à peine le faubourg et déjà, à l'aspect des géants aux bras tournoyants, qui faisaient prendre à Don Quichotte sa forte lance, l'artiste saisit ses crayons; son album s'enrichit d'un de ces gigantesques moulins qui couvrent la plaine; il n'oublie pas de dessiner, à la porte de l'*hobette*, un jeune olieur, à la calotte huilée, au gracieux manteau que drape sur ses épaules le sac grossier dont l'usage assouplira le tissu.

Ce pigeonnier, à pignon dentelé, sur le territoire de Thumesnil, c'est le dernier vestige du fief des Estimaux qui donnait à son propriétaire le titre de roi.

Nous parlions de moulins, voilà le plus célèbre, à Lesquin... l'ombre du mancenillier donne la mort, dit-on; malheur à celui qu'effleure l'aile du moulin de Lesquin, il est frappé de vertige, il perd la raison.

Nous continuons notre route; ai-je besoin de faire remarquer la variété des cultures, la richesse des moissons qui décorent la terre aussi loin que la vue s'étend? il faudrait me répéter à chaque pas.

Plus loin, nous voyons Antreuille, hameau de Pont-à-Marcq, c'est là

que fut découvert frais et vermeil, après plus d'un siècle. d'inhumation ,
le mestre de camp, dom Louis Ladron de Guevara , en honneur dans le
pays, sous le nom de Saint Ladron.

Une petite rivière à franchir, et nous sommes à Pont-à-Marcq, autrefois Marcq-en-Pévèle. Ce village a vu naître le sculpteur Roland, le
maître de David d'Angers, l'auteur de la belle statue d'Homère, qui orne
une des nouvelles salles ouvertes au Louvre à la sculpture moderne.

Le Mons-en-Pévèle se dresse sur notre droite. Nous prendrons, pour
le gravir, le chemin du *Blocus*. Ce nom de blocus, qui est aussi celui de
la belle ferme voisine, remonte à l'époque de la célèbre bataille dont
ces lieux furent le théâtre en 1304 ; jusque-là s'étendait le fameux *blocul*
ou barricade établie par les Flamands, pour garantir les derrières de
leur armée.

Les archives du départemnt nous fournissent , à propos de cette
ferme du *Blocus*, un renseignement honorable pour ses anciens possesseurs; c'est le paiement fait, le 24 juillet 1693, après estimation , d'une
somme de 1848 florins à Florent Fanier , bailly et censier de la ferme
du *Blocus*, pour indemnité des pertes que lui causa l'incendie de sa
ferme par les Espagnols, *pour n'avoir payé ou contribué aux dits ennemis*
suivant les défenses de S. M.

Une somme de 2317 florins est payée, le même jour, à Florent
Fanier, pour sa ferme du *Dieu de Bersée*, brûlée pour les mêmes motifs.

On aime à rappeler ces faits qui prouvent 'à l'évidence que , si les
malheurs de la guerre ont longtemps ballotté nos ancêtres, au gré de
l'ambition de voisins puissants qui conquéraient et perdaient notre territoire, que, s'il ne leur a été donné que très-tard de se constituer en
nation, par leur annexion définitive à un peuple fort, ils ont eu, avant
l'esprit national qu'ils conserveront toujours, le sentiment instinctif de
l'honneur qui les attachait au prince à qui ils avaient juré fidélité.

Ce respect du devoir explique et justifie dans notre histoire locale des
situations que l'on serait tenté de juger sévèrement.

Arrêtons-nous un instant au sommet du mont où se groupent, au-
tour de l'église dédiée à saint Jean, les maisons du village.... Mons-en-
Pévèle, *Mons in Pabulis*, porte dans les vieilles chroniques le nom de
Mons Povero (1), *Mons Populeti* (2), les Français l'ont appelé *Mons en*
Puelle, on dit dans le pays *Mons en Pève*.

_____

(1) Antoninus. — (2) Roberi Gaguin, Paul Emile.

Le Pévèle ou Pève était l'un des neuf quartiers de la province de Lille ; ce *pagus* (1) dont le chef-lieu était Orchies avait pour contours la Scarpe qui le séparait de l'Ostrevant, la Marque qui le bornait du côté du Mélantois, enfin quelques ruisseaux, entre autres celui d'Elnion qui formait sa limite vers le Tournaisis.

Mons-en-Pévèle, bien que dépendant de la châtellenie de Lille, pour l'assiette des impôts, ressortissait judiciairement à l'abbaye de Saint-Vaast d'Arras qui y possédait de vastes domaines, notamment la ferme qui porte encore le nom de ferme de l'abbaye.

Administrativement, c'est une commune du canton de Pont-à-Marcq qui compte, en 1854, 1801 habitants répartis sur plusieurs hameaux ; elle est située sur une modeste colline qui s'étend du nord au midi et qui est traversée dans sa largeur par la route départementale N.º 30, de Carvin à Orchies, laquelle, débouchant à Thumeries du chemin vicinal de grande communication de Lille à Douai, monte le côteau par une pente douce, pour descendre à la chaussée impériale près la ferme du *Blocus.*

Cette route assez récente a été un immense bienfait pour la localité qui n'était desservie autrefois que par le *pavé de bois,* formé des traverses de chêne que les Français jetèrent en 1792 sur le chemin de terre, pour enlever leurs canons du mont où ils avaient établi un camp d'observation.

J'ai promis des points de vue pittoresques, et nous ne sommes qu'à 107 mètres au-dessus du niveau de la mer. Sans doute la légère éminence où nous siégeons ne développera pas à nos yeux l'horizon qu'on découvre du haut des montagnes altières qui déchirent la nue... Mais nous aurons une compensation.

Comme ces montagnes que la science astronomique prétend avoir découvertes dans la lune, le mont est isolé, et ne se rattache à aucune chaîne. Cette position exceptionnelle d'un mamelon peu élevé, mais dégagé de tout voisinage montueux, laisse à l'horizon toute sa circonférence, et permet à l'œil ravi d'embrasser l'espace aux quatre points cardinaux.

C'est le véritable *panorama* dans l'acception étymologique du mot.

Si vous ne pouvez que deviner au *nord* Lille caché par les coteaux crayeux de Faches, à l'*est* s'étale dans sa majesté le mont de Trinité près

_____

(1) Le Glay (mémoires sur les archives de l'Abbaye de Marchiennes).

de Tournai ; voici le beffroi d'Orchies, la tour de Saint-Amand, les hautes cheminées de l'industrieux arrondissement de Valenciennes; puis, vient, au *sud*, Douai avec ses clochers en forme de minarets, et à l'*ouest*, au delà de la forêt de Phalempin, de la ligne ferrée, du bassin de la Deûle, le mont de Vimy et l'Artois.

Et dans ce parcours de plus de sept lieues de distance, qu'aucun obstacle ne vient intercepter, partout la vue se repose sur un joyeux fond de verdure : champs, près et bois que viennent bigarrer les fermes aux toits rouges, scintillant sous les rayons du soleil, les blanches maisons de campagne, les sombres cheminées des fabriques de sucre.

Quel roc escarpé, aire stérile de l'aigle et du vautour vaut cet humble coteau qui, du sommet à la base, étale les plus magnifique présents de Dieu ?

De l'endroit où nous sommes placés, l'œil plongeant sur le hameau de Wasquehal ou Wacca, aucien fief de la *noble famille*, nous pouvons voir surgir d'un pli de terrain un maigre filet d'eau, c'est la Marque, qui, à un siècle de distance, arrosa, dans son cours sinueux, les deux plus mémorables champs de bataille de notre pays, Bouvines et Mons-en-Pévèle.

Me pardonnera-t-on ici, à propos de ce dernier combat, une courte digression?

Pouvons-nous, sur les lieux mêmes ou se passa l'un des faits les plus importants de notre histoire, ne pas recueillir nos souvenirs, et résumer les récits du temps?

Nous sommes en 1304, la Flandre, cette riche proie que n'avaient pas cessé de convoiter les rois de France, est envahie par Philippe-le-Bel qui l'attaque à la fois par mer et par terre, dans l'espoir de profiter de ses discordes; une première tentative pour gagner Lille par Lens et Pont-à-Vendin échoue complètement, les Français sont obligés de repasser la Deûle et de se retirer à Arras.

Brûlant de venger sa défaite, le roi se remet en route par un autre chemin, cette fois, il dirige sa marche par Fampoux, Vitry, et, de nouveau, il côtoie Douai qui ne se laisse pas prendre.

Arrivé à Pont-à-Raches, il trouve de l'autre côté de la rivière les Flamands qui lui disputent le passage, protégés qu'ils sont par de vastes marais; Philippe évite de s'y engager, comme à Pont-à-Vendin ; il suit le cours de la Scarpe jusqu'à Vicoigne, longe Valenciennes, et finit par traverser l'Escaut à Condé, d'où il se dirige par le Hainaut vers Tournai,

C'était à peu près la manœuvre employée , un siècle auparavant, par Philippe-Auguste, dans les mêmes intentions.

Les Flamands, qui n'avaient pas perdu de vue les Français, se tenaient à Bouvines et à Pont-à-Tressin.

Le roi poussa vers Orchies qui se rendit, il poursuivit sa route vers Lille, et, quand il se trouva près de Mons-en-Pévèle, il retrouva les Flamands en observation à Pont-à-Marcq.

C'était le 11 du mois d'août.

Philippe gravit d'abord le mont qu'il descendit bientôt par le versant qui regarde Faumont. Les Flamands, croyant la position bonne, s'en emparèrent et s'y retranchèrent.

On dit que, soupçonnant quelques-uns de leurs chefs, ils voulurent que tout le monde combattît à pied ; et, pour ôter toute ressource aux fuyards, autant que pour garantir les derrières de l'armée, on forma, à l'aide des chariots, auxquels, par surcroît de précaution, on avait enlevé une roue, une immense fortification qui traversait le mont dans sa largeur, en renfermant dans une enceinte circulaire les chevaux, les vivres, et les bagages.

Rassurés sur ce point les Flamands se rangèrent, à mi-côte, sur une seule ligne, en bon ordre.

A droite, regardant Douai, les gens de Bruges, commandés par Philippe de Chiéti.

A gauche les Gantois, avec Jean de Namur.

Au centre les milices de Lille, Ypres et Courtrai, et, à leur tête, Robert de Flandres et Guillaume de Juliers, le prêtre soldat.

On fut longtemps avant d'en venir aux mains.

Philippe-le-Bel espérait toujours que les mauvaises nouvelles de Zélande, répandues par ses soins, décourageraient les Flamands. Il comptait aussi les prendre par la famine; un armistice fut même proposé par l'astucieux monarque, et, pendant que des négociations s'ouvraient entre ses délégués et les nôtres, qui voulaient la paix sans péril pour leur indépendance et pour leurs franchises, il faisait filer par la droite et par la gauche du mont deux corps de cavalerie, chargés de pénétrer entre les lignes et le camp pour envelopper ses adversaires.

Cette irruption inattendue effraya les soldats préposés à la garde des chariots, qui se prirent à fuir vers Lille, laissant à la merci des assaillants les bagages et les vivres.

Pendant que ces choses se passaient sur les derrières , les deux armées, en présence depuis le point du jour, continuaient de s'observer. La chevalerie française, qui se souvenait de Courtrai, était devenue prudente ; de leur côté, les Flamands se gardaient bien de rompre leurs lignes, quoique, dépourvus de cuirasses, ils souffrissent beaucoup des traits des *Bidaux*, et qu'ils fussent d'ailleurs accablés par la chaleur.

Enfin Guillaume de Juliers, voyant que les Français ne tentaient aucune attaque générale, que le jour tombait, s'indignant et frémissant de n'avoir encore rien fait, donna le signal et se précipita lui et les siens, tête baissée, sur le centre de l'armée française.

Le choc est si violent que Charles de Valois, frère du roi, et le comte de Saint-Pol prennent la fuite, et, telle est la panique qui règne partout, que les deux corps de cavalerie française, qui revenaient chargés de butin, se débandent aussi devant les soldats de Guillaume qu'ils ne s'attendaient pas à rencontrer en face.

L'exemple de Guillaume entraîne le reste de l'armée, et le désordre est bientôt général, autant chez les Flamands que chez les Français, surpris d'une agression aussi vigoureuse.

On se bat avec des chances diverses au milieu d'une mêlée sanglante.

L'aile gauche flamande est mise la première en déroute, avec Jean de Namur qui fuit vers Lille.

Philippe de Chiéti, au contraire, et Robert de Flandres, poursuivant les Français, arrivèrent jusqu'au roi qu'ils renversèrent sans le reconnaître.

Il était sans armes, à pied et sans vêtements royaux. Grâce au dévouement de quelques bourgeois de Paris, dont l'histoire a conservé les noms, et qui se firent tuer autour de lui, il put remonter à cheval.

D'autres se répandirent dans la campagne cherchant, les uns de l'ombre, les autres de l'eau pour étancher leur soif. Des Brugeois, de ceux sans doute à qui Philippe-le-Bel voulait couper les vivres, allèrent jusque sous la tente du monarque manger son souper tout servi.

Quant à Guillaume de Juliers que sa pointe hardie avait plus exposé, il se trouva aux prises avec la chevalerie française que l'intrépide Philippe avait ralliée, et qui le chargea en criant : Saint-Denis ! sa défense fut héroïque ; après avoir rangé ses soldats *ad modum coronæ* (1) il résista vaillamment aux forces royales, mais il finit par succomber. Suivant les *chroniques de Flandres* des combattants virent encore, au déclin

(1) Belleforest.

du jour, Guillaume et quelques-uns des siens, brisés par la fatigue et la chaleur, assis, déchaussés, le pommeau de l'épée dans la bouche, attendant ainsi la mort (1).

Le fait doit être vrai, car un historien français, Guillaume Guiard, témoin oculaire de la bataille, le cite dans sa chronique rimée, dite : *Branche des royaux lignages* :

> Le chant les fesait devier
> Aucun pour leur soif oublier
> Qui grand était à demesure.
> Et pour quère un po de froidure
> Le fer en leur denz engoulaient

Cette ardente soif, peu ordinaire dans notre froide région, rappelle le fameux combat des Trente et le mot adressé au Breton Beaumanoir, avec cette différence toutefois que, si l'on en croit le même Guillaume Guiard, ce n'était pas leur sang que buvaient les Flamands altérés (2).

On eut bon marché des Flamands ainsi dispersés. Cependant un grand nombre purent se réunir et gagner le mont où, en signe de victoire, ils sonnèrent d'éclatantes fanfares. Mais ils ne tinrent pas longtemps, faute de vivres, le moment prédit par Philippe était arrivé; ils se hâtèrent de partir pour Lille.

Philippe, maître désormais du champ de bataille, le parcourut le soir même à la lueur des flambeaux. Il fit donner aux siens des sépultures honorables dans les terrains de la ferme de l'abbaye (3), à Orchies, à Phalempin, à Valenciennes et à Arras ; quant aux Flamands, il défendit sous peine de mort qu'on les enterrât ; *quod non videtur commendabile christicolis*, dit avec raison un annaliste (4).

On n'est pas d'accord sur les circonstances de la mort de Guillaume

---

(1) A dont le comte Guillaume de Juliers se déchaussa tout nuds pieds, et tous ses gens aussi, et boutèrent les pommeaulx de leurs espées en leur bouche pour leur soif estanchier et ainsi attendirent la mort.— *Chron. de Fland.* f.° CXLIIII.

(2) Les autres qui boire voulaient
Si con nécessité geot chasse
Transgloutissaient leur pissace.
(Guill. Guiart, *Branche des roy. lig.*)

(3) C'est par erreur que Buzelin cite, à cette occasion, comme lieu de sépulture une abbaye qui aurait été voisine du théâtre du combat. Il faut appliquer ce qu'il dit à la ferme dépendant de l'abbaye de Saint-Vaast d'Arras, qui existe encore sur le mont, et qui appartient à M. Vallois.

(4) Buzelin. *Gall. Fland. Annal.*

de Juliers. Belleforest prétend que, fait prisonnier et présenté au roi il fut tué sous les yeux de ce prince par le comte de Dommartin, d'autres le font disparaître, comme Romulus au milieu de la tempête, enlevé par un nécromancien. Toujours est-il que son corps ne fut pas retrouvé, et que longtemps encore on s'attendit à le voir reparaître pour le salut du pays.....

Telle fut cette bataille demeurée célèbre et, à l'occasion de laquelle cependant, les historiens Flamands et notamment Meyer racontent que nos ancêtres ont été plutôt *mystifiés que vaincus*; que leur défaite, si défaite il y eut, doit être attribuée moins à la valeur de leurs adversaires qu'à leurs machinations (1).

Il y a cela de vrai que l'histoire ne nous montre pas, à la suite de la bataille de Mons-en-Pévèle, ces conséquences caractéristiques d'un triomphe incontesté, comme à Bouvines, par exemple.

Le nombre des morts, peu considérable, du reste, fut à peu près égal dans les deux armées ; il est évalué de six à neuf mille de part et d'autre (2).

Si Philippe resta maître de la vallée où se passa le fort de l'action, il ne poursuivit pas les Flamands sur le mont où ils se rallièrent avant de se retirer à Lille, et si, plus tard, le roi occupa cette dernière ville, ce fut à titre de gage, comme garantie des conditions d'une paix qu'il paraissait désirer autant que ses adversaires.

Nous acceptons d'autant plus volontiers cette conclusion négative des historiens Flamands, qu'elle fait taire nos scrupules à l'endroit de notre amour-propre national que pourrait gêner une solution plus explicite.

Certes, nous n'oublions pas que nous sommes entrés pour jamais dans la grande famille française, que nous devons nous réjouir des joies, nous glorifier des triomphes de la France, mais nous devons nous rappeler aussi que nous sommes les descendants des milices Lilloises qui combattaient au centre, à Mons-en-Pévèle, sous Guillaume de Juliers...

Soyons heureux d'un doute historique qui nous permet de dire qu'il n'y eut, dans la mémorable action que nous avons si imparfaitement décrite, ni vainqueurs, ni vaincus, mais, dans les deux camps, des hommes de cœur qui firent bravement leur devoir en répandant leur sang, les uns sous l'oriflamme royale, les autres sous les couleurs de l'indépendance et de la liberté, tous ne parlant pas la même langue, mais tous s'in-

---

(1) Non se victos pugnâ fabulabant, vel si victos, non virtute, sed per dolum et ludi ficatione, ut omnibus erat notum. — Meyer. ad. ann. MCCCIIII.

(2) Papirius ex Villaneo.

clinant avec une foi égale devant l'image de la Vierge, invoquée dans les deux armées, au moment du péril.

Bien des Lillois sans doute, parmi ceux qui purent rentrer dans leurs foyers, rendirent des actions de grâce à leur protectrice éternelle, *Notre-Dame de la Treille*, vierge miraculeuse, et nous savons par l'histoire, que le premier soin de Philippe, à son retour dans sa capitale, fut d'élever une belle statue à la mère de Dieu, qui l'avait sauvé des mains des soudoyers flamands...

En terminant ce récit trop long sans doute d'un fait qui tient une assez grande place dans l'histoire, nous pouvons montrer un vieux témoin de la bataille; c'est le ravin profond où se rassemblèrent les délégués des deux armées chargés d'écouter les propositions de paix à la suite de l'armistice accordé par Philippe.

Ce lieu a conservé le nom de *Parolan* à cause de l'espèce de *parlement* qui y fut constitué.

Nous ne citerons que pour mémoire l'opinion de certains habitants du pays, amis du merveilleux, qui s'obstinent à voir dans ce ravin le vide produit par le pied du cheval de Roland, qui, soulevant dans sa marche une énorme motte de terre, la transporta d'un seul pas près de Tournai, où elle forme le mont de Trinité !..

Non loin du *parolan*, une naïade mystérieuse cache une source, dite fontaine Saint-Jean, dont les eaux jouissent dans les pays avoisinants d'une grande réputation pour la guérison des maladies.

Je me suis souvent demandé comment un homme habile, docteur *in utroque*, médecine et industrie, ne s'était pas encore avisé de fonder à la fontaine Saint-Jean un établissement de bains...

Il y a là tout ce qui attire d'ordinaire les malades bien portants : un air vif, des vues pittoresques, et, non loin, une fraîche forêt.

Quant aux qualités de l'eau, qui sait si un chimiste patient n'y découvrirait pas aussi un peu d'arsenic, comme au Mont-Dore (1) ?

C'est pour le coup que la vogue des bains Saint-Jean serait assurée !

Ai-je tout rapporté ? ai-je suffisamment énuméré les beautés naturelles du mont, les souvenirs historiques qui s'y rattachent?

Faut-il signaler les prodiges d'agriculture accomplis par ses courageux habitants qui ont couvert tout le terroir des cultures les plus riches et

(1) Voir les journaux scientifiques qui ont rapporté les expériences de M. Thénard au sujet des eaux du Mont-Dore.

les plus variées depuis la fève à la fleur *papilionacée*, au parfum enivrant, jusqu'à la betterave, cette conquérante du sol, qui, après avoir enlevé au nouveau monde sa palme saccharifère, vient aujourd'hui disputer à la vigne ses vertus les plus précieuses ?

Faut-il aussi parler des produits plus anciens de l'industrie locale ? Mons-en-Pévèle n'a pas seulement l'honneur de figurer sur les plans géographiques, avec un sabre qui rappelle la bataille ; l'heureux village a sa place aussi sur la carte gastronomique de France; non loin d'Armentières aux cervelas renommés, d'Arras aux cœurs classiques, de Lille aux carrés de pain d'épice, on voit dessiné, sous le nom de Mons-en-Pévèle, un échantillon des fromages qui ont formé le principal produit du pays aux temps primitifs où les habitants, simples pasteurs, couvraient de troupeaux les pâturages, aujourd'hui convertis en partie en champs de betteraves, pour l'alimentation de trois fabriques.

Pour Buzelin, le mont était célèbre *insigni pugnâ*, et *copiâ caseorum* ; et Brûle-Maison, notre concitoyen, dans son grand voyage de Lille à Douai, par la Barque, ne manque pas de s'écrier :

> Vois-tu là bas sous ces buissons,
> C'est le pays de Mons-en Pève
> Où les fromages sont si bons?..

Faut-il établir que la science peut y venir chercher de précieux sujets d'études? Je n'aurai qu'à citer un fait personnel; par une belle journée de juillet 1851, le hasard qui avait dirigé ma promenade vers le versant oriental du mont, m'a fait rencontrer un étranger qui fouillait avec ardeur les flancs d'une gorge assez abrupte; près de lui deux dames, en élégante toilette de voyage, se livraient à la même occupation, et tous paraissaient recueillir curieusement des échantillons de minéraux.

Ce voyageur, débarqué le matin même à Calais, avec sa femme et sa sœur, toutes deux minéralogistes comme lui, était le célèbre M. Lyell président de la Société géologique de Londres, qui, sur les indications de notre ancien collègue M. Meugy, venait ramasser à Mons-en-Pévèle des pierres qui manquaient à sa riche collection.

Ces pierres, si longtemps utilisées pour le dallage des trottoirs et le pavage des cours des fermes, que bientôt il n'en restera plus vestige, proviennent d'une couche compacte de nummulites, mollusques céphalés, dont l'aggrégation, par la suite des siècles, a constitué un véritable banc de pierre calcaire, malheureusement fort épuisé. Peut-être qu'un jour ce qui a été épargné servira au savant, pour l'aider à reconstruire, par le procédé de Cuvier, l'état physique du pays, avant le cataclysme qui chassa la mer des endroits qu'elle paraît avoir long-temps couverts, et jeta ainsi, au milieu d'une plaine unie, un monticule étonné de s'y voir.

J'oubliais une illustration locale. Mons-en-Pévèle a donné le jour à Jacques Legroux, curé de Marcq-en-Barœul, historien véridique, auteur d'une vie des évêques de Tournai, écrite dans un latin correct.

Arrêtons-nous, dirai-je au voyageur, le jour baisse ; si le temps ne vous presse pas, et si vous désirez jouir d'un de ces magnifiques cou-chers du soleil, qui auraient fait oublier à Goethe lui-même ceux qu'il admirait sur le Rhin, acceptez une hospitalité offerte de bon cœur dans une modeste *villa* de la vallée.

Si, au contraire, vos moments sont comptés, reprenez le chemin de la ville, non par la voie de fer, mais par la route de terre.

J'aime à répéter ce mot d'un judicieux écrivain : *par le chemin de fer, on arrive, mais on ne voyage pas* (1).

C'est qu'en effet les courses en chemin de fer nous mènent rapidement vers un but, mais ne nous laissent pas le temps de nous recueillir, pen-dant le trajet, sur le mérite des lieux où nous passons ; image trop fidèle de la vie telle que nos mœurs modernes nous l'ont faite ! nous supportons impatiemment les épreuves qui purifieraient notre existence ; arriver, parvenir, voilà le but où nous tendons, et, quand on est si avide de la fin, doit-on s'étonner qu'on se montre si peu scrupuleux sur les moyens.

Descendus à Thumeries, nous saluons le vieux château espagnol, héri-tage de la noble famille de Carondelet, nous traversons ensuite Phalempin, au milieu de sa belle forêt, à deux pas de l'abbaye célèbre où dort Seswalès, le premier châtelain de Lille, non loin du Plouich, apanage de Henri IV, et après avoir honoré la pieuse relique de Saint-Piat, patron de Seclin, nous rentrons à Lille...

Pour moi qui ai disposé ainsi, sinon de votre personne, du moins de votre esprit pour vous faire voyager dans une localité qui m'est chère, il me reste à vous demander pardon de mon indiscrétion.

Le guide sera suffisamment récompensé de sa peine, si le voyageur convient qu'il a trouvé quelqu'intérêt dans son excursion.

PIERRE LEGRAND.

Juin 1854.

(1) M. Malitourne.

HISTOIRE.

Des établissements de l'ordre du Temple à Douai.

Non nobis, Domine, non nobis, sed nomini tuo da gloriam (1).

Ils vivent, disait saint Bernard, sans avoir rien de propre, pas même leur volonté. Vêtus simplement et couverts de poussière, ils ont le visage brûlé des ardeurs du soleil, le regard fier et sévère : à l'approche du combat ils s'arment de foi au dedans, et de fer au dehors; leurs armes sont leur unique parure; ils s'en servent avec courage dans les plus grands périls sans craindre ni le nombre, ni la force des barbares.

Le vieux temple, bâti au pied de notre rempart du nord, par Thierry d'Alsace, et son élégante chapelle sont à bas : c'est encore une page effacée de l'histoire du moyen-âge, consacrons leur un souvenir. Les arcades en ogive, les élégantes colonnettes, les belles fleurs de lys d'or, que le temps avait épargnées, n'ont pas trouvé grâce devant le spéculateur qui s'est rendu adjudicataire des *grès* de l'antique maison des Templiers. A grand peine, un archéologue, par d'humbles prières, a pu arracher au marteau destructeur quelques fragments des décorations de ce curieux monument ! Qu'il en soit béni ! On peut les voir maintenant au musée de Douai. Du manoir des religieux et valeureux chevaliers, il ne reste debout que de pauvres vestiges : la porte extérieure, flanquée de ses petites tourelles en briques; et près du rempart, une ou deux chambres, avec leurs hautes cheminées en pierre, adossées à la tour principale. La brosse ignoble du badigeonneur a recouvert, de blanc et d'ocre, les vieilles murailles et caché la belle teinte grise ardoisée des pierres. C'est ainsi que, nous autres Français, si fiers de notre civili-

(1) Cette inscription se lisait sur le *Beauséant,* ainsi se nommait l'étendart de l'Ordre du Temple, mi-parti noir et blanc. On y lisait aussi le mot VAVCENT, dont on a fait *Beauceant,* adopté comme symbole de la valeur de ces fiers chevaliers. Voici l'explication qu'en donnait Jacomo Bosio, dans son *Istoria della Sacra Religione di San Giovanni Gierosolimitana,* en 1629.

« Portavano i templari uno standardo bianco e nero nel quale era scritto questo motto, « VAVCENT, che nell' italiana lingua suona *Val cento.* E dietro a questo stendardo andavano

sation, avec nos prétentions au goût et au savoir, traitons nos monuments historiques ; ainsi font les Turcs pour ceux de l'Orient. (1) Nous les jetons à terre pour vendre à vil prix les matériaux qui les composent; nous les cachons sous d'informes masures, ou nous les couvrons de sales couleurs.

Pauvre peuple, si sensible au mot gloire, si jaloux de la sienne présente et si peu soucieux de celle de ses ancêtres.

Les deux maisons de l'Ordre du Temple, qui ont existé à Douai, sont sans illustration propre. Fondées comme établissements hospitaliers, et dans un but unique de charité et d'humanité, leur histoire ne peut offrir qu'un minime intérêt. Les chroniques de ces maisons devaient cependant en présenter un réel, car elles devaient raconter les *faicts* et *gestes* des vieux chevaliers, qu'à cause de leur âge, de leurs infirmités ou de leurs blessures, on renvoyait des saints lieux, chercher une retraite dans ces demeures hospitalières; mais les persécuteurs de cet ordre illustre ont détruit avec lui presque tous les écrits qui s'y rattachaient, et ce n'est qu'au moyen des fragments de manuscrits divers, échappés à la haine des inquisiteurs, que l'on a pu réunir les détails que nous avons recueillis (2).

Au mois d'octobre 1155, sur l'emplacement, encore appelé le Temple, Thierry d'Alsace, quinzième comte de Flandre, avait fondé, sous le nom de *Maison de Notre-Dame*, l'établissement dont apparaissent encore les restes. C'était un lieu couvert d'eau et de roseaux; en peu d'années les chevaliers avaient su en rendre le séjour agréable. Ce prince l'avait doté d'une charrue de terre (3) sur le village de Sin le Noble, qui

---

« i templari cantando quel verso dal salmista : *non nobis, Domine, non nobis sed nomini*
« *tuo da gloriam.* Fu forse quello stendardo evidente presagio di cio ch' esser doveva di
« quella militia il cui principio fu tutto candido e felice, il fine fu infelicissimo, oscuro
« et funesto. »

Les templiers portaient un étendart blanc et noir sur lequel était écrit le mot *Vaxcent* (Vau cent) qui dans la langue italienne se prononce comme val cento (qui vaut cent). Ces chevaliers marchaient à la suite de cet étendart en chantant ce verset du psalmiste : « *Non pour nous, Seigneur ; non pour nous, mais à la gloire de ton nom.* Par hasard cet étendart fut un évident présage de ce que devait être la milice du Temple qui dans le commencement fut toute pure et heureuse et dont la fin fut si cruelle et si sombre.

(1) Avec cette différence que les monuments qu'ils traitont ainsi n'appartiennent pas à leur histoire.

(2) Nous devons les plus importants à notre honorable prédécesseur M. Guilmot.

(3) C'est-à-dire 36 rasières de terre exigeant l'entretien d'une charrue annuellement (15 hectares 1/2 environ.)

était de son domaine; il lui avait en outre assuré plusieurs rentes foncières sur les courtils du marais douaisien. Philippe d'Alsace, son fils et successeur, à la demande de Bauduin de Gand, son neveu, commandeur de la baillie des maisons du Temple en Flandre, lui donna tous les reliefs du château de Douai, le dixième de la vente des terres à Dourges et le dixième de la dîme du forest (1).

Les Templiers accrurent encore leurs revenus de quelques donations, mais sans jamais les mendier; de nombreuses preuves de cette vérité ont été recueillies dans les archives de la ville de Douai.

Quelques années après l'établissement des Templiers à Douai, des contestations s'élevèrent entre eux et la commune, toujours fière de ses anciens droits. Cette commune existait de fait par ses nombreux priviléges dès les temps les plus reculés, et n'avait néanmoins reçu ses lettres d'établissement qu'à peu près à l'époque où les Templiers d'Arras étaient venus occuper la maison de Douai. De là étaient nées ces contestations, ayant pour principe les droits nouveaux, dont venaient d'être respectivement gratifiés la commune et la milice du Temple.

Le précepteur (2) prétendait toute justice haute et basse, le domaine et la juridiction, sur les hôtes mansionnaires (3) et les habitants qui occupaient des fonds de la sensive, entre les portes de la ville et la maison du Temple, ainsi que sur les fonds qui lui appartenaient dans la ville de Douai.

Les échevins soutenaient au contraire que toute justice, jurisdiction et domaine appartenaient au comte de Flandre, et à eux de plein droit sur toutes les possessions du Temple comme sur tous les autres héritages; et ils avaient d'autant plus raison de le prétendre ainsi que, déjà, ces droits avaient été reconnus par le comte de Flandre et les

(1) M. Guilmot croyait que Bauduin de Gand avait été grand maître de l'Ordre du Temple, parce que Frumold, évêque d'Arras lui donnait dans des lettres datées de 1175, le titre de *Magister*. Par ce mot on désignait, il est vrai, le grand maître de l'Ordre, et lui seul avait le droit de prendre ce titre. Mais Odon de Saint-Amand, septième grand maître, élu en 1171, ayant été défait à la sanglante bataille de Pénéas et cru mort, en attendant l'élection, l'intérimat fut confié à Bauduin de Gand, qu'on put appeler *Magister*, quoiqu'il n'en eût pas la dignité. Odon de Saint-Amand étant mort en 1179, Arnaud de Toroge fut son successeur.

(2) Le précepteur était le commandeur des maisons que l'ordre possédait dans les provinces... Preceptores quos vulgo *Commandeurs* dicimus. (Ducange).

(3) Dénomination, qui, depuis la suppression de l'esclavage, ne désignait plus que des personnes libres.

Templiers eux-mêmes; comme on en pourra juger par un fait que nous mentionnerons.

Pour mettre fin (dit une transaction, dont nous donnerons en note la traduction, à cause de son importance) à des querelles toujours fâcheuses, nuisibles et onéreuses entre voisins et amis, frère Hugues de Pérault (1), précepteur et les frères seigneurs de la milice du temple d'Arras capitu-¡airement assemblés, arrêtèrent par cette transaction toutes difficultés.

Il résulte de cette pièce qu'en janvier 1291, la maison du Temple de Douai dépendait encore de celle d'Arras, puisque les échevins ne traitent qu'avec frère Hugues de Pérault, précepteur et les autres Templiers d'Arras, sans faire mention de ceux de Douai. Il n'y est point question du droit d'asile ou de refuge; il ne paraît pas d'ailleurs que les Templiers l'aient jamais réclamé. Toutefois leur chapelle jouissait de grands priviléges et il fallait pour la mettre en interdit un ordre exprès des hautes autorités ecclésiastiques. En 1282 une bataille eut lieu dans l'enclos de la maison du Temple entre monseigneur Pierre de Douai, chevalier, Jean de Wattines et leurs adhérents d'une part, et les frères de la milice du Temple de l'autre. La cause de ce combat ne fut jamais bien connue, quoique cette affaire ait donné lieu à une enquête ouverte par les échevins, Jean de France, Richard du Market et Jacques Pain-Mouillé, ainsi qu'il conste des actes de l'échevinage. Jean de Wattines fut tué par le frère Raoult, qui combattait à son *corps défendant*, plusieurs des adversaires des chevaliers furent blessés. Messire Pierre de Douai, ayant poursuivi l'épée au poing un chevalier désarmé, et qui n'était pas au nombre des combattants fut condamné par les échevins à dix livres d'amende. Les mêmes échevins jugèrent que frère Raoult, qui plus tard fut maître de la maison du Temple de Douai, *était quitte* de la mort de Jean de Wattines.

Les chevaliers jouissaient d'une grande considération et étaient entourés de beaucoup d'égards par messieurs de l'échevinage; mais ils leur en témoignaient en tout temps, leur reconnaissance. Ils protégaient les bourgeois de Douai, voyageant en Terre-Sainte, ils les assistaient, recevaient leurs dernières volontés et les exécutaient avec la plus scrupuleuse exactitude; ils leur servaient de banquiers et de changeurs (2)

---

(1) Hugues de Pérault, devint ensuite Grand-Prieur d'Aquitaine. Lors de la condamnation des Templiers, il était sur l'échafaud prêt à mourir avec le Grand-Maître Jacques Molay, mais il fut épargné pour avoir gardé le silence.

(2) « Ce que l'on ignore généralement, disions-nous, dans *Douai et Lille au XIII.*ᵉ »

ainsi qu'il résulte du fait suivant : Jean le Gros, dit le Croisé, bourgeois de Douai, étant mort outre mer, après avoir testé et fait dépôt entre
les mains des chevaliers, frère Jean du Temple de Douai, délivra cet
argent aux légataires, en présence des échevins qui en donnèrent acte (1).

Peu après l'époque de la fondation du Temple, une grande partie du
marais *Douisien* avait été entourée de patis (2), depuis cette maison sur
la ligne du fossé, dont on aperçoit encore une partie et qui baigne le
pied du rempart, jusqu'à une grosse tour d'où partait le canal, qui coule
derrière la rue Saint-Jean, passe au pont des Amourettes et va se jeter
dans la Scarpe. Ce marais avait pris alors le nom de la Neuve-Ville (3).

Les échevins ayant résolu de remplacer ces clôtures par des murailles,
on supprima la porte du Temple, placée contre les fossés de cette
maison, ainsi que celle de Rieulay, sur l'emplacement de laquelle avait
était élevée la tour Saint-André, démolie en 1850, pour l'établissement
du chemin de fer, et on en ouvrit une autre, la porte Morel actuelle. La
commune acheta alors les terrains intermédiaires et prolongea la grande
rue Saint-Jacques jusqu'à la Nouvelle-Porte. Mais pour ce faire il fallut
que les Templiers consentissent à céder à la ville les rentes qu'ils avaient
sur ces propriétés, ce qu'ils firent avec un grand désintéressement.

Cet acte est le dernier qu'ils passèrent, bientôt après les chaînes furent
forgées et les bûchers s'allumèrent...

G.-R. DUTHILLŒUL.

« *siècle*, c'est que les chevaliers du Temple ont joué un grand rôle dans l'histoire finan_
« cière du moyen-âge, influence qui ne peut même être soupçonnée de nos jours; c'est en-
« core que ces vaillants défenseurs de la croix, ces grands civilisateurs ont été les fonda-
« teurs du crédit, les propagateurs des lettres de change, lorsque les Juifs persécutés les
« eurent créées; c'est qu'ils furent les inventeurs du transport de toutes valeurs métalliques,
« par représentations en papiers.

(1) Voici cet acte : Saient tous ke Robins, fius Jehan le croissiet ki mors est outre meir
se tiengt a paiet des huict lib. de tornois et Jehan se fius de le moienne some de trente
lib. de tornois. Et Emmi soer Johan le crassier de huict lib. de tornois. Et tous ches
dons paya frère Jehan del Tomple de Dowai, par le testament celui Jehan en l'an 1250 el
mois février. Eschevins : Jehan Pain-Mouillié, Wuart le Monnier, G. de Dorigny, Enguer
ran Brunamont, Jak le Burier et Recol le Carpentier.

(2) Pastis, *pastis*, *pasquis*, pature, paturage, lieux dans lesquels paissaient les bestiaux,
lesquels étaient fermés par des barricades.

(3) Cette grosse tour se nommait la tour du *Dicq* ou de la *Digue*. A côté de cette tour au
nord, coulait le ruisseau du Boulenrieu formé par les eaux des marais de Dechy et de Sin,
lequel allait se perdre dans la Scarpe.

DE L'ARTILLERIE DE LA VILLE DE LILLE

AUX XIV.e, XV.e ET XVI.e SIÈCLES.

Archers. — Arbalétriers. — Canonniers.

XIV.e SIÈCLE.

SUITE (1).

L'année suivante, I *canon dont on trait garos*, est acaté par échevins IIJ escus et VI gros, val. IV l. XVIII s., et l'on alloue, en 1350, XX s. fors pour I despens d'eschevins et de wit (huit) hommes, quant on asaia les chanons.

Cet essai avait sans doute été fait en vue de l'expédition qu'on allait entreprendre contre La Bassée, qu'on avait l'intention *d'ardoir*, suivant le droit barbare de l'époque (2). En effet, parmi les dépenses qu'occasionne cette entreprise, figurent les X s. fors alloués à Jaqmart le feure pour XL *grans clous pour fierer les garriaus des canons as debous, pour II cace de fier pour chacier les quarriaux ens, et, enfin, pour V mamesfles.* De leur côté Piéron Dou Ponchiel et Jacques de le Blaquerie, mercier, exigeaient XXII s. VI d. fors, *pour V l. de salpêtre et II l. de soufre vif.*

Observez que le charbon mentionné, en 1342, et employé, en 1359, puisqu'à cette dernière époque l'argentier porte en dépense les XXXII s. donnés à mestre Jehan l'artilleur, pour laigne (bois) dont on a fait carbon, et pour les carbons faire pour les canons, non compris VI s. prix d'un pot à metre ens les carbons, ne figure pas ici (3).

Les espringales furent aussi conduites à La Bassée, car IX l. XI s. fors

---

(1) Voir la *Revue*, tome II, page 76.
(2) Voy. la *Notice* de M. le docteur le Glay.
(3) Voy. A. Alexis Monteil, *Traité des Matériaux manuscrits*, t. II, p. 294.

sont également portés en compte pour les frais des espringales et de l'artillerie.

Longtemps après (1358), Mikiel le feure obtenait LX gros de XXXIII s. II d., pour I c. de *grans fiers de quarriaus de canons*, alors que Franchois le feure exigeait CXII gros, de LXI s. XI d. *pour le fierage de IIII canons*, et Gillion des Ghodaus XI s. VIII d. de gros,·de LXXVII s. IIII d., *pour le fierage de V canons*.

Remarquons avant d'aller plus loin, que cette même année, deux canons faits par Jehan Vrederel ne sont payés que XXX s. X d. (1); que XXIII autres acatés à Tournai, ne reviennent qu'à XXIII l. VI s. monn. de Fland., de XIII l. VII s. XI d. ob., *parmi le caritet de l'accat et le vin des valles du mestre*.

Ne pourrions-nous pas supposer que ces derniers étaient semblables *aux canons à main*, employés, selon Daniel (2), pour la première fois, au siége d'Arras de 1414?

Le document que voici ne peut que nous confirmer dans cette pensée : *à mestre Jehan le Chiboleur*, nous dit le comptable, j'ai payé VI s. de gros val. XLI s. VI d., *pour IX fourmes debos à ens metre IX canons, VIII gros pour le pièce : à Jehan de Mons j'ai remis III s. de gros val. XX s. VIII d. ob . pour VI fourmes de bos à ens metre VI canons, VI gros pour le pièce.*

Gillion des Ghodaus, dont nous venons de parler, obtenait XXXVI gros, en 1382, pour chacun des treize canons qu'il avait loyés et estoffés de fier, avec les caynes et quevilles y servant, et X l. XII s., pour loyer de bandes de fier et estoffer bien et souffisamment *IV baus de canons*, y compris cinq grandes quevilles de fier y servant.

Pierre Demileville, surnommé *Pierre del orloge*, qui l'année précédente avoit placée l'horloge de la ville, laquelle sortait sans doute de son atelier, fit faire de grands progrès à l'artillerie lilloise. L'argentier nous apprend, en effet, qu'outre les III s. qui lui étaient remis *pour le vif argent mis à esprouver une bonbarde*, qu'il avait achetée au nom de la cité, IV l. lui étaient payées pour un canon par lui fait; XXXVI l. pour trois autres; puis XVI l. comme prix d'une bonbarde jectant pierres, et XLV l. pour deux grans canons jectant pierres. Il recevait en outre XX s. pour avoir amendé *IV grans canons trop estrois devant*. La même somme lui était accordée *pour désemplir et cachier hors d'un autre canon le fer qui l'obstruait*, et XIII l. XVIII s., pour un autre canon par lui livré et *assis sur son travail*, le tout du poids de VI.ˣˣ XIX l., parmi *une plate de fer mise sur le trau dud. canon.*

Cette même année (1382), M.ᵉ Pierre, le feure du castel, faisait payer XI francs du roy, de XX l. XII s. VI d.,·une autre bombarde, alors que Jehan Houziel ne demandait que VIII l. XII s. pour avoir fieret une bonbarde, et *ycelle loyet de bandes de fer tout autour, et ordonné de tout pour le mettre en sen travail*, pesant tout ledit ouvrage IIIIˣˣ et VI l. de fer. Pour le ferage d'une autre petite bombarde il en faut trente-sept livres et demie ; tandis que près de deux cents livres sont

(1) En 1380, deux autres coûtent XLVI s. — Nos lecteurs savent déjà que, dès 1365-66, la ville possédait sept canons.
(2) *Hist. de France*, t. II, col. 957, B.

nécessaires pour estoffer la grande bombarde. Ailleurs on parle de la queville de fier *sour quoy la bombarde est oudit travail*.

Pour fermer la lumière des bombardes on faisait usage *de nocquets à caynes* (1). L'argentier porte aussi en dépense, et les XLVIII s., prix des neuf *soufflés à souffler le feu pour faire caut le fer de canon*, et les LXXII s., payés pour neuf *fouyères de fer* à mettre et souffler le feu pour les canons.

En 1364, le comptable parle de la *poudre* achetée. Dans la suite, toutefois, il se sert toujours du mot *pourre*. Ainsi, en 1381, une livre de *pourre de salpêtre*, achetée à Paris, coûte VI s. IX d. L'année suivante, les cinq livres de pourre de canon, vendues par un Flamand, reviennent, à neuf gros la livre, à XLV s., alors que cinq autres livres fournies par un Allemand sont payées XLVIII s.

En 1382, on alloue VII l. IIII s. à M.ᵉ Pierre Lenglesk et Riquier du Castel qui, par ordre des échevins, avaient fabriqué IIII c. et XL l. de pourre de canon.

En 1359-60, le salpêtre coûte sept gros la livre, et cinq gros et demi seulement, pris à Bruges. Le souffre vif payé cinq gros et demi dans cette ville, en coûte six à Lille. Longtemps après (1381), Bruges en fournit encore près de deux cents livres et l'apothicaire du duc en livre, l'année suivante, une grande quantité.

Nous voyons que, en 1368, trois onches de *canfre* sont mentionnées et payées VI s. VI d. gros, de XLIV s. X d., et que, en 1381, on dépense LVI s. IX d. pour *canfre, vif souffre, riaghal, arsenik* (2), *vif argent et salmoniack pour ouvrer à l'artillerie*.

En 1382, le mortier et pestiel de fer à faire pourre, que fournit Jehannin, *Maistre des canons du Comte de Flandre*, occasionne une dépense de XXXVII s. VI d.

Cette même année, huit *nocques* nommés *engrennoirs*, à ens mettre pourre de canons, pour les faire jecter, pesant XVIII l., reviennent à un gros la livre, et cinquante tampons de mesplier (néflier) faits par le tourneur Pierre Poitevin, pour trere de bombarde, coûtent L s.

C'est en 1368, que les *plommés* se trouvent mentionnés pour la première fois, l'argentier portant en dépenses LXI s. XI d. payés à la veuve de Jehan Orghet, potier d'estain, *pour CXII plommés de canon pes. CXXXVII l. et demie*. En 1382, un autre potier d'étain en fournit encore un certain nombre.

Ces plommés étaient introduits dans les engins au moyen de martiaux; car *un martiel à cachier plommés de canons*, livré par Demileville, était payé huit sous, et huit autres *martiauls acherés*, cascun pesant cinq livres, étaient vendus LXX s. par Gillot de Tournay.

En 1383, *II caches à cachier plommés* sont estimées III s.

L'année précédente, la femme Jaqmon Douledonchiel exigeait quatre gros, de XXVII d. ob. pour le *fachon des moles des canons*.

C'est en 1382, que nous trouvons la première mention des boulets de

---

(1) La serrure de la grande bombarde

(2) Au sujet de l'arsenic pour la composition de la poudre, voy. le *Bulletin arch.*, t. **IV**, p. 162, et, p. 160, les Observations de M. P. Mérimée

pierre. Cette année, en effet, Colart de Mouret, marbrier à Tournai, fournissait II c. XVI pierres de bonbarde, moittié grandes et l'autre petites qui, à XII l. le cent, l'une pour l'autre, revenaient à XXV l. XVIII s. V d. Il fallut en outre donner vingt sous pour la carité de l'accat, et douze sous, pour, à le volenté d'eschevin, avoir se seanche de tenir ou laisser le marquiet. Quant aux huit baustes (caisses) de hierenhier esquelles furent amenées lesdites pierres, elles coûtèrent VI s.

Nous voyons ailleurs que LXXIX de ces pierres pesaient XVI c. XXVIII l.

De Mouret livrait encore d'autres boulets de pierre, du poids de douze livres et un quart chacun, à raison de treize livres le cent; alors que ceux qui n'en pesaient que sept étaient payés douze livres.

Nous voyons aussi figurer et la *queville de fier à deux rons envirs*, et un *grant fons de fier servant à celi bombarde pour faire jecter petites pierres*.

Nos lecteurs savent déjà que, dès 1350, des canons avaient accompagné les troupes que la ville envoyait à La Bassée, ils ne seront donc pas surpris que le duc de Bourgogne, connaissant la nombreuse artillerie de Lille, ait fait demander (1385) à ses magistrats canons, engiens et ouvriers pour les mener en l'ost devant le Dam.

L'année suivante, nous voyons que la cité avait fait délivrer aux arbalétriers envoyés au roi, lors de la descente projetée en Angleterre, XX coffres contenant quarreaux de arbalestre, XX pavais, IV canons, II coffres plains de pourre de canon, I coffre plain des aultres coses, II tonniauls plains de pourre de canon, VI falos, I tonnel plain de tourtiaux de falot, et plusieurs tonniauls plains de armeures et d'autres coses.

En 1387, afin d'obéir aux ordres du roi, on faisait provision de *arbalestriers, de canons et de artillerie, pour le fait del armée qu'il entendoit à faire et mettre sour le mer*, afin d'obvier à ses malvoellants. L'argentier nous apprend que le transport du harnas, ou tret, *des deux canons* et des dix-huit arbalétriers, d'Abbeville au Crotoy, et du Crotoy à Kayeus, où le *navire du roi estait*, coûta I fr. de XLII s. Il a aussi grand soin de porter en dépense la somme de LXIII s., *prix de la moitié d'une trompette payée en commun avec ceux de Douai, pour culs ensamble raillyer*.

Cette même année, la ville donnait dix gros par jour à chacun des sept arbalétriers qu'elle envoyait en garnison à Noefport, et huit gros à chacun des cinquante-trois *bastonniers* qui les accompagnaient. Quant aux *manestrez* (musiciens) *qui jusques dehors le ville les convoyèrent*, dix sous leur étaient accordés.

DE LA FONS MELLICOCQ.

La suite prochainement.

BEAUX-ARTS

Trois portraits par un artiste anonyme.

Les artistes doivent-ils faire de la critique ? Ont-ils le droit de se poser en juges de leurs concurrents et d'être ainsi parfois juges et parties ? Leur critique sera-t-elle impartiale, et ne sera-t-elle pas influencée à leur insu par leur propre manière de faire ? Ne sont-ils pas toujours forcément soumis à l'action de leurs idées d'école et par suite, fussent-ils de la meilleure foi du monde, partiaux sans le savoir ? Enfin, et dans leur propre intérêt, ne feraient-ils pas mieux de s'abstenir de toute critique ?

Graves questions auxquelles on est tenté de répondre qu'effectivement la mission des artistes est de faire des tableaux, des partitions, des palais ou des statues, et non d'écrire ; de chercher à plaire par leurs ouvrages et non de juger ceux des autres ; qu'acteurs eux-mêmes, ils n'ont le droit ni de siffler ni d'applaudir

Et cependant, lorsqu'il s'agit de juger de mathématiques, on s'en rapporte généralement aux mathématiciens ; or, les arts ne sont pas que nous sachions du moins, plus faciles, plus à la portée de tout le monde que les mathématiques.

L'exemple d'artistes célèbres pourrait peut-être faire autorité. Poussin, Rubens, Vasari, Lebrun, Falconnet, Raphaël Mengs et d'autres encore parmi les anciens ; Delacroix, Berlioz, Fétis, Taillasson, Töppfer et d'autres aussi, parmi nos contemporains. ont écrit sur leur art des choses que certainement nous ne voudrions pas voir mettre à néant. Tous ont traité la critique d'une façon remarquable, qui ne ressemble en rien à la manière des critiques de profession. L'on rencontre chez eux une connaissance de la matière, des aperçus judicieux, des explications lumineuses, des commentaires et déductions rationnelles et inattendues, dont le plus beau style du monde ne saurait tenir lieu ; on sent en les lisant qu'ils sont sur un terrain réel ; leur raisonnement est palpable, leur idée pratique, et il est rare qu'on n'en tire pas quelqu'enseignement

D'ailleurs, si les artistes doivent être écartés lorsqu'il s'agit de juger des choses de l'art, à qui s'en rapportera-t-on ? Eux seuls peuvent en parler avec connaissance de cause. Non, dites-vous, il y a Messieurs tels et tels qui, sans avoir jamais été artistes, ont écrit sur l'art de fort jolies choses. — Soit, je n'engagerai pas cette discussion qui nous mènerait trop loin. Je conviens que rien n'est plus facile que d'écrire de ce que l'on ne connaît pas, car alors on n'est ni arrêté ni entraîné par les mille objections qui s'offrent nécessairement à celui qui connaît à fond ce dont il traite ; on n'a nul besoin de se creuser l'esprit pour penser correctement, on marche ou plutôt on vole au-dessus des difficultés, et le style aidant on produit de ces charmantes absurdités qui plaisent, non par ce qu'elles disent, nul n'y prend garde, mais par ce qu'elles peuvent être, par le mérite de leur forme, de véritables œuvres d'art.

Cependant il faut convenir que depuis que l'office de critique est ainsi tombé dans le domaine public, la véritable critique, la critique technique n'existe pour ainsi dire plus. Il en résulte peut-être un petit avantage sous le rapport de l'amour-propre, car, si parfois l'artiste s'irrite de se voir admonesté si lestement par des gens qui laissent percer à chaque idée, leur ignorance, il se dit que les blessures d'une telle critique sont peu profondes ; il se sent piqué mais non jugé, riposte par des *lardons* et le public ne fait que rire de cette guerre saugrenue... si tant est qu'il s'en aperçoive. Puis tout s'oublie, la critique et le sujet, sans qu'il en résulte aucun enseignement pour personne, tandis qu'au contraire en littérature, où la critique est nécessairement faite par des littérateurs, on peut citer à l'infini des critiques admirables, tant sous le rapport du fond que sous celui de la forme.

Il me semble donc qu'en résumé, si les uns peuvent avoir de bonnes raisons pour interdire la critique aux artistes, d'autres pourraient, sans déraison, la leur recommander ; quoi qu'il en soit, je n'ai pas la prétention de résoudre la question, et elle ne le sera pas de longtemps.

En attendant, ma position est embarrassante. On m'a fait l'honneur de m'inscrire parmi les collaborateurs de la *Revue du Nord*. Pourquoi ? Je n'en sais rien. Je n'y puis collaborer qu'en qualité de critique. Je ne fais pas de vers, pas de nouvelles, rien enfin que l'on puisse qualifier de littérature. Dois-je m'abstenir oui ou non ? Je suis fort embarrassé, d'autant plus qu'entre nous soit dit, on m'a mis au pied du mur. Vous avec accepté l'emploi en ne protestant pas, m'a-t-on dit, nous comptons sur vous. Voici une occasion que nous ne voudrions pas manquer. Monsieur un tel est absent, tel autre trop paresseux, pour ma part je n'y entends rien, ni moi, ni moi, ni moi... — Comment résister, d'autant plus que l'occasion me plaît beaucoup. Il s'agit d'un ami d'enfance, homme de talent, et de trois charmants dessins. Après tout, mon long silence doit m'être compté comme un mérite aux yeux des partisans de l'abstention ; et il est peut-être temps de penser à faire aussi quelque chose pour leurs adversaires ? La mission de l'artiste n'est-elle pas de chercher à faire plaisir ? Ceci est un peu hazardé, mais en tout cas il est un vieux proverbe qui me servira d'excuse, *c'est l'occasion qui fait le larron*. Je n'ai d'ailleurs que du bien à dire. Or, ma faute, si faute il y a, doit être bien légère.

Les portraits dont j'ai à vous parler, sont exposés chez M. Lebrun, rue Esquermoise. On sait que l'usage est maintenant admis à Lille, par les artistes, d'exposer de temps à autres chez les encadreurs, les choses dont ils désirent éprouver l'effet ; c'est une manière de remplacer les expositions officielles, si rares dans notre ville, que des hommes déjà chauves ne se souviennent pas d'en avoir vu.

Or, il faut en avoir fait l'expérience, pour savoir combien ce genre d'exposition, au milieu de tout ce croisement de lumières et de reflets, est difficile à supporter. Combien, au milieu de ce désordre d'influences extérieures si différent de la calme-lumière de l'atelier, il peut se produire d'effets bizarres et inattendus. A quel point enfin, les défauts y prennent des proportions colossales.

Cependant ces dangers n'ont pas effrayé notre ami, ou bien, le désir d'affronter la publicité, désir si naturel aux artistes, l'a emporté; lui aussi a voulu tenter les chances du grand jour de la rue, de ce jour mortel à tant de réputations de famille, de ce jour qui classe impitoyablement chacun suivant son mérite, qui tue les faibles et vivifie les forts.

Il a parfaitement réussi.

Quelles que soient les critiques que l'on puisse faire de ses trois dessins, ils ont des qualités qu'on ne saurait leur contester : la vérité, la pensée et un cachet d'originalité de bonne foi, produit d'une étude patiente, sévère et sympathique, non influencée par aucune idée d'école. Ces trois dessins étonnent par leur aspect qui rappelle l'époque d'Holbein et de Janet, c'est la même perfection dans le rendu, la même recherche de l'exactitude, la même pensée sérieusement mélancolique, et le même oubli de tous les moyens de séduction, si perfectionnés par l'époque actuelle. On comprend immédiatement en les voyant, qu'ils sont le résultat du travail consciencieux à l'extrême, d'une belle intelligence qui a peu appris des autres et beaucoup observé par elle-même. Certes ces trois portraits sont parfaitement caractérisés, ils font plaisir à voir, ils sont attachants; il est beaucoup de choses infiniment plus stylées qui n'ont pas ce mérite.

Ferons-nous après cela une critique de détail ? les défauts matériels de choses si bien senties doivent-ils être relevés ? A quoi bon ? On a trop souvent par des critiques de ce genre, dérouté des artistes qui seraient devenus plus forts si on leur avait laissé leurs défauts. Cela semble paradoxal ; mais dites-nous si on eut beaucoup gagné à faire d'Holbein un imitateur de Rubens, et de Rubens un pastiche de Raphaël. Raphaël lui-même n'aurait-il pas perdu, si au lieu de se complaire dans son idéale suavité, il avait fait de l'anatomie sa constante préoccupation? Pour mon compte j'en suis persuadé, car je pense que les hommes ne deviennent supérieurs qu'en développant les qualités qu'ils ont et non en cherchant à acquérir celles qu'ils n'ont pas. Laissons donc à chacun ses tendances, gardons-nous d'effaroucher de bonnes natures en leur dévoilant des difficultés qu'elles ne soupçonnent pas, qu'elles ne soupçonneront peut-être jamais. On peut être un excellent artiste sans être universel, et la preuve c'est qu'il n'y a peut-être jamais eu d'artiste universel. Nous ne donnerons qu'un conseil : Produisez.

Nous devons cependant remarquer, que des trois portraits, celui qui nous paraît le plus complet, est le portrait de jeune homme. Que dans le portrait de femme vu de trois-quarts perdu, il y a suivant nous un défaut de structure. La bouche est trop en arrière. C'est par ce défaut seul que ce dessin se rattache à l'école moderne. Les anciens savaient que le plan de la machoire supérieure est toujours sur la continuation de la courbe du front : Cette vérité n'a été oubliée que depuis la décadence sous Louis XIV. Cet oubli est peut-être un des plus grands défauts des peintres modernes. En supprimant le *mufle* humain (passez-moi ce terme qui exprime plus qu'il n'est beau), on a ôté à l'expression toute fermeté. On a été conduit à forcer celle des yeux lorsqu'on a voulu produire des effets tragiques. Arnould de Vuez, pour ne citer qu'un peintre très-connu à Lille, est insupportable d'ignorance à cet égard. Toutes ses têtes ont la machoire rentrée de façon que quelques peines qu'il se soit données, quelque talent qu'il ait eu d'ailleurs, il est toujours resté à mille lieues de Raphaël et des Caraches ses principaux modèles ; et cependant il les pillait si volontiers que la plupart de ses meilleurs tableaux ont été gravés d'après eux longtemps avant sa naissance.

Néanmoins, depuis cette époque, beaucoup de peintres tels que Jouvenet, les Coypel, Gros, Prudhon, Géricault, Delacroix, conservant la bonne tradition, ont dans leurs dessins, placé la bouche comme elle doit l'être, mais ce sont les meilleurs. Les moins bons et les plus mauvais ont généralement adopté une façon beaucoup plus facile. Ne devons-nous pas chercher à imiter les premiers ? Et notre ami ne le doit-il pas d'autant plus que ce défaut n'existe pas dans la tête de jeune homme ?

L'autre portrait de femme vu de face est d'une vérité extraordinaire, mais il manque de lumière..... Involontairement, j'allais ici, contrairement aux principes posés plus haut, toucher une corde sensible. Notre ami n'en est encore en fait de coloration du dessin, qu'au point de départ, au point où l'on ne cherche qu'à donner aux tons noirs, la valeur relativement exacte des couleurs véritables. Il fait juste ce qu'il voit, son dessin est exact de valeur de tons. Peut-être plus tard s'apercevra-t-il qu'il n'est pas lumineux. Alors il cherchera les moyens de faire en même temps de la couleur et de la lumière, et il les trouvera. Son portrait de jeune homme l'indique suffisamment.

ADOLPHE WACQUEZ.

Lille, 26 août 1854.

POÉSIE

à M. Louis DE BAECKER.

O champs paternels! hérissés de charmilles
Où glissent le soir des flots de jeunes filles;

O frais pâturage! où de limpides eaux
Font bondir la chèvre et grandir les roseaux;

O terre natale! à votre nom que j'aime,
Mon âme s'en va toute hors d'elle-même;

Mon âme se prend à chanter sans effort,
A pleurer aussi, tant mon amour est fort!

J'ai vécu d'aimer, j'ai donc vécu de larmes;
Et voilà pourquoi mes pleurs eurent leurs charmes!

Voilà, mon pays, n'en ayant pu mourir,
Pourquoi j'aime encore au risque de souffrir!

. . . .
. . . .

MARCELINE DESBORDES-VALMORE.

A MES TOURTERELLES

Ecoutez, écoutez, mes tendres tourterelles,
Je reviens près de vous le cœur plein de nouvelles,
Les mains pleines d'épis
Que je veux égrener sur votre vert tapis.

Dans mes courses, j'ai vu de jolis paysages;
Des vallons, des coteaux, de gracieux visages
Sur le seuil des maisons;
Des églantiers en fleurs et de blanches toisons.

J'ai vu des rossignols, des merles, des mésanges
Sautiller dans les bois; j'ai vu leurs mauvais anges,
Blonds dénicheurs de nids,
Pour une razzia sous l'orme réunis.

J'ai vu près d'un moulin au bord d'une rivière
Le meunier Sans-Souci sourire à sa meunière
Et lui montrer du doigt
Leur enfant qui de l'eau n'ose affronter le froid.

J'ai vu de paysans une ronde joyeuse;
J'ai vu, le verre en main, la vieillesse oublieuse,
Partager leurs ébats,
Et des amants dans l'ombre errer, se parlant bas.......

Dans un riant enclos, proche une métairie,
J'ai vu la vache à lait, reine de la prairie,
Ruminer au soleil,
Et bondir à l'entour les poulains en éveil.

J'ai vu l'abeille d'or butiner sur les roses,
Le ruisseau serpenter dans les prés; toutes choses
Qui font rire le cœur.—
N'as-tu plus rien vu d'autre, ô jeune voyageur?

— Au détour d'un chemin entre deux rangs de cierges,
J'ai vu couvert de fleurs et porté par des vierges,
          Passer un blanc cercueil,
Que suivaient des parents en longs habits de deuil.

Et comme j'essuyais quelques larmes furtives,
J'entendis près de moi deux pâles sensitives
          Soupirer tour à tour :
Elle est morte à vingt ans, — elle est morte d'amour.

CASIMIR FAUCOMPRÉ.

LA JEUNE FILLE ET LA ROSE.

Traduction d'une Poésie Flamande de Prudent VAN DUYSE.

Une jeune fille arrosait ses fleurs et disait : « Oh ! voyez cette rose qui me manque encore !

« Allons, viens, ma toute belle, viens embellir ma couronne ! »

« —Je vis à peine, ô jeune fille, depuis qu'un rayon a paru à l'orient.

« La lumière est si douce et la nature si resplendissante ! Accorde-moi seulement une petite heure, et que le bon Dieu t'en récompense ! » —

Et la corolle de la jolie fleur tremblait toute pourprée.

« — Eh bien ! vis encore une heure, reine de mon jardin ! »

L'heure passa : « Ah ! tu es là encore si belle, dit une voix plaintive, et ma sœur et morte ! »

« — Votre sœur !. . elle… morte !. . . Flétrie dans toute sa splendeur, elle qui me choisit pour orner son beau front virginal !

« Oh ! ne me cueillez pas, chère enfant, mais plantez ma tige tout près de sa couche, tout près de la tombe où elle repose.

« Et que l'odeur des roses l'embaume autant de fois que le printemps réjouira la nature. » —

Les roses embaumèrent la sainte tombe autant de fois que le printemps les fit éclore ;

Comme l'image d'un bienfait qui porte encore des fruits, lorsque le vent nous a déjà balayés de la terre.

LOUIS DE BAECKER.

BIBLIOGRAPHIE.

Histoire du jubilé séculaire de Notre-Dame de la Treille, Par M. Ch. de FRANCIOSI.

L'année 1854 a vu célébrer à Lille une des plus magnifiques solennités qui se puissent imaginer. La beauté des détails a répondu à la grandeur de son objet et le jubilé séculaire de Notre-Dame de la Treille a laissé des traces ineffaçables dans la mémoire de tous ceux qui y ont assisté ; mais ce miroir, si fidèle qu'il soit, n'a qu'une durée viagère, et combien restera-t-il au jubilé suivant des témoins de celui que nous venons de voir? cette pensée exprimée par tout le monde a donné naissance à une foule de *descriptions* et de *programmes* plus ou moins bien faits, plus ou moins exacts qui ont à peu près satisfait la curiosité ; mais un événement si considérable appelait encore son historien lorsque M. Ch. de Franciosi est venu présenter au public un très-beau volume in-quarto sorti des presses de M. E. Vanackere, son éditeur qui n'a rien négligé pour en faire un ouvrage de luxe comme la province en produit rarement.

L'auteur commence par rappeler l'origine et les progrès de la dévotion à Notre-Dame de la Treille, la fondation de sa procession annuelle en 1269 et la relation des faits les plus remarquables auxquels cette institution religieuse a donné lieu, jusqu'à l'époque où l'image sainte, arrachée violemment du sanctuaire où l'avait placée l'un de nos plus illustres comtes de Flandres, fut sauvée par des mains pieuses et gardée avec soin, malgré les dangers qu'un pareil acte pouvait attirer sur la tête de son auteur.

Puis vient le récit plein d'intérêt de la renaissance du culte, des hommages bien modestes rendus par quelques obscurs pèlerins à Notre-Dame de Lille, du travail patient qui s'opéra dans les idées pour aboutir, après plus d'un demi-siècle, à cette grande manifestation du 2 juillet 1854.

Enfin, l'ouvrage est terminé par le tableau complet de tout ce qui s'est fait à Lille pendant la durée du jubilé. Le premier mérite que devait avoir une œuvre de ce genre, c'était la vérité. Non-seulement M. de Franciosi ne s'en est écarté en aucun point; mais encore il n'a rien négligé de ce qui méritait d'être rappelé. Hommes et choses tout est à sa place dans son travail, qui se recommande de plus par un style élégant et correct, chaudement coloré et pourtant exempt d'exagération. C'est là en somme un livre qui restera dans toutes les bonnes bibliothèques.

Question de l'importation des Cotons et du transport des émigrants par le port de Dunkerque, par M. VANDEREST.

Une question du plus haut intérêt préoccupe depuis moins d'un an tous les hommes d'avenir et, dans le Nord de notre vieille France et dans cette France africaine qui renaît sous l'abri de notre pavillon, après avoir dormi tant de siècles d'un sommeil semblable à la mort. Cette question, c'est celle de l'importation des cotons par le port le plus voisin d'un des plus grands centres industriels de la France. Celle du transport des émigrants n'en est que le corollaire. Elle n'a pour objet que de procurer un frêt de retour aux navires.

Cette idée, grande et féconde, a été émise par M. Vanderest, de Dunkerque, qui, après l'avoir exposée dans la presse avec le concours de plusieurs publicistes qui en avaient compris la haute portée, vient de réunir en un volume de 200 pages tous les éléments de conviction, preuves, raisonnements, calculs, renseignements officiels, adhésions notables les plus propres à établir que l'établissement de la *Compagnie Commerciale de Dunkerque* a toutes les chances possibles de succès.

Pour qui n'aurait pas embrassé tout d'abord l'immense avenir de richesse et de prospérité qui s'ouvre pour le port de Dunkerque, si une impulsion puissante venue du dehors parvient à dissiper cette sorte de torpeur habituelle particulière au pays, il suffirait de lire avec attention l'ouvrage de M. Vanderest pour avoir la certitude que, dans peu de temps, ce port deviendra le lien indispensable entre le Nord de la France et l'Algérie pour l'échange journalier de quelques-unes de nos productions contre les cotons, les laines, les métaux et autres articles de provenance africaine, tandis que la navigation transatlantique y amènera aussi une partie des cotons qu'il nous faut actuellement recevoir par le Havre.

Que la *Compagnie Commerciale de Dunkerque* soit donc autorisée à se constituer définitivement et nous ne doutons pas qu'il n'en sorte bientôt pour nos départements septentrionaux une source nouvelle et abondante de prospérités.

BULLETIN DE LA QUINZAINE.

Nouvelles artistiques et littéraires.

M. Cohen, directeur de l'Académie de musique de Lille, et collaborateur de la *Revue du Nord*, nous adresse avec prière de l'insérer dans les colonnes de notre journal copie de la lettre qu'il a écrite à Monsieur le Maire, et par laquelle il donne sa démission des fonctions directoriales. — Des raisons de convenance que nos lecteurs apprécieront, ne nous permettent pas de reproduire cette lettre ; cependant les rédacteurs de la *Revue* tout en voulant rester en dehors des discussions et dissentiments d'intérieur qui ont amené la retraite de M. Cohen, éprouvent le besoin d'exprimer un regret sympathique en faveur de l'homme de talent et de cœur qui nous quitte. La position de directeur d'une succursale du Conservatoire de Paris en province, à Lille surtout, est difficile, nous le savons ; il faut compter avec les besoins, avec les préjugés de la localité ; il faut, peut-être, faire taire quelquefois des succeptibilités très-honorables, sans doute, mais qui ne sont bien comprises que dans le monde purement artistique.— Aussi espérons-nous que l'inconvénient qui vient de se produire décidera l'administration éclairée dont notre ville s'honore à juste titre, à apporter quelques changements dans l'organisation de l'école de musique.— Il y a là quelque chose à faire, comme disent nos confrères de la presse quotidienne.

— Voici venir une application de la photographie à laquelle notre concitoyen, M. Blanquart, n'avait pas songé pour sûr. Elle servira désormais à rendre inutile l'art de faire un signalement officiel : *front haut, bouche moyenne, nez ordinaire, menton rond, marques distinctives zéro.* — Reconnaissez-moi donc un scélérat quelconque sur de pareilles indications ! M. Moreau Christophe, qui est inspecteur-général honoraire des prisons, et qui sait de longue main que l'imperfection des signalements fait souvent le désespoir des gendarmes, sans compter qu'elle est parfois fort désagréable pour de très-honnêtes gens, qu'on fait voyager de brigade en brigade, parcequ'ils ont la *bouche moyenne* et le *nez ordinaire,* comme beaucoup de voleurs, M. Moreau Christophe, dis-je, vient d'avoir l'idée *lumineuse* de faire photographier les plus notables habitants du bagne, en attendant qu'on puisse étendre cette bienfaisante amélioration aux coquins d'un ordre inférieur, et particulièrement aux libérés en surveillance. Alors, au moyen d'une toute petite collection de quinze ou vingt mille portraits photographiés que chaque gendarme sera tenu de porter dans sa giberne, il n'y aura plus de méprise possible. Vive la photographie ! et surtout vive M. Moreau Christophe !

— Autre application de la photographie. Un célèbre voyageur anglais, nommé *Green, Greane, Griene*, ou quelque chose d'approchant, vient visiter Thèbes. — Vous savez ? la Thèbes au cent portes. — Il pénètre dans un des nombreux tombeaux qui ornent encore cette ville fameuse, et il voit tout d'abord..... qu'il n'y voit goute. Oui, mais notre voyageur est un artiste et au moyen d'un appareil photographique qu'il a eu soin d'apporter avec lui, il obtient sur le champ une épreuve *négative* représentant avec une exactitude parfaite l'intérieur de ce lieu souterrain où règne, depuis trente siècles, la plus complète obscurité. — C'est bien fort, direz-vous ? Parbleu ! si c'était une chose ordinaire on n'eût pas envoyé à l'Académie des sciences des épreuves *positives* de ce magnifique d-ssin.

— On annonce que M. Perrin vient de renoncer à la direction du Théâtre-Lyrique. Cette démission envoyée au ministre d'État, aurait pour cause les difficultés survenues entre M. Perrin et la commission de la Société des auteurs dramatiques.

— Le fait artistique dont on se préoccupe le plus dans le monde musical, c'est la prochaine représentation du *Santa-Chiara*, le nouvel opéra de S. A. R. le duc régnant Ernest de Saxe Cobourg-Gotha, qui a pris rang parmi les notabilités artistiques avec son charmant opéra *Casilda*.

— M. Ingres termine en ce moment un tableau très-important, dont le sujet tout français est Jeanne d'Arc au sacre de Charles VII, à Reims. On assure que cette toile sera placée au musée du Luxembourg.

— M Th. Barrière a lu au théâtre du Palais-Royal une pièce pour Ravel que l'on dit très-amusante.

— On annonce la démission de M. Samson comme vice-président de l'Association des artistes dramatiques, cette démission avait été rejetée une première fois par le comité, mais envoyée de nouveau, elle a dû nécessairement, cette fois, faire plier toutes les résistances.

— Un artiste français connu par ses belles miniatures, M. Gaye, vient de terminer un remarquable travail : c'est une copie en miniature de la *Françoise de Rimini*, ce beau tableau perdu aujourd'hui pour la France.

Pour tous les articles non signés :

Les Rédacteurs-Propriétaires:

BRUN-LAVAINNE, *Gérant;* A. DEPLANCK, CASIMIR FAUCOMPRÉ.

LITTÉRATURE.

UN DRAME DE MÉNAGE.

NOUVELLE (1).

SUITE (2).

XX.

— Madame, une jeune fille est là, qui demande à vous parler, dit la femme de chambre de Mme Dérancourt, en entrant dans son boudoir.

— Une jeune fille?... Savez-vous qui cela peut être, Rose?...

— Non, Madame... je ne l'ai jamais vue...

— Quel genre de personne est-ce?

— Elle est vêtue comme un paysanne... mais son costume ne ressemble pas à celui des paysannes des environs de Paris. Elle vient de loin, car...

— Faites entrer... faites entrer ..

La jeune fille parut bientôt, sous sa simple cornette elle avait une figure charmante, mais pâle et fatiguée. Ses yeux étaient rouges, comme des yeux qui ont beaucoup pleuré. Sa taille était plus svelte qu'une taille n'a coutume de l'être sous un accoutrement aussi rustique que le sien ; ses gros souliers qui dissimulaient mal un joli pied, étaient couverts de boue; elle avait un bâton dans une main et un petit paquet dans l'autre.

---

(1) Autorisation de reproduire pour les journaux qui ont traité avec la Société des Gens de Lettres.

(2) Voir la *Revue*, tome I, pages 193, 225, 255, 280; tome II, pages 1, 65 et 105.

A sa vue, Mme Dérancourt se sentit émue malgré elle; mais elle ne la reconnut pas, tant le chagrin l'avait changée.

— Que voulez-vous de moi? lui dit-elle aussitôt.

— Madame, répondit la jeune fille en penchant la tête vers la terre, je suis Victoire Lambert...

— Victoire Lambert?.. je ne me rappelle pas.

— Oui, Victoire Lambert, de Flavicourt... femme du meunier Ballu, ajouta-t-elle plus bas...

— Ah! fit Mme Dérancourt en poussant un cri.

Et elle fut obligée de se rasseoir, car ses jambes vacillaient sous elle.

C'est qu'il y avait quelque chose de fatal dans ce hasard qui la mettait, elle coupable, vis-à-vis de cette femme coupable! On aurait dit que la justice divine avait voulu lui montrer Victoire si abandonnée, si misérable, si flétrie pour lui faire sentir l'énormité de sa faute et l'épouvanter par une vivante et terrible menace.

Elle fit sortir Rose, et s'adressant à la triste Victoire d'une voix tout émue:

— Quel motif vous amène près de moi?

— Oh! Madame... je suis bien affligée, s'écria Victoire en fondant en larmes.

Agitée des mêmes sentiments, sous le poids des mêmes douleurs, Mme Dérancourt fut sur le point de pleurer avec elle. Mais elle conserva assez de force pour se contenir et s'écrier avec vivacité:

— Je sais tout... Qui vous amène ici?

Victoire rougit jusqu'au blanc des yeux, et fut longtemps sans pouvoir répondre.

— Qui vous amène ici?

— Oh! Madame... je suis moins criminelle que je ne semble l'être .. j'ai été entraînée, séduite .. c'était comme un vertige, un éblouissement, un tourbillon... Mais vous ne pouvez pas comprendre cela, vous .. Oh! que j'ai souffert ensuite... Les juges m'ont frappée devant tout le monde bien justement, mais bien dûrement... Oh! que j'ai souffert! quand, après avoir subi ma peine, je suis revenue au village, mon père n'a pas voulu me revoir; chacun me repoussait, j'étais comme la honte et le fléau de l'endroit. . Alors, j'ai bien vu que je ne pouvais rester là, car j'y étais à charge à tous comme à moi-même... Mais je ne savais où aller,... Alors je me suis souvenue de vous, je me suis souvenue que votre sœur, M.me Marie, m'avait dit souvent que vous étiez à Paris, dans la rue Chauchat, et qu'elle vous avait parlé de moi et de mon mariage, et que vous étiez bonne. Un beau matin, je me suis mise en route pour Paris, j'ai demandé l'aumône le long du chemin, et je suis venue vers vous, parce que vous connaissant moins que votre sœur, je ne serai pas aussi honteuse de ce que j'ai fait, devant vous que devant elle, et qu'ensuite Paris est plus loin de chez nous que Vitry. Ai-je bien fait, Madame...

Pendant le récit de Victoire, M.me Dérancourt avait eu le cœur déchiré comme par mille pointes aiguës ; puis elle pleura à la dérobée, et cela la soulagea. Comment n'aurait-elle pas sympathisé à des maux qui étaient les siens ? Lorsque Victoire eût fini, elle lui tendit la main et eut à peine la force de lui répondre :

— Oui, Victoire, tu as bien fait.

— Oh ! Madame, que vous êtes bonne, s'écria Victoire en se précipitant sur la main qu'elle lui tendait et en la couvrant de baisers.

— Tu es donc bien malheureuse ?

— Oh ! Madame, plus que je ne pourrais l'exprimer... mais tenez... puisque vous m'écoutez avec tant de bonté, je vais vous dire une chose qui pourrait donner bien à réfléchir à celles qui seraient tentées de m'imiter. J'ai supporté depuis six mois bien de dures épreuves... j'ai eu la honte, la prison, la misère... Eh bien ! rien ne m'a tant fait de peine, rien ne m'a tant déchiré l'âme que lorsque j'ai vu que l'homme qui m'avait jetée dans le mauvais chemin, que l'homme auquel j'avais sacrifié mon mari, était bien loin de le valoir... C'est peut-être de l'amour-propre çà, Madame, mais quand on s'en aperçoit et qu'il n'y a plus de remède, çà fait bien mal, allez !...

Et la pauvre fille sanglotte encore. Les dernières paroles de Victoire avaient jeté M.me Dérancourt dans de bien sombres et de bien amères réflexions ! cette pensée, elle l'avait eue ; ce remords, il lui avait rongé le cœur ! tout cela, c'était son histoire à elle !... et quelle histoire !...

« Il n'y a plus de remède, » mot vrai, mot affreux ! désolante conclusion ! épouvantable avenir ! muraille infranchissable contre laquelle il faut se briser la tête...

M.me Dérancourt resta quelque temps morne et silencieuse : cette rencontre imprévue, cette parité de fautes et de douleurs, ce supplice, qu'à défaut d'autres, le ciel semblait lui infliger par la bouche de Victoire, tout cela la jetait dans un désespoir plein d'abattement.

Enfin voulant sortir d'une position qui pour être soutenable demande la solitude, elle dit à Victoire.

— Vous resterez ici.

— Ici ! auprès de vous ?

— Auprès de moi.

Victoire suffoquée ne sut que tomber à genoux, et baiser avec transport le bas de la robe de Mme Dérancourt.

Celle-ci la releva vivemement et prononça d'une voix presqu'inintelligible ces paroles :

— Ce n'est pas à mes pieds que tu dois être

. . . .

Jeanne commençait volontairement son expiation.

XXI.

NEUVIÈME LETTRE DE JEANNE A MARIE.

Paris.

Ma sœur,

Il y a bien longtemps que tu n'as reçu de lettre de moi. Tu as dû croire qu'il fallait une cause bien puissante pour m'empêcher, pendant tant de mois, d'entretenir avec toi ces douces relations qui faisaient toute ma joie. Eh bien ! c'est la vérité. Oui, la cause qui m'a réduite au silence et confinée dans la plus affreuse des solitudes du cœur, cette cause est telle, qu'après toutes les larmes {qu'elle m'a arrachées, toutes les heures de déchirement et d'angoisses qu'elle m'a forcée à traverser, elle me fait encore, comme le premier jour, monter le rouge au front.

Oh ! je te vois déjà effrayée et tremblante. Je te vois cherchant à découvrir cet affreux secret, à deviner ce qui a pu faire de moi une femme qui ait sans cesse la rougeur au front.

Laisse errer, ma sœur, laisse errer ton esprit dans le champ des suppositions les plus mauvaises. Marche, marche toujours. Avance sans repos et sans pitié dans la carrière que je viens de t'ouvrir. Va jusqu'au bout ; ne t'arrête qu'à ce point où tu rencontreras le déshonneur d'une épouse et la flétrissure d'une mère...

Et alors, ma sœur, alors tu auras la conscience de ce que je suis aujourd'hui.

Ne me maudis pas... ne détourne pas les yeux avec dégoût..Ne m'astu pas dit un jour : « Lorsque tu auras besoin de moi, lorsque tu seras « malheureuse, appelle-moi, et je viendrai à ton secours. » Tu vois qu'il faut que je sois bien malheureuse pour t'avoir dit ce que je viens de te dire. Ne retire donc pas ta parole. Qu'à tes yeux du moins mon infortune serve de manteau à ma faute.

Tu es le seul être sur la terre, tu le sais, dans le sein duquel je puisse verser de telles douleurs. Voudrais-tu donc que tout refuge me soit fermé?

Mais non... ton cœur si clément et si bon te parle encore, j'en suis sûre, en faveur de ta pauvre sœur... Tu ne pourras te résoudre à la condamner sans l'entendre.

Ecoute-moi donc... car, après Dieu, tu es mon juge.

Pourquoi, ma sœur, n'ai-je pas écouté tes sages conseils! Pourquoi me suis-je laissé aller aux inspirations d'un folle vanité? Pourquoi ai-je craint de faire entendre à Dérancourt le langage de mes droits et de ses devoirs? C'est peut-être ce défaut de confiance en lui qui m'a perdue.

Oh! mais c'est qu'il y avait sur moi comme une sorte de fatalité.

C'est en vain que j'ai été réservée, simple, liée d'affection et d'habitudes aux plus humbles détails de la position que le ciel m'avait faite. C'est en vain que j'ai consenti à m'initier aux mystères futiles de la mode et du bon ton, et à chercher à prendre rang parmi ces femmes qui ont le triste privilége d'attirer tous les regards, de captiver tous les hommages.

Dérancourt n'a pas apprécié ma simplicité. Il n'a pas remarqué davantage les efforts que je faisais pour briller à ses yeux.

Et toujours il s'éloignait de moi. Et rien ne pouvait le retenir.

Etait-ce ma faute à moi, grand Dieu! conçois-tu cette horrible position, ma sœur? Voir mon mari offrir à une autre toutes les puissances d'un amour qui a fait votre bonheur et votre orgueil. Sentir que si de détestables liens parviennent à se former, que si vous êtes délaissée et foulée aux pieds, ce ne pourra être impunément, car le désir de la vengeance s'emparera de votre cœur et vous ne serez plus maîtresse de vous-même! Courir à une faute que vous détestez et que vous voudriez éviter à tout prix, parce qu'elle doit faire votre malheur. Être entraînée vers un précipice dont vous savez les épouvantables profondeurs, et ne pouvoir se dégager de la main qui vous y entraîne!

C'est affreux, n'est-ce pas?

Mais ce n'est pas encore la fin de ce drame! Il faut le jouer jusqu'à la dernière scène; le dénoûment est marqué d'avance, et la malheureuse sur laquelle le destin a mis sa main de fer, ne saurait se soustraire à ce joug infernal!

On la pousse malgré elle dans l'abîme, et sa tête reste courbée sous le poids d'un crime qui n'est pas le sien.

Que te dirai-je enfin?

Un jour, jour fatal! j'eus la certitude que mon malheur était complet .. Alors ma vue s'obscurcit, ma tête s'égara... Le ressentiment et la douleur avaient anéanti ma raison... J'étais folle... Je ne savais plus ce que j'étais, ce que je faisais ..

Un homme se trouva là, un homme qui me poursuivait depuis long-temps de son odieuse passion et qui ne devait pas me repousser.

J'allai à lui.

Maintenant tu sais tout.

Comment te dire ce que j'ai souffert depuis ce moment! Aurai-je assez de larmes, trouverai-je d'assez puissantes paroles pour accomplir cette pénible tâche.

Mais tu dois me comprendre! ton amitié pour moi, la connaissance que tu as de mon âme t'aideront à te représenter mon état mieux que je ne pourrais te le dépeindre.

Je suis devenue l'esclave d'un homme pour lequel je ne ressens aucune affection, et sous l'empire duquel je me suis placée moi-même! Ses volontés sont pour moi des ordres, et mon bonheur et ma réputation dépendent d'un seul mot de lui. Je n'appartiens plus à celui que la la religion et la société m'avaient donné pour maître et que mon cœur se plaisait encore à reconnaître pour tel. Je suis dans une situation qui n'a de nom dans aucun langage... Je suis morte à tout ce qui est régulier, licite et honnête. Je suis cruellement vouée au désordre et à la douleur.

Et ce qu'il y a de plus horrible, ma sœur, c'est que j'aime plus que jamais Jules, c'est que son infidélité semble avoir accru ses mérites à mes yeux; c'est que je le préfère mille fois à celui à qui je me suis donnée! — Entends-tu cela?

Quand je pouvais sans remords jouir de la félicité la plus parfaite qui soit sur la terre, faut-il que j'aie été jetée dans une voie où mon bonheur et ma conscience saignent à la fois des blessures les plus cruelles.

Implacable destinée!

Cependant je te l'avouerai, ma sœur, quelque déplorable que fût ma condition, je ne l'aurais dévoilée à personne, pas même à toi, tant était grande ma confusion à la pensée seule du crime dont je m'étais rendue coupable, tant je redoutais le juste mépris de ceux dont j'avais possédé jusqu'ici l'estime et l'attachement. Je m'étais souvenue que j'avais un enfant, ma seule joie désormais, et je m'étais arrangée à vivre dans l'obscurité, dans le silence et dans la servitude avec mes remords au cœur pour châtiment, jusqu'à ce qu'il plût au ciel de me délivrer d'une manière ou de l'autre de ce supplice de tous les jours, de tous les instants, au-devant duquel, insensée que j'étais, j'avais couru moi-même!

Mais un évènement est récemment survenu qui m'a rendu cette situation intolérable, et qui a fait que je ne désire plus rien tant que d'en sortir, fût-ce même au prix de mon honneur!

Il y avait une chose, ma sœur, qui me consolait dans mon affliction, qui me soutenait dans mon abattement, qui me conservait un peu d'estime pour moi-même. Je croyais que M Charles de Nieubourg, était animé d'une véritable passion Tu sais que les circonstances les plus tristes et les plus mauvaises ont quelquefois leur face favorable. Eh bien! la face favorable en ceci était que le sentiment que M. Nieubourg éprouvait pour moi était noble, sincère, généreux. Notre faute prenait de cette origine une couleur moins honteuse. Il me semblait que j'étais seule criminelle, et que le fardeau s'allégeait ainsi de moitié. Enfin, malgré moi, peut-être, l'amour-propre conservait ses droits et jetait des reflets plus doux sur cette action à laquelle avait eu quelque part l'amour violent que je croyais avoir inspiré.

Mais je devais boire le calice jusqu'à la lie! — Le prisme trompeur au travers duquel je voyais le lien infâme qui m'unit à M. de Nieubourg a été impitoyablement brisé. — Maintenant, la justice du ciel et des hommes doit être satisfaite; car on ne peut avoir plus que je ne les ai, l'âme navrée de douleur et le front courbé vers la terre.

Hier, M. de Nieubourg m'a ouvertement proposé de lui servir de marche-pied pour monter aux honneurs. — Je devais bien disposer en sa faveur un ministre à qui ma figure a plu! — Oh! quelque dégradée que je sois, je ne croyais pas encore être descendue si bas!

Est-il humiliation comparable à celle-là? Ainsi cet homme ne m'a pas recherchée par amour, mais par ambition. Il n'a pas désiré ma

possession pour ce que je valais, mais pour ce que je pouvais rapporter...
Il veut se servir de mes charmes à piper des dignités et de l'or!... —
Je lui suis un moyen de parvenir, un instrument de fortune... Mais que
font donc les amants des filles les plus honteuses? N'y a-t-il pas entre
eux et lui cette seule différence, que le but est moins élevé et le prix de
la vente moins brillant!

Oh! mes larmes inondent ce papier... ma main tremblante se refuse
à tenir la plume   .   .   .   .

.   .   .   .

Tu vois bien que j'ai besoin de toi, ma sœur, viens à mon secours,
comme tu me l'as promis... Il faut que ta main me soutienne... Il faut
que tu me débarasses des ignobles chaînes dont je suis chargée... Je
m'abandonne à toi... tu penseras pour moi, tu agiras pour moi... dans
l'extrémité où je suis, ce sera un bonheur de ne plus rien sentir que les
efforts que tu feras pour me délivrer...

Viens .. car je voudrais mourir si tu n'étais pas bientôt auprès de
moi...

JEANNE.

Peu de jours après la réception de cette lettre, M. et Mme Lebrun
arrivaient à Paris. Le fiacre dans lequel ils étaient montés en sortant de
la lourde diligence s'arrêtait devant la maison occupée par Dérancourt.

L. COUAILHAC.

La suite prochainement.

SIMPLES CONVERSATIONS.

I.

L'autre soir, rentrant chez moi, je trouvai sur mon bureau un billet par lequel M ᵐᵉ Sechailme m'informait qu'elle tenait à ma disposition une lettre d'un de mes amis.

M.ᵐᵉ Sechailme m'était tout à fait inconnue. Je m'informai le lendemain, j'appris que ce nom était celui d'un employé supérieur récemment nommé à la résidence de Lille. Sa femme, jeune parisienne, était venue le rejoindre depuis quelques jours seulement.

Je me rendis chez elle Je fus introduit dans des appartements où s'étalait tout le désordre d'un emménagement. La chambre où je fus reçu n'avait évidemment pas encore de destination précise. Un buffet-étagère de salle à manger, s'y trouvait près d'un piano. Sur la cheminée se tenait une garniture de salon et dans un coin une causeuse de boudoir. Un lit démonté s'appuyait contre le mur. Des tentures pendaient à demi accrochées laissant voir, au-dessous d'elles, en plusieurs places une tapisserie à bouquets, toute honteuse d'un pareil voisinage. Cependant. dans ce désordre, l'esprit de l'ameublement apparaissait déjà. Le vieux chêne, l'érable, la perse, le velours, les émaux, des statuettes signées, des partitions manuscrites, des autographes pêle-mêle avec des albums à la main, disaient assez quelle place l'art et le luxe, l'élégance et la délicatesse occupaient dans l'existence de la femme que j'allais saluer.

Son extérieur était bien en harmonie avec l'idée que son logis faisait concevoir. Elle avait beaucoup moins de beauté que de distinction, moins de grâce que d'élégance.

Elle portait un déshabillé parisien, où quelques mètres de batiste chiffonnée, et quelques épingles dans les cheveux suffisent à révéler le goût.

Elle se leva pour me recevoir. A ses côtés était restée assise. en s'inclinant seulement, une dame qui se trouvait évidemment là en visite, et dont le type attira mon attention. Son visage et son costume portaient je ne sais quel mélange de bon et de mauvais goût, de recherche et de simplicité, qui paraissait inexplicable d'abord, mais que je ne tardai point à comprendre.

M.ᵐᵉ Sechailme prit dans un vide-poche élégant un papier qu'elle me remit. Je tressaillis en reconnaissant l'écriture. J'allais trouver là une de ces bonnes lettres de camarade où s'entassent de doux témoignages de souvenir et des nouvelles du monde des idées; vieux témoignages et fraîches nouvelles où l'âme se sent rajeunir. Cependant, je résistai au désir d'en prendre aussitôt connaissance et m'assis quelques instants par convenance, et peut-être par curiosité, m'excusant d'interrompre la conversation animée que j'avais cru surpendre en entrant.

Eh bien! me dit la maîtresse de la maison, si vous le permettez, nous allons reprendre devant vous cette conversation fort animée, comme vous le dites, j'espère bien que vous ne serez point longtemps sans y dire votre mot. Me voici, donc, Monsieur, jeune mariée, quittant pour la première fois Paris, et un peu lasse, je vous l'avoue, de toute cette vie fiévreuse, de tout ce monde artificiel que j'ai vu jusqu'aujourd'hui. J'arrive en province pleine d'illusions, comme on disait jadis, comptant trouver ici la nature, l'art vrai, des intelligences naïves, des cœurs simples, et je rencontre tout d'abord cette ancienne amie de pension qui cherche à me désenchanter et à me désespérer.

— N'exagérons point, mon amie, répondit la visiteuse, je cherche à t'éclairer, et si je veux dissiper tes illusions, c'est au contraire pour t'épargner des chagrins et te faire prendre la vie au sérieux.

Mon Dieu! quand mon mari m'amena à Lille, il y a bientôt douze ans, j'y apportai comme toi des talents, des espérances, des illusions, de la vie, de la pensée. Je cherchai autour de moi ces conversations, ces occupations qui entretiennent l'esprit et animent l'existence. Puis, cette recherche infructueuse me lassa. Un jour, une de mes amies descendant chez moi m'apprit que j'avais l'accent lillois. Un matin, je me surpris un mot patois sur les lèvres. Un soir, dans un de mes voyages à Paris, notre vieux professeur m'arrêta aux premières mesures : Et les nuances! s'écria-t-il. Ce malheureux piano ne les rend point, lui dis-je, mais je vis sur la figure du maître un méchant sourire qui voulait dire : ce sont vos doigts et vos oreilles qui les ont désapprises. Ma mère m'assurait qu'une politesse vulgaire, facile et de convention prenait dans mes salons la place de la conversation aux belles et indépendantes allures, comme les meubles riches et commodes y avaient remplacé les fantaisies artistiques et distinguées.

Mais moi, je sentais à peine cette transformation. Elle s'insinuait invisiblement, jour par jour, heure par heure, personne par personne. L'imagination m'a quittée, dis-tu, je te crois, mais je n'en sens point l'absence. J'ai peut-être cessé d'en connaître le prix. Les belles œuvres, les enthousiasmes ardents, les mots heureux, toutes ces choses dont je t'entends parler depuis tantôt me font l'effet de rêves oubliés. Une douce somnolence s'est emparée de toutes mes habitudes. Une vie matérielle et plantureuse, rien qui tende les ressorts de l'âme, un calme plat dans les préoccupations de la pensée, un repos béat, voilà qui a remplacé pour moi, et bien heureusement, je te le dis, les folies dont tu te préoccupes encore.

Aussi, crois-moi, chère amie, si tu veux rester ce que tu étais à Paris, ferme ta porte à tout venant, consigne-nous impitoyablement, nous et nos enfants, nos lettres et nos écrits, ferme les yeux, ferme les oreilles. Grâce à cette quarantaine rigoureuse, tu gagneras sans doute quelques années, et d'ici là peut-être ton mari aura-t-il eu son changement et t'aura-t-il emmenée dans d'autres pays où, à défaut d'art, tu trouveras du soleil, du ciel, des paysages. Mais s'il en est différemment, si tu dois rester ici dix ans, courbe la tête et résigne-toi. La contagion un moment arrêtée par tes soins trouverait toujours quelque joint pour pénétrer dans ta demeure. Il vaut mieux la devancer et la désarmer par ta soumission. Ferme-moi cet Erard et ne l'ouvre plus que pour te montrer polie envers un supérieur de ton mari ou pour faire danser ses collègues. Ote-moi ces bas de soie blancs qui te font la jambe si coquette, et prends-moi des bas de laine noire plus simples et plus chauds. La contrebande nous en apporte de Belgique qui sont à bien bon compte. Habille-toi de belles robes pour faire honneur à M. Sechailme, mais ne t'inquiète pas des détails. A Paris, il font reconnaître la femme distin-

guée, ici ils n'ont aucun sens. Et ce que je te dis pour la toilette, applique
le à toute chose. Mets des chaussettes de laine noire à ton cœur, à
ton esprit, à ton imagination, à ton activité. Tu t'en trouveras bien,
crois-moi.

— Vous l'entendez, Monsieur, dit en se tournant vers moi,
M.ᵐᵉ Sechailme. Qu'en pensez-vous? Votre expérience lilloise est-elle
d'accord avec celle de ma pauvre amie?

— C'est bien dur à accepter, Madame, répondis-je. Je crois que
vous pourrez encore trouver ici ce que votre goût pour les arts vous fait
désirer. J'y connais plusieurs peintres d'un talent réel, d'estimables
écrivains, des compositeurs distingués, des chefs d'orchestre habiles et
surtout une foule d'exécutants de haute valeur, car le renom musical
de Lille a dû, Madame, venir jusqu'à vous à Paris.

— Sans doute, et c'est ce qui me rassurait en arrivant à Lille.
Quelque mercantile que soit la population, me disais-je, il y a là un
élément artistique qui doit entraîner la masse, comme ces arômes légers
et pénétrants qui suffisent à parfumer des liquides sans saveur.

— Oh! point d'arômes ici, mon amie. Il y a sans doute à Lille des
artistes de grand mérite, nul ne peut le contester. Mais ces artistes, au
lieu de se donner la main et de marcher hardiment à la tête du mouvement, comme ils font à Paris, au lieu d'absorber légitimement l'attention, les égards, les hommages et les faveurs de la société, se sont
laissé mettre à la remorque du monde positif et mercantile.

Comprends-moi bien. La grande affaire chez nous se formule comme
en Amérique par ces mots expressifs : *To Make Money*, faire de l'argent.
Quand la fortune est faite et que vient le loisir, on se souvient qu'en ses
jeunes années on a tenu quelque pinceau, quelque plume ou quelqu'archet. On devient alors amateur. Incline-toi, parisienne, c'est là le roi
de la cité. Combien gagne un peintre? Combien gagne un violon? Cela
seulement, c'est ce que je donnais à mon garçon de magasin. Pour
l'amateur, ce combien gagne est la mesure de l'homme. Il serait lui-
même si peu de choses, si on ne l'estimait pas ainsi. Il traite en conséquence l'artiste comme son employé. Tu écriras, tu peindras, tu
joueras telle chose, tel jour, à telle heure, en tel endroit, et tu seras
payé tant.

— Et l'artiste souffre cela, mon amie! Et il ne se dit pas que celui
qui a passé son temps à exécuter une seconde partie de Beethoven, ou
à copier un carton de Raphaël est moralement mille fois supérieur au

marchand qui vient de terminer le plus brillant inventaire, et mérite plus d'égards et plus de sympathies.

— Peut-être se dit-il cela, mais que veux-tu qu'il fasse?

— Au moins qu'il forme avec ses amis, un milieu intelligent, supérieur, actif; que la fortune soit obligée de compter avec lui, de passer par ses conditions.

— Ce serait, en effet, le moyen de triompher. Aussi a-t-on pris grand soin de l'empêcher. Diviser pour régner, c'est une maxime dont l'effet n'a jamais été en défaut. On est parvenu à diviser les artistes en coteries ennemies, de sorte que chacune renonçât plutôt à la direction que de la laisser prendre à sa rivale. Tu comprends alors comment, dans ces débats puérils, la médiocrité ambitieuse a pu s'emparer du premier rang laissé vide.

Il y a, disait Méhul, quelque chose de plus faux qu'une flûte, ce sont deux flûtes. Il y a aussi pis que l'amateur, c'est la réunion de plusieurs amateurs se prenant au sérieux. Cet assemblage se nomme alors une commission. Or, rien ne peut te donner une idée juste de ce que ces sortes d'institutions ont emprunté aux béotiens et aux vandales.

Imagine-toi des hommes qui se croient appelés à diriger les arts et les artistes, apportant dans ces fonctions toute l'étroitesse de vue, l'absence d'imagination et de goût, le positivisme exclusif, mais aussi toute l'obstination et la ruse, j'allais dire la rouerie qu'ils ont mise à faire leur fortune. Tu conviendras avec moi que sous une telle loi la plus belle intelligence meurt comme une fleur délicate plantée dans un sol aride.

Renonce donc à tes rêves, chère parisienne, et occupe-toi d'art le moins possible. Ceux qui se bornent ici à leur industrie, à leur ménage, à leurs intérêts positifs sont respectables comme tout ce qui est simple et vrai. Mais il n'en est pas de même de ceux qui ont la malheureuse prétention de prendre quelqu'intérêt à la musique, à la peinture, à la littérature. C'est là la souche de nos amateurs. C'est là ce qui consacre à Lille le succès honteux de talents bourgeois, d'œuvres vulgaires, et d'institutions ridicules. Sois persuadée que je ne t'exagère rien, mon amie, Monsieur, j'en suis sûre, rendrait témoignage pour moi.

— Certes, Madame, répliquai-je, votre tableau est d'un réalisme frappant.

— Tu le vois, chère amie, et Monsieur lui-même va t'engager maintenant à suivre mes avis.

— Oh! pas précisément, Madame. J'admets bien la justesse des reproches que vous adressez à nos amateurs et à nos artistes, mais je n'en
tire point les mêmes conclusions. Je ne conseillerai certainement jamais
à Madame qui nous consulte ou l'isolement ou l'abrutissement.

— Quel conseil me donnerez-vous donc, Monsieur?

— Je suis arrivé ici comme vous, Madame, lassé de cette activité sans
relâche, de cette excitation fébrile, et de ce langage tout artificiel qui
forment le caractère du monde parisien. Comme vous, je comptais trouver à Lille le calme et le naturel. Hélas! j'ai fait les mêmes expériences que Madame votre amie. Au lieu de calme j'ai trouvé la mort de
la pensée. Au lieu de la nature, la prétention. Alors vint le décourage-
ment et l'ennui.

Cependant un jour, ayant je ne sais quel vêtement à faire réparer,
je m'engageai à la recherche d'un tailleur en vieux dans le quartier le
plus misérable de votre ville. J'entrai dans une maison de triste apparence et franchis un escalier délabré. Tout à coup, j'entendis des
chants, des voix fraîches et rieuses et poussant une porte, je me trouvai dans une petite chambre du plus joyeux aspect. Elle prenait jour par-
dessus le rempart sur les campagnes des environs. Un soleil de printemps y pénétrait à travers des rideaux d'indienne à carreaux blancs et
roses et répandait sur les murs blanchis à la chaux des teintes qu'eût
enviées la plus riche tapisserie. Le plancher lessivé tout à l'heure et
couvert d'une couche légère de sable, avait un air de propreté qui faisait
hésiter à faire crier le pied bien plus que ne l'eût fait un somptueux
tapis. La table de bois blanc, le poële noir où chantait le café, le lit où
s'étendait une courte-pointe d'indienne à grands ramages sur des draps
parfaitement blancs, le vieux coffre de chêne, la potière avec ses
rayons chargés de cuivres miroitants et de fer-blancs brillants, tout appelait l'œil par un soin irréprochable. Sur la cheminée une potiche de
faïence de diverses couleurs, portait les signes de nos vieilles fabriques
de la Flandre. De chaque côté, dans des vases de verre bleu reposaient
des bouquets tout frais de fleurs des champs et vous savez, Madame, ce
que le goût fait, même à Paris, de ces simples bouquets, devenus objets
de mode. Un chardonneret chantait dans une cage de bois pendue au
rebord de la fenêtre et un jeune chat faisait, sans y réussir, les bonds les
plus fantastiques pour atteindre le poids balancé au-dessous de la grossière pendule qui bruissait en un coin.

Sur une planche que soutenaient deux tréteaux était assis le tailleur, jeune homme au visage mâle et intelligent comme le peuple de Lille en compte plus qu'on ne pense. Une toile blanche et rude cachait seule son torse robuste laissant à nu ses bras et sa poitrine. A ses pieds et la tête appuyée presque sur ses genoux, était assise sa petite femme, dans toute la séduction de la jeunesse. Une robe d'indienne rosée semée de gros pois blancs dessinait les formes potelées de sa taille, de ses épaules et de ses bras. Elle avait compris que rien ne pouvait ajouter au charme de cette simple toilette. Seulement avec quelques morceaux de toile fine fortement empesée, elle s'était fait un collet autour de son cou si blanc, et des manchettes autour de ses poignets que le travail n'avait vraiment pas trop grossis.

Pendant que je parlais à l'ouvrier, il déposa son aiguille et appuya la main sur la tête de sa compagne, comme si chez lui tout ce qui n'était pas donné au travail dût appartenir à l'amour et au plaisir.

Et sitôt que j'eus expliqué ce que je voulais et fermé la porte derrière moi, j'entendis des baisers, de fous rires et la chanson que ma présence avait interrompue. Cette chanson, c'était *le Dieu des bonnes gens* de Béranger.

Je pensais donc tout en revenant : Il y a en effet un monde des bonnes gens auxquels Dieu accorde les grandes douceurs d'ici-bas : la paix, la gaieté, le goût des belles choses, les affections sincères et par-dessus tout la liberté. Ceux-là n'ont pour art qu'un rayon de soleil, une vieille image, une potiche ébréchée, la voix d'un chardonneret, des chansons qui depuis vingt ans courent les rues. Et nous, qui possédons sur nos pianos, dans nos cartons, les inspirations presque inédites des plus grands génies, nous qui avons entre nos mains les productions les plus raffinées des arts, le luxe et la magnificence, nous nous plaindrions ! Eh pourquoi? Parce que dans nos salons froids et hautains ne règnent point les plaisirs de l'âme. Quoi, il y a là des tables de whist et de bouillote. Ici des quadrilles où les jeunes gens n'osent se parler qu'entre deux figures : la belle et intime conversation! Au centre un piano où la vanité seule se place pour recueillir quelques compliments. Plus loin des dames qui s'entretiennent de la soirée qui a précédé ou de celle qui suivra, des hommes qui reprennent les opérations de la bourse. Et vous vous étonnez qu'au milieu de cette morgue bourgeoise, de ces petits intérêts, de ces sottes occupations l'art ne descende pas pour faire passer en tout ce monde son enthousiasme frémissant.

Laissez donc à elle-même la bonne société. Réunissez chez vous des amateurs sans prétention, des artistes sans faiblesse. Ayez avec ceux-ci les égards que mérite le talent, avec les autres la dignité qui ne tient pas compte de la fortune. Recevez les hommes qui ne se croient point obligés de paraître sérieux et qui savent traiter agréablement les choses les plus profondes, les femmes qui ne craignent point de se compromettre en parlant ou en se taisant, qui n'étouffent point leurs rires, ne dissimulent pas leurs impressions, n'arrêtent point leurs premiers mouvements. Croyez-moi, dans un tel milieu vous resterez simple, bonne et jeune. L'art ne vous retirera point ses faveurs, et si le monde vous blâme, votre conscience vous portera sans reproches aux pieds du Dieu des bonnes gens.

M.ᵐᵉ Sechailme, pendant que je parlais tourmentait de ses dents et de ses mains une petite boîte de nacre, innocent souffre-douleur de ses rêveries. L'amie de la maison s'était renversée sur le dos de la causeuse avec un air de profond dédain. Je me levai, je saluai et je me retirai.

ALBERT DUPUIS.

Sera continué.

FEUTRY,

Sa vie et ses ouvrages.

S'il est agréable d'écrire sur la vie et sur les ouvrages d'un poète, combien un tel travail n'est-il pas encore plus attrayant lorsqu'il s'agit d'un poète qui a vécu au milieu de nous, d'un enfant de notre cité qui sut briller avec éclat à l'époque même où les Voltaire, les J.-B. Rousseau, les Crébillon, les Colardeau, les Lefranc de Pompignan, les Ducis, et mille autres génies tenaient d'une main forte et puissante le sceptre de la littérature et de la poésie.

Plein d'admiration pour un homme dont le talent n'a pas été apprécié jusqu'ici à sa juste valeur, j'essayerai en traçant les diverses circonstances de sa vie, en reproduisant les différentes impressions que j'ai éprouvées à la lecture de ses œuvres, j'essayerai, dis-je, de faire partager au lecteur cette admiration que j'ai pour lui.

Mais qu'est-ce donc que Feutry? a-t-il écrit pour cette scène française qui donne tant de gloire, et si vite, à ceux qui parviennent à s'y produire? s'est-il, à l'exemple de Juvénal ou de Boileau, armé du fouet de la satire contre les préjugés ridicules de son siècle? a-t-il appartenu à une des nombreuses coteries littéraires de cette époque, aussi acharnées que celles d'aujourd'hui, et qui étaient comme celles d'aujourd'hui encore si habiles à couvrir de quasi-nullités protégées par elles, de ce prestige dont on ne devrait jamais entourer que le véritable talent? Non; rien de tout cela n'a eu lieu pour Feutry; ses écrits en sont les preuves incontestables, ils n'ont pour eux que leur propre mérite. Jamais il ne brûla un grain d'encens en l'honneur des prétendus demi-dieux de son siècle; il n'eût pour l'encourager que quelques amis, et il se borna à livrer au public quelques poèmes, quelques odes auxquels il

donna le nom modeste *d'Opuscules poétiques*. Il imita en vers un passage
de Pope, le poète anglais, sur Héloïse et Abeilard, il traduisit un
ouvrage du hollandais Catz, retrancha les longueurs du roman si connu
de Robinson Crusoë et mit en prose une tragédie de l'auteur espagnol
Montiano ; enfin, il obtint l'amaranthe d'or à l'Académie des jeux Floraux
de Toulouse : et voilà tous les titres de gloire qui peuvent réclamer pour
lui et avec honneur une place à côté des noms les plus célèbres du dix-
huitième siècle.

Ce n'est pas ici le lieu de discuter si Feutry est digne ou non des
honneurs d'une biographie assez étendue ; du reste, *je me suis déjà fait
cette demande* et je n'ai entrepris mon travail qu'après avoir résolu affir-
mativement cette importante question : que Feutry mérite par ses œuvres
les hommages qui lui ont été refusés pendant sa vie et qu'il attend avec
droit de ses concitoyens.

L'œuvre d'un homme n'est le plus souvent que le reflet exact de sa
pensée intime. Or, si vous voulez savoir ce que fut l'homme, interrogez,
examinez ce qu'il a laissé, aidez-vous ensuite de la réflexion sur tel ou
tel passage de ses écrits, et vous en saurez sur lui bien plus que ne
pourraient vous en apprendre une foule d'anecdotes dont la véracité n'a
jamais assez de preuves.

C'est donc guidé par cette conviction que je vais écrire la vie, juger et
apprécier avec impartialité les œuvres d'un poète, de Feutry, le contemporain de Gilbert, de Dorat et de Gresset ; de Feutry le premier qui ait
remporté pour la gloire de sa ville natale les palmes académiques.

I.

Amé-Ambroise-Joseph Feutry naquit à Lille, sur la paroisse Saint-
Etienne, le 9 octobre 1720 ; il était fils d'Ambroise Feutry et de Marie-
Barbe Penel (1). De bonne heure ses parents le destinèrent au barreau,
lui firent donner l'éducation nécessaire à la profession d'avocat et il ne

---

(1) C'est à tort que Douai a revendiqué l'honneur d'avoir donné naissance à Feutry :
l'extrait suivant annihile ses prétentions :

Extrait des registres de la paroisse St-Etienne.

« Die 9 octobris 1720, Amatus-Ambrosius-Joseph Feutry, filius Ambrosii Feutry et
« Mariœ-Barbarœ Penel, conjugum, ad gratiam baptismœ pervenit, suscip. Joanna-Baptista
« Goudeman et Maria-Luisa Taviel. » (signé) Ambroise Feutry, J.-B. Goudeman, Marie
Taviel, Ondin, pastor

tarda pas, lorsqu'il eut terminé ses études, à prendre place au parlement de Douai (1). Mais Feutry ne devait pas exercer longtemps sa charge d'avocat, un penchant irrésistible l'entraînait avec ardeur vers la littérature et surtout vers la poésie. Il fut donc, tout à la fois avocat et poète, jurisconsulte et littérateur : du reste plusieurs expressions éparses çà et là dans ses œuvres me l'avaient déjà fait soupçonner et j'avais particulièrement remarqué ces quelques vers que j'extrais d'un de ses meilleurs morceaux :

« O terreur!... quel bruit sourd et quels gémissements!
« Quels cris!.... le désespoir, par de longs hurlements,
« Remplit de son horreur l'affreux séjour des gênes (2),
« Des mânes criminels il irrite les peines. etc.

Ainsi Feutry, esprit éminemment actif et laborieux, avait creusé, pour se plier au raisonnement judiciaire, les profondeurs du droit coutumier et du droit civil. On regrette, lorsqu'on a étudié Feutry, qu'il n'ait pas continué à mener de front l'étude des lois et de la littérature; car ce sont là deux choses qui s'harmonisent bien ensemble. En effet, exclusivement poète et littérateur, il est à craindre que l'imagination n'ait trop d'empire sur vous; exclusivement jurisconsulte, vous devez redouter d'être un peu sec, un peu raide, je dirai volontiers bien froid. Feutry était donc avocat et poète, et, si j'ai manifesté le regret de le voir quitter le barreau, c'est que ce fut lui qui, sans aucun doute, fournit à l'un des plus grands orateurs du XVIII.ᵉ siècle, à Target, le digne rival de Gerbier, l'une de ses meilleures et de ses plus célèbres plaidoiries. Un simple rapprochement suffit pour le prouver. Comparez le plaidoyer de Target en faveur de la rosière de Salency que reproduit Berryer dans ses leçons d'éloquence judiciaire, comparez, dis-je, ce plaidoyer avec la description de la fête de la Rose, qu'on lit dans Feutry à la suite de son *Épithalame champêtre*, chanté à Salency, par madame de Genlis, le 27 juillet 1766 : évidemment Feutry a inspiré Target; le poète, le littérateur a servi de modèle à l'éloquent avocat.

Cet épithalame champêtre, digne de Catulle ou de Properce, est écrit

(1) C'était le parlement de Flandre séant à Douai. Louis XIV l'y avait transféré de Cambrai vers 1670, et l'avait installé dans la maison de refuge des religieux de Marchiennes: c'est encore aujourd'hui le *palais de justice*.

(2) La *gêne* ou *géhenne* était un instrument de torture que Louis XVI supprima peu avant 93, comme moyen inique d'obtenir d'un accusé l'aveu de sa faute ou de son crime.

avec la simplicité et la grâce naïve que la nature seule peut donner. Aussi ne résisterai-je pas au désir de citer le premier couplet.

> « L'hymen et l'innocence
> « Vont s'unir en ce jour ;
> « L'amour et la décence
> « Habitent ce séjour.
> « Qu'une lyre vous vante
> « Les enfants de Plutus ;
> « Ma musette ne chante
> « Que les seules vertus.

A cette citation, j'ajouterai quelques lignes de la description de la fête de la Rose, qui suit l'épithalame. Je ne les cite que parce qu'on y lit avec bonheur le nom d'une jeune fille vertueuse : « Je fus réellement « touché de l'air de bonté, d'intérêt et de satisfaction avec lequel tout « le monde accompagnait la rosière. Cette modeste paysanne se nomme « Marie Cavé, fille de Simon et d'Elisabeth de Saint-Quentin, vignerons. « Elle n'est point jolie ; cependant la vertu qu'on voyait peinte sur son « visage me la fit paraître assez bien. » C'est de cette manière là que l'on devrait toujours s'exprimer sur la vertu, quand on veut la faire aimer.

A l'âge de vingt-cinq ans, Feutry fut attaché à la personne d'Armand du Plessis, duc de Richelieu, pour exercer les fonctions de secrétaire particulier et l'accompagna dans ses voyages diplomatiques et dans plusieurs expéditions : notamment, en 1748, lorsque le duc alla, sur la demande des Gênois, les délivrer des attaques des Anglais ; ce fut cet exploit qui valut à Richelieu le bâton de maréchal.—L'année précédente, le jeune avocat avait aussi accompagné le maréchal dans une mission bien plus délicate, lorsque ce seigneur était allé demander pour le jeune Louis XVI, alors dauphin, la main de la fille de François 1.ᵉʳ, empereur d'Allemagne, Marie-Antoinette-Josèphe-Jeanne de Lorraine-Autriche, cette princesse qui donna sur le trône de France l'exemple des plus héroïques vertus.

Ces différents voyages fournirent à notre concitoyen l'occasion de visiter Rome et l'Italie, et son séjour dans ce 'pays qui donna naissance à Virgile, à Horace, au Dante et au chantre d'Armide ne fit que rendre plus ardent en lui cet amour de la poésie dont il était embrasé.

L'épître d'Héloïse à Abeilard, qui parut en 1751, fut le début de Feutry

dans la carrière poétique. « Voici, écrit-il dans sa préface, une tra-
« duction d'un des plus beaux morceaux de poésie du célèbre Pope. »
Puis à la fin, il ajoute : « Des personnes qui s'intéressent à moi, ayant
« lu ce poème, m'ont engagé à le rendre public ; j'y ai consenti d'autant
« plus aisément que l'ayant fait sur une bonne traduction, il n'y a pas
« grand mérite à l'avoir versifié. »

Que devions-nous attendre du poète, si, s'étant aidé de l'auteur
anglais lui-même, il eut pu faire passer dans son imitation les beautés
inépuisables de la langue d'Albion.

Cependant par cette épître rien ne faisait prévoir en Feutry le talent
qu'il devait montrer bientôt, lorsqu'il donna en 1753 son *Temple de la
Mort.*

Dans ce court poème empreint de ce cachet de philosophie sombre et
mélancolique que le poète avait puisée dans la lecture de l'auteur des
Nuits, se trouvent quelques passages assez remarquables au nombre
desquels je citerai d'abord la description suivante où l'on regrette de
rencontrer plusieurs mots techniques qui rendent le vers dur et peu
harmonieux :

> « Près de ces tristes bords, voisins du noir Tartare,
> « Est un temple fameux de structure barbare ;
> « Le crime en a jeté les premiers fondements.
> « Sur un vaste massif d'antiques ossements
> « S'élève un double rang de colonnes informes ;
> « Leurs frêles chapiteaux et leurs bases difformes,
> « Toujours souillés du sang des victimes des dieux,
> « Offrent de tous côtés un aspect odieux.
> « . . . .
> « Plus bas on voit régner mille créneaux obscurs ;
> « Le temps qui détruit tout, en répare les murs.

Par rapport à ce dernier vers, je dois relever ici une erreur commise
par la plupart des biographes de Feutry, j'oserai même dire par presque
tous ; et voici en quoi elle consiste : ils ont reproduit ce vers en l'altérant
de manière à le donner comme remarquable par la substitution du mot
affermit à *répare.*

> « Le temps qui détruit tout en affermit les murs. »

Le premier biographe sans doute qui a commis cette erreur est Des
Essarts ; elle fut ensuite répétée par Arthur Dinaux, Feller, Michaud et
plusieurs autres. Tous ces biographes se seraient-ils copiés l'un l'autre ?

ou n'auraient-ils pas eu une connaissance parfaite des ouvrages du poète dont ils écrivaient la vie ?.....

Il m'est très-facile de prouver cette assertion.

La bibliothèque de Lille possède des œuvres de Feutry une édition précieuse, imprimée à La Haye en 1771 (1), donnée par l'auteur lui-même et qui porte sur la première page ces trois mots écrits de la main du poète : *Ex dono auctoris*. On remarque dans plusieurs pièces des corrections faites à la plume et si l'on vient comparer ces corrections avec les trois mots tracés au commencement du volume, on voit parfaitement que tout a été écrit par la même main, c'est-à-dire par la main de l'auteur. Or, comme le mot *répare* est resté dans cette édition et que Feutry ne l'a point changé, je puis conclure que ce mot est bien du poète lui-même et que la substitution du mot *affermit* constitue une altération réelle du vers.

A la fin de ce même volume, sur la couverture, se trouvent écrits toujours de la même main, quatre vers curieux, impromptu que Feutry écrivit en se promenant à Paris, dans le jardin des Tuileries. Je reproduis le tout textuellement et à la lettre :

« A la promenade des Thuileries, le 25 Août 1783.

> « Voyez donc en ce lieu comme le peuple abonde!
> « Quelle franche gaîté! que de cœurs réjouis!
> « C'est le jour solennel du palais de Louis,
> « Et la fête s'étend jusqu'au nouveau-monde. (2)

Revenons au *Temple de la mort*.

La vérité, ministre de la mort, apostrophe le tyran Nadir, toutefois il est malheureux de voir l'auteur faire l'apologie du crime politique :

> « On ne parlait de toi qu'en frémissant de rage.
> « Chacun enfin lassé de son dur esclavage,
> « Hautement aspirait à l'honneur immortel
> « D'enfoncer le couteau dans ton sein criminel,

Puis le poète s'adresse aux grands, aux héros, aux tyrans.

---

(1) La bibliothèque possède encore un second volume donné de même par l'auteur et portant aussi ces mots : *ex dono auctoris*... il a été imprimé à Dijon en 1779. Ce volume ainsi que celui dont il est question dans le texte porte les armes de la collégiale de St-Pierre.

(2) Pour que ce dernier vers fut correct, il aurait fallu remplacer *jusqu'au* par *jusques au*.

Ces vers que l'on est heureux de trouver écrits de la main du poète, n'ont pour eux que le mérite de l'actualité, mérite ressortant de la circonstance pendant laquelle ils ont été composés

« Dont l'odieux pouvoir opprimait le vulgaire, »

Et termine sa tirade par un vers rempli de force et d'énergie :

« Tremblez, vous, leurs pareils ! ou changez désormais ! »

Il examine ensuite ce qu'il a sous les yeux :

« Ici sont les époux désunis, infidèles ;
« Les rois voluptueux et les sujets rebelles ;
« Les lâches, qui, pour fuir les rigueurs de leur sort
« Dans leur abattement se sont donné la mort.

Vers admirables où il stigmatise avec âme tout ce que le suicide a d'odieux et de déshonorant !... L'esprit se confond à la pensée de la fin fatale de Feutry, en songeant que presque toujours la raison comme la fortune abandonne tout à coup ceux qu'elle a le plus richement dotés.

Enfin, il finit son poème d'une manière bizarre :

« Mais soudain m'appelant d'une voix souterraine
« Mon affreux conducteur loin de ces lieux m'entraîne ;
« Et d'un rapide vol m'enlevant vers les mers,
« Le barbare me laisse au vaste sein des airs :
« Je me sens aussitôt précipiter dans l'onde,
« Et je vois s'écrouler les fondements du monde.

Chûte tout à fait icarienne ! et qui se ressent un peu du mauvais goût de l'époque.

Mais ce qui doit nous montrer entièrement la façon d'écrire de ce temps, c'est l'envoi qu'il fit de ce poème, *le Temple de la mort*, à Mme de ***, envoi accompagné des vers suivants :

« C'est aux talents, à la beauté,
« A l'esprit, aux vertus, aux grâces,
« Que j'ose offrir un encens mérité,
« Et ces funèbres vers, enfants de mes disgrâces.
« Ah ! si plus tôt j'eusse vu tes attraits ;
« Belle Églé ! mon âme ravie
« Dans ces sombres couleurs n'eut point puisé ses traits,
« Et ma muse eût donné *le temple de la vie.* »

A part les quelques fautes déjà signalées, ce poème offre des conceptions grandioses et hardies, et une versification en général facile et soutenue.

Aussi, je pense que l'auteur n'a pas bien raison de dire dans sa préface : « Il y a loin de l'imitation à l'invention : je ne sais si, n'étant plus étayé « du poète anglais, je pourrai me soutenir de même. » Nouvelle preuve de la modestie déjà connue du poète.

Une fois entré dans la carrière des lettres, Feutry y marcha avec intrépidité et ne tarda pas à voir ses efforts couronnés d'un brillant succès; car, en 1754, il remporta, par son *Ode aux nations*, l'amaranthe d'or aux jeux floraux de Toulouse, circonstance qui le détermina à quitter entièrement le barreau. Cette ode pleine de feu et d'enthousiasme, offre en plusieurs endroits un reflet de l'imitation du psaume XVIII par J.-B. Rousseau. On voit donc Feutry se rapprocher par cette ode de l'auteur de *Circé*, le plus grand lyrique du XVIII.ᵉ siècle; tandis que d'un autre côté, par son épitre d'Héloïse à Abeilard, il s'était rapproché du philosophe de la vallée de Montmorency.

Mais ce n'était pas là ce qui devait mettre le comble à la réputation du poète lillois. Il s'était à peine reposé de ce triomphe, aussi beau pour lui que pour ses concitoyens, que l'année suivante, en 1755, le poème des *Tombeaux* vint ajouter un fleuron de plus à sa couronne poétique. Ici l'on ne retrouve plus ces traces du goût peu délicat du siècle; et, si quelques-unes se montrent encore, elles sont du moins rachetées par des beautés sans nombre, — ce qui prouve évidemment les progrès de Feutry.

Pensées élevées, expressions fortes et énergiques, vers nobles et majestueux, voilà tout le poème ! nous y avons retrouvé cette même tristesse que nous avions déjà vu régner dans le *Temple de la Mort* et ces vers où il parle de la mort d'un enfant nous ont surtout frappé :

> « Il goûta seulement la coupe de la vie ;
> « Mais, sentant sa liqueur d'amertume suivie ,
> « Il détourna la tête et regardant les cieux.
> « A l'instant, pour toujours, il referma les yeux.

Quelle candeur ! il semble voir l'âme de cet enfant se dégager de son enveloppe terrestre et monter vers son créateur......

Plus loin le poète devient terrible ; il contemple alors ce qu'il reste de nous après la mort, ce que ces restes eux-mêmes vont bientôt devenir ; et, saisi d'effroi, il s'écrie :

> « O ciel!.... de tant d'éclat..... quel changement funeste!....
> « Une masse putride est tout ce qui lui reste ;
> « Vous frémissez..... ainsi nos corps, dans ce séjour,
> « D'insectes dévorants seront couverts un jour.

Plus les exemples viennent de haut, plus ils sont de nature à impressionner vivement l'esprit du vulgaire ; aussi notre poète a-t-il soin de prendre tous ses exemples dans les grands, les princes, les rois ; et, si

« A l'obscure clarté de ces lampes funèbres »

il vient à se promener au milieu des tombeaux, il remarque avec tristesse
leurs noms jadis célèbres, leurs épitaphes fastueuses : alors éclate son
mépris pour la grandeur et pour la flatterie, sa compagne inévitable :

« Eh quoi! des os en poudre ont encor des flatteurs! »

Puis il s'élève peu à peu au-dessus de l'humanité, en contemplant la
mort face à face dans les ravages qu'elle laisse après elle, et termine en
s'écriant :

« Tout n'est qu'illusion d'illusions suivie,
« Et ce n'est qu'à la mort où commence la vie.

Il ne faut pas s'étonner d'entendre Feutry pousser une plainte aussi
amère. Lui-même avait éprouvé et dans ses biens et dans sa vie privée
ce que le sort a de plus cruel. Revers de fortune, déceptions nombreuses,
pertes d'enfants, maladies longues et douloureuses, il avait tout souffert ;
et ces malheurs, on le pense bien, n'avaient pas peu contribué à accroître
son penchant naturel pour la mélancolie.

Marié dès l'année 1751, à l'âge de trente-un ans, avec Charlotte
Deloriez (1), il ne parut pas devoir goûter longtemps le bonheur et les
joies de la famille : de quatre enfants que lui donna son épouse chérie,
trois moururent en bas-âge, et si la Providence n'enleva pas alors à Feutry
son quatrième enfant, c'est qu'elle lui réservait pour la suite une douleur
plus grande encore. Comme Young, qu'il semblait avoir pris pour modèle
et pour guide, une douleur profonde brisa son cœur ; à soixante ans, Young
avait vu périr coup sur coup sa femme, sa fille unique et un jeune homme
qu'il destinait pour époux à cette enfant adorée ; à cinquante-six ans,
Feutry vit expirer dans ses bras son fils, âgé de 24 ans, et pour lequel il
concevait les plus chères espérances. Ces affreux malheurs, ces cruels
déchirements avaient éveillé dans l'âme d'Young une faculté nouvelle; de
froid et banal écrivain, il était devenu subitement grand poète ; pour
Feutry, ils influèrent étrangement sur sa santé et ne firent que rendre
son caractère plus froid, plus triste et plus sombre.

Si notre poète ne fut pas heureux dans sa vie privée, il ne réussit pas
mieux dans plusieurs entreprises, conceptions hardies de l'imagination brûlante d'un poète ! Au mois de septembre 1769, notre concitoyen reprit à

(1) Plusieurs biographes ont donné *Laurier* mais j'y ai substitué le mot *Deloriez*
attendu que je l'ai trouvé dans l'acte de décès rapporté plus loin.

Rochefort ses expériences sur le *canon brisé*. Cette opération qui n'avait pas réussi à Lille en 1754, n'eut guère plus de succès dans cette seconde ville et en Périgord, où elle fut répétée aux forges de Bon-Recueil, devant Turgot, alors intendant de Limoges et plus tard ministre de la marine sous Louis XVI. Le seul résultat de ces entreprises fut d'engloutir une partie considérable de la fortune du poète. J'aurai plus loin l'occasion de parler de différents *mémoires* qu'il écrivit à ce sujet.

De telles épreuves auraient découragé et abattu tout autre que Feutry. Quant à lui, il chercha dans la culture assidue des lettres et des muses un adoucissement à ses douleurs.

Il composa, en 1760, un ballet gracieux et bien conduit, avec un prologue pour la troupe de Rosimond. *Le ballet de la reconnaissance* (tel est son titre) avait été écrit en l'honneur du maréchal de Richelieu et devait être joué à Nantes dans des réjouissances publiques données par cette ville à l'occasion de la fête du ministre; mais le maréchal, retenu par les états de Gênes, ne put assister à la représentation et la pièce fut jouée malgré son absence.

Feutry, outre son talent pour la poésie, possédait encore une connaissance des langues très-étendue et il traduisait également et avec autant de succès l'anglais, l'italien, le hollandais et l'espagnol. C'est de cette dernière langue qu'il imita une tragédie, *Ataulphe, premier roi des Goths en Espagne*, du célèbre Dom Augustin de Montiano. Il sut de plus faire passer dans sa traduction cette noblesse et cette vivacité qui font le principal caractère des langues du midi de l'Europe.

Tout en travaillant pour le public, Feutry n'oublia pas les siens et dédia à son fils, alors qu'il n'était encore âgé que de huit ans (1760), un poème en prose, *les jeux d'enfants*, qu'il avait traduit du hollandais Jacob Catz, auteur assez estimé et qui mérita par ses poésies le surnom de *La Fontaine de la Hollande*. (1)

HENRY PAJOT,
Secrétaire de la Société d'Émulation de Lille.

La suite prochainement.

(1) Catz (Jacob Van) poète et homme d'état, né à Brouwershaven en 1577 et mort en 1660. Il fut deux fois ambassadeur en Angleterre et grand pensionnaire pendant quinze ans. Parmi ses œuvres qui ont été réunies en 1712, on remarque principalement l'*Art du mariage*, l'*Anneau nuptial* et les *Jeux d'enfants*.

SCIENCES.

LUMIÈRE ÉLECTRIQUE.

On juge habituellement de l'importance d'une découverte, d'une invention, par les résultats qu'elle fournit, par les avantages qu'elle procure, par l'utilité et le nombre des applications qu'elle réalise, en un mot par les services qu'elle peut rendre, soit directement, soit par des intermédiaires. Sous ce rapport, l'électricité est très-bien partagée. Elle n'a rien à envier aux autres découvertes ses devancières et ses contemporaines. Née au commencement de ce siècle, elle a grandi promptement; elle marche à côté d'elles, les dévance souvent, leur prête un heureux secours, les développe, se les approprie ou les complète. Lors même qu'une découverte scientifique ne semblerait pas destinée, par sa nature, à sortir du laboratoire des savants, et à tomber dans le domaine de la pratique, elle ne devrait pas être accueillie avec indifférence; dut-elle ne servir qu'à augmenter la liste des productions de l'esprit humain, elle aurait encore un avantage, celui d'ajouter à la considération du nom français; car la France n'est pas seulement grande et forte par le nombre et la valeur de ses soldats, elle est forte de cette force morale que donne l'ascendant du génie. Il en est des nations comme des individus dont le nom seul commande le respect et l'admiration.

Et d'ailleurs, pouvons-nous affirmer que tel résultat sera sans utilité, quand nous voyons les plus grands effets produits par les plus petits moyens? N'a-t-on pas vu souvent une simple expérience de cabinet servir de base à une industrie qui a pris ensuite d'immenses développements ? Ne rions pas de tous ces essais futiles en apparence; ils cachent peut être le germe d'une grande question, ils peuvent contenir la solution d'un de ces grands problèmes que l'humanité cherche pendant plusieurs générations.

Mais lorsqu'une découverte est à la fois une gloire pour le monde savant et une source d'applications utiles pour le monde industriel, celle-là mérite pleinement notre admiration. On doit l'étudier sous toutes ses faces, sonder en tout sens la profondeur de cette mine de richesses, ouvrir, répandre ses trésors, vulgariser ses bienfaits. L'électricité est de ce nombre, et de plus elle réalise d'une manière heureuse les conditions précédentes. On y trouve honneur et profit : honneur pour la science, profit pour l'industrie : accroissement de considération pour l'une, élément de travail et de bien-être pour l'autre, avantage pour tous.

Parmi les nombreuses applications auxquelles l'électricité peut donner lieu, nous parlerons aujourd'hui de la lumière électrique.

Si notre époque, qui a pu mériter par ses conquêtes intellectuelles, le nom de siècle des lumières, devait prétendre à une découverte dans le monde physique, c'était à celle de la lumière électrique, cet éclairage vraiment féerique qui fait pâlir, jaunir les becs de gaz, devant lequel les flammes ordinaires sont réduites à porter ombre, dont les rayons rivalisent d'éclat avec ceux de l'astre du jour et dont l'œil ne peut soutenir la vivacité sans être armé d'un verre noirci, coloré ou dépoli. Aussi diffère-t-elle en tous points des autres lumières artificielles, tant par sa nature que par sa couleur et son intensité (1) Elle n'est pas comme celles-ci le résultat d'une combinaison de l'oxygène de l'air avec le carbone des matières combustibles, huile, cire, hydrogène carboné, résine, bois, etc., car elle se manifeste dans les gaz qui ne renferment pas le principe comburant, dans les liquides et dans le vide. Comment alors expliquer sa production?

On sait qu'on l'obtient en plaçant aux pôles de la pile deux morceaux de charbon conducteur (2), qu'on maintient rapprochés à quelques millimètres ; la grandeur de cet intervalle augmentant avec la force

---

(1) Cette lumière est d'un blanc légèrement bleuâtre ou violacé; son éclat est éblouissant. Dans certains cas on l'a évalué au tiers de la lumière solaire pour une pile de 60 éléments ordinaires de Bunzen.

(2) Charbon dur et compact, extrait des cornues à gaz et taillé ordinairement en baguettes carrées de cinq à six millimètres de côté.

physique de la source électrique. Le fluide, en franchissant l'espace interpolaire entraîne avec lui des parcelles de charbon dans un état de division extrême. Ce sont ces molécules matérielles qui, portées à une haute température par le fait du passage rapide de l'électricité, produisent cette étonnante et magnifique lumière. Ce phénomène de transport n'est pas douteux lorsqu'on examine les deux morceaux de charbon qui ont servi à l'expérience. On trouve qu'ils ont changé de forme aux extrémités en regard ; ils se sont usés inégalement; l'un s'est arrondi l'autre s'est émoussé. C'est ce que l'on peut observer facilement à l'aide du microscope solaire, pendant que la lumière brille de tout son éclat ; on voit, en effet, le pôle positif se creuser et perdre de sa substance, tandis que le négatif augmente de volume. On voit aussi tomber du premier des petits fragments de charbon enflammé. Quant au faible bruit, au pétillement continu, qui accompagne souvent une forte lumière, on doit l'attribuer sans doute à la présence de quelques matières étrangères dans les charbons polaires. Enfin, les globules qui persistent quelquefois çà et là sur les pôles incandescents, proviennent de la fusion de petites parcelles siliceuses disséminées dans les baguettes de charbon.

On eut d'abord l'idée de voir dans cet arc (1) observé pour la première fois par Davy (2), une manifestation directe du fluide hypothétique auquel on attribue tous les phénomènes électriques. On disait : quand le circuit voltaïque est fermé, le fluide passe librement à travers les conducteurs solides ou liquides et s'y recompose sans bruit et sans apparence lumineuse; quand les pôles sont séparés, il complète le circuit en s'échappant, au point de rupture, sous son véritable aspect, dégagé de toute enveloppe matérielle. Ce qui donnait plus de poids encore à cette supposition, c'est qu'on voyait cet arc briller dans tous les milieux, s'élever, s'abaisser, se déformer, se tordre sous l'influence du barreau aimanté, subir des attractions et des répulsions, et tendre, sous l'action de la terre, à se placer dans un plan perpendiculaire au méridien magnétique, c'est-à-dire en croix avec la direction de l'aiguille de boussolle. Il semblait donc rationnel de regarder cette flamme qui ne ressemblait

---

(1) On a donné le nom d'*Arc*, à cette lumière incomparable parce que, comme toutes les flammes, elle tend à monter, et que cette tendance même lui imprime une courbure sensible, surtout quand les pôles sont placés horizontalement.

(2) En 1801, à Londres, avec une pile de douze mille couples formées de plaques ayant près de onze centimètres de coté.

en rien aux autres lumières artificielles, comme le fluide électrique lui-
même. Malheureusement cette belle hypothèse devait s'évanouir devant
l'évidence des phénomènes de transport. Ajoutons encore ces deux-ci
aux précédents.

Lorsqu'on dispose dans le milieu de l'arc une cloison métallique, il se
forme de chaque côté de cette plaque un dépôt notable de matière iden-
tique à celle des pôles. Cette expérience est rendue plus frappante encore
en employant pour conducteurs polaires du platine en éponge, corps dont
la cohésion est très-faible et le transport des molécules plus facile que
celles du charbon.

Enfin si l'on pèse les pôles avant et après l'expérience on trouve
qu'ils ont changé de poids · le pôle positif a perdu beaucoup plus que
le négatif, quand on opère avec le charbon, le coke ou le fer; avec les
autres métaux le contraire a lieu, c'est le pôle négatif qui perd le plus.

Servant l'un de porte d'entrée, l'autre de porte de sortie au fluide,
les deux charbons ont des rôles différents qui se reconnaissent à la
simple vue, à travers un verre noir. Le charbon qui laisse échapper le
courant et qui communique à l'élément non attaqué de la pile (cuivre,
platine ou charbon) est de beaucoup plus éclatant. L'autre par lequel le
courant opère sa rentrée et qui est en communication avec l'élément
attaquable (zinc), donne aussi une lumière de même nature, mais bien
moins brillante. Quand à l'arc voltaïque lui-même, ce pont jeté entre les
deux pôles, il est moins lumineux que le charbon porte d'entrée; c'est
pourquoi sa lumière douce et bleuâtre, est difficile à distinguer et reste
ignorée du public. Ces résultats peuvent être observés facilement à
l'aide du microscope solaire.

L'arc voltaïque doit donc être regardé comme une espèce de conducteur
qui remplit l'espace laissé par les charbons; conducteur gazeux et incandescent, formé aux dépens des extrémités polaires entre lesquelles
s'élancent les effluves électriques; arc de carbone, de cuivre, de fer,
d'argent, de platine, de mercure, etc., quand les pôles sont terminés par
l'un quelconque de ces métaux. En tous cas, cet arc est très-mobile et
s'infléchit sous l'aimant qui agit d'ailleurs, comme on le sait, sur tous
les courants électriques.

Il est à remarquer que lors de l'établissement du courant, c'est le
charbon négatif qui devient incandescent le premier ; son éclat toutefois
est bientôt surpassé par le charbon du pôle positif; lors de l'interruption
du courant, c'est le pôle positif qui s'éteint le premier Comme c'est ce

dernier qui s'use le plus vite, il est convenable de le choisir d'un volume un peu plus gros, que celui du pôle négatif.

L'intensité de la lumière électrique a été mesurée approximativement par Bunzen. Il a calculé qu'avec une pile de quarante-huit éléments et en maintenant les charbons à la distance de sept millimètres, l'intensité de cette lumière pouvait être équivalente à celle de 572 bougies. On a quelques raisons de croire qu'en opérant avec des éléments mieux appropriés aux expériences de cette nature et en rapprochant d'avantage les charbons polaires on obtiendrait un chiffre plus grand que 572. Le doute qui reste sur ce résultat tient surtout à la difficulté de comparer directement deux lumières. Mais heureusement tout s'enchaîne dans les sciences; les découvertes qui semblaient n'avoir aucun rapport entre elles se trouvent rapprochées tout à coup, et se prêtent un mutuel secours. Qui eut cru, par exemple, que le daguerréotype dût servir un jour à comparer l'intensité de la lumière solaire à celle de la pile électrique? le fait est pourtant des plus simples maintenant.

Non seulement la lumière électrique peut rivaliser avec celle du soleil sous le rapport de l'éclat, mais ses rayons déterminent comme ceux de l'astre du jour, la combinaison d'un mélange gazeux de chlore et d'hydrogène; ils noircissent de la même manière le chlore d'argent. Nous avons dit que cette lumière est attirable à l'aimant. Enfin, pour achever ce parallèle, ajoutons encore qu'en faisant passer un de ses rayons à travers un prisme, elle donne un *spectre* semblable au spectre solaire, c'est-à-dire qu'on y voit les sept couleurs primitives occupant des intervalles analogues et qu'on y retrouve les *raies* de Fraünhofer, mais avec cette différence qu'au lieu d'être obscures (solutions de continuité) elles sont brillantes. Le spectre et les raies sont modifiés si l'on vient à fermer le pôle positif avec un métal qui, par suite de la disposition de la pile, soit transporté au pôle négatif.

Dans l'air raréfié la lumière électrique est bleuâtre.

Il résulte des expériences de M. Quet, que si l'on fait passer dans le vide les deux électricités fournies par la machine de M. Rhumkorff, le pôle négatif laisse échapper une lumière violette qui entoure régulièrement la boule et la tige, tandis qu'au pôle positif on voit une lumière rouge de feu qui, d'une part adhère à la boule positive et de l'autre s'étend à la boule négative.

Ces différences dans la forme, la position et la couleur des deux électricités ne sont pas les seules particularités remarquées par l'observateur. Cette double flamme présente dans sa composition une série de couches brillantes alternant avec des bandes obscures. En opérant dans différents gaz plus ou moins raréfiés, les modifications des fluides permettent d'apprécier la conductibilité électrique de ces milieux.

Après avoir produit l'électricité dans les gaz on a été naturellement conduit à l'essayer dans les liquides, et l'on n'a pas vu sans étonnement la lumière briller au milieu de l'eau, comme ce trop fameux feu grégeois qui n'aurait été, à ce qu'on croit maintenant, qu'une poudre dont l'artillerie actuelle possède le secret. Moins vive que dans l'air, cette lumière conserve encore un éclat suffisant pour l'éclairage ; elle est plus douce à l'œil et plaît en cela mieux que l'autre.

Dans l'eau acidulée, le pôle négatif offre une couleur souvent bleue et quelquefois verte, tandis qu'au pôle positif elle est rouge.

Nous ne pouvons citer ici tous les résultats théoriques et pratiques dont s'est enrichie la science depuis que la question est à l'ordre du jour. Les travaux de MM. Matteucci, Delarive, Grassiot, Despretz, Foucault, Rhumkorff, Quet, etc , sur la forme, la longueur, l'éclat, l'intensité, la couleur, la durée, la température de l'arc voltaïque, sur les modifications de ces propriétés relativement à l'orientation des conducteurs polaires, par rapport à la verticale, à l'horizontale et au méridien magnétique, nous prouvent les progrès qu'on a déjà réalisés sur cette matière et donnent en même temps une idée de ce qui reste à faire. Nous ne suivrons pas ces savants dans leurs expériences délicates sur l'inégalité d'échauffement des pôles, sur la différence de vitesse de deux fluides et sur les variations des résultats précédents, eu égard à la force de là pile, à la nature des substances polaires et à celles des milieux où se montre l'arc lumineux. Ce que nous venons de dire suffira pour montrer combien ces études offrent de combinaisons aux recherches des expérimentateurs.

Toutefois, il est des résultats obtenus plus récemment et que nous pouvons signaler sans qu'il soit nécessaire, pour les faire comprendre, d'entrer dans de longues explications.

M. Despretz dans ses nombreuses expériences sur les effets de la pile, a reconnu que la lumière électrique d'un courant continu présentait des bandes alternativement obscures et lumineuses, comme celles que M Quet avait observées antérieurement dans le flux d'étincelles, provenant de l'appareil à courant discontinu de M. Rhumkorff.

De plus, M. Despretz a constaté que, pour obtenir la lumière électrique, il n'était pas indispensable comme on l'avait cru pendant longtemps, de mettre d'abord les pôles en contact et d'éloigner ensuite les charbons.

Dans l'air raréfié, il a vu la lumière jaillir d'un pôle à l'autre, l'arc se former à la distance de cinq à six millimètres.

Nous ajouterons aussi quelques mots sur les expériences de M. Quet. Ce physicien modifiant l'expérience de Davy sur l'arc voltaïque, a présenté à la flamme un puissant électro-aimant de Rhumkorff. Sous cette influence énergique, il a vu l'arc lumineux s'allonger en forme de dard analogue à celui qu'on obtient en soufflant sur une flamme avec un tube effilé ; c'est le dard du chalumeau. Cet arc bruyant, dont la longueur est devenue dix fois plus grande que l'arc primitif (c'est-à-dire 3 ou 4 centimètres au moins), offre une source de chaleur plus intense que la flamme électrique dans les conditions ordinaires et est capable de fondre le platine ; résultat qui pourra trouver d'utiles applications par la suite.

Si l'on reçoit sur certains corps solides comme le carbonate de chaux ce dard, dont la blancheur et l'éclat sont inférieurs à ceux de l'arc de Davy, on peut par ce moyen lui rendre toute sa puissance lumineuse.

Comme dans l'arc de Davy, lorsqu'on change le sens du courant dans les charbons ou dans l'électro-aimant, le dard se dirige en sens opposé; et si l'on change le sens du courant dans les charbons et dans l'électro-aimant en même temps, la direction du dard reste la même.

L'idée d'opérer sur cette flamme avec des électro-aimants n'est pas une idée de M. Quet. Plus d'une fois déjà on avait fait cette expérience, mais dès qu'on opérait avec une force magnétique un peu considérable, l'arc était attiré vivement et s'éteignait brusquement (comme si l'on soufflait sur une bougie allumée), en produisant un bruit sec et intense, dû sans doute au choc de l'air se précipitant au lieu qu'occupait la flamme. M. Quet eut l'idée de maintenir les charbons aussi rapprochés que possible, ce qui donne à l'arc une force de résistance à laquelle on n'avait pas encore fait attention, et permet de développer, dans la même proportion la puissance de l'électro-aimant.

Pour obtenir les résultats qui précèdent, M. Quet, dispose les charbons perpendiculairement à l'axe de l'électro-aimant dans un plan quelconque. Si les charbons font entre eux un angle aigu ou obtus, en restant perpendiculaires à l'axe, le dard prend la direction de la bissectrice de l'angle saillant ou rentrant, suivant le sens des courants.

C. DECHARMES.

Professeur de sciences physiques et naturelles au lycée impérial d'Amiens.

La suite prochainement.

POÉSIE

LE MATIN.

A Melle Marie R.

Écoute, gentille Marie,
Quel bruit confus frappe les airs ?
La nature s'éveille et prie ;
Écoute ses divins concerts.
Près de ton seuil, dans le bois sombre,
On entend des accords sans nombre,
Des chants légers, de doux soupirs ;
L'herbe frémit, l'arbre s'agite,
Et sur la feuille qu'il habite
L'insecte même a ses plaisirs.

Du matin la fraîche rosée
Rend au feuillage un ton plus vif ;
Du liseron la fleur rosée
Exhale un parfum fugitif.
La main de Dieu sur tout préside ;
Regarde, enfant, le sol humide
Témoigne encor de sa bonté :
Bientôt, sans ces gouttes de pluie,
D'ardents rayons, de la prairie
Eussent fait un champ dévasté.

C'est ainsi qu'opèrent les charmes
Dont s'environne le bonheur :
Toujours il doit tarir des larmes
Pour ne pas dessécher le cœur.
Ta vie à peine vient d'éclore

Et de ce monde tout ignore.
O jeune fille ! dans les jeux,
Chères délices de ton âge,
Jamais la crainte d'un orage
Ne vint troubler ton calme heureux.

Quand l'ivoire, sous tes doigts roses,
Cède et résonne sans efforts,
Que j'aime, oubliant toutes choses,
A n'entendre que tes accords !
Dieu n'est-il pas tout harmonie ?
Des cieux la grave mélodie
Toujours retentit sans repos ;
La douce voix de la nature
Rencontre en chaque créature
Une lyre et de saints échos.

Des jours paisibles de l'enfance,
Oh ! conserve un long souvenir !
C'est le temps de l'insouciance
Qui jamais ne peut revenir.
Aujourd'hui, les soins de ta mère
Sèchent les pleurs de ta paupière
Et sèment ta route de fleurs ;
Mais, hélas ! le chemin est rude ;
Il faut par une sage étude
Du sort combattre les rigueurs.

Eh quoi ! déjà le soleil brille ;
Le jour se lève radieux.
Le temps n'est plus, ô jeune fille !
Des jeux bruyants, des cris joyeux.
Souvent l'aurore de la vie
Disparaît, de regrets suivie,
Et fait place aux rayons brûlants.
Riche d'une candeur native,
Redoute, frêle sensitive,
Du midi les feux dévorants.

A. BOURSAULT.

LARMES D'ENFANT.

SONNET.

Mais un fripon d'enfant (cet âge est sans pitié).
(LAFONTAINE).

Je t'aime, séduisante rose.
Image de la volupté;
J'aime ta royale fierté,
Tes parfums, ton calice rose.

Quand les feux brûlants de l'été
Entr'ouvrent ta lèvre mi-close,
Comme une folle abeille, j'ose
Ravir le miel de ta beauté.

Plaisir cruel, étourderie,
Ma main te cueille, chère fleur,
Qui souriais à mon bonheur....

O pauvrette, je t'ai flétrie!
Tu vécus à peine un matin....
Laisse-moi pleurer ton destin.

THÉODORE ASTRUC.

LES BŒUFS.

FABLE.

Je passais, tout pensif, près d'un gras pâturage,
Où des bœufs nonchalants sur le sol étendus,
A l'abri des saisons, sous un manteau d'ombrage,
Dormaient.... pleins de bon temps, bien couchés, bien repus.
L'herbe en fleur ondulait plus haute que leurs cornes,
La terre leur offrait un doux lit de repos,
Leur riche enclos n'avait que de lointaines bornes,
Rien ne semblait manquer à ces chers animaux....
— « Voilà, disais-je alors, d'heureuses créatures!!....
« La terre les nourrit du suc de ses pâtures,
« Le soleil les caresse à travers les rameaux,

« Le ruisseau leur arrive avec de doux murmures,

« Ils passent sans effort du sommeil au repas,

« La nature a pour eux des mamelles de mère,

« Ils n'ont jamais connu la nourriture amère,

« Et pour trouver la vie ils n'ont qu'à faire un pas; ....

   « Tandis que nous, hélas !

« Plus nobles mille fois que ces êtres stupides.

« Nous épuisons nos jours en des travaux arides,

« Nous consumons nos nuits, sous de pâles lueurs,

« A poursuivre un vain rêve, à nous creuser des rides,

  « Et n'obtenons, pour prix de nos sueurs,

« Que l'ombre de ces biens que l'on prodigue ailleurs....

« Ah ! les bœufs sont cent fois plus heureux que les hommes !!...»

Un d'eux, qui m'écoutait, s'avança lentement,

Et dit : « Vous enviez l'abondance où nous sommes,

« L'herbe qui sous nos pas reverdit constamment,

  « Le frais gazon qui semble

« Un lit où le bonheur nous berce mollement ?.. .

« Eh bien ! si vous voulez, nous changerons ensemble ?....

« Vous avez de grands maux !... qui donc n'a pas les siens ?

« Nous, nous sommes blasés de notre excès de biens.

« Cette couche où s'étend notre molle paresse,

« A nos corps énervés ne donne plus d'ivresse ;

« L'herbe où nous ruminons pendant un long été

« N'apporte à nos palais que la satiété ;

« Il faudrait pour jouir de cette ample pâture,

« Que la faim fut le sel de notre nourriture,

« Et jamais l'appétit n'assaisonne pour nous

« Ces prés que nous foulons de nos pesants genoux....

« Ah ! n'enviez donc plus nos jours d'insouciance,

« De nos mets sans saveur ne soyez plus jaloux,

« Mais gardez ce conseil de notre expérience :

« Mieux vaut l'or du travail que l'or de l'opulence. »

Et le bœuf retourna piétiner son gazon.

Ma foi ! le quadrupède avait pourtant raison.

       HECTOR DUBUS.

14 Août 1854.

BULLETIN DE LA QUINZAINE.

Nouvelles artistiques et littéraires.

— L'Académie des Beaux-Arts a rendu, le 9 septembre, son jugement sur le grand concours de sculpture. Les prix ont été ainsi répartis :

1." grand prix, M. J.-B. Carpeaux, de Valenciennes, âgé de 27 ans, élève de MM. Rude et Duret.

1.er second grand prix, M. Amédée-Donatien Doublemard, de Vervins (Aisne), âgé de 28 ans, élève de M. Duret.

2° second grand prix, M. Charles-Aimé Irvoy, de Vendôme (Loire-et-Cher), âgé de 31 ans, élève de MM. Ramey-Dumont et Yvon.

Le sujet du concours était *Hector et son fils Astyanax*. En lisant cela au *Moniteur*, nous en avons vérifié la date pour être bien certains que ce n'était pas un journal vieux de cinquante ans que nous avions à la main ; mais non, c'est bien en l'an de grâce 1854, que l'Académie des Beaux-Arts a eu la lumineuse idée de fouiller les cendres de l'Illiade pour y trouver *Hector et son fils Astyanax !*..... C'est-à-dire un père et un fils quel-conques, infiniment peu vêtus et exprimant ceci : « Adieu, mon enfant ! — Adieu, papa ! » Nous plaignons sincèrement les jeunes gens à qui l'illustre académie fait faire de pareilles choses pour juger s'ils sont capables d'élever dans nos édifices religieux et sur nos places publiques des monuments dignes de l'art chrétien ou de la gloire nationale.

Quoiqu'il en soit, la ville de Valenciennes qui peut s'enorgueillir à juste titre d'avoir produit déjà un si grand nombre d'éminents artistes, prépare une réception brillante au premier de ces lauréats qui est aussi un de ses enfants.

— Nous avions déjà pas mal de voyages autour du monde, le *Voyage de Paris à Saint-Cloud*, un *Voyage autour de ma Chambre*, deux spirituels vaudevillistes viennent d'inventer le *Voyage autour de ma Femme*. L'idée est originale et c'est déjà quelque chose. Cette pièce nouvelle de MM. Marc Michel et Beauregard a réussi au théâtre du Palais-Royal. Elle est, dit-on, pleine de gaieté, d'entrain et jouée comme se jouent toutes les bonnes drôleries à ce Théâtre.

— M.me Alboni est engagée au théâtre Saint-Charles, à Lisbonne, aux appointements de 80 mille francs pour quarante représentations. Deux mille francs chacune, rien que cela !... Il serait curieux de calculer combien on solderait de présidents de tribunaux, de généraux ou de préfets avec le produit que retire la célèbre cantatrice de sa cadence soutenue de *Brindisi*.

— Le musée de Nantes, si riche déjà, vient d'être l'objet d'une magnifique donation, M. Urvoy de Saint-Beban vient de donner à la ville sa collection renfermant des œuvres de premier ordre. On y remarque surtout un tableau du plus grand mérite, de Gros : *la bataille de Nazareth* ; une toile de Géricault, *le Lancier de la garde* ; un superbe portrait de Rembrandt ; *une halte de Cavaliers*, admirable tableau du meilleur temps de Wouver-mans ; dix ou douze des plus belles compositions de Brascassat, parmi lesquelles se trouvent *le Combat de taureaux*, *les Taureaux à l'abreuvoir*, *les Renards dévorant une poule*, *le Taureau suisse*, etc., etc.; *l'Enfant charitable*, de Ary Scheffer ; *les Morts vont vite*, d'Horace Vernet ; *la Esméralda*, de Steuben, une esquisse de Sébastien Bourdon, etc., etc.; en tout trente ouvrages. Ces tableaux ont déjà été transportés au musée et visités par une foule considérable. On se rappelle que c'est au musée de Nantes qu'avait été accordée la belle collection du duc de Feltre.

— Par son testament, l'illustre jurisconsulte, père du général Merlin qui vient de mourir, avait donné au musée de Douai son buste en marbre, exécuté par David (d'Angers), mais à la condition qu'il resterait entre les mains du général jusqu'à la mort de celui-ci. Ce précieux morceau de sculpture va prochainement enrichir le musée de Douai.

— Les répétitions ont déjà commencé au Théâtre-Italien. On ouvrira par *Sémiramide*, avec Mes Bosio et Barghi Mamo. Le premier opéra nouveau sera *La Leonora*, un des meilleurs ouvrages de Mercadante. Il aura pour principaux interprètes Mes Frezzolini, N. Rossi, Genier, Neri-Boraldi, Ardavani.

—La Comédie-Française vient de recevoir un drame en vers de M. Victor Séjour, dont le rôle principal est destiné à Melle Rachel, et accepté par elle; une pièce en trois actes de M. Eugène Bourgeois, et le *Village*, comédie de M. Octave Feuillet, déjà publiée, et que son auteur arrange pour la scène. La Comédie-Française a aussi reçu et mis immédiatement à l'étude une comédie de M. Méry, intitulé l'*École du Mariage*. Après Molière, il y a de la hardiesse à traiter un tel sujet; mais avec M. Méry on ne craint pas les redites ; et puis les époux de nos jours sont si différents de ceux du XVIIe siècle.

— La plus grande activité règne en ce moment à l'Opéra-Comique. Outre la grande pièce qui doit ouvrir la saison d'hiver, et dont le titre est encore un secret, on répète deux opéras de MM. Barbier et Carré. M. Boulanger a fait la musique du premier, qui est en un acte, et M. Victor Massé a écrit la partition du second, qui s'appelle *Miss Fauvette*, et dont le principal rôle sera rempli par Mme Miolan-Carvalho.

On parle aussi d'un opéra en un acte pour Mlle Lefebvre, paroles de MM. Lockroy et Cormon, musique de M. Grisar.

— Le théâtre que l'on construit actuellement à New-York sera le plus vaste et le plus magnifique qui existe dans l'Union. L'enceinte destinée aux spectateurs aura 64 pieds (19 mètres) de hauteur, et pourra contenir 4,500 personnes, dont 3,500 dans le parquet et dans les loges; la largeur de la partie antérieure de la scène sera de 60 pieds (18 mètres). Dans l'orchestre il y aura place pour 100 musiciens. Derrière le second rang des loges sera établie une série de salles pour restaurants et cafés, et qui par des croisées auront vue sur la scène, ce qui permettra d'unir les plaisirs de la table à ceux du spectacle. Dans ces salles mille personne pourront se tenir à l'aise. Ce nouveau théâtre se bâtit en marbre et à toutes ses façades il y aura de magnifiques boutiques. Il sera nommé *théâtre du Phénix* et il reviendra y compris le mobilier et les décorations de l'intérieur à 800,000 dollars (un million 375,000 fr.)

— Mlle Rachel a fait sa rentrée au Théâtre-Français, et Mme Stoltz, la sienne à l'Opéra. Nous ne mettrons point en parallèle les deux renommées ; mais l'une a régné en souveraine sur notre premier théâtre lyrique, et l'autre règne encore sur la scène qu'ont illustrée Corneille et Racine. Celle-ci a reparu dans *Marie-Stuart*, et tous les journaux ont retenti d'éloges auxquels pour notre part nous nous associons sans réserve. Celle-là a choisi pour sa rentrée la *Favorite*, rôle admirablement taillé pour mettre en relief son double talent de comédienne et de cantatrice, et la presse a gardé un dédaigneux silence, ou bien elle s'est bornée, à peu près, à faire remarquer que l'absence de M.⁰ Stoltz a duré dix ans. Ce contraste dans le langage de nos maîtres en fait de critique, ne prendrait-il point sa source dans certaine mesure par laquelle l'administration de l'Opéra aurait, dit-on, supprimé les entrées gratuites ?.... C'est une simple question que nous ne prétendons pas résoudre.

La Société impériale de Valenciennes pour l'encouragement des Sciences, des Arts et de l'Agriculture, vient de publier le programme d'un concours (1855-57), où l'on trouve, entr'autres, des prix offerts pour les sujets suivants :

Sciences naturelles. — Composition du sol arable de l'arrondissement de Valenciennes.

Histoire et Littérature. — Histoire de la bourgeoisie à Valenciennes, sa formation, son développement , etc. — Histoire des dissensions , querelles ou guerres religieuses à Valenciennes, depuis Philippe II, jusqu'au gouvernement des archiducs Albert et Claire-Isabelle-Eugénie.

Poésie. — Une pièce de vers dont le sujet est laissé au choix de l'auteur.

Peinture, Sculpture, Architecture, et gravure. — Portraits , statuettes ou esquisses peintes des personnages historiques, nés dans l'arrondissement de Valenciennes, ou qui s'y sont fait remarquer par leurs actions ou par leur mérite. — Projet et plan détaillé d'un marché couvert à établir à Valenciennes. — Gravure inédite retraçant quelqu'épisode de l'histoire locale.

Musique. — Une Cantate sur paroles données, dont le texte sera publié par la Société, le 1.ᵉʳ Janvier 1855 au plus tard.

Toutes les productions doivent être adressées *franco* à M. A. Martin, secrétaire-général de la Société, avant le 1.ᵉʳ novembre 1854, pour les paroles de la Cantate , et pour tous les autres sujets, avant le 1.ᵉʳ juin 1855.

— La Société Dunkerquoise ouvre également un concours pour 1855. Les principaux sujets à traiter sont :

Sciences. — Analyse chimique des eaux de la ville de Dunkerque. — Constitution géologique du territoire, et résultat probable des sondages artésiens qui pourraient y être pratiqués. — Moyens d'augmenter à Dunkerque l'approvisionnement d'eau potable, etc. — Manuel de sauvetage maritime.

Littérature. — Histoire littéraire de la Flandre maritime.

Poésie. — La pêche d'Islande.

Peinture. — Une esquisse ayant pour sujet la Mort de Jean Jacobsen.

Architecture et Statuaire. — Une fontaine jaillissante à élever au milieu de la place Jean Bart, à Dunkerque.

Musique. — Un chœur pour voix d'hommes, sans accompagnement.

Les mémoires, manuscrits, plans, etc., devront être adressés *franco* au président de la Société, M. de Coussemaker, avant le 1.ᵉʳ mai 1855, terme de rigueur. Les partitions de musique devront être envoyées avant le 10 avril.

Pour tous les articles non signés :

Les Rédacteurs-Propriétaires :

BRUN-LAVAINNE, *Gérant*; A. DEPLANCK, CASIMIR FAUCOMPRÉ.

Lille Imp. de Lefebvre-Ducrocq.

LITTÉRATURE.

UN DRAME DE MÉNAGE.

NOUVELLE (1).

SUITE ET FIN (2).

Marie, sans attendre Lebrun, s'élance hors de la voiture, monte rapidement les escaliers, va tout d'un trait jusqu'au boudoir, et sans dire un seul mot, se précipite dans les bras de sa sœur.

Jeanne surprise, haletante agitée par mille sentiments divers, n'a que la force de prononcer ces quelques paroles d'une voix entrecoupée :

— Ma sœur!... Oh! que tu es bonne... oh! que je te remercie d'être venue... J'ai tant besoin de toi... Laisse-moi tout te dire ...

— Tu n'as rien à me dire, s'écria vivement Marie... ne songeons qu'à l'avenir...

— Et le passé, dit Jeanne en inclinant ses yeux vers la terre...

— Ton passé n'est-il pas le mien? reprit aussitôt Marie, avec un étonnement plein d'une délicate et charmante ignorance.

Jeanne laissa aller sa tête sur l'épaule de sa sœur et pleura.

En ce moment Marie aperçut dans un coin de la chambre Victoire Lambert dont le costume et les manières étaient bien changées. A sa vue, elle ne put réprimer un mouvement qui tenait à la fois de la surprise et de la répugnance.

---

(1) Autorisation de reproduire pour les journaux qui ont traité avec la Société des Gens de Lettres.

(2) Voir la *Revue*, tome I, pages 193, 225, 255, 280; tome II, pages 1, 65, 103 et 115.

Jeanne remarqua ce mouvement, et prompte comme l'éclair, elle alla chercher Victoire, l'amena devant sa sœur, et lui dit :

— Il est juste de lui pardonner aussi à elle.

Marie tressaillit et tendit la main à la pauvre Victoire qui la saisit et l'arrosa de ses larmes.

XXII.

Cependant une réaction commençait à s'opérer dans le cœur de Dérancourt. Le fond du caractère de Jules était honnête et bon ; il n'avait été qu'égaré un instant. Plus il avait vu de près Mme de Préville, plus ses yeux s'étaient dessillés. Il en était aux regrets, à la douleur. Il savait maintenant pour quelle femme il avait rendu Jeanne si digne de pitié ; pour quelle femme il avait oublié un passé si heureux et un avenir si fécond en délicieuses promesses ! Son cœur était ulcéré ; il se sentait plein d'indignation contre Mme de Préville, et pour tout ce qu'elle avait fait souffrir à Jeanne, et pour tout ce qu'elle lui avait fait perdre à lui-même. Il n'avait plus pour elle que de l'aversion ; aussi prit-il sans peine le parti de rompre d'une manière formelle.

Dérancourt se croyait seul coupable. Désespéré d'avoir corrompu le bonheur pur dont il jouissait, bourrelé de remords, il ne savait quel parti prendre pour remédier un peu au mal qu'il s'était fait lui-même. Fallait-il aller se jeter aux pieds de Jeanne et solliciter de sa clémence un pardon généreux ? Mais ce pardon, l'obtiendrait-il d'une femme blessée dans ses sentiments les plus intimes et dont l'amour sincère aurait pu réclamer une tout autre récompense ? Et puis de quelle honte son front ne serait-il pas couvert au moment où il avouerait une faute que rien n'excusait ! Oh ! il y avait là une heure bien terrible à passer !

Fallait-il demeurer dans la situation douteuse, équivoque où il se trouvait, situation qui avait les charges de l'hymen sans en avoir les jouissances... Fallait-il trembler tous les jours devant Jeanne comme devant un juge menaçant, et craindre à tout instant de voir sortir de ses yeux des larmes, de sa bouche des reproches et des imprécations ? Supplice de tous les instants, supplice aggravé par la nécessité de le subir, supplice affreux !

En proie à une déchirante perplexité, n'osant ni soutenir les regards de sa femme, ni tenter de se les refaire doux et favorables, Dérancourt fuyait son intérieur dès le matin, avant que Jeanne eût quitté son appartement; il sortait pour ne plus rentrer que le soir. Seul, à pied, il parcourait les sentiers les plus déserts de nos promenades et aimait à opposer sa poitrine au souffle contraire de la bise d'hiver, comme pour calmer la fièvre ardente dont il était dévoré.

Un jour qu'il vaguait par les allées froides du bois de Boulogne, il entendit retentir derrière lui le galop de deux chevaux fougeux. Ils passèrent près de lui avec rapidité, et les jeunes gens qui les montaient continuant une conversation commencée, jetèrent en passant ces mots qui résonnèrent clairs et pétillants au milieu du calme glacé de la matinée :

— Dis donc... tu sais que nous connaissons enfin la nouvelle maîtresse de Charles de Nieubourg ?

— Vraiment... Qui est-ce donc ?

— Mme Dérancourt !...

Ce nom que le vent voulut en vain emporter, vint s'engouffrer tout entier dans l'oreille de Jules. Il l'avait trop frappé pour pouvoir lui échapper.

Son premier mouvement fut de s'élancer à la suite des cavaliers pour provoquer leurs explications, pour jeter à leur face un démenti infamant, pour leur demander compte de leurs insolentes paroles... Mais ils étaient déjà bien loin ; il les appela, sa voix se perdit dans l'espace.

Alors il resta là un instant... pâle... sans respiration... comme anéanti.

Mais n'avait-il pas été le jouet d'une fatale illusion ?... Etait-ce bien le nom de sa femme qu'il avait entendu ? Et puis Jeanne était-elle donc responsable du bavardage imprudent et calomnieux de quelques jeunes écervelés ?

Vains subterfuges !...

Jeanne était coupable ; la colère de Jules avait besoin de le croire .. Et il grinçait des dents... et il se tordait les bras ! Son amour et son honneur étaient blessés à la fois !... Oh ! que les représailles seraient terribles !

Lorsque cette première fougue fut tombée, d'autres idées se présentèrent à son esprit !... Si Jeanne était réellement coupable, n'avait-il pas sa part à prendre dans son crime ? N'était-ce pas lui qui lui avait ouvert la voie ? N'était-ce pas lui qui l'avait désespérée par un lâche abandon, et qui d'une main impitoyable l'avait poussée dans l'abîme ? Ne devait-il pas lui accorder un peu de cette indulgence dont il avait tant besoin lui-même ?

Et il pleurait!

Puis l'incertitude venait de nouveau s'emparer de lui. Etait-ce bien le nom de sa femme qu'il avait entendu? Dans tous les cas, une phrase recueillie à la volée et de la bouche d'un étourdi ne pouvait seule déterminer sa conviction; ce n'était pas là une preuve suffisante pour l'autoriser à accuser Jeanne, à jeter la honte sur son front et le désespoir dans son âme. Il devait, avant de tonner et de punir, chercher de nouvelles lumières et de plus sûrs indices!

Oh! il se sentait plus malheureux encore qu'auparavant.

Cependant ce jour là il rentra chez lui de meilleure heure que de coutume.

XXIII.

— Mais, ma sœur, il se fait tard.

— Oui... voilà onze heure et demie qui sonnent.

— Et Lebrun qui n'est pas encore rentré... Rester aussi longtemps dehors et sans moi!... C'est la première fois depuis que nous sommes à Paris qu'il fait ainsi le mauvais sujet. Il est vrai qu'il avait été défié au jeu de dominos par ce gros académicien qui vient si souvent ici... Et quand on l'attaque sur cet article-là!... Mais... Ton mari est-il chez lui?...

— Oui, je crois l'avoir entendu... As-tu remarqué, ma bonne Marie, comme au dîner il était pâle et agité... et puis comme il a quitté la table avec précipitation pour ne plus reparaître de la soirée... je ne sais... Mais je suis en proie à de tristes pressentiments.

— Allons donc... ma pauvre sœur... sois un peu raisonnable... ne te laisse pas ainsi aller à de vaines et dangereuses terreurs... ne suis-je pas là auprès de toi?...

— Couche-toi, repose tranquillement... aie confiance en moi... J'ai toujours l'oreille et le cœur tournés de ton côté... Au moindre bruit je serai ici, et si tu as quelques tourments à supporter je t'aiderai. Bonsoir, ma sœur...

— Bonsoir, répondit Jeanne, en pressant tendrement la main de Marie.

Aussitôt qu'elle fut seule, Jeanne se déshabilla. Puis avant de chercher dans le sommeil un peu de répit aux secousses douloureuses dont son âme était agitée, elle s'agenouilla, la tête penchée sur le bord de son lit, et adressa au ciel une ardente prière. Elle priait pour sa fille. Hélas en faveur de quelle autre aurait-elle osé maintenant demander quelque chose à Dieu?

Mais voilà qu'elle se relève avec frayeur... Elle a entendu du bruit à l'une des fenêtres de sa chambre qui est à un premier assez bas et donne sur des jardins .. Oui, elle ne se trompe pas... On cherche à ouvrir... Elle veut fuir... Au même instant la fenêtre cède à des efforts réitérés, et Charles de Nieubourg se précipite dans la chambre.

Jeanne pousse un cri.

— Silence, dit-il, silence, Madame... songez qu'il y va de votre honneur.

— Quoi... vous ici... vous, Monsieur, s'écrie-t-elle d'une voix étouffée et les traits bouleversés par la surprise et la terreur.

— Oui... c'est moi, Madame... moi que vous repoussez et qui ne vous dois aucun ménagement.

— Ah! de grâce, Monsieur .. Ayez pitié de moi... songez à ce que c'est qu'une pauvre femme avilie et déshonorée! mon mari est là... on peut venir à chaque instant... Grâce .. grâce, Monsieur.

— Je ne sortirai pas avant que vous n'ayez signé ce papier par lequel vous me promettez de faire ce que j'exige de vous.

— Je ne le signerai pas... Monsieur... je ne signerai pas mon déshonneur.

— Oh! vous le signerez ... je vous le jure.

— Et il la saisit violemment par le bras, et il la traîna vers une table.

Jeanne humiliée et flétrie résistait de toutes ses forces à une odieuse violence, lorsque Marie parut tout à coup au milieu de cette scène.

De Nieubourg dépité et confus laissa échapper sa proie et Jeanne courut se refugier sous l'aile de son ange tutélaire.

— Sortez, Monsieur, je vous l'ordonne, dit Marie à M. de Nieubourg d'une voix ferme et en lui montrant de la main la fenêtre qui était encore ouverte.

M. de Nieubourg voulut parler!

— Sortez, Monsieur, répéta-t-elle avec force, sortez de suite, ou j'appelle.

Charles vaincu et subjugué par la noble assurance de cette jeune femme qui puisait sa force dans le calme de sa conscience, s'enfuit la rage dans le cœur.

A peine avait-il disparu, que la porte de communication entre l'appartement de Jeanne et celui de son époux s'ouvrit et laissa voir Dérancourt lui-même qui venait savoir la cause du bruit qu'il avait entendu.

Jeanne était sans force et presque sans vie.

Marie répondit avec assurance à Dérancourt que sa sœur avait ressenti une indisposition subite, mais que la crise était passée et que les suites n'auraient aucune importance.

Au même instant retentit dans le corridor la grosse voix de Lebrun. Il criait :

— Où est donc ma femme? où est donc ma femme?

Il entra dans la chambre de M.ᵐᵉ Dérancourt sans frapper, et lorsqu'il vit Marie à côté de sa sœur, il poussa un gros soupir, comme un homme qui vient d'être délivré d'un poids énorme. Contre son ordinaire il était très-pâle.

— Ah! enfin... je vous retrouve, Marie, dit-il d'un ton de reproche.

— Oui, répondit-elle, j'étais là, auprès de Jeanne qui s'est trouvée assez mal.

— C'est bien .. c'est bien... reprit Lebrun... Puis lorsqu'il se fut un peu remis :

— Mais à propos, pourriez-vous me dire comment il se fait qu'à cette heure si avancée je vienne de rencontrer M. de Nieubourg sortant par la petite porte de derrière, la porte du jardin...

— M. de Nieubourg, s'écria Jules !

M.ᵐᵉ Dérancourt trembla de tous ses membres, et Marie comme illuminée par une inspiration subite, dit d'une voix suppliante à Dérancourt qui était à côté d'elle :

— Ayez pitié de moi, Jules... Oh ! si vous ne voulez que je meure de honte, dites que M. de Nieubourg sort de chez vous... que vous lui avez indiqué cette route.

Dérancourt resta désarmé devant cette révélation inattendue. Il n'eut pas le temps de se livrer à toutes les réflexions qu'elle faisait surgir dans son esprit, et dominé par l'imprévu de la situation, par l'urgence du secours qu'on lui demandait, il balbutia ces mots :

— M. de Nieubourg sort de chez moi... C'est moi qui lui ai indiqué cette route...

— C'est bien... c'est bien... reprit Lebrun... Mais n'importe, ajouta-t-il plus bas, je ne jouerai plus aux dominos, et surtout je ne rentrerai plus si tard.

Dérancourt craignant dans un pareil moment de laisser paraître au dehors le trouble dont il était agité, se retira à la hâte chez lui pour mettre quelque ordre dans ses idées.

Jeanne qui avait entendu la prière adressée par Marie à Dérancourt, aurait tout donné pour pouvoir se précipiter dans les bras de sa sœur; mais elle fut obligée de se contenter de jeter sur elle, tandis qu'elle sortait avec Lebrun qui avait bien juré de ne plus la quitter, un regard plein de reconnaissance et d'admiration.

XXIV.

Dérancourt n'avait pu encore se remettre de l'émotion qu'il venait d'éprouver. Le corps renversé dans un fauteuil, la tête cachée dans ses deux mains, il était agité par mille pensées tumultueuses. Il ne savait à laquelle s'arrêter. Il ne savait quelle conduite tenir... Et cependant au bouillonnement de son sang et aux battements de son cœur, il sentait bien qu'il ne pouvait rester oisif, qu'il avait quelque chose à faire !

Inquiet, il se levait, marchait à grand pas, puis s'asseyait encore et ne pouvait trouver le repos.

Tout à coup il voit entrer à pas lents, Jeanne, à peine vêtue, les cheveux épars, la mort sur le visage, tremblante de froid et de terreur. Elle s'approche, se met à genoux devant lui, et dit la tête courbée vers la terre et les yeux baignés de larmes :

— Je serais la dernière des créatures, si je laissais peser sur une autre le soupçon qui ne doit atteindre que moi. Marie vous a trompé, Monsieur;.. c'est moi qui suis coupable !...

Dérancourt bondit de sa place dans l'appartement, en s'écriant d'une voix où perçait la rage :

— Ah ! enfin.... Je pourrai donc frapper sans crainte !

— Frappez, Monsieur.... Je mérite tous vos coups.... disait-elle en penchant le front jusqu'à terre.

— J'en ai un autre à frapper avant elle, dit Dérancourt d'une voix concentrée et comme s'il s'était parlé à lui-même.

Et il courait çà et là comme un fou sans regarder Jeanne. Et l'ayant rencontrée sous ses pas, il la repoussa violemment avec des imprécations et des paroles pleines de mépris. Lorsqu'il la vit évanouie et misérablement étendue à terre, il détourna les yeux, saisit sa boîte de pistolets et sortit à pas précipités.

XXV.

— Ma sœur ! ma sœur !

Et Marie effrayée, d'après ce qui s'était passé la veille, de ne pas trouver à six heures du matin Jeanne dans sa chambre et de voir que son lit n'était pas même dérangé, continuait à l'appeler d'une voix tremblante et mal assurée.

Enfin un instinct puissant la pousse vers l'appartement de Jules.

Elle entre, et ce qui frappe tout d'abord sa vue, c'est la malheureuse Jeanne étendue sans mouvement sur le plancher.

Se précipiter vers elle, la relever, la réchauffer sur son sein, ne fut pour Marie que l'affaire d'un instant.

Lorsque M.ᵐᵉ Dérancourt commença à revenir à elle et à ouvrir les yeux, sa sœur l'accabla de questions. Comment se trouvait-elle là ? Pourquoi cet évanouissement ? Qu'était-il donc arrivé ?

Jeanne ne répondit d'abord que par des mots entrecoupés.

— Il était là.... sur ce fauteuil.... Je suis venue.... Puis à genoux.... Je lui ai tout dit....

— Grand Dieu !

— Oui.... je lui ai tout dit ... je le devais.... Il m'a repoussée rudement.... Et je ne sais plus rien....

Puis passant la main sur son front brûlant :

— Mais comment suis-je encore ici ?... Et où est Jules ? où est Jules ?...

Elle se leva d'un bond et se mit à courir d'une extrémité de la chambre à l'autre comme une insensée.

Au même instant la porte qui donnait sur le corridor s'ouvrit, et un brancard porté par quatre hommes et suivi par deux des plus intimes amis de Dérancourt fut introduit dans l'appartement.

Oh ! Jeanne n'eut pas besoin de demander quel était celui qu'on rapportait ainsi blessé et couvert de sang !

Le trait lui alla comme un coup de foudre de la tête au cœur !...

Elle se jeta sur le brancard en poussant une exclamation déchirante. Il fallut qu'on l'arrachât à ces tristes embrassements et qu'on la traînât chez elle.

Lebrun n'arriva qu'après cette scène.

Il demanda ce dont il s'agissait à sa femme qui était près du lit de Jeanne.

— Je vous raconterai cela plus tard, lui répondit-elle....

— Mais encore....

— Eh bien! c'est Jules qui s'est battu en duel et qui a eu le malheur d'être blessé....

— Fichtre!... mais avec qui s'est-il battu?...

— Avec un Anglais, je crois.. .

— Et pourquoi?...

— Pour opinion politique.

— Ah! que c'est bête....

Et Lebrun qui avait l'habitude de croire sa femme sur parole, n'en demanda pas davantage.

XXVI.

En sortant de chez lui, Dérancourt avait sur le champ été chercher deux témoins sûrs et avait envoyé provoquer Charles de Nieubourg. Le combat ne lui avait pas été favorable, il avait reçu une balle dans le côté. La blessure présenta d'abord beaucoup de gravité. Mais bientôt à force de soins et d'habileté, on parvint à éloigner tout danger.

Jeanne ne quittait pas le chevet du lit de Dérancourt. Comme elle souffrit pendant tout le temps que ses jours furent en péril! Il semblait qu'elle fut sur le point de commettre un meurtre auquel sa main était poussée par une inexorable fatalité. Quand on lui annonça que Dérancourt était sauvé, elle poussa un de ces soupirs de bonheur qui s'échappent de la poitrine du prévenu, lorsqu'il entend la voix du jury lui annoncer qu'il est rendu à la vie et à la liberté.

Jules avait déjà repris toute sa connaissance et il était en pleine voie de guérison, que Jeanne n'avait point encore osé se montrer à ses yeux. Dès qu'il dormait, elle s'approchait de lui à pas comptés et le veillait, comme une mère son fils. Puis lorsqu'il faisait un mouvement et qu'il était sur le point d'ouvrir les yeux, elle fuyait bien vite et allait se cacher dans un coin de l'appartement d'où elle pouvait toujours le voir sans être vue de lui.

Enfin un matin qu'ils étaient seuls, elle rassembla tout son courage et se présenta devant Jules.

Jules devint pâle comme la mort et détourna brusquement la tête.

Jeanne alla pleurer amèrement derrière les rideaux de la fenêtre,

Elle ne se rebuta point pourtant.

Quelques jours après, remarquant que pendant des heures entières elle restait debout à ses côtés, il lui fit signe de s'asseoir près de lui.

Quelques jours après, il la pria de lui lire quelque chose, et pendant qu'elle lisait, il jetait sur elle des regards qui n'exprimaient ni le mépris, ni la colère.

Puis certain soir qu'ils étaient seuls encore, il se laissa aller involontairement à prendre une de ses mains dans les siennes. Il est vrai qu'il repoussa aussitôt cette main ; mais il la reprit une minute après, comme s'il se fût repenti de ce qu'il avait fait.

Jeanne n'osa risquer ni un mot, ni un mouvement ; mais qu'elle fut heureuse !

XXVII.

M.ᵐᵉ Dérancourt et sa sœur étaient assises dans le salon, et elles avaient devant elles un gros garçon à l'accoutrement un peu compagnard qui en leur parlant dansait niaisement sur ses jambes et roulait entre ses doigts, pour se donner une contenance, son chapeau à larges bords. Sa figure respirait la santé; cependant il avait sous les yeux et tout le long des joues quelques-unes de ces rides prématurées qui correspondent avec le cœur et annoncent qu'il est travaillé par quelque chagrin.

— Réfléchissez-bien à ce que vous allez faire, M. Ballu, lui disait Marie ; un tel parti demande à ne pas être pris à la légère.

— Oh! ma bonne M.ᵐᵉ Lebrun, répondit le meunier Ballu, mon parti est bien pris, allez ! Je suis peut-être un imbécile.... mais c'est plus fort que moi.... Je ne peux plus vivre sans Victoire. Quand j'ai porté plainte contre elle et contre ce gueusard de Léon Médard, je n'avais pas toute ma tête à moi. Il y avait bien de quoi ! n'est-ce pas? Du reste, je ne me repens pas de ce que j'ai fait, puisque ce méchant soldat, c'maudit cajoleur de femmes a eu son compte; mais, voyez-vous mes chères dames.... lorsque j'ai été de retour chez nous et que je m'y suis vu tout seul, vrai, je suis devenu bien triste.... La maison me semblait toute grande et toute déserte. Je ne pouvais voir sans pleurer l'banc du jardin où nous avions coutume de nous asseoir ensemble, et la table sur laquelle nous mangions vis-à-vis l'un de l'autre. Il n'y avait pas jusqu'à Briquet (Briquet c'était mon chien, sauf votre respect, mes chères dames....) il n'y avait pas jusqu'à Briquet qu'elle aimait tant, qui ne me fendit le cœur. Le pauvre animal ne sautait plus, ne courait plus.... Il avait l'oreille basse et l'œil mort. Tous les matins, il venait, comme à son ordinaire, à la porte de notre chambre à coucher pour chercher les premières caresses de sa maîtresse ; et puis quand il voyait qu'elle n'était pas là, qu'elle n'était pas revenue, il poussait des hurlements.... des hurlements.., Ah ! j'en pleure encore quand j'y pense.... Tenez, mes dames, vous me croirez si vous voulez, — mais j'aurais mieux aimé perdre la moitié de mon bien que d'entendre hurler, Briquet, comme ça ...j'en avais la mort dans l'âme !... ça me faisait tant de mal que je voulus empêcher le pauvre chien de venir ainsi tous les matins à la porte de ma chambre.... mais bast? j'eus beau le chasser; tous les matins à six heures il était à son poste. Ma foi, je ne pus supporter ça davantage... et un beau matin... un beau matin.... et pourquoi qu'il y mettait de l'obstination aussi?... un beau matin je pris mon fusil et je le tuai !

— Ah ! firent les deux sœurs en même temps.

— C'est comme je vous le dis, mes chères dames ; et pourtant je ne suis pas méchant ... mais l'chagrin me rendait fou. Si Léon Médard avait été là, j'suis bien sûr qu'il n'aurait pas pu s'empêcher de me plaindre et de se repentir de sa conduite envers moi. Je n'pouvais plus y tenir. Peut-être ben que j'me serais fait ce que j'avais fait au pauvre Briquet, si mon ange gardien ne m'avait envoyé une bonne idée.... Je m'suis dit comme ça: « Si je suis si triste , c'est parce que Victoire n'est pas là. Qu'est-ce qu'il faut donc pour me rendre la gaieté? Il faut que Victoire soit là: voilà qui est clair comme eau de roche. » C'était bien raisonné, n'est-ce pas? Aussi je n'ai fait ni une ni deux.

Victoire avait écrit à son brave homme de père , qu'elle était chez M.me Dérancourt... vite... je me suis mis en route pour venir la chercher et me voilà.

— Monsieur Ballu, j'approuve votre conduite.... lui dit Marie... Vous n'avez pas voulu punir votre femme d'une faute qu'elle a cruellement expiée et qu'elle a cherché à faire oublier par sa bonne conduite.... Vous la ramènerez à vous .. au lieu de la perdre par votre rigueur, vous lui donnerez un moyen de redevenir une honnête femme, une bonne mère de famille....M. Ballu, cela est d'un excellent cœur et d'un homme de bien. Le ciel vous récompensera d'un trait si honorable... Je ne doute pas que Victoire n'accepte avec reconnaissance et avec joie le pardon généreux que vous lui offrez....

Ah! quel bonheur, s'écria Ballu.... je me vois déjà avec Victoire à Flavicourt ... Nous allons recommencer notre lune de miel..,.

Oh! M.ᵐᵉLebrun... Pourvu que ce ne soit pas elle qui refuse à présent!...

— Soyez sans inquiétude, reprit Marie.

— Mais où est donc Victoire?... Où est donc ma femme?... Reprit Ballu en jetant de tous côtés des yeux flamboyants.

M.ᵐᵉ Dérancourt sonna et Victoire accourut, croyant que sa maîtresse l'appelait pour lui ordonner quelque chose.

Lorsqu'elle parut sur le seuil de la porte, Ballu ne put retenir une exclamation de joie.

Quant à Victoire, à la vue de son mari elle rougit jusqu'au blanc des yeux et n'osa avancer.

— Faut pas avoir peur, Victoire, faut pas avoir peur, s'écria le meunier.... je n'veux pas te faire de mal ma petite femme. .. j'viens te chercher pour te reprendre avec moi.... et si au pays quelqu'un osait te regarder seulement de travers ne crains rien..., il aurait à faire à moi.... foi de Ballu....

— Est-ce bien vrai, Madame, tout ce qu'il vient de me dire là ?

— Si c'est vrai ! s'écria le mari.... je t' parle du fond du cœur, Victoire. . Oui... tu reviendras avec moi... oui, tu seras respectée par tout le monde...

Ballu allait donner un nouveau cours à ses protestations et à ses promesses, si un geste de Marie n'eût retenu sa langue.

— Oui, Victoire, dit Marie avec dignité... votre mari vous tire de la osition pénible où vous êtes pour vous remettre à la place que vous n'auriez jamais dû perdre .. Nous qui, dans votre malheur, vous avons témoigné quelque intérêt, nous avons le droit d'attendre de vous que vous reconnaîtrez l'indulgence de votre mari en l'aimant comme il le mérite en faisant par votre conduite l'ornement de sa maison.

— Oh ! oui, Madame..., répondit Victoire en sanglottant et en joignant les mains...

Pour le coup le meunier ne put se retenir... il ne fit qu'un saut de sa place jusqu'à celle où était Victoire et la serrant sur son cœur il la couvrit de gros baisers et de larmes.

On eût dit que le pauvre homme avait quelque chose à se reprocher et que c'était lui qui demandait son pardon.

— Allons...., reprit-il, ma petite Victoire.... nous allons partir.... J'ai hâte d'être de retour à Flavicourt où nous avons déjà passé de si bonnes journées et où nous en passerons encore de si bonnes.... tire ta révérence à ces dames... ma carriole est en bas qui nous attend,...

J'étais bien sûr de te faire entendre raison... tu vas voir comme tu seras bien reçue là-bas... on viendra au-devant de nous, dà, et tout le monde te respectera... car on me connaît, vois tu... Et notre moulin donc ! comme il va redevenir joyeux, rien n'y est dérangé de place. . tout est encore comme tu l'as laissé... tu verras... Il n'y a que ce pauvre Briquet qui ne viendra pas te caresser...

Malgré toute sa joie Ballu fut encore sur le point de pleurer à ce souvenir.

Victoire dit à ses deux protectrices un adieu plein d'effusion et de reconnaissance.

M.ᵐᵉ Dérancourt l'embrassa de bien bon cœur en lui adressant ces mots :

— Victoire, vous ne serez jamais aussi heureuse que je désire que vous le soyez.

XXVIII.

A peine Victoire et Ballu s'étaient-ils éloignés que Jeanne retourna dans la chambre de son mari. Depuis la blessure de Dérancourt une force secrète la ramenait chaque matin à la même place et l'y attachait pendant des journées entières ; mais jamais cette force ne s'était fait sentir plus impérieusement à elle que dans ce moment.

Elle s'approche de Jules tremblante et agitée.

Il remarque son trouble et lui dit :

— Qu'avez-vous donc, Jeanne ?

— Oh ! répondit-elle, c'est que je viens d'être témoin d'une scène qui m'a touchée jusqu'au larmes...

Vous connaissez Victoire, cette jeune femme que j'ai prise depuis quelque temps auprès de moi...

— Oui ..

— Victoire est de Flavicourt... elle a été chassée de la maison de son mari...

— Chassée...

— Oh !... et elle est bien coupable .. car son mari ne lui avait donné aucun sujet de plainte...

Jules tressaillit et dit vivement :

— Mais cette scène ! cette scène !

— Le meunier Ballu, le mari de Victoire, vient d'arriver de Flavicourt.

Il pensait toujours à sa femme.... il ne pouvait se passer de son amour, et... Et il a, tout à l'heure, devant moi, serré Victoire sur son cœur comme si aucun nuage n'avait passé entre eux...

— Il a fait cela..., dit Jules en jetant sur sa femme un regard inexprimable et se rapprochant d'elle comme s'il eût cédé à une puissance attractive à laquelle il ne pouvait résister.

— Mais les suites... dit-il d'une voix qu'il cherchait en vain à rendre indifférente et que l'émotion faisait vibrer...

— Oh !... Monsieur, s'écria Jeanne, Monsieur ! si vous aviez entendu cet homme simple dire tout à l'heure, avec un accent de vérité qui lui venait du ciel, que dans une telle situation pour redevenir heureux il n'y a qu'à le vouloir... si vous l'aviez entendu...

Jules, dont la poitrine était haletante, laissa échapper un cri d'amour longtemps comprimé et ouvrit les bras en appelant Jeanne.

L'heureuse femme se précipita sur le sein du mari ou plutôt de l'amant qui lui était enfin rendu et ils mêlèrent longtemps leurs sanglots et leurs baisers.

XXIX.

DIXIÈME LETTRE DE JEANNE A MARIE.

Spa.

Non... Dieu ne pardonne point une faute pareille; quelque grands que soient les trésors de sa miséricorde, ils ne suffisent pas à la couvrir et à la faire disparaître. C'est en vain que dans ma folle confiance je m'étais imaginée qu'après avoir foulé aux pieds tous ses devoirs, on peut revenir à une existence calme et heureuse; non, pour oublier, ce n'est pas assez de le vouloir .. Le remords ne fuit pas devant la volonté... il est là, toujours là... C'est un ver rongeur qui ne lâche sa proie qu'au moment où la mort vient s'en emparer, et qui empoisonne tout le reste d'une vie, fut-elle repentante et pure. On ne fait pas mal impunément; lors même que le cœur est revenu au bien, il est toujours tourmenté d'intervalle en intervalle par l'aiguillon des mauvais jours. C'est là l'éternelle et inévitable punition des coupables, de ne pouvoir jamais, malgré tous leurs efforts, atteindre ce repos d'âme si doux et si précieux qui précède le crime et ne lui survit pas.

Je viens, ma sœur, d'apprendre à mes dépens ces tristes vérités.

Je l'avoue, dans les instants qui suivirent ma réconciliation avec Jules, mon bonheur fut si vif que rien ne put le troubler... Mais ce n'était là que la première ivresse, la fièvre d'une heure : bientôt je sentis se passer en moi quelque chose d'extraordinaire... Dans les moments mêmes où toute entière à ma passion satisfaite je me repaissais de la vue et de l'amour de Jules, une idée pénible venait traverser mon esprit et arrêter les élans de mon cœur... Je me souvenais que Jules avait été dans les bras d'une autre comme il était dans les miens; que ces baisers qu'il me prodiguait, il les avait prodigués à une autre, aussi brûlants et aussi rapides; que cette ivresse de l'âme et de sens que je goûtais, une autre aussi l'avait goûtée avec lui .. et alors mes yeux se mouillaient de larmes, une sueur froide inondait mon front et la joie faisait place dans mon cœur à une douloureuse amertume... En vain je cherchais à éloigner, à refouler pour quelques minutes cette pensée qui me déchirait... toujours elle jetait sur le présent les sombres teintes du passé.

Je voudrais souffrir seule; peut-être alors supporterais-je mes tortures avec plus de force et de patience. Mais souvent, hélas! à la pâle lueur de la lampe qui la nuit éclaire notre couche, j'ai vu Jules entraîné par un mouvement involontaire s'éloigner de moi et détourner la tête... Oh! je ne m'y suis point trompée... je connais le sentiment qui venait alors s'emparer de son âme... Il était en proie à la même douleur que moi, douleur que le temps même ne saurait guérir.

Je suis plus malheureuse que jamais.

Certes, lorsque je gémissais sous un joug odieux, mon sort était bien à plaindre... Mais alors au moins j'avais pour soutien dans cette dure épreuve l'espérance qu'elle pouvait avoir une fin et qu'un jour plus heureux luirait pour moi.

Cette situation était affreuse, mais elle n'était pas sans issue; et tant que l'avenir nous offre le moindre côté favorable, notre infortune nous semble moins grande.

Aujourd'hui toute espérance est morte dans mon cœur. Je ne vois au loin devant moi que dégoûts et misères; ce sont là les roses dont mon chemin sera semé jusqu'au bord du tombeau.

Je suis vouée à tout jamais au plus horrible des supplices ! Connais-tu en effet un supplice plus grand, ma sœur, que celui de deux êtres qui voudraient s'aimer et qui ne le peuvent, qui sont portés l'un vers l'autre par un penchant plein de feu et qu'un dégoût insurmontable force aussitôt à reculer, dont les regrets et la jalousie déchirent l'âme au sein même de la jouissance, pour lesquels l'amour lui-même, l'amour satisfait, devient une torture sans nom!

Ah! il n'est pas de condition qui ne soit préférable à celle-là.

JEANNE.

XXX.

Vous promenez vos rêveries sur la cime fauve des Pyrénées... tandis que votre esprit est à mille lieues et vos yeux au ciel, tout à coup le pied vous glisse... Vous roulez au fond du précipice en entraînant dans votre chûte les coquillages et les pierres qui roulent autour de vous et imitent la sauvage et funèbre harmonie des torrents .. Le corps meurtri, le visage inondé d'une sueur livide, les cheveux souillés de sable et de boue, vous vous attachez de vos mains ensanglantées à toutes les ronces du chemin... vains efforts !... Chacune de ces faibles plantes auxquelles vous demandez secours se détache de la terre aussitôt que vous l'avez saisie et vous suit dans votre mouvement fatal! Hélas! de degré en degré vous vous rapprochez de la mort et voilà que déjà votre tombeau vous apparaît noir et béant... Alors, d'un œil hagard et illuminé par le désespoir, vous apercevez encore au-dessous de vous une pauvre touffe d'herbe qui s'échappe à grand'peine des fentes du rocher... Oh! comme alors tout votre espoir s'élance vers ce dernier appui !... Comme alors vous que n'ont pu sauver des appuis plus forts, vous vous écriez : Celui-là me sauvera! celui-là me sauvera !

Ainsi, Mme Dérancourt précipitée dans les profondeurs de son désespoir, après avoir vu toutes ses illusions brisées une à une dans ses mains comme de faibles branches, tournait malgré elle des regards confiants vers une dernière lueur qui pointait au loin à son horizon si nuageux et si sombre. — Après un séjour de quelques mois à Spa, au milieu d'une société brillante où Dérancourt et sa femme n'avaient pu trouver ni le bonheur, ni même la distraction, ils étaient revenus à Vitry, espérant peut-être retremper et purifier leur amour dans les lieux qui l'avaient vu naître. Depuis son arrivée Jeanne n'avait point encore été voir Victoire; et cependant depuis quelque temps elle ressentait un impérieux désir de faire une excursion jusqu'à Flavicourt. On aurait dit que là elle devait trouver un terme à sa douleur, une main secourable qui l'aiderait à sortir de l'abîme de maux où elle était plongée.

Mais elle reculait toujours le moment où elle devait se rendre au moulin Ballu.

Enfin, un matin elle se mit en route ; elle était seule, parce que dans ces sortes d'épreuves on fuit avec soin tous les regards, même ceux de ses amis. L'espérance, cette consolatrice des malheureux, était parvenue à se faire place dans son cœur. — On s'illusionne si facilement quand on ne se sent plus la force de supporter ses douleurs.

Elle marchait d'un pas plus rapide que de coutume ; un sourire venait pour la première fois depuis bien longtemps errer sur ses lèvres étonnées. — Tout à ses yeux avait pris une couleur plus brillante, une physionomie plus belle. — Jamais le ciel ne lui avait semblé d'un bleu si pur ; jamais les fleurs des champs n'avaient eu ce charme et cet éclat !

Oh ! comme le cœur lui battit lorsqu'elle entra dans le moulin de Ballu. — Au rez-de-chaussée dans une petite chambre sombre, elle trouva Victoire qui filait en chantant d'une voix dolente un refrain plein de tristesse. — Victoire était pâle et ses yeux portaient les traces de larmes récentes. — A sa vue M.me Dérancourt fut saisie d'un sinistre pressentiment.

Interrogée sur sa situation, Victoire pleura encore et dit :

Oh ! Madame, mon bonheur n'a pas duré longtemps, mon mari m'a montré beaucoup d'amour ; il était rempli de bons soins pour moi et faisait taire les mauvaises langues qui voulaient me faire de la peine... mais, après le premier feu passé, il me parut chagriné par une idée qui le remuait et tourmentait beaucoup, lorsqu'il était seul avec moi, tout à coup il devenait triste et m'évitait. Bientôt il n'eût plus de bons soins pour sa femme ; il ne fit plus taire les mauvaises langues, puis les choses allèrent de mal en pis ; enfin, il s'habitua à aller au cabaret comme pour noyer sa mauvaise idée et il en revint souvent dans un bien triste état, cela lui arrive encore tous les jours et alors il est brutal et méchant ; dès qu'il m'aperçoit, il entre en fureur et me maltraite de toutes façons... Ah ! Madame, la mort vaut mieux qu'une vie comme celle-là, allez !..

Madame Dérancourt embrassa tendrement Victoire sans lui dire un seul mot et elle reprit le chemin de la ville... mais au retour le ciel ne lui sembla plus si pur, ni les fleurs des champs si brillantes.

XXXI.

Ah ça, se dit un soir le bon Lebrun... qu'ont donc Dérancourt et sa femme? comme ils sont moroses et ennuyés... y aurait-il du refroidissement entre eux? diable! diable! ce serait dangereux!.. car un refroidissement conduit loin .. de là, en passant par certains degrés intermédiaires, de là aux infidélités il n'y a qu'un pas .. je connais cela par expérience, moi! et Dieu sait alors ce que devient un ménage .. c'est l'enfer! alors le mariage peut être comparé à une véritable galère .. je connais cela par expérience!.. il faut que j'évite à ces deux pauvres enfants un semblable malheur... oui,.. très-bien... en leur mettant sous les yeux mon propre exemple, je leur ferai éviter l'abîme entr'ouvert sous leurs pas .. c'est une bonne idée et ce sera une bonne action !

Cela dit, Lebrun tout joyeux pénétra dans la pièce où était réunie toute la famille pour la veillée, et là, s'asseyant, il entra de suite en matière :

— Marie, il y a longtemps que je t'ai promis de te confier certaine histoire... je vais le faire... d'autant plus que ma narration pourra être utile à tout le monde..., hum! hum! je commence...

— Vous savez, mes chers amis; que j'en suis à mon second mariage, et que déjà une fois j'ai allumé le flambeau de l'hymenée... mais vous êtes trop peu avancés dans l'existence pour connaître les détails... et les détails sont importants dans cette affaire... hum! hum!... c'était en 1811... à cette époque j'étais beau et fringuant... il n'y avait pas dans tout le département un premier clerc de notaire qui pût me disputer le pas... il est vrai qu'à cette époque les jeunes gens étaient rares, surtout les jeunes gens bien bâtis; car la conscription faisait une consommation effrayante de cette espèce de production du sol... bref, je parvins à toucher le cœur de mademoiselle Lodoïska Loustot, fille de mon patron... Lodoïska était une jolie brune, pas aussi jolie que toi, Marie, et surtout un peu plus coquette. . mais au nombre de ses charmes, elle comptait l'étude de son père, et cela ne laisse pas que d être assez séduisant... pour un clerc de notaire. Bref, j'épousai un beau jour et l'étude et la fille...

— Jusqu'ici mon histoire a été blanche et rose... mais voilà que les événements prennent une teinte excessivement sombre... Puisque j'ai

attaqué cette matière, je ne reculerai pas devant des aveux nécessaires...
donc je dois dire que les premiers torts furent de mon côté... j'abrège...
Dans un voyage que je fis à Strasbourg, je devins amoureux d'une
certaine intrigante italienne qui avait établi son quartier-général dans
cette ville, et je succombai à la tentation... Hum! il ne manque jamais
de langues complaisantes pour faire arriver les mauvaises nouvelles aux
oreilles des intéressés... ma femme connut mon crime... bientôt j'appris,
à n'en pas douter, qu'elle avait mis en pratique la théorie des compen-
sations avec un capitaine des hussards en garnison à Vitry... Que vous
dirai-je? après cette mutuelle infidélité, nous fûmes pris l'un pour l'autre
d'une haine, d'un dégoût insurmontables... c'est en vain que nous
cherchâmes à nous rapprocher; nous ne pûmes retrouver notre félicité
d'autrefois... notre existence devint un supplice continuel, une torture
sans trève et sans repos... Dans mon désespoir, je me surpris plusieurs
fois à désirer la mort et à vouloir courir au-devant d'elle... Oui, je le
sentais, il fallait que l'un de nous deux sortît de ce monde pour que
l'autre retrouvât le bonheur : ma femme mourut.

Lebrun essuya une larme qui était venue mouiller ses yeux, Marie se
mit pour l'arracher à ses tristes souvenirs, à le plaisanter sur la légèreté
de sa conduite en 1811. Dérancourt qui avait horriblement souffert
pendant que son beau-frère parlait, était plongé dans ses réflexions,
quant à Jeanne elle avait quitté l'appartement dès qu'elle avait entendu
Lebrun prononcer ces derniers mots : « Ma femme mourut! »

XXXII.

Un domestique, pâle et effaré, entra tout à coup dans la chambre et
dit à Dérancourt d'une voix entrecoupée :

—Monsieur... Monsieur... j'étais tout à l'heure près de la chambre
de Madame... il s'y fit un grand bruit... c'était comme quelque chose
de lourd qui tombait... je voulus entrer... la porte était fermée en
dedans... j'ai entendu des gémissements sourds... puis rien. . et la peur
m'a pris et je viens...

Tous se précipitèrent vers la chambre de M.ᵐᵉ Dérancourt.

La porte fut enfoncée.

Quel affreux spectacle s'offrit à leurs regards!

La malheureuse Jeanne, froide, inanimée, les traits déformés par d'horribles convulsions, était, étendue sur le carreau; le poison l'avait tuée!

Dérancourt le yeux hagards et les membres tremblants d'une fièvre terrible, saisit une lettre que la victime pressait contre son cœur d'une main convulsive. Il lut :

« Jules ,

« Il fallait que l'un de nous deux sortît de ce monde pour que l'autre
« retrouvât le bonheur... sois heureux et pense quelquefois à ta pauvre
« Jeanne. »

Jules broya ce papier entre ses dents, et cédant à un mouvement énergique de désespoir, s'élança vers une fenêtre au bas de laquelle coulait la Marne, mais Marie qui par un de ces sublimes instincts de femme que l'on retrouve dans toutes les grandes crises de cœur, était allée dès le commencement de cette scène lugubre prendre la petite Angèle dans son berceau, se plaça prompte comme l'éclair devant Dérancourt et lui présenta l'enfant.

Dérancourt s'arrêta, saisit sa fille, la pressa contre son cœur et s'écria, en laissant échapper un torrent de larmes : « Oui,... je vivrai pour elle !.. »

L. COUAILHAC.

FEUTRY,

Sa vie et ses ouvrages.

SUITE (1).

II.

Avant d'aller plus loin dans la vie du poète Feutry, arrêtons-nous un moment à ses ouvrages et passons en revue tous ceux dont nous n'avons pas encore fait mention:

L'ode à Dieu, que Feutry donna en 1765, est, à mon avis un de ses chefs-d'œuvre. Ce morceau, bien supérieur à l'*Ode aux nations*, renferme des beautés qui ne peuvent nullement être mises en regard avec celles déjà remarquées chez le poète. Ici le vers est plus noble, l'allure plus franche, l'expression plus grandiose, les sentiments mieux rendus. Quelques strophes en feront, du reste, apprécier tout le mérite. Le début est surtout remarquable :

> « Innombrables esprits! exécuteurs fidèles
> « Des décrets absolus du souverain des cieux
> « Qui, courbés sous son trône, à l'ombre de vos ailes
> « Jusqu'aux marches à peine osez lever les yeux!

> « Suspendez aujourd'hui cette extase sublime
> « Qui de vos cœurs brûlants augmente encor l'ardeur;
> « Venez et secondez le transport qui m'anime,
> « Pour le peindre aux mortels dans toute sa grandeur.

(1) Voir la *Revue*, tome II, page 161.

« Quel spectacle soudain me saisit et m'enflamme!
« Le ciel s'ouvre..... j'entends leurs ravissants concerts ;
« C'en est fait : leurs accents ont embrasé mon âme,
« Et je chante avec eux le Dieu de l'univers.

« Le néant, à sa voix, perd son vaste silence,
« Et le cahos se ferme, étonné d'exister,
« Dans son orbe prescrit chaque monde s'élance,
« *Le temps se meut, il part pour ne plus s'arrêter.*

Ce dernier vers me paraît digne de la plus grande attention ; son énergie et sa rapidité m'ont surtout frappé : aussi n'hésiterai-je point à le proclamer comme le vers le plus remarquable de toutes les œuvres de Feutry.

L'année suivante, la traduction du roman de Daniel Foë, *Robinson Crusoë*, accrut la réputation de notre compatriote. Ce livre était le premier et presque le seul que J.-J. Rousseau voulût donner à son jeune élève et l'éloge qu'en fait ce célèbre philosophe dans son *Emile* nous en démontre toute l'excellence (1).

Grâce à Feutry, la lecture de ce roman devint bien plus attrayante qu'elle ne l'était auparavant ; il l'abrégea sans en altérer le caractère et retrancha quelques déclamations indécentes que l'auteur anglican s'était permises contre la religion catholique et ses augustes ministres.

Le *Temple de la Mort* avait commencé la gloire de notre poète ; le poème des *Tombeaux* l'avait soutenue ; le poème des *Ruines* (1767) la porta à son faîte. L'auteur l'avait dédié à un ami puissant, Monsieur le marquis de Puységur. C'est là que l'on revoit dans tout son jour la tristesse du chantre d'Héloïse, tristesse qui se manifeste dès le début :

« Non loin de ma retraite, où les arts et l'étude,
« Partageant quelquefois mon humble solitude,
« Viennent calmer mon spleen par leurs charmes secrets ;
« Règnent de longs débris d'un antique palais.
« Là, souvent entraîné par la mélancolie,
« Je pleure vainement sur l'humaine folie ;
« J'erre autour des monceaux de ces marbres épars ;
« Et tristement sur eux je porte mes regards.

Le poète examine alors sous toutes leurs phases les ravages commis

---

(1) *Emile ou de l'éducation*, livre III.

par le *génie implacable de la destruction*. Il fait ensuite passer devant lui ces cités orgueilleuses et fières qui jadis étonnèrent le monde du bruit de leur gloire et d'un mot, il leur montre leur néant :

> « Ninive, Babylone, et toi, Thedmor superbe !
> « Tes murs, crus éternels, n'ont vieilli que sous l'herbe!

La destruction, *redoutable Protée, fils du Temps et frère de la Mort,* prend toutes les formes pour faire peser plus lourdement sur les mortels malheureux son abominable joug : tantôt elle engloutit ou bouleverse les villes ; tantôt, poursuivant de ses fureurs le fragile esquif, elle soulève au sein des mers l'affreuse tempête :

> « On s'appelle, ou s'empresse, on se heurte, on s'arrête,
> « Tous sont au gouvervail . mais l'affreuse tempête
> « Se jouant des efforts de l'art et des travaux,
> « Soulève jusqu'aux cieux des montagnes de flots.
> « Le navive, un moment suspendu sur leur cîme,
> « Est lancé tout à coup au centre d'un abîme ;
> « Il reparaît encore ; et, jeté sur le roc,
> « Il y reste brisé par ce terrible choc.

Plus loin, la guerre n'est pas moins habile à tout couvrir de ruines :

> « J'aperçois dans les airs l'épouvantable bombe .
> « Elle plane un instant, se précipite, tombe,
> « Crève, et soudain éparse en funestes éclats
> « Elle embrase, détruit, et porte le trépas.

A la guerre, vient se joindre le fanatisme :

> « Ce n'est pas tout encor : son énorme puissance
> « S'étend sur la fortune et la prééminence
> « Jusqu'au centre des cours il va porter l'effroi.

Pourquoi donc se tourmenter de soins inutiles, puisque tout périt? pourquoi accumuler avec avidité tant de richesses, qu'une banqueroute ou une tempête peut nous enlever d'un moment à l'autre? pourquoi aspirer avec un pareil empressement aux grandeurs de la terre, puisque tout mène à notre perte ?

> « Féroce ambition ! inhumaine avarice !
> « Tes sent.ers tortueux mènent au précipice :
> « Ce n'est partout qu'objet de désolation,
> « Et rien n'échappe enfin à la destruction.

Tel est le cri habituel de douleur et d'indignation de quelques-uns de ces poètes lugubres de l'école de Gilbert.

« Nous croyons, au surplus, qu'on a beaucoup abusé de cette poésie de la mort et nous avons hâte de quitter un tel sujet. (M) »

Les autres ouvrages de Feutry, quoiqu'offrant pour la plupart un grand intérêt et une preuve de l'érudition remarquable de l'auteur, diffèrent sensiblement de ceux que nous venons d'analyser. Ce ne sont plus des poèmes, des odes, mais des traductions, des poésies legères, des critiques et des mémoires écrits du reste avec beaucoup d'élégance et de clarté.

En 1768, Feutry commença à donner la traduction d'un ouvrage de l'écrivain écossais Th. Blackwell, intitulé *Mémoires sur la cour d'Auguste ;* il ne la termina toutefois qu'en 1781.

Cette même année (1768), fut imprimée, pour la première fois, une romance imitée de l'anglais, *l'Hermitage ;* le poète y laisse apercevoir son dégoût pour le monde, pour les grandeurs, pour les intrigues et exalte avec enthousiasme le bonheur de sa retraite. Nous retrouvons dans cette romance des sentiments semblables à ceux exprimés déjà dans les poèmes des *Tombeaux* et des *Ruines.*

La poésie ne fut pas le principal but des études de Feutry , il s'occupa aussi des principes de la langue et chercha les moyens les plus favorables pour les porter promptement à la connaissance de tous. C'est dans cette idée que fut composé le *Manuel tironien,* (1) qui parut en 1776.

Abréger l'écriture, la réduire à certains sons par le moyen des consonnes seules, et la disposer de manière à pouvoir écrire aussi vite que la parole, tel est le but que Feutry se proposa d'atteindre dans cet ouvrage. Ce manuel ou recueil d'observations faciles et intelligibles de la plus grande partie de la langue française renferme un système fondé sur la suppression de presque toutes les voyelles, comme dans les langues orientales, et qui ne prête point à l'équivoque autaut qu'on serait tenté de le croire ; il peut encore être utile pour se familiariser avec les méthodes sténographiques les plus généralement employées de nos jours.

Les commandements de l'honnête homme (1776) ont plusieurs fois été disputés à Feutry, ou plutôt on ne savait pas s'il en était réellement

---

(1) *Tironien,* de *Tiro* affranchi de Cicéron. Cet homme inventa des caractères abrégés pour reproduire les discours de son maître.

l'auteur. Ce qui doit nous porter à croire que ces commandements sont de lui, c'est qu'ils se trouvent dans l'édition dont j'ai parlé plus haut. Parmi ces commandements qui sont au nombre de quatre-vingt-deux, nous en remarquerons quelques-uns présentés surtout d'un ton naturel, vif et piquant :

22. De grand matin te lèveras
    Et ne perdras aucun moment.
27. Pomme pour la soif garderas
    En ta vieillesse prudemment.
28. En toutes choses agiras
    Sans nul détour et bonnement.
30. Epouse sage choisiras
    Et n'auras qu'elle uniquement.
60. A tous procès préféreras
    Le moins bon accomodement.
72. Adverse partie entendras
    Pour pouvoir juger sainement.
77. L'esprit ne te fatigueras
    Des projets du gouvernement.
82. Dans le bien persévéreras
    Pour arriver au firmament.

On en fit en province des contrefaçons : aussi notre poète s'en plaint-il dans sa préface en disant que *cela est contre toutes loix et que c'est un vol manifeste.*

Mais, dans toutes ces œuvres secondaires ce qui nous montre avec évidence le caractère tout à la fois loyal et sombre du poète, c'est un passage que j'extrais d'une traduction qu'il fit d'un manuscrit latin peu connu. Ce manuscrit, que lui confia un Anglais, contenait la vie de Samuel Butler, né à Strensham en février 1612 et auteur d'*Hudibras.* Voici ces quelques lignes sans commentaire. Je laisse au lecteur le soin de comparer le sens qu'elles renferment avec les pensées émises par Feutry dans ses différents poèmes :

« L'objet de Butler (il est question du poème d'*Hudibras*) a été de
« démasquer l'hypocrisie, de ridiculiser le fanatisme et de lancer les
« traits de la plus vive satyre contre ces esprits incendiaires, et ces
« perturbateurs de l'Église et de l'État. Ce sont eux qui, sous prétexte
« de Religion, firent périr Charles I.er, pour renverser cette même
« religion avec les loix fondamentales du Royaume, et pour y substituer
« l'erreur, la confusion, la tyrannie et l'anarchie. »

Protégé par son talent, Feutry était entré dans l'amitié de personnages puissants et haut placés qu'il ne manqua point de célébrer dans ses vers, De là, toutes les poésies fugitives qui nous restent de lui, poésies généralement empreintes du cachet de son siècle. Presqu'à l'exemple des trouvères du moyen-âge, notre poète promena sa muse vagabonde de châteaux en châteaux, chantant la libéralité de ses illustres hôtes ; et, là où il recevait l'hospitalité, là aussi quelques vers gracieux témoignaient du bienveillant accueil qui lui avait été fait. Arrivait-il pendant son séjour dans un château une naissance, un mariage ou un baptême : toujours il le célébrait : c'est dans de telles circonstances qu'il écrivit une pièce de vers sur la naissance du second fils de M. le comte de Fayard, au château de Combes, près de Conezac, en Périgord, le 3 juillet 1769. Dans ce morceau, modèle d'élégance et de grâce, il fait assister tous les dieux à la naissance de l'enfant :

> « Chaque dieu tour à tour apporte son offrande :
> « Ecartant du berceau les douleurs, les ennuis,
>   « Flore l'entoure de guirlandes ;
>   « Et Pomone y suspend des fruits.
> « Mars donne à cet enfant un large cimeterre ;
> « Vénus, de son corset, dénouant un cordon,
>   « Façonne un galant ceinturon ,
>   « Et le despote de Cythère
>   « De deux flèches lui fait un don.
>   « Minerve dit : moi je fais mon affaire
>   « De former en temps sa raison ;
> « Et Pallas l'instruira du grand art de la guerre
> « Plutus tout essoufflé, leur dit, pour toujours plaire.
>   « Sur mes trésors je lui concède un don. »

Nous voyons, dans ces vers, le poète habiller la déesse de Chypre en Pompadour, lui donner un corset et sans doute aussi des vertugadins et des souliers à talons rouges...... Homère n'était-il pas bien plus gracieux lorsqu'il faisait porter à la mère de l'enfant Cupidon *une ceinture diaprée, riche d'une superbe broderie* (1).

Ces poésies fugitives renferment encore quelques vers charmants et spirituels ; dans l'épitaphe d'une jolie enfant de cinq ans nous lisons ceux ci :

>   « Telle une fleur qu'un beau jour a vu naître
>   « Brille un moment, et tombe avant le soir.

(1) Iliados, c. XIV, v. 214.

Ailleurs, il termine ainsi des vers adressés à son épouse après une forte maladie qu'il essuya en 1763 :

> « Mais j'entends s'écrier, l'éloge est un peu fort ;
> « Ah ! j'en dirais bien plus si vous n'étiez ma femme. »

En 1779, Feutry publia la traduction d'un *choix d'histoires*, tirées des nouvelles de l'Italien Matthieu Bandello, écrivain du genre de Boccace. Plusieurs de ces nouvelles avaient déjà été imitées par Belleforest et Boastuaux.

C'est aussi en 1779 que notre poète livra au public les *Nouveaux opuscules*, suivis du *Supplément aux nouveaux opuscules*. Ce volume renferme des fables, des études critiques, des mémoires et des lettres sur divers sujets.

Quant aux trente-deux fables, intitulées par l'auteur *Fables belgiques*, qu'on me permette de les passer sous silence ; leur titre prévient peu en leur faveur ; du reste, elles manquent presque toutes des caractères exigés pour cette sorte de poésie.

Ce qu'il y a de plus curieux et en même temps de plus intéressant dans les *nouveaux opuscules*, c'est, sans contredit, deux *études poétiques*.

Dans la première ou *Traité de l'origine de la poésie castillane*, l'auteur recherche l'origine des différentes poésies de l'Espagne, basque, portugaise, etc... et celle du vers castillan ; puis il examine les caractères propres à chaque genre castillan, comme l'Églogue, le poème didactique, l'épopée, etc....

Dans la seconde étude ou *Recherches sur la poésie toscane*, le critique passe en revue une foule de poètes italiens et présente sur chacun d'eux des opinions claires et précises. Nous regrettons seulement d'être obligés de reprocher à Feutry trop de sévérité à l'égard du Dante. Ce travail offre beaucoup d'intérêt et indique de la part de son auteur des connaissances approfondies et un goût très-délicat dans ses jugements.

Ces deux études avaient paru en février et en juillet 1755, dans le *Journal étranger*.

Il nous reste maintenant à parcourir ses différents mémoires et quelques lettres qu'il écrivit principalement à M. Fréron, l'antagoniste de Voltaire. Ces lettres et ces mémoires forment le *Supplément aux nouveaux opuscules*.

Les deux premiers traitent des *machines de guerre* et de *l'école royale militaire*. Ces travaux, fruits d'une imagination vive et entreprenante, n'ont pour eux que le mérite d'un style agréable.

Vient ensuite une lettre datée du 6 décembre 1769, écrite par Feutry à l'auteur du *Mercure*. Le poète se plaint que le *Mercure* ait dénaturé ses expériences faites à Rochefort dans le mois de septembre précédent et joint à sa lettre son *Mémoire sur l'artillerie*, qui parut dans le *Mercure* de février 1770.

Les deux autres mémoires n'ont que peu de valeur au point de vue de l'art stratégique, parce que le conceptions hasardées qu'ils renferment sont, pour ainsi dire, impossibles à réaliser. Ils ont pour objet le premier *un chariot, armé en guerre, d'invention nouvelle;* le second *un radeau portant une sorte de forteresse*.

Ajoutons à ces mémoires, plusieurs *lettres* où il est question soit de fourbissure, soit de mécanique.

Ni la faiblesse de sa santé, ni son âge avancé n'empêchèrent Feutry de se livrer au travail avec une activité toujours croissante. Entré dans sa soixantième année, son ardeur ne se ralentit point; son courage sembla même grandir avec les obstacles, et se jouer de ces infirmités, apanages tristes et inévitables de la vieillesse; car, en 1781, il écrivit *le livre des enfants et des jeunes gens sans étude*, et, en 1782, un *essai sur la construction des voitures à transporter les lourds fardeaux dans Paris*.

Toujours zélé pour l'étude des lettres et pour tout ce qui pouvait en propager le culte, notre compatriote prêta un concours dévoué aux diverses publications périodiques de son temps et enrichit particulièrement de ses savantes productions le *Journal étranger* et l'*Almanach des Muses*.

Feutry forma aussi le projet d'écrire un *Histoire de Lille*, sa ville natale. Le prospectus imprimé en 1754 est assez mal écrit (Le Gl).

Enfin, on a publié, sous son nom, une prétendue traduction d'un *Supplément à l'art du serrurier*, ou *Essai sur les combinaisons mécaniques employées particulièrement pour produire l'effet des meilleures serrures ordinaires*, de Joseph Botterman, de Tilbourg. Cet ouvrage, loin d'être une traduction, passe, selon le bibliographe Fleischer, pour être original et écrit par l'infortuné Louis XVI. Feutry, au rapport de ce même savant, n'en aurait été que l'éditeur. Ce *Supplément à l'art du serrurier* fut imprimé à la suite de la *Description des arts et métiers* que publia l'Académie des sciences et dont notre poète était auteur.

Il édita encore, en 1781, un ouvrage du cardinal Gerdil, ayant pour titre : *Discours philosophiques sur l'homme;* et, en 1782, un pamphlet traitant *De la société philanthropique de Paris.*

Après avoir voyagé par toute la France pour chercher sans doute le bonheur qui fuyait toujours devant lui, Feutry se fixa à Châtillon-sur-Loing (Loire), fut nommé maire mi-triennal de cette commune et y exerça ces fonctions administratives jusqu'en 1783, époque à laquelle il revint définitivement dans son pays natal afin de se mettre à l'abri de la misère, seul fruit qu'il retira de sa vie errante.

Quoiqu'un peu frondeur envers ses concitoyens et surtout envers le chapitre de la collégiale de Saint-Pierre dont il se moquait dans des épigrammes parfois assez sanglantes, il en reçut à différentes reprises des secours pécuniaires ; puis, sur une demande qu'il présenta à la ville, par l'entremise de M. de Calonne, intendant de Flandre, le Magistrat de Lille lui accorda une pension de 750 livres payables d'avance. Cette pension et quelques autres ressources lui permirent de vivre avec plus d'aisance jusqu'à la fin de ses jours. Mais Feutry ne devait pas en jouir longtemps.

L'affaiblissement de ses forces morales et le dérangement de ses facultés intellectuelles avaient amené un tel désordre dans son imagination qu'il attenta à sa vie et périt victime de se raison égarée par tant de souffrances. Il mourut à Lille (âgé de 68 ans et 5 mois) le 26 mars 1789, dans un appartement qu'il occupait place du Moulin, actuellement rue de la Baignerie ; c'est ce même jour qu'il écrivit à madame Lapré la lettre suivante : (1)

(1) Extrait du *Journal du Nord* du 8 octobre 1829, Lille, imprimerie de Reboux-Leroy, libraire, rue des Fossés, 12.

Le genre de mort de Feutry (il se pendit) était demeuré caché jusqu'en 1829, il fut dévoilé dans le courant de cette année (1829) par suite d'une querelle entre le *Journal du Nord* et l'*Echo du Nord* M. Leleux, gérant de ce dernier journal, ayant rapporté un suicide arrivé à Pont-à-Marcq, osa le préconiser et pour se défendre ensuite contre les justes attaques de son confrère du *Journal du Nord*, il rendit publique cette lettre de Feutry qu'il possédait et commenta à sa manière cette déplorable action du poète en voyant en lui le *stoïcisme et le sang-froid de Caton.*

Je crois que ce silence, dans lequel on se tint touchant la mort de Feutry, a été la cause d'une erreur presque générale des biographes. Ainsi ils donnent *Douai* comme le lieu où mourut notre poète et de plus leurs dates sont inexactes, non seulement avec la date véritable, mais encore entre elles et j'ai trouvé dans les uns le 22 mars et dans d'autres le 28 et le 29. (Voyez la note suivante).

« **25 Mars 1789.** »

« **Madame,**

« Je demande très-humblement pardon à madame Lapré, mon hôtesse,
« d'avoir eu la faiblesse de me détruire chez elle, ce dont je ne dois
« rendre compte à personne qu'à mon créateur. Je la supplie, s'il est
« possible, de s'arranger de façon avec le public de cacher mon genre
« de mort. Adieu, Madame, je vous donne tout ce que j'ai dans ma
« chambre garnie, pour vous dédommager un peu de tout ce que je
« vous dois; à vous revoir au jugement dernier. Adieu, encore une
« fois. Je me crois peu coupable. »

« FEUTRY, »

Ah ! devant un exemple aussi frappant et aussi redoutable que celui-
ci, quel sujet de trembler pour tous..... pour tous ceux surtout qui,
dans les afflictions, dans les peines, dans les tourments que Dieu leur
envoie, n'élèvent pas leur âme jusqu'à lui, et qui, aveuglés par leur
propre génie, ne s'écrient point au milieu de leurs souffrances comme
le Christ mourant en croix pour nous : Seigneur! que votre volonté
s'accomplisse !

Feutry fut inhumé (1) sans pompes funèbres dans le cimetière de la
ville, le lendemain 27 mars, et aucune pierre ne marqua la place où
reposaient les dépouilles mortelles du vainqueur des jeux Floraux.
Heureusement le poète s'était élevé, par ses œuvres, un monument plus
durable que le marbre d'un tombeau (2).

HENRY PAJOT,
Secrétaire de la Société d'Émulation de Lille.

Juin 1854.

(1) Acte d'inhumation de Feutry.
Extrait des registres de la paroisse Ste-Catherine de Lille (décès, registre de 1784 à
1793).
« Le 20 mars 1789, Amé-Ambroise-Joseph Feutry, (pl. du Moulin), époux de Charlotte
« Deloriez, trouvé mort, après l'usage fait, et main-levée de Messieurs du Magistrat, a
« été inhumé au cimetière commun, présents Antoine Jouvenaux et Pierre Deldicq, les-
« quels ont déclaré ne savoir pas écrire » (signé) D. F. Delrue, vic.
(2) Exegi monumentum ære perennius.
Horace lib. III, carmen XXX, ,

SCIENCES.

___

LUMIÈRE ÉLECTRIQUE.

SUITE (1).

Nous avons dit que c'était toujours aux dépens de la lumière constitutive des pôles de la pile que se reproduisait la lumière électrique. L'inexacte compensation dans le transport des parcelles charbonneuses d'une extrémité à l'autre, entraîne la détérioration des réophores (porte-courant ou pôles), et, par une suite nécessaire, modifie leur distance. Au bout de quelques minutes, cet intervalle s'est agrandi à tel point que le fluide ne peut plus le franchir. Alors le courant est interrompu, la lumière s'éteint, et l'on n'aperçoit plus que les deux charbons rouges de feu qui bientôt rentrent dans l'obscurité. Autant est surprenante et agréable l'impression que fait sur nous l'apparition de cette pure et magnifique lumière, autant est triste celle que nous laisse sa disparition. Quand on a vu cette incomparable flamme, on désire la voir encore. On répète le mot de Goëthe :

« De la lumière, plus de lumière encore, toujours de la lumière. »

Mais de quelle utilité pouvait être cette clarté, si vive qu'elle fut, si, pour durer un quart d'heure, elle devait avoir besoin de la main de l'homme pour la raviver et la maintenir? ses usages semblaient donc très-bornés, aussi ne fut-elle regardée pendant longtemps que comme une belle curiosité scientifique. Il fallait donc pour la rendre susceptible d'applications pratiques et même théoriques, qu'elle réalisât, avant tout des conditions de continuité et de régularité suffisantes.

Que d'expériences faites, que d'essais tentés en vain pour résoudre ce double problème! C'est que la difficulté était grande. Enfin, M Foucault, suivi de près par MM. Haite et Duboscq, fut assez habile pour trouver le

(1) Voir la *Revue*, tome II, page 171.

premier, une solution de cette délicate et intéressante question. Il a inventé un appareil fort ingénieux marqué au coin de la sagacité et du talent, comme le sont du reste tous ses travaux. Dans ce *régulateur*, car c'est son nom, le courant voltaïque règle et conserve lui-même l'intervalle le plus favorable à la production de phénomènes lumineux, de même qu'on règle le mouvement des machines à vapeur par la vapeur elle-même. Le moteur est un système de poids combinés avec un électro-aimant, dans les spires duquel circule le courant qui doit donner la lumière. On comprend sans qu'il soit nécessaire d'entrer dans plus de détails, que si les poids tendent à rapprocher les pôles, on puisse faire agir l'électro-aimant en sens contraire; et comme sa puissance est en rapport avec la force de la pile et l'espace interpolaire, on conçoit, dis-je, que ces deux forces puissent se faire équilibre. Dès lors, la distance des charbons reste la même, la lumière demeure fixe, continue, et d'égale intensité, si la source d'électricité est elle-même constante. De ce côté les perfectionnements sont déjà si grands qu'on peut avoir un courant à peu près invariable pendant des journées entières.

M. Fabvre de Lagrange a imaginé une nouvelle disposition des piles voltaïqnes de laquelle il résulte un courant uniforme pendant la durée d'un mois et plus. Qui empêcherait d'ailleurs qu'on ajoutât, d'heure en heure, par exemple, un ou deux éléments que la détente d'une horloge mettrait successivement en communication avec la batterie pour réparer ses pertes ?

On ne sera pas embarrassé sous ce rapport.

On a même des piles (usitées dans la télégraphie électrique), qui fonctionnent avec une telle régularité qu'on n'a pas à s'en occuper durant des mois entiers.

Le régulateur de M. Duboscq est construit de la manière suivante : les deux charbons placés sur une même ligne verticale sont constamment sollicités l'un vers l'autre, l'inférieur par un ressort en spirale qui le fait monter, et le supérieur par son poids qui le fait descendre. Le courant arrive aux deux charbons en passant dans les fils d'un électro-aimant creux et caché dans la colonne de l'instrument. Lorsque les charbons sont en contact, le circuit est fermé, l'électro-aimant attire alors un fer doux placé à l'extrémité d'un levier qui enraie une vis sans fin. Un ressort antagoniste tend sans cesse à dégager la vis dès qu'un écart se produit entre les deux charbons. Si cet intervalle est un peu considérable le courant ne passe plus le ressort, rapproche les pôles et détermine un nouveau passage de fluide, jusqu'à ce que la détérioration des charbons ait amené une espace infranchissable par le courant et ainsi de suite Quand aux dispositions particulières qui maintiennent le point lumineux toujours à la même hauteur, ce sont des détails accessoires de mécanique que nous pouvons omettre, notre but étant simplement de donner une idée de l'appareil qui est du reste très-portatif.

M. Jaspar constructeur à Liége a soumis à l'Académie de Belgique un nouveau régulateur de la lumière électrique qui a, dit-on, sur les appareils du même genre, les avantages suivants.

Il fonctionne avec une pile de vingt couples de Bunzen (petit modèle); pour le charger la dépense ne va pas au-delà de trois francs; il agit avec intermittence, le mécanisme est d'une simplicité extrême, il se règle très-facilement; il suffit d'ajouter ou d'enlever quelques rondelles de cuivre, pour lui faire prendre une marche parfaitement régulière; le prix n'est que de cent vingt-cinq francs et pourra être ultérieurement réduit.

C'est moins la détérioration individuelle des charbons que leur inégale usure qui rend difficile la régularisation de la lumière. Aussi a-t-on dû chercher un moyen d'obtenir la continuité et la fixité de l'art électrique par un mécanisme indépendant de la marche irrégulière des charbons. M. Liais a proposé à cet effet un système qui remplit cette condition ; il se compose d'abord d'un commutateur qui renverse les pôles à des intervalles très-rapprochés; cette pièce reçoit le mouvement d'une horloge ou d'un moteur électro-magnétique; en second lieu d'un double système de charbon; pendant que le courant passe dans l'un, le contact s'effectue dans l'autre, puis les pôles s'éloignent d'une quantité constante qu'on règle une fois pour toutes d'après l'énergie de la pile, enfin pour dissimuler le passage du courant d'un système à l'autre, l'appareil est animé d'un mouvement de rotation rapide.

Le régulateur de MM. Breton frères, est fondé sur un autre principe, très-simple d'ailleurs. Les ressorts destinés à rapprocher les charbons sont remplacés par les poids et contrepoids des bras métalliques qui les supportent; l'écart convenable des pôles est maintenu par un encliquetage de roue à crochet. Dans le régulateur de M. Foucault, les charbons sont placés horizontalement et dans les autres verticalement. Cette dernière position est avantageuse dans diverses expériences où les substances à fondre où à brûler doivent être placées dans une soucoupe en platine.

Scientifiquement parlant , le problème de l'éclairage électrique est résolu, il y a même plusiéurs années. Depuis plus de dix ans, en effet, les amphithéâtres des cours de physique et de chimie resplendissent deux ou trois fois par semestre de cette lumière qui étonne toujours et qui ne manque jamais de provoquer l'admiration générale.

Reste maintenant la question d'économie réservée jusqu'alors, question capitale et on peut le dire *sine quâ non*. Le passage de la théorie à la pratique est la pierre d'achoppement des découvertes. Espérons que celle-ci sortira triomphante de cette épreuve décisive. Assez de têtes sont en travail et l'œuvre est trop avancée pour douter de son achèvement prochain.

Quand cette dernière difficulté sera levée, le gaz de la houille pourra faire ses adieux à nos cités et céder la place au fluide électrique. A l'heure qu'il est le second mode d'éclairage ne coûte guère plus cher que le premier, à égalité de lumière, et la science n'a pas encore dit son dernier mot.

Lorsqu'on aura vu briller dans nos rues et se maintenir fixe, exposée directement sans verre, aux vents les plus violents, à la pluie la plus abondante, cette belle clarté dont le pouvoir illuminant équivaut à des milliers de bougies accumulées ;

Lorsque l'expérience aura démontré qu'elle peut passer par tous les degrés d'intensité ;

L'orsqu'on saura qu'elle ne répand ni odeur, ni fumée, ni vapeur quelconque ; qu'elle ne noircit pas comme le gaz les objets en argent et n'attaque pas les couleurs tendres ;

Lorsqu'on sera persuadé qu'elle est par sa nature inexplosible, et qu'on peut l'installer chez soi sans l'ombre d'un danger ;

Lorsqu'on aura reconnu qu'elle réunit toutes les qualités qu'on peut désirer dans une lumière : blancheur, éclat, fixité, constance, facilité d'installation et de transport ; chacun voudra la substituer au gaz qui perd tout à la comparaison. Alors l'infortuné carbure d'hydrogène, battu sur toute la ligne, sera obligé de se réfugier dans les endroits les moins fréquentés, les plus obscurs, réservés jusqu'ici aux réverbères fumeux. Triste destinée des choses humaines ! il aura peu vécu ; assez cependant pour se faire admirer un instant et trop pour laisser voir ses inconvénients. C'est ainsi que les découvertes en se succédant, s'élèvent sur les ruines de celles qui les ont précédées. Telle est la loi du progrès :

« Le mieux est l'ennemi du bien. »

En industrie comme en guerre : malheur aux vaincus ! *væ victis !*

Dans l'énumération des principales qualités de la lumière électrique, nous n'avons pas fait entrer en ligne de compte maints petits avantages particuliers qui, néanmoins, ont bien leur prix. Ainsi on pourra allumer et éteindre, tout d'un coup comme par enchantement, sans se déranger, tous les becs de l'éclairage public. Les particuliers libres de prendre de la lumière à l'heure qu'ils jugeront convenable, n'auront pas à recourir à une flamme étrangère ; il suffira de tourner un robinet pour se mettre en communication avec la pile de la batterie, et de presser un ressort pour que les charbons conducteurs du fluide électrique arrivent à la distance où la clarté se manifeste.

Au lieu de ces tuyaux dispendieux et difficiles à installer sous le pavé des rues où ils sont une mine permanente, une poudrière sur laquelle nous marchons et qu'une étincelle peut faire sauter (on en a déjà vu trop d'exemples), on se servira de simples fils métalliques, comme ceux du télégraphe, enduits d'une substance isolante, telle que la gutta-percha ; en sorte qu'on pourra les toucher impunément en tout temps. Ils seront placés à volonté dans le sol, dans l'eau ou dans l'air.

Au lieu de ces établissements à grandes constructions, à cheminées colossales, sur de vastes terrains, un emplacement de cent mètres carrés suffira pour préparer à toute une ville des torrents de lumières qu'on pourra au besoin, sans grands préparatifs, doubler, tripler, décupler à l'occasion d'une réjouissance publique.

Enfin, pour terminer ce parallèle, ajoutons qu'en résumé les appareils de l'éclairage dont nous nous plaisons à préconiser les avantages, sont aussi simples que les autres sont compliqués, volumineux et incommodes. Reste à la vérité un point important, la régularisation de la lumière. Nous ne dissimulerons pas cette difficulté réelle. C'est le côté faible de la question. Chaque foyer lumineux exige un régulateur, instrument coûteux et délicat. Mais quelle invention est exempte d'inconvénients, et arrive de prime saut à la perfection ? Le plus grand obstacle à l'établissement est là surtout, dans son prix de revient. Voilà son véritable tort. Mais il est largement compensé par la beauté, l'éclat, la pureté de la flamme, l'absence de toute odeur, de tout danger d'explosion et d'asphyxie (1).

(1) On a objecté que la lumière électrique, par cela même qu'elle jouissait d'un très-grand éclat ne pouvait être supportée par l'œil. Il suffit de répondre : Regardez-vous le soleil qui vous éclaire ? Si vous vous avisez de le contempler un instant, votre organe e-t bientôt frappé d'un ébranlement qui peut se prolonger pendant plusieurs minutes et même plusieurs heures. Dans cet état il vous est impossible de distinguer les objets que vous regardez. Il en est de même de la lumière électrique. M. Despretz, qui a plus d'une fois

Encore une simplification dans le mécanisme et une économie dans les matières premières, et nous verrons la splendide lumière chasser partout les ténèbres.

Déjà Paris a pris l'initiative, (1) comme toujours. Déjà la flamme électrique a brillé sur plusieurs points. Déjà elle s'est montrée dans les fêtes publiques dont elle fait maintenant partie intégrante, et où ses débuts ont été applaudis. Déjà les premiers théâtres de la capitale et de la province en ont fait usage pour obtenir certains effets qui ont été trouvés admirables. Bientôt cette lumière remplacera le gaz avec plus d'avantage encore que celui-ci n'a remplacé les réverbères rares et pâlissants qui, à l'entrée de la nuit, livraient la ville au pouvoir des brigands qui l'exploitaient régulièrement; malheur à celui que ses affaires ou ses plaisirs retardait dans les rues étroites, il payait ordinairement de sa bourse, et quelquefois de sa vie, son imprudente confiance.

Bientôt, peut-être, un soleil artificiel, construit par le génie de l'homme, par l'un de ces ardents apôtres du progrès, que l'on traite souvent d'utopistes et d'insensés, soleil électrique plus éclatant que des milliers de becs de gaz, phare sidéral, élevé sur le sommet d'un édifice gigantesque et destiné à remplir le rôle de l'astre des nuits d'une manière efficace et régulière, inondera de ses flots lumineux tout un quartier de la capitale, et peut être la ville entière. Alors se trouverait en quelque sorte réalisée cette sublime espérance de l'immortel chansonnier :

> Si demain, oubliant d'éclore,
> Le jour manquait, et bien! demain,
> Quelque fou trouverait encore
> Un flambeau pour le genre humain.

C. DESCHARMES.
Professeur de sciences physiques et naturelles au lycée impérial d'Amiens.

expérimenté sur cette lumière avec des piles d'une grande puissance, engage à s'en préserver lorsqu'elle a une certaine intensité Celle de cent couples peut, si l'on n'a soin de porter des lunettes à verres d'un bleu foncé, occasionner des maux d'yeux très-douloureux. Celle de six cents éléments est capable en un instant très-court de donner des maux de tête et d'yeux très-violents ; de plus la figure est quelquefois brûlée comme par un fort coup de soleil, mais il est facile de parer à tous ces inconvénients. Dans l'éclairage, un verre dépoli peut suffire pour arrêter l'éclat trop vif de cette clarté inusitée. Si l'œil reçoit celle qu'on fait naître dans l'eau il s'en accommode mieux encore.

(1) Il vient de se former à Londres une compagnie de l'éclairage électrique pour les édifices publics, avec un capital de cinq millions,

POÉSIE

SONNET.

A M.ʳ Evariste BOULAY-PATY,

Auteur de la *vie humaine*.

Les blonds oiseaux, rossignol et fauvette,
Que l'on entend dans votre livre ouvert,
Oh! je les aime, et leurs chants, qu'on répète,
Sont pour mon cœur un céleste concert.

C'est un printemps votre vie, ô poète!
Un doux printemps mélodieux et vert;
Hier encor la plaine était muette :
Un monde existe où dormait un désert.

Parfois aussi la jeune Muse ailée
A mes côtés repose sa volée;
Et dans mon sein croît la docte rumeur.

Hélas! ma voix n'a point de bien venue;
Et quand la vôtre emplit, forte, la nue,
La mienne, faible, à mes pieds tombe et meurt.

JULES PÉROCHE.

Paris, 25 mai 1854.

MA MÈRE.

Ma Mère est dans les cieux, les pauvres l'ont bénie ;
Ma Mère était partout la grâce et l'harmonie !

Jusque sur ses pieds blancs sa chevelure d'or
Ruisselait comme l'eau.... Dieu ! j'en tressaille encor.

Et quand on disait d'elle : « Allons voir la Madone, »
Un orgueil m'enlevait ; que le ciel me pardonne !

Ce tendre orgueil d'enfant, ciel ! pardonnez-le nous ;
L'enfant était si bien sur ses chastes genoux !

C'est là que j'ai puisé la foi passionnée
Dont sa famille errante est toute sillonnée.

Mais, jamais ma jeune âme en regardant ses yeux,
Ses doux yeux, même en pleurs, n'a pu croire qu'aux cieux.

Et si je rêve d'elle avec sa voix sonore,
C'est au-dessus de nous que je l'entends encore.

Oui ! vainement ma Mère avait peur de l'enfer,
Ses doux yeux, ses yeux bleus n'étaient qu'un ciel ouvert.

Oui ! Rubens eut choisi sa beauté savoureuse
Pour peindre aux yeux mortels la Vierge bienheureuse

Sa belle ombre qui passe à travers tous mes jours,
Lorsque je vais tomber me relève toujours.

Toujours entre le monde et ma tristesse amère,
Pour m'aider à monter je vois monter ma Mère.

Ah! l'on ne revient pas de quelque horrible lieu,
Et si tendre, et si Mère, et si semblable à Dieu !

On ne vient que d'en haut si prompte, si charmante,
Apaiser son enfant dont l'âme se lamente.

Et je voudrais lui rendre aussi l'enfant vermeil,
La suivant au jardin sous l'ombre et le soleil.

Ou couchée à ses pieds, sage petite fille,
La regarder filer pour l'heureuse famille.

Je voudrais, tout un jour oubliant nos malheurs,
La contempler vivante au milieu de ses fleurs.

Je voudrais, dans sa main qui travaille et qui donne,
Pour ce pauvre qui passe aller puiser l'aumône.

Non, Seigneur! Sa beauté si touchante ici bas,
De votre paradis vous ne l'exilez pas!

Ce soutien des petits, cette grâce fervente,
Pour guider ses enfants si forte, si savante.

Ce cœur empli d'amour qui se brisa d'effroi,
Quand le sort eut prédit ce qu'il ferait de moi.

De nous ses fruits épars dans le vent de l'orage,
Et meurtris sous les pieds des passants du rivage.

Vous l'avez rappelée où vos meilleurs enfants,
Respirent à jamais de nos jours étouffants!

Mais, moi, je la voulais pour une longue vie
Avec nous, et par nous honorée et suivie.

Comme l'astre éternel qui luit sans s'égarer,
Et que des feux naissants suivent pour s'éclairer.

Je voulais, jour par jour, adorante et naïve,
Vous contempler, Seigneur, dans cette clarté vive.

Elle a passé! Depuis, mon sort tremble toujours,
Et je n'ai plus de mère où s'attachent mes jours!

MARCELINE DESBORDES VALMORE

A M.ʳ H. D.

SONNET.

Si parfois en tremblant je fais vibrer ma lyre,
Si j'improvise alors un chant mystérieux,
Pensez-vous que l'orgueil au ciel me fasse lire
Un avenir pour moi qui sera glorieux?

Puis-je, pauvre pygmée, en mon noble délire,
Croire de votre voix les accents sérieux,
Ces lauriers qu'en secret vous osez me prédire
Sont-ils toujours le prix d'un cœur laborieux?

Par l'étude on ne peut remplacer le génie;
Si de faire des vers j'ai la folle manie,
Moi, je n'aspire pas au séjour immortel!

Je passe en observant au milieu de la foule,
Et lorsqu'un noir chagrin en mon cœur se refoule,
Je vais puiser l'espoir dans ma croyance au ciel!!!

GUSTAVE BOUCHEZ.

LIA.

Vous, de mon cœur troublé maîtresse indifférente,
Vous voulez cependant savoir.... le voulez-vous?
D'où vient que sous les pleurs ma prunelle est riante;
D'où vient que, moins soumis, je reste à vos genoux.

J'ai rêvé, pardonnez l'insolence des songes,
Que vous étiez moins froide en regardant mes yeux,
Que vous ne traitiez pas mes aveux de mensonges,
Que je n'étais ... pardon... plus tout seul amoureux.

Indulgente est la nuit, et sous son voile sombre
Mille baisers volaient dans un brûlant essor;
Mon cœur trop énivré n'a pu suivre leur nombre;
Si nous avions compté.... je vous en dois encor .

Celle que dans mes bras j'étreignais toute entière,
Dont j'obtenais la bouche et les yeux et le front,
Aussi belle que vous, mais enfin moins sévère,
Avait vos traits charmants et portait votre nom.

Loin de mes bras tremblans ses fuites simulées,
Les rires adorés de cette voix d'enfant,
Ces voluptés sans fin avec l'ombre envolées,
Ce respect oublié, cet amour triomplant;

Tous ces crimes si doux qu'en aimant on pardonne
Seraient ensevelis dans le fond de mon cœur,
Si vous n'aviez voulu, voulu comme on ordonne,
Que je vinsse, à vos pieds, confesser mon bonheur.

H.^{te} DESBORDES-VALMORE,

CORRESPONDANCE.

Monsieur le Directeur,

La statue que la ville d'Amiens vient d'élever à Pierre L'Hermite a soulevé de vifs débats sur le lieu de naissance du célèbre promoteur des croisades.

Loin de moi la prétention de vouloir entrer en lice pour combattre les savants MM. J. Grandgagnage, président de la cour de Liége, membre de l'Académie de Belgique, et B. du Mortier, ancien ministre, membre de la chambre des représentants et de l'Académie de Belgique.

Deux écrivains, MM. Michel Vion et Léon Paulet, ont combattu avec succès le fameux nécrologue de M. Grandgagnage et pour tout homme qui a suivi ces débats avec impartialité, il reste bien prouvé que Pierre L'Hermite est né à Amiens, ou tout au moins en Picardie.

Il faut bien le dire, ce qui a ému les érudits, c'est la haute position sociale et littéraire de MM. Grandgagnage et B. du Mortier. Aussi, suivant nous, on a négligé un fait important dans cette controverse, en omettant d'opposer à ces Messieurs le nom distingué d'un de leurs compatriotes.

Le doute qu'on a émis sur la patrie de Pierre L'Hermite est une question qui n'est pas née d'aujourd'hui, comme on le croirait facilement en lisant la polémique qui s'est élevée tout à coup sur ce sujet.

Cette polémique est vieille de 20 ans. En effet, en 1834, M. Grandgagnage avait communiqué à la commission royale d'histoire un fragment de nécrologue qui lui faisait soupçonner que Pierre L'Hermite était né à Huy. Le savant baron de Reiffenberg, secrétaire de cette Académie, prit bonne note de cette découverte. Dans la séance du 4 novembre 1837, il annonce qu'une pièce qu'il a vue chez le libraire de Bruyn, à Malines, semble de nature à lever tous les doutes à cet égard. C'est une reconnaissance de noblesse accordée par Philippe IV, le 22 janvier 1630, à Jacques et à Antoine L'Hermite. Il en résulte qu'ils descendaient en ligne directe et à la 16.e génération de *Pierre l'Hermite d'Amiens*, le fameux croisé, et de Béatrix de Roussy, sa femme.

Ce Jacques L'Hermite, seigneur de Bétissart, dit en effet dans une lettre qui repose aux précieuses archives du Hainaut, qu'il est de fort ancienne noblesse, *comme descendant d'ung Pierre L'Hermite quy fut le premier conducteur des troupes chrestienne des croysez quy passairnt oultre mer à la conqueste de la terre sainte, environ l'an mil nonante sept.*

M. de Reiffenberg ne s'en tint pas là, et, dans une séance suivante, il déposa sur le bureau une description d'un manuscrit dont l'acquisition avait été proposée à la bibliothèque royale et portant pour titre :

« Généalogie ou descente de noble et anchienne maison de L'Hermite,
« recopilée, curieusement recherchée et extraite de divers autheurs,
« papiers et documents, par Nicolas de Campis, dict Bourgoigne, roy
« d'armes de sa majesté catholique. Philippe II, roy des Espaignes, et
« successivement de son fils Philippe III et parachevée l'an MDCII. —
« Grand in-folio, papier, ornée d'une multitude d'armoiries coloriées et
« portant sceaux et autres dessins, etc., etc. »

M. de Reiffenberg, fait observer que la vie de *Pierre L'Hermite d'Amiens* est extraite mot à mot d'un manuscrit authentiqué en 1505 par quatre hommes de fief du Hainaut.

C'est donc faute de connaître ces précédents que l'honorable M. du Mortier voudrait faire de cette question un débat entre la France et la Belgique. Car l'opinion de son compatriote, du savant baron de Reiffenberg, appuyée sur des documents d'une valeur incontestable, doit suffire au moins pour contrebalancer la persistance de M. Grandgagnage à vouloir recommencer une bataille déjà perdue.

ROUSSEL-DEFONTAINE.

Tourcoing, 20 août 1854.

MONSIEUR LE RÉDACTEUR,

Une découverte qui n'est pas sans intérêt au point de vue artistique et archéologique vient d'être faite à l'hospice Ganthois, à Lille.

Il n'y a pas bien longtemps encore, l'hospice Ganthois avait une chapelle avec issue sur la rue de Paris Pour les besoins intérieurs de l'établissement toute la nef a été convertie en un ouvroir; le chœur, qui a été cloturé, sert aujourd'hui de chapelle.

C'est dans cet ouvroir, où se trouvent huit à dix niches dans le style gothique, où l'on voit les traces de fenêtres et de portes qui ont été murées, de pierres tumulaires qui ont été enlevées, que vient d'être faite la découverte en question.

Tout à côté d'une fenêtre prenant jour rue de Paris, au-dessus d'une petite porte, le plâtre s'écaillait, m'a-t-on dit; des ouvriers appelés pour le réparer ont cru voir aux écailles tombées des vestiges de couleurs; leur curiosité fut bientôt éveillée, ils firent sauter encore quelques écailles ; il y avait là une peinture, et bientôt à l'étonnement général, apparut tout entier, peint sur le mur, un saint en bon état de conservation.

Au bas se trouve une inscription gothique à moitié cachée encore par le plâtre, et qui recomposée, fera sans doute connaître l'objet du tableau.

Le morceau découvert a un mètre et demi de haut sur un mètre de large ; le saint est en pied, debout ; c'est peut-être un saint Hubert, car malgré quelques dégradations dans le bas on peut découvrir un cerf posé sur les jambes de derrière appuyant la tête contre les genoux du saint.

Le saint est coiffé de bandelettes, et nimbé ; le nimbe est en plein et encadre la tête ; il est vêtu d'une sorte de clamyde ou chasuble de drap d'or, couverte d'ornements, d'une dalmatique bleu foncé bordée d'une grecque d'or, et d'une tunique blanche traînante ; ses mains non gantées tiennent un cœur sur la poitrine ; le sol est en mosaïque rose et vert sur fond gris. blanc. Le fond du tableau est en ornements vert sur vert du genre appelé, je crois, ananas. Le peu que l'on voit de peinture à côté, autorise à penser quelle a été continuée tout autour de la chapelle.

L'hospice Ganthois date du XV.ᵉ siècle, il fut fondé par Jehan De le Cambe, dit Ganthois, sous Philippe-le-Bon. D'après un portrait de Jehan De le Cambe conservé dans l'établissement on peut assigner 1457 comme année de la fondation

Les peintures que l'on vient de découvrir et qui probablement règnent tout autour de l'ouvroir sont, selon moi, de la création même de l'hospice ; les niches, gothiques aussi, mais d'une époque postérieure, ont été, on a toute raison de le craindre, entaillées dans les peintures ; ce qui le prouve, c'est qu'à côté du saint, sur fond vert, on voit sur un fond rouge, la moitié de la tête et une main d'un autre saint dans lequel on a troué la niche.

Quelque jolies que seraient peut-être ces niches, si les filets, les nervures et les trèfles, n'étaient pas cachés sous une couche de badigeon de quelques centaines d'années, il est toujours à regretter que l'on ait détruit pour les établir, une peinture, que la découverte d'aujourd'hui autorise à déclarer hardiment être belle, et qu'on peut considérer comme un spécimen très-remarquable de la peinture d'il y a quatre cents ans. Du reste, qu'on ne s'y trompe pas, ce n'est pas seulement un spécimen de peinture ancienne bon à conserver ; ce qui a été découvert révèle un talent en peinture, très-remarquable, pour une époque aussi reculée, et on a le droit d'espérer trouver une œuvre importante, véritable œuvre de talent. Lille n'a pas que je sache de peinture murale dans le style gothique ; c'est donc pour la ville et pour les arts, une découverte importante.

Il est à espérer que l'administration des hospices ne se laissera pas arrêter par la crainte de trouver une chose incomplète, ni par une dépense qui, en somme, doit être minime et que, guidée par un véritable esprit du beau, elle ordonnera des recherches dans tout l'ouvroir. Quelque soit le résultat de ses travaux, elle peut être sûre à l'avance que tous les amis des arts applaudiront à ce qu'elle aura fait.

Le portrait de Jehan De le Cambe dont j'ai parlé plus haut est encore une peinture gothique ; c'est un tableau à deux volets qui s'ouvre, comme on ouvre un livre, un dipytque. A droite, Saint-Baptiste avec un agneau à ses pieds ; à gauche, à genoux à un prie Dieu, Jehan De le Cambe. Au bas, cette inscription gothique. « Ceci est la représentation de feu Jehan De le Cambe lequel fonda de son vivant cet hospital en l'an de grâce mil quatre cent cinquante-sept.

Ce portrait fait après la mort de Jehan De le Cambe a peut-être été peint par le même artiste que le saint qui vient d'être découvert ; pour ma part, je le crois, et je le signale ici parce qu'il facilitera peut-être les recherches qu'on pourrait entreprendre relativement aux peintures de l'ouvroir.

Si, pour des raisons particulières, l'administration des hospices ne jugeait pas à propos d'ordonner ces recherches, comme le morceau découvert est assez important pour être conservé, il serait à désirer que l'administration municipale sollicitât l'autorisation de faire transporter sur toile cette peinture murale, afin de la conserver et d'en enrichir le musée.

Voisin de l'hospice Ganthois, j'ai connu cette découverte il y a quelques jours, et je me hâte d'en faire part à la *Revue* avant qu'elle soit connue du public.

Recevez, M. le Rédacteur, mes salutations sincères,

PAUL BERNARD.

Lille, le 22 septembre 1854.

BULLETIN DE LA QUINZAINE.

Nouvelles artistiques et littéraires.

— L'Odéon vient d'ouvrir brillamment la saison par la première représentation du *Vicaire de Wakefield*. C'est le fameux roman découpé en drame. A ce propos tous les feuilletonistes font la biographie de Goldsmith et la critique du roman. M. Lireux, du *Constitutionnel*, le trouve fort ennuyeux. Pauvre Goldsmith !

— Marnix de Sainte-Aldegonde, le confident de Guillaume-le-Taciturne, portait noblement l'un des grands noms du XVI.ᵐᵉ siècle. Sa vie toute remplie d'agitation et de dévouement vient d'être écrite par Edgard Quinet. Grande et belle biographie qui instruit et émeut.

— A l'exposition universelle de 1855, figurera, dit-on, une contrebasse monstre, d'une hauteur de 2 mètres 50 centimètres. Comme il n'y aura point de main assez large et assez énergique pour appuyer sur les cordes de cet aimable instrument, l'inventeur y a adapté un chevalet mobile qui glisse sur le manche à peu près comme le fait le tube d'un trombone. L'archet est mis en mouvement au moyen d'un mécanisme *ingénieux* (pourquoi pas une machine à vapeur pendant qu'on y est ?) qui en rend l'action très-facile et très-agréable !...

— La reprise du *Pré-aux-Clercs*, ce chant du cygne d'Hérold, est un véritable événement à l'Opéra-Comique. On s'inscrit pour les loges comme s'il s'agissait d'un ouvrage nouveau. Succès d'argent et succès d'acteurs. Les vieux habitués de l'orchestre avouent que la pièce est chantée et jouée aussi bien qu'à la création.

— Ballande, des Français, l'artiste intelligent et consciencieux que chacun connaît, se retire. Il donne sa démission, dit-il, parce que M.ᵐᵉ Rachel, l'illustre tragédienne et l'excellente camarade, tient à ne pas lui laisser un seul rôle dans les pièces où elle joue.

— Pendant que l'art dramatique se meurt en province et que les théâtres de premier ordre descendent au niveau des scènes de Carpentras et de Quimper-Corentin, voici une ville industrielle où l'on boit de la bière, où l'on fume horriblement, où l'on parle tudesque, qui peut, grâce au testament d'un de ses concitoyens, jeter 100,000 fr de subvention à son imprésario. Aussi, voyez comme les meilleurs artistes se disputent un engagement pour Strasbourg, et cela sans augmenter, au contraire, leurs prétentions.

L'ouverture de cet heureux théâtre a eu lieu il y a quelques jours avec un prologue dans lequel l'auteur a eu la patriotique idée de faire intervenir la Nymphe du Rhin... *Français*.

— On va mettre en vente, à Varsovie, plusieurs tableaux que l'on prétend être du célèbre Claude Lorrain. Si cette origine est prouvée, ce serait une bonne fortune pour l'art que de pareils trésors fussent acquis pour une collection publique au lieu de rester enfouis dans quelque galerie ignorée.

— Parmi les livres d'actualité que chaque matin voit naître, et qui vivent ce que vivent ces livres là de nos jours, l'on trouve la *Grèce contemporaine*, par M. Edmond About, (Bibliothèque des chemins de fer) un vol. Paris 1854. C'est une espèce de boutade de touriste, assez élégamment écrite, mais mal conçue et mal digérée. Il y a aussi un *Voyage dans le royaume de Grèce*, par Eugène Yemeniz, précédé de *Considérations sur le génie de la Grèce*, par Victor de Laprade, Paris 1854, chez Dentu. — Celui-là fourmille d'erreurs exhilarantes dignes du *Charivari*.

La Revue préfère de beaucoup à ces deux ouvrages celui de M. Laurence Oliphant, *Saint-Pétersbourg et Moscou*, traduit de l'anglais (1 vol., Paris, librairie nouvelle, boulevard des Italiens, 5.) Voilà un bon, un excellent livre

—L'Opéra prépare pour les premiers jours du mois prochain la représentation d'un grand ouvrage en cinq actes, *La Nonne Sanglante*. C'est l'œuvre d'un jeune maître déjà célèbre, M. Charles Gounod, l'auteur de *Sapho* et des chœurs d'*Ulysse*. La *Nonne Sanglante* est un opéra fantastique, offrant, dit-on, des effets très-dramatiques et très-saisissants. Gueymard y aura un rôle qu'on assure être un des plus beaux du répertoire français.

—On dit que M. Emile Pereire est allé acheter dans les Pyrénées 6.000 mètres cubes de marbres pour les décorations de l'*hôtel de l'Univers* qui se bâtit place du Palais-Royal. A la bonne heure! Voilà un capitaliste véritablement artiste.

— Les amateurs de style épistolaire nagent dans la joie. Un M. Corrard de Breban vient de publier *un extrait* de quelques lettres de M.*me* de Grignan, du chevallier de Grignan, du marquis de Sévigné et de M de Bussy-Rabutin, évêque de Luçon, qui n'ont pas été comprises dans les différentes éditions de M.*me* de Sévigné, suivi d'un fragment inédit d'une lettre de M.*me* de Sévigné à M.*me* de Grignan.

Tous ces extraits et ces fragments réunis forment vingt-quatre pages in-8.°. Troyes et Paris 1854.

—Que l'on vienne encore nous d're que nos amis les Anglais n'aiment pas la musique. A Norwich, on a donné en quatre jours, les 12, 13, 14 et 15 septembre, un Festival pendant lequel 600 exécutants se sont trouvés soir et matin dans la même salle, toujours remplie, toujours animée par les applaudissements Les chœurs se composaient de 80 soprani, 60 hautes-contre, 60 ténors et 70 basses-tailles, en tout 270 voix. Les chanteurs soli étaient : MM. Sims-Reeves, Gardoni, Reichardt, Bollotti, Weiss et Lablache ; M.*mes* Angiolina Bosio, Clara Novello, Anaïda Castellan, Weiss et Dolby

On a exécuté là en sept concerts, dont quatre spirituels le jour et trois *non-spirituels* le soir, les ouvrages suivants : *Acis et Galathée*, de Haendel, avec l'instrumentation de Mozart ; la grande messe en *ut* majeur, de Beethoven ; la *Création*, d'Haydn ; *Elie*, de Mendelssohn, et, en outre, douze morceaux de musique vocale et instrumentale choisis dans les ouvrages de Beethoven, Auber, Meyerbeer, Mozart, Rossini, Donizetti, Verdi, Chérubini, Méhul, Vieux-Temps, Lachner et Bénédict. Ce dernier artiste remplissait les fonctions de directeur de la musique. Dans les chœurs et dans l'orchestre on remarquait beaucoup de jeunes gens appartenant à la noblesse du comté de Norfolk. Les Festivals de Norwich, dont les produits sont destinés à des institutions de bienfaisance, sont placés sous le puissant patronage de la Reine, du prince Albert et des plus hauts personnages de l'Angleterre. Vivent les Anglais pour les grandes choses.

— Le Palais des Beaux-Arts s'est ouvert le 24 pour l'exposition du concours de peinture historique. Le programme de l'Académie, *Abraham lavant les pieds des trois Anges*, a été rempli tant bien que mal par dix concurrents. Il y a là du bon , du médiocre et du pire.

— Alboni vient de s'embarquer à Nantes pour Lisbonne avec une troupe d'artistes qui va donner des représentations pendant toute la saison dans la capitale du Portugal. On voit figurer parmi eux Saint-Léon (le mari de la Cérito), violoniste et danseur.

— Le grand maître de la musique italienne, Rossini, est perdu pour l'art. Aux bains de Lucques, où il était allé pour passer l'été, un violent accès de maladie qui n'a pu être surmonté que par les remèdes les plus énergiques, a failli mettre fin à son existence ; il s'est remis pourtant, mais s'il conserve la vie, il ne recouvrera plus la clarté de ses idées. La mélancolie la plus profonde a étendu sur lui un voile que nulle main humaine ne saura plus écarter.

— Lorsque Torricelli inventa son fameux tube, il ne se doutait certes pas qu'un jour les sangsues, oui, les sangsues, s'il vous plaît, remplaceraient avec avantage le baromètre à mercure. Un monsieur Merryweater, savant physiologiste, ayant remarqué qu'à l'approche d'une tempête les annélides se démenaient plus qu'à l'ordinaire dans le vase qui les contenaient tout en cherchant à en escalader les parois, et que leurs mouvements excentriques augmentaient avec le désordre de l'atmosphère, a eu l'ingénieuse idée de créer le baro- mètre-sangsue. Voici ce que c'est. Une bouteille remplie d'eau à moitié, contient un de ces petits animaux si impressionnables. Un tube en métal verni plonge dans l'eau et commu- nique à l'extérieur par le goulot. Ce tube est obstrué en partie par une petite tringle en baleine, qui, à son tour, est attachée à un fil communiquant en dernier lieu avec le battant d'une sonnette. La sangsue, inquiétée par l'état électrique de l'air, suit son instinct nerveux et monte dans le tube ; elle déplace donc la baleine, la sonnette tinte..... et voilà !

— M. le vicomte d'Arlincourt, l'auteur de *Dieu le veut*, et avec lui pas mal de comtes et de marquis, viennent de fonder la *Revue universelle*, dans le but avoué de remettre le dix- neuvième siècle dans la bonne voie. Le premier numéro a paru le 25 septembre. On y remarque *dix-neuf pages d'annonces ! !*

— Un journal annonçait dernièrement que M. le Ministre d'Etat avait accordé à l'une de nos plus anciennes illustrations dramatiques, une faveur d'un genre bien singulier. Mlle Georges, disait-on, avait obtenu le *privilége* du bureau des cannes, parapluies et ombrelles, au Palais de l'Exposition universelle de 1855. Plusieurs personnes, à la lecture de ce *fait-Paris*, éprouvèrent un sentiment pénible, en songeant que la plus grande tragédienne du temps de l'empire, de nos jours encore, la digne interprète des chefs-d'œuvre du drame moderne, se trouvait réduite à *tenir un bureau de cannes* Que ces personnes se rassurent, si l'annonce en question n'est pas un affreux canard, le cadeau de M. le Ministre d'Etat n'a rien d'humiliant pour la célèbre artiste. Il s'agit tout simplement d'une concession que la titulaire fera exploiter par des agents, ou bien qu'elle pourra sous-louer si tel est son bon plaisir. On évalue le produit de cette *affaire* à plus de CENT MILLE FRANCS. Nous connaissons des gens très-huppés qui accepteraient avec la plus vive reconnaissance une humiliation de ce prix là.

Pour tous les articles non signés :

Les Rédacteurs-Propriétaires :

BRUN-LAVAINNE, *Gérant;* A. DEPLANCK, CASIMIR FAUCOMPRÉ.

Lille Imp. de Lefebvre-Ducrocq.

LITTÉRATURE.

LE PASTEUR D'AMES.

I.

Vers la fin du printemps de l'année 1711, les provinces du nord de la France se trouvaient envahies par l'armée des alliés que commandaient de concert le duc de Marlborough et le prince Eugène ; ces deux habiles généraux, après avoir vaincu les troupes de Louis XIV sur les champs de bataille d'Hochstet, de Ramillies, de Malplaquet, voulaient achever d'accabler leur ennemi en pénétrant jusqu'au cœur de son royaume ; mais des négociations entamées à Londres, les obligèrent à rester dans la position qu'ils avaient prise au bord de nos frontières, attendant en repos le résultat que la diplomatie allait donner à leurs victoires. Un tel repos, qu'ils appelaient une faute grave, mécontentait aussi leurs soldats, et les rendait si exigeants envers les campagnards chez lesquels on les avait militairement établis, que tous ceux de leurs hôtes, à qui la fortune permettait de changer de lieux, couraient s'enfermer dans les places fortes encore en notre possession, ou bien cherchaient à gagner quelque ville de l'intérieur, au-delà des lignes conquises.

Les environs de Cambrai même, où le général anglais, par respect pour l'auteur de Télémaque, ne permettait aucune déprédation contre les biens de l'archevêque, aucune violence contre la personne de ses diocésains, les environs de Cambrai se montraient dépeuplés de leurs plus riches habitants, et c'était par une circonstance exceptionnelle que la solitude ne régnait pas chez le seigneur d'Abancourt, comme dans tous les châteaux du voisinage.

Ce seigneur, nommé Pierre-Antoine-Joseph de Fayelle, baron

d'Abancourt, aurait volontiers suivi l'exemple que lui donnaient toutes les personnes de sa connaissance, mais un magnifique haras, fondé pas son père, et qu'il faisait prospérer à son tour d'une manière remarquable, lui inspirait trop de sollicitude, pour qu'il pût se résoudre à l'abandonner à la convoitise d'une soldatesque ennemie.

— Je resterai ici, avait-il dit à sa femme, en apprenant que le village d'Abancourt allait être soumis à l'occupation militaire ; — vous y resterez avec moi, et nous ferons aux chefs un si bon accueil qu'ils ne pourront encourager sans honte les rapines de leurs subordonnés.

Aussitôt, sans s'inquiéter de la craintive désapprobation qui se lisait dans les yeux de la baronne, il s'était mis à donner des ordres à ses valets, souvent plus occupés des écuries que des salons, pour que le château fût arrangé avec soin, et pour qu'un repas copieux attendît les officiers dont on annonçait la venue.

Lui-même, qu'on voyait toujours habillé de gros drap, la tête couverte d'un bonnet de poil de renard à longue queue, les jambes enfermées dans une chaussure de cuir grossier, lui-même se vêtit, pour faire honneur à ses hôtes, d'un habit et d'un haut-de-chausses en velours carmélite à galons d'argent. Une immense perruque d'un noir de suie, et des bas de soie verts, à coins jaunes, formèrent le complément d'une toilette sous laquelle les cinquante-cinq ans du baron, sa taille épaissie, ses gestes brusques et vulgaires, semblaient plus désagréables encore que sous la casaque d'un paysan.

Ce fut une compagnie du régiment des gardes de la reine Anne, commandée par le capitaine Lionel Churchill, neveu du duc de Marlborough, qui vint occuper le cantonnement d'Abancourt. Dès que le son des instruments guerriers se fit entendre, le baron s'empressa d'aller réclamer l'avantage de recevoir chez lui tous les officiers, mais la turbulence des soldats nécessitant une continuelle surveillance, les lieutenants durent se loger, soit chez le curé, soit dans les fermes, et le capitaine seul put songer à s'installer au château, assez éloigné du village.

Pour répondre à la politesse du baron qui voulut absolument lui servir de guide jusqu'à sa demeure, cet officier mit pied à terre, et malgré ses grandes bottes de cavalier, armées d'éperons aigus, il suivit facilement, grâce à sa jeunesse, les pas allongés de M. d'Abancourt, que ni l'âge, ni l'embonpoint n'avaient ralentis. La distance qu'il devait parcourir était abrégée, d'ailleurs, par l'agrément du chemin, tracé dans un pré fleuri et bordé d'arbres touffus.

L'insulaire, habitué aux riches gazons du sol natal, fut cependant frappé de la fraîcheur des plaines de verdure qui se déroulaient sous ses yeux ; mais tout en louant le système de culture et d'irrigation à l'aide duquel on entretenait, sous un soleil déjà brûlant, le parfum et le velouté de ces herbes florissantes, il s'étonna que d'aussi beaux pâturages ne fussent pas couverts de troupeaux.

— Ceux qu'on y voit paître habituellement, dit le baron, y reviendront demain sans doute ; l'arrivée de votre détachement a fait oublier aujourd'hui de leur donner la liberté.

M. d'Abancourt voulait que de bons rapports se fussent établis entre lui et son hôte, avant de le mettre dans la confidence des trésors qu'il possédait, avant de lui demander d'en être le protecteur.

En arrivant au château, dont la façade noircie par le temps et dégradée en beaucoup d'endroits, donnait une juste notion du délabrement intérieur, le capitaine fut introduit dans une grande salle, boisée de chêne enfumé, carrelée de pierres dissemblables, et meublée de fauteuils jadis rouges, très-endommagés par les vers. Quatre croisées, s'ouvrant sur une belle pelouse, auraient pu égayer cette salle, car un jour lumineux supplée à tous les ornements, mais elles étaient percées dans une muraille dont l'épaisseur ne laissait guère pénétrer la clarté du ciel au-delà de leurs embrasures. Un métier à broder d'ébène incrusté d'ivoire, seule pièce moderne de tout le mobilier, était placé contre la dernière de ces croisées, et non loin d'une porte par laquelle M. d'Abancourt sortit en disant à son commensal qu'il allait lui chercher de la société.

Resté seul, l'officier anglais, pour passer le temps, examina d'abord de vieux portraits de famille, dont les originaux avaient dû être d'une laideur peu commune, si le peintre ne s'était pas plû à les calomnier ; puis son regard tomba sur le joli métier d'ébène. A la croix qui occupait le milieu de l'ouvrage il crût reconnaître un ornement d'église : c'était en effet une chasuble de velours blanc, sur laquelle le signe de la rédemption se trouvait entouré de fleurs d'or, de pourpre et d'azur. La perfection de cette broderie annonçait, à la fois, un goût et une adresse si remarquables, qu'un homme de guerre, naturellement peu connaisseur en ces délicates fantaisies qui naissent sous l'aiguille des femmes, ne pouvait cependant refuser à celle-ci son admiration. Mais tandis que le jeune officier se penchait pour mieux voir ce précieux travail, la voix en colère du baron et celle plaintivement douce d'une

femme parvinrent jusqu'à son oreille. Se retirant aussitôt d'une place qui
allait l'initier à des débats de ménage dont la discrétion lui défendait de
se faire le confident par surprise, il retourna contempler les mines rébar-
batives des aïeux de M. d'Abancourt. Sa retraite ne put néanmoins
s'effectuer assez vite pour qu'il n'entendit pas ce dernier s'écrier brusquement :

— Mon Dieu ! que toutes ces simagrées sont insupportables. Ne dirait-
on pas que vous avez peur que cet officier ne vous mange.

Un instant après la porte s'ouvrit et le baron reparut, tenant par la
main une jeune dame dont les traits fins et charmants, dont la taille
élégamment souple, contrastaient de la manière la plus frappante avec le
visage dur et hâlé, avec la tournure grotesque de son conducteur.

Celui-ci dit en entrant :

— M. le capitaine, j'ai l'honneur de vous présenter madame la baronne d'Abancourt, qui se félicite autant que moi d'avoir le plaisir de
vous recevoir. La baronne fit une révérence sans parler ni lever les
yeux, et s'assit devant son ouvrage, tandis que le baron continuait en
s'adressant à elle :

— Cécile, vous allez dire vous-même à M. le commandant, combien
nous désirons que son séjour ici lui soit agréable, et quel empressement
nous apporterons à mettre à sa disposition tout ce qu'il pourra désirer.
Moi, je suis obligé de le quitter un moment pour une affaire importante.

Cette affaire était la naissance d'un poulain que venait de mettre bas
sa plus belle cavale.

Dès qu'il se fut éloigné, le capitaine Churchill se rapprocha de la
baronne, qui continuait à travailler silencieusement, et chercha ce qu'il
pourrait lui dire pour la rassurer, car il voyait à ses mains tremblantes,
à ses paupières timidement baissées, qu'elle conservait encore le sentiment de crainte que son mari avait naguère tourné si brutalement en
ridicule. Mais, quoiqu'il parlât fort bien le français, l'officier aux gardes
trouva mal-aisé l'arrangement d'une phrase convenable ; il est vrai qu'il
voulait la construire de manière à dissiper l'effroi de la jeune femme sans
lui laisser soupçonner comment il savait qu'elle éprouvait cet effroi. Enfin,
après beaucoup d'hésitation, il prononça respectueusement ces paroles :

— Malgré l'assurance contraire que vient de me donner M. le baron
d'Abancourt, il me paraît impossible, Madame, que la présence d'un
étranger dans votre demeure ne vous soit pas une grande gêne, et je
sens qu'il est de mon devoir de vous en délivrer.

— Ne faites pas cela, Monsieur, je vous en prie, s'écria d'un accent plein de vivacité involontaire, Mme d'Abancourt; mon mari ne me pardonnerait jamais votre départ, et moi, ajouta-t-elle encouragée par l'aspect noble et gracieux de son interlocuteur, qu'elle osait pour la première fois regarder, je me reprocherais d'avoir tardé à me conformer à ses recommandations de vous exprimer...

Le jeune Anglais l'interrompit avec la plus extrème déférence :

— Veuillez ne m'exprimer, Madame, dit-il, que votre opinion personnelle, c'est elle seule qui doit décider s'il faut que je reste ou que je parte.

— Restez, Monsieur, restez, répondit la baronne, je tàcherai que vous ne doutiez plus de ma propre disposition à vous bien accueillir.

Elle accompagna ces mots d'un geste gracieux de la main, pour inviter l'officier à s'asseoir. Celui-ci céda volontiers; néanmoins, en cédant il protesta de nouveau de sa peur d'être à charge.

— Si vous répétez cela, dit la baronne en se rassurant de plus en plus, je supposerais que vous ne m'avez pas encore pardonné mon silence.

— Votre silence n'avait rien que de naturel envers un militaire qui a le malheur d'être à vos yeux un ennemi.

— C'était avant de vous avoir vu et entendu que je vous donnais ce nom, mais à présent... Un regard tranquille et plein de candeur acheva la pensée de la jeune femme, et le capitaine Churchill, heureux d'un témoignage si prompt de sécurité, y répondit en ne laissant percer dans son langage et dans son maintien que cette réserve polie dont l'âme la plus craintive n'aurait pu songer à prendre l'alarme.

De tels préliminaires faisaient bien augurer de l'entretien qui allait suivre : il fut en effet soutenu de part et d'autre avec une facilité dont le noble insulaire avait puisé l'habitude dans le grand monde où il vivait, et qui, chez Mme d'Abancourt, trouvait son explication dans la rencontre agréable d'une courtoisie parfaite, là où son imagination s'était figurée d'inconvenants discours, des façons peut-être insultantes.

Privée très-jeune de sa mère, et laissée, jusqu'à l'âge de seize ans, par son père, qu'un veuvage prématuré avait rendu mysanthrope, aux soins des Dames de la Visitation à Cambrai, Melle Cécile d'Epinoy n'avait quitté le couvent dont elle était la pensionnaire la plus aimable et la plus aimée, que pour aller donner, sous les yeux d'un père mourant, sa main au baron d'Abancourt. La piété filiale, et surtout les conseils d'un sage directeur qui connaissait, pour avoir vainement essayé de la combattre, la décision absolue de M. d'Epinoy relativement au mariage de sa fille, empêchèrent celle-ci d'y faire aucune objection ; et quoiqu'elle eût de beaucoup préféré le voile au mari qu'on lui imposait, elle se promit d'accomplir ses nouveaux devoirs sans jamais laisser soupçonner qu'ils fussent pour son âme un sacrifice. Par malheur une résolution si louable, et qu'elle avait su courageusement tenir, ne lui valut pas la récompense qu'elle en attendait : c'est-à-dire une tendresse bienveillante et confiante de la part de son époux.

M. d'Abancourt, véritable seigneur campagnard, ignorant, sans goût, livré tout entier à ses travaux agrestes, à l'amélioration de ses chevaux, ne pouvait apprécier convenablement une intelligence cultivée, des attraits délicats, de gracieuses et chastes manières, et sa femme, qu'il n'avait épousée que pour joindre des biens considérables à ses propres biens, sa femme n'était, pour lui, qu'un être insignifiant dont sa rudesse ne ménageait même pas toujours la touchante soumission.

Mais les joies de la maternité vinrent au bout d'une année distraire si bien la baronne des déceptions du mariage, qu'elle crut, elle si jeune encore, n'avoir jamais à former de vœux que pour sa bien-aimée Alice. Acceptant avec bonheur toutes les fatigues de son rôle de mère, Cécile avait été la nourrice, la bonne, le guide de son enfant, et la petite fille à trois ans et demi ne s'était sentie portée que par les bras maternels.

— Je ne me séparerai jamais de toi, ma chérie, disait souvent M.ᵐᵉ d'Abancourt en serrant contre son cœur, tout palpitant d'une ineffable tendresse, l'enfant qui lui souriait et la caressait exclusivement. Cesser de te voir, de t'entendre, serait une douleur capable d'altérer ma raison : tu es l'ange qui me fait aimer la vie, qui me dicte la patience, qui m'inspirera toujours la sagesse !

Cependant, le jour où son mari lui avait annoncé qu'il fallait rester à Abancourt pour recevoir des hôtes dont tous leurs voisins redoutaient la présence, la baronne s'était empressée de conduire Alice aux religieuses de la Visitation et de les prier de la lui garder jusqu'au départ des troupes anglaises. La supérieure de la communauté avait élevée la mère, elle promit de veiller sur l'enfant avec la plus vive sollicitude, et Cécile, après avoir versé d'abondantes larmes en quittant sa fille, revint pourtant chez elle calmée par l'assurance de savoir son précieux trésor à l'abri du contact de soldats grossiers.

Quant au manque d'égards qu'elle pouvait craindre pour elle-même, en retournant dans un lieu qu'allaient envahir des hommes dont on

vantait peu la sobriété, elle crut devoir l'endurer par obéissance con-
jugale, sauf à se réfugier aussi derrière les murs de Cambrai si sa
pudeur alarmée lui en faisait comprendre l'urgence.

Ce fut dans cette disposition, inquiète mais soumise, que la baronne,
amenée par son mari, parut devant le capitaine Churchill; l'aspect de
ce jeune homme dont les avantages extérieurs étaient encore relevés par
d'élégantes façons, de ce jeune homme qui lui parla d'une voix douce,
avec un regard plein de respect, eut bientôt dissipé son trouble, et,
pour la première fois depuis qu'elle avait quitté ses chères institutrices,
son esprit ne se trouva pas comprimé comme il l'avait toujours été par
la froideur de M. d'Epinoy, comme il l'était encore journellement par la
brusquerie de M. d'Abancourt.

Le baron, cependant, craignant ce qu'il appelait la pruderie de sa
femme, revint bientôt au salon, et crut faire merveille en s'emparant
de l'attention de son hôte, en lui offrant toutes sortes de rafraîchisse-
ments, en voulant le forcer à table, où l'on ne tarda pas à se placer,
de boire et de manger encore, lorsque la soif et la faim l'avaient quitté
depuis longtemps.

— Vous n'êtes donc pas un bon anglais, sir Lionel, disait-il tout
surpris des refus qu'il éprouvait.

— J'ai peu le désir de mériter ce titre, monsieur le baron, si vous y
attachez l'idée de la gourmandise et de l'ivrognerie, répondit le jeune
officier en souriant.

— C'est peut-être Cécile qui vous gêne, reprit M. d'Abancourt, je sais
qu'en Angleterre les femmes passent au salon avant les hommes, et s'il
ne faut que cela...

Il fit un signe à la baronne qui se leva sur-le-champ pour s'éloigner,
mais le capitaine Churchill s'empressa de dire, en s'inclinant devant
elle :

— S'il est vrai que dans mon pays les dames n'osent pas toujours affronter la fin des repas, j'espère que madame la baronne voudra bien
essayer de se convaincre qu'un fils d'Albion n'est pas inévitablement à
fuir lorsqu'il a dîné.

Cécile se rassit aussitôt, et rien ne vint la faire repentir de sa complaisance.

M. ADÈLE DESLOGES.

La suite prochainement.

MES SOUVENIRS.

Les années s'amassent dans ma tirelire. Un jour prochain peut-être, elle se cassera, et de tant de souvenirs que j'ai recueillis pendant mon long pèlerinage, il ne resterait rien..... rien, si un obligeant morceau de papier ne se trouvait à propos sous ma main pour en conserver la trace.

Allons, ma plume, cours donc, cours encore. Sois fidèle et docile; à moins pourtant que tu ne sentes un peu d'ennui glisser avec l'encre que tu vas déposer sur la blanche surface. Oh! alors, arrête-toi bien vite et je te pardonnerai ta rebellion.

Le plus ancien de mes souvenirs se rattache au bombardement de Lille. — Oh! oh! dit ma plume en s'arrêtant, voilà qui est un peu fort. Tu es né le 22 juillet 1791. — Hé bien! quoi? j'avais quatorze mois; donc je puis sans mentir me donner la petite gloriole de dire : *j'y étais* ! A la vérité, ce souvenir-là serait terriblement effacé de ma mémoire, si je n'avais tant de fois entendu répéter toutes les circonstances de cette belle page de notre histoire locale que j'ai fini par m'approprier, sans le vouloir, les souvenirs des autres.

Au reste, cher lecteur, si vous croyez que je vais vous *renarrer* ce qui a été dit sur ce sujet par les autorités civiles et militaires du temps, par MM. Victor Derode et H. Bruneel, par mon fils et moi et par bien d'autres encore, rassurez-vous; je n'ai à vous parler que d'un épisode dont l'histoire n'a pas jugé à propos de s'occuper. C'est ma bonne mère qui raconte. Elle est en ce moment près de moi et j'écris presque sous sa dictée.

Les premiers travaux des Autrichiens dans le faubourg de Fives n'avaient fait qu'exciter la curiosité des bons habitants de Lille. On allait voir alors ouvrir une tranchée comme on va aujourd'hui voir commencer un chemin de fer. Quelques bourgeois disaient : C'est une plaisanterie ; on n'assiége pas Lille avec si peu de canons. D'autres répondaient : Quel dommage ! ça doit être beau un siége.

Mais après la sommation d'Albert de Saxe et l'immortelle réponse que vous savez, il se fit tout à coup une détonation épouvantable qui fut suivie d'un moment de stupeur. Il n'y avait plus à rire ; c'était — non pas un siége — mais un bombardement.

On sait que, dès la première nuit, des boulets rouges mirent le feu au clocher de l'ancienne église de Saint-Étienne. Au même instant où l'incendie éclatait, un boulet froid pénétra dans la maison qu'habitaient mes parents et y causa un ravage épouvantable. Mon père me prit dans mon berceau et sortit à travers les décombres pour me conduire avec ma mère dans une maison du voisinage qui paraissait moins exposée que la nôtre. Nous logions dans la rue de Béthune et notre toit était labouré à chaque instant par les boulets que l'ennemi dirigeait sur l'Hôpital militaire. Ces braves Autrichiens en voulaient même aux malades et aux blessés.

La maison qui nous servit de refuge était celle du notaire Wattrelos. Plus de vingt femmes avec leurs enfants y trouvèrent un asile pendant toute la durée du bombardement. Quant aux hommes, ils étaient les uns sur les remparts ou dans les ouvrages extérieurs, les autres au haut des maisons occupés sans cesse à suivre de l'œil la direction des projectiles, afin de porter immédiatement du secours, là où ils tombaient, et vrai, ce n'était pas le poste le moins périlleux.

Le quatrième jour, ma mère fut sollicitée par une femme de la campagne à qui le bruit de l'artillerie commençait à donner mal à la tête, de l'accompagner jusqu'au village de Lomme où elle avait des parents. La route de Dunkerque était libre ; on permettait aux bouches inutiles de sortir par la porte de la Barre ; mais cette porte était impitoyablement fermée à tout homme valide qui voulait soustraire son front aux lauriers de la gloire.

Y avait-il de ces hommes-là ? dira-t-on : — Hélas ! il faut bien l'avouer ; dans une population de soixante mille héros, tant mâles que femelles, il peut se rencontrer quelques poltrons. La preuve c'est que ma mère, d'après les instances de son père et de son mari, ayant franchi avec moi la porte de salut, reconnut dans un groupe de femmes qui sortaient aussi de la ville, un jeune homme très-bien portant revêtu d'habits qui n'appartenaient pas du tout à son sexe, et à la faveur des-

quels il put aller respirer l'air pur des champs ou se mettre au vert
dans les prairies de la Lys.

O ! mânes de nos ayeux, voudrez-vous croire à une telle lâcheté.

Mais laissons ce Lillois indigne qui est bien capable, s'il vit encore,
de se vanter d'avoir combattu pour la défense de son pays, et revenons
à moi, c'est-à-dire à nous ; car, en bonne conscience, ce n'était pas moi
qui fuyais, mais ma mère qui, poussée par l'héroïsme de la peur —
genre d'héroïsme qui n'est connu que d'un cœur maternel, — ma mère,
dis-je, m'emportait dans ses bras et volait plutôt qu'elle ne marchait en
suivant la chaussée du faubourg de la Barre ; car, à chaque instant, un
sifflement prolongé lui apprenait qu'un boulet ennemi venait de passer
au-dessus de sa tête pour aller se perdre dans les fossés de la citadelle.

Peindre ses angoisses pendant ce trajet où il était aussi périlleux
d'avancer que de reculer est impossible. La pauvre mère tremble aujour-
d'hui quand elle y pense ; mais elle ne tremblait pas alors ; elle marchait
résolument en avant, me tenant bien serré, bien enveloppé comme si,
étant plus près de son cœur, il y avait moins de danger pour moi.

Enfin, après une course de quinze éternelles minutes, nous arrivâmes
au pont de Canteleu. A partir de là, l'on n'avait plus rien à craindre ; on
suivait paisiblement la route à côté d'une innombrable file de voitures
emportant des meubles, des marchandises, des femmes et des enfants.
Cependant lorsque les coups de canon redoublaient de furie, plus d'une
épouse, plus d'une mère se retournait involontairement. — Dam ! ça
n'était pas défendu, et aucune d'elles ne fut changée en statue de sel.

Dans le village de Lomme, une partie de ces voitures s'arrêtèrent.
Ceux qui les conduisaient ne voulaient pas aller plus loin sans nécessité. D'ailleurs, des détachements de soldats, de volontaires, de gardes
nationaux qui passaient à tout moment, se dirigeant vers Lille, rendaient un peu de courage à toutes ces femmes éplorées. « Nous allons
faire danser les Autrichiens, disaient-ils avec cette gaieté qui est la compagne ordinaire du troupier français, ne vous éloignez pas trop si vous
aimez d'entendre les violons. »

Ma mère s'arrêta à l'extrémité du vil'age, chez un brave homme qui
était à la fois fermier et meunier. La maison, les greniers, les granges,
tout était encombré de monde ; la cour était remplie de bagages. Le
moulin avait été transformé en observatoire d'où une vedette veillait
jour et nuit sur ce qui se passait du côté de Lille. La nuit on voyait
le progrès ou le ralentissement des incendies ; on suivait de l'œil les

bombes avec la traînée rougeâtre que laissaient leurs mêches. Le jour,
on regardait avec soin si quelques maraudeurs ennemis ne poussaient
pas leurs courses de ce côté, mais ils n'avaient garde ; malgré les
excitations de l'archiduchesse Marie-Christine, les Impériaux commençaient à désespérer de vaincre l'opiniâtre résistance des Lillois. Loin de
donner du développement à leurs lignes, ils se disposaient à les évacuer
bientôt.

Un matin, qu'on n'entendait plus que de loin en loin de rares déto-
nations et que l'espoir renaissait parmi toutes nos réfugiées, j'essayais,
sous l'œil de ma mère, mes premiers pas dans la vie J'allais avec précaution de chaise en chaise, n'abandonnant un appui que quand j'en
avais trouvé un autre. Tout à coup, un effroyable vacarme retentit
comme aux premiers jours du siége. C'était le coup d'adieu de nos amis
les Kayserlicks. Toutes les femmes courent vers le moulin pour interroger la vigie. Pendant ce temps, poussé par je ne sais quel sentiment
d'indépendance un peu trop précoce, je passe la porte et, précipitant
mes pas à mesure que mon petit corps perdait son centre de gravité,
j'arrive juste au bord d'un étang situé devant la ferme. Ma mère m'aperçoit de loin, pousse un grand cri et s'élance...... Mais trop tard ; j'étais
déjà au fond de l'eau.

Parmi les différents genres de mort accidentelle, l'asphyxie par im-
mersion me paraît être un de ceux qui laissent le plus de temps pour
réfléchir sur le changement de condition qui s'opère en nous et pour sentir
le passage de l'une à l'autre vie. — Il est bien entendu que je ne parle pas
de l'empoisonnement volontaire ni de l'asphixie par la vapeur du charbon.
— On peut juger du sentiment de conservation qui agit sur les gens qui
se noient par leurs efforts souvent très-prolongés pour échapper à un
trépas inattendu et par les étreintes convulsives auxquelles s'exposent
ceux qui se jettent à la nage pour les sauver. C'est ainsi que je courus
un jour un grand danger en voulant secourir un de mes amis qui avait
perdu pied dans la Deûle. Il me serra le cou entre ses deux mains et nous
allions périr ensemble, ce qui m'inspirait vraiment quelque regret, si je
ne m'étais avisé, dans ce moment suprême, d'administrer à mon ami de
grands coups de poing dans les côtes pour lui faire lâcher prise. Grâce
à ce moyen héroïque je pus gagner la rive avec lui.

Mais j'oublie, tout en causant, que j'étais, à quatorze mois, en train
de me noyer dans le *Flaquet de Lomme*, lorsqu'un sergent qui passait
sur la route avec sa compagnie, jette bas son havresac et son fusil,

descend gaillardement dans l'eau qui, heureusement n'était pas profonde, me repêche comme un goujon et me dépose entre les bras de ma mère à demi morte de peur. — « Sacrebleu ! dit notre guerrier en « la regardant, voilà ma nièce, et le marmot qui a voulu boire à cette « chienne de tasse est sans doute mon filleul ? Hé ben ! c'est ça un se- « cond baptême auquel je ne m'attendais guère. »

Il faut remarquer que mon parrain m'appelait *marmot*, parcequ'en 1792, la langue française ne s'était pas encore enrichie du mot *moutard*, Cette gracieuse épithète n'a été inventée, je crois, que depuis la révolution de juillet.

N'est-il pas vrai que la rencontre était heureuse? Ma foi! sans la rapide intervention de mon brave grand-oncle Elie Debay, soldat intrépide qui avait fait la guerre d'Amérique et qui fit depuis les campagnes de Hollande, d'Allemagne et d'Italie, je terminais là ma carrière à peine commencée et je n'aurais pas aujourd'hui l'agrément de raconter *Mes Souvenirs* aux bienveillants lecteurs de la *Revue du Nord*.

Inutile, après cela, de dire que les soins dont je fus entouré me rappelèrent promptement à la vie. Que mon oncle et parrain continua gaiement sa route pour Lille, que nous-mêmes, le 8 octobre, apprenant que les Autrichiens étaient en pleine retraite, nous sortîmes comme une volée de pigeons de notre asile hospitalier, pour aller prendre part aux manifestations de la joie immense causée par la délivrance de notre ville natale.

BRUN-LAVAINNE.

La suite prochainement.

CONSIDÉRATIONS SUR LA LITTÉRATURE ITALIENNE. (1)

III.

Suite de la biographie de Dante, selon Paolo Costa.

Depuis son mariage jusqu'au moment où il se sépara de sa femme, Dante s'occupa beaucoup de l'éducation de ses enfants; mais le soin qu'il prit de ses affaires privées ne l'empêcha pas de servir très-utilement les intérêts de la république florentine. Dans sa trentième année, peu de temps avant d'être banni, il fut envoyé deux fois vers Charles II, roi de Naples. Il fut choisi pour quelques autres ambassades importantes, parmi lesquelles la plus honorable était la commission de présenter au pape Boniface VIII l'assurance de l'amitié des Florentins. Il eut une si grande part dans le gouvernement de l'état, qu'au dire de Boccace, aucune délibération n'était prise sans son avis. Il obtint la confiance publique et fut élu, en 1300, au nombre des prieurs. A cette époque, s'élevèrent les trop fameuses querelles des Cerchi et des Donati qui prirent les noms de *Blancs* et de *Noirs*. Corso Donati, chef du parti des *Noirs* fut exilé par le conseil de Dante, ainsi que plusieurs autres ennemis de la liberté. Mais Corso Donati, certain de la faveur de Charles de Valois et de celle du peuple, revint bientôt à Florence avec un grand nombre de ses amis; il humilia les *Blancs* qui voulaient, disait-il, se replacer à la tête de la république, et il fit exiler à son tour les principaux chefs de ce parti. Dante se trouvait alors en ambassade à Rome. La populace de de Florence courut à sa maison et la dévasta. Caute de' Gabrielli d'Agob-

(1) Voir la *Revue du Nord*, tom I, pages 138 et 310.

bio, homme cruel du parti des Guelfes (1), devenu Podestat, l'appela devant son tribunal et le condamna, par contumace, au paiement d'une amende de 8,000 livres et à un exil de deux années. On assure que l'opposition faite par Dante à l'avis de ceux qui conseillaient de donner un subside et des munitions à Charles de Valois, fut la cause véritable et secrète de sa condamnation. Cante de' Gabrielli n'ayant pu satisfaire par cette méchante action la haine des Guelfes, frappa peu de mois après d'une sentence plus barbare Dante, Petracco, père de François Pétrarque, et treize autres Florentins qu'il condamna, s'ils tombaient entre les mains de l'autorité du pays, à être brûlés vifs comme coupables d'extorsions et de malversations. Hideuse calomnie, cruelle vengeance qui n'aurait pas été connue chez un peuple se prétendant libre, s'il se fût trouvé un frein à la licence et à la tyrannie ; mais la liberté n'était à Florence qu'un vain mot, parce que ceux qui commandaient à la force publique unissaient à tant de puissance l'autorité de s'entremettre dans les jugements et d'abroger ou de réformer les lois ; ce qu'ils faisaient souvent en vue de leur propre utilité et de l'abaissement du parti contraire. Ainsi se multiplièrent les haines, les querelles, les désordres qui ne se terminèrent que le jour où le peuple, dominé par une famille puissante, tomba dans une tranquille servitude qui prit le nom plus honnête de paix.

En quittant Rome, Dante se rendit en Toscane et acquit à Sienne la certitude de sa disgrâce. Il sut comment Corso Donati avilissait la justice, combien d'hommes étaient condamnés à périr et comment on ruinait ou brûlait les maisons et autres propriétés des *Blancs* (2). Mettant alors son espoir dans les fréquents changements de la fortune, Dante s'unit, à Arezzo, avec quelques personnes de son parti. Soutenus par de puissantes maisons de Pistoie et Bologne, ils résolurent de tenter une sur-

---

(1) Les Guelfes et les Gibelins, factions qui dans les XII.ᵉ, XIII.ᵉ et XIV.ᵉ siècles divi_sèrent les peuples d'Allemagne et d'Italie, tiraient leurs noms de deux maisons puissantes d'Allemagne : Les Welfs (Guelfes), ducs de Bavière, qui se montrèrent favorables aux intérêts des papes, et les Hohenstauffen, possesseurs d'un château du nom de Wablinga ou Gueibelinga (d'où est venu la désignation de Gibelins), lesquels appuyèrent les efforts tentés par les empereurs d'Allemagne pour établir leur puissance en Italie.

(2) Corso Donati mourut tragiquement ; devenu odieux à ses concitoyens, il fut déclaré rebelle et attaqué par le peuple dans sa propre maison ; il s'enfuit, mais se voyant sur le point d'être rejoint, il se laissa tomber de cheval et l'un des siens, sur son ordre, dit-on, lui coupa la tête, afin qu'il ne fût pas pris vivant par ses ennemis.

prise contre Florence, sous la conduite d'Alexandre de Romeux. L'an 1304, selon cette détermination, les exilés, d'intelligence avec le légat du Saint-Siége, entrèrent dans Florence en franchissant les murailles, et coururent jusqu'à la place Saint-Jean; mais le peuple, irrité de cette violence, les chassa. Ce fut alors que Dante, perdant l'espérance du retour, se retira chez Alboin della Scala, souverain de Vérone, qui se trouvait au comble de la fortune et se plaisait à recevoir les hommes éminents que les Guelfes persécutaient. Les obligeantes attentions et les bienfaits d'Alboin ne purent diminuer le désir que Dante conservait de rentrer dans sa patrie. Il considérait l'exil comme un supplice insupportable. Il écrivit à quelques hommes puissants et même au peuple florentin pour obtenir son rappel; mais ayant enfin reconnu que toute prière était inutile, il se mit à parcourir diverses contrées, autant pour calmer sa douleur que pour étudier les mœurs des hommes.

Après avoir fait quelques voyages, il revint à Vérone et s'y trouvait lorsqu'Alboin mourut, en 1311. Cangrande, frère d'Alboni, prit le gouvernement de Vérone où Dante demeura plusieurs mois, et ce fut de cette ville qu'il écrivit à Henri de Luxembourg et à quelques Italiens influents pour engager le premier à passer en Italie et les autres à le recevoir comme souverain. Les Guelfes, irrités contre lui à cause de ces lettres, déclarèrent son exil perpétuel. Dante, voyant plus que jamais s'enfuir ses espérances, se rendit à Paris et de là en Angleterre, selon ce que Boccace raconte dans un poème latin. Pendant son séjour à Paris, il étudia beaucoup et fut nommé *théologien*, titre qui équivalait alors à la qualification d'homme très-savant.

En 1313, Henri de Luxembourg, qui avait été couronné l'année précédente empereur romain, entreprit de rendre les Gibelins à leur patrie et de soumettre Florence à son autorité. Dante sentit renaître son espoir évanoui et les transports de sa joie furent tels qu'il écrivit immédiatement à ses cruels ennemis une lettre remplie d'expressions acerbes; tant il est difficile d'agir avec modération lorsque la fortune se montre favorable! Après que Henri eut dissipé quarante jours en combats inutiles sous les murs de Florence, il en abandonna le siége et tourna ses armes contre le royaume de Naples; mais il tomba malade et mourut. Ainsi s'éloigna de nouveau pour les Gibelins la possibilité de retourner dans leur patrie. Dante repassa les Apennins et alla chercher une retraite paisible dans la Romagne. Guido Novello de' Polentari, souverain de Ravenne, qui pensait que le principal objet de la justice doit être d'honorer et de récompenser les savants, lui adressa des lettres et des messages pour lui offrir un asile et son amitié. Dante, touché de cette bienveillance, alla demeurer à Ravenne et là, l'esprit délivré de tous les soins publics, il donna entièrement son attention à la philosophie et aux belles-lettres. Il avait déjà passé huit années dans ce doux repos, lorsqu'en 1321 il fut envoyé en ambassade auprès des Vénitiens, pour demander la paix au nom de Guido. Il ne put vaincre l'obstination de l'orgueilleux sénat et fut contraint de revenir par des chemins incommodes et déserts, au travers des bois, parce que la guerre rendait très-périlleuse la voie de la mer. La tristesse que l'arrogance des Vénitiens laissait en son cœur et les fatigues d'un voyage pénible accablèrent son corps affaibli par de longs travaux et par les souffrances de l'exil. Il tomba malade en route; son état empira quand il fut arrivé à Ravenne et, le 14 septembre de la même année, il mourut, âgé de 56 ans, profondément regretté de Guido et de toute la ville. Guido se chargea lui-même de son oraison funèbre et se préparait à lui élever une noble sépulture lorsqu'il fut privé du pouvoir et de la vie. Ce que ce prince n'a pu faire fut exécuté dans le XVI.e siècle par Bernard Bembo et, vers la fin du XVIII.e, par le cardinal Louis Valenti qui fit construire, d'après les dessins de Camille Morigia, architecte de Ravenne, le beau monument que l'on voit aujourd'hui.

A. BOURSAULT.

La suite prochainement.

HISTOIRE.

Des établissements de l'ordre du Temple à Douai.

SUITE (1).

Nous avons dit que la première maison de l'ordre du Temple, fondée à Douai, l'avait été en 1155 ; c'est vers la fin du XII.ᵉ siècle, ou le commencement du XIII.ᵉ que fut établie la seconde, sous le nom de *Maison* ou *Hôpital de Saint-Samson de Constantinople*. Son fondateur fut l'archevêque de Thessalonique, Garin, ancien chanoine de Saint-Amé ; il affecta à cette destination la demeure qu'il avait à Douai. Elle fut remise aux chevaliers de la milice, avec les revenus nécessaires pour recevoir, héberger et nourrir de pauvres malades ; à la condition expresse que ces fonds et revenus resteraient dans la dépendance du chapitre de Saint-Amé, tant au spirituel qu'au temporel. Cependant, à la différence de la maison de Notre-Dame, celle de Saint-Samson resta sous la juridiction des échevins de Douai ; les chevaliers ne demandèrent pas de transaction, et ils vécurent en bonne intelligence avec eux. Les procès ne commencèrent qu'après l'abolition de l'ordre du Temple, et, lorsque les frères de Saint-Jean de Jérusalem eurent pris possession de la maison. Ceux-ci suscitèrent alors aux échevins toutes sortes de tracasseries, comme ils en conviennent eux-mêmes, dans le préambule d'un arrangement que ces derniers furent obligés de faire avec eux, pour avoir enfin leur tranquillité. Elle fut faite le 17 février 1427 (2). Nous en extrayons le passage suivant :

« C'est à scavoir que ladite maison et hopital de Saint-Samson où les
« pauvres sont logés et nourris (3) situé en la rue d'entre deux portes

(1) Voir la *Revue*, tome I, pages 125.

(2) Archives de Douai. Pièce N.° 810.

(3) Cette maison, d'abord consacrée au soulagement des malades fut ensuite affectée, par les Templiers, au service des pélerins ; puis on y reçut tous les passants qui réclamaient l'hospitalité.

« d'Arras et le pont Caffin (1), joignant d'une part aux maisons et tene-
« ments de l'église de Saint-Amé, et à une maison et tenement
« appartenant audit hôpital qu'on appèle la maison de la forge (2).
« D'autre part laquelle maison et hôpital comprend sur front de rue
« de largeur 61 pieds et aboutant par derrière jusqu'au courant de la
« rivière, avec les édifices qui sont en l'enclos dudit lieu, etc. »

Le reste, offrant d'ailleurs un véritable intérêt pour les amateurs de
l'ancienne topographie de Douai, ne peut entrer dans les bornes de
cette notice. Nous dirons seulement que la salle de Saint-Samson où
étaient reçus les pèlerins et voyageurs devint une grange qui fut brûlée
le 16 février 1524, elle était située vis-à-vis l'auberge actuelle de l'*Ecu
d'Artois.*

La paix semblait bien consolidée entre les échevins et les chevaliers
lorsqu'elle fut de nouveau troublée par l'arrivée à Douai, le 1.er mars
1563, du frère Pierre Le Nepveu, nommé à la commanderie de la
maison de Saint-Samson

Jusqu'alors, huit pauvres y avaient été hébergés toutes les nuits; ils
étaient en outre autorisés la veille des jours de réjouissance, tels que la
Saint-Martin, les Rois, aux veilles de l'an et du carnaval, à aller, par la
ville, demander l'aumône, clochette sonnant et en criant : « *Donnez l'aumône aux pauvres de l'hôpital de Saint-Samson !* » Ainsi que, d'ailleurs, le
faisaient les pauvres des autres hôpitaux. Cela déplut au nouveau commandeur. Il fit défense à l'hospitalier et à sa femme, sur qui reposait le soin

(1) La première porte d'Arras se trouvait en-deçà du pont de l'entrée de la rue d'Arras.
Le pont Caffin est celui se trouvait au bout de la rue de la Cloche, en avant de celle de Saint-
Samson, passant sous la rue, et donnant issue au cours d'eau vers la rue Sainte-Catherine.

(2) Cette forge n'était pas celle du maréchal ferrant, connue de la génération présente,
qui fait le coin des rues Saint-Samson et d'Esquerchin ; mais la maison où se forgeait la
monnaie *Douisienne.* Nous dirons en passant que cette monnaie était de cuivre sans légende, marquée d'un côté du *Douisien,* (rameau à cinq branches sans feuilles) ; de l'autre,
d'une croix, ainsi qu'on en voit la représentation sur les anciens sceaux de l'échevinage
et sur les anciennes mesures.

La monnaie de Douai était devenue si rare en 1251, que les échevins furent obligés
d'ordonner qu'on payerait en monnaie d'Artois, sauf à rendre le surplus de la valeur en
mériels ou *mériaux,* espèce de petite monnaie dont la valeur ne nous est pas connue.

La forge de la monnaie existait encore l'an 1263. On y fit alors un essai des monnaies
noires ou de billon, telles que tournois, poitevins, demi-escudles, angevins, mansois et
demi-vieux et neufs, mansois petits, neufs et parisis dont le poids et la valeur sont fixés,
et aussi ce qu'ils contiennent d'argent fin. (*Archives de Douai.* Pièce N.° 87.)

de la fondatioa, de recevoir davantage de passants. Ils désobéirent et furent chassés. Le chevalier commandeur, Le Nepveu, fit alors fermer les portes de l'hôpital, changea la distribution du local, et en vendit les meubles.

Les échevins qui avaient la superintendance de cet hôpital, comme celle de toutes les autres bonnes maisons de la ville, s'adressèrent au grand conseil, à Malines, et en obtinrent des lettres patentes, avec la clause expresse du rétablissement réel des choses ainsi qu'elles étaient antérieurement. L'huissier d'armes chargé de remplir cette commission commença ses opérations le 20 mars 1564. Il se fit remettre les titres des échevins et appella pardevant lui, en son logis, les témoins qu'ils voulurent faire entendre ; puis il assigna le frère chevalier-commandeur Le Nepveu à comparaître le 2 juin suivant, *vis-à-vis* la maison de Saint-Samson, pour voir procéder audit rétablissement. Mais le commandeur étant mandé à Malte, laissa une procuration au receveur, à cette fin de s'opposer à ce rétablissement. Celui-ci chercha d'abord à gagner du temps, il demanda ensuite à rendre compte à son commettant ; enfin, tous les délais étant écoulés, le procureur sommé, ne paraissant pas, l'huissier rendit sentence le 6 septembre 1568, en prenant la qualité de juge référendaire (1), en présence de son adjoint et de plusieurs notables.

Peu après, l'huissier étant décédé, les échevins durent de nouveau recourir au grand conseil, où ils obtinrent des lettres de *surannation* et une nouvelle commission portant ordre de mettre les sentences ci-dessus, à exécution. L'huissier subrogé se rendit le 27 juin 1570, à l'hôpital de Saint-Samson qu'il trouva fermé, il en fit faire l'ouverture par le maréchal voisin, en présence des échevins, du procureur général et du peuple rassemblé. Tandis que l'on procédait à la démolition de quelque entrefond, arriva le ci-devant procureur du frère Le Nepveu, qui consentit au rétablissement au nom de frère Jean Bernardon, nou-

---

(1) « Les *huissiers* d'armes étaient alors des personnages importants puisqu'ils remplis-
saient les hautes fonctions de juges des cours souveraines. Presque tous étaient nobles
ou très-bien alliés. Les familles qui en descendent et nous en connaissons plus d'une
honorables, auraient tort de s'en cacher. » (*Note de M. Guilmot.*)

Nous ajouterons que jusqu'à la révolution de 1789, les premiers huissiers de la plupart
de nos parlements étaient nobles ou anoblis et portaient la robe rouge.

Les huissiers de l'inquisition en Espagne et en Portugal étaient des personnes de la
première qualité qui se faisaient gloire de cette fonction, et sans autre récompense.

veau commandeur, lequel réclama et obtint quelques jours après, la remise de toutes choses dans l'état primitif.

Au frère Jean Bernardon succéda, en qualité de commandeur de Saint-Samson, un servant d'armes venant de Malte, nommé Claude Legoix, lequel, à peu de temps de là, en 1574, fut condamné à être brûlé, pour crime de sodomie, par les échevins et les officiers de la gouvernance réunis. Pendant longtemps, il fut inutilement réclamé par le grand prieur de France, mais enfin il fut remis entre ses mains, par ordre du roi, pour éviter le scandale.

Nous ne nous étendrons pas sur ce que fût ensuite l'hôpital de Saint-Samson. Selon toute probabilité, il fut supprimé en conséquence des déclarations du mois d'août 1671 et de janvier 1686 qui défendaient les pélérinages hors du royaume. Sur l'emplacement de cet hôpital qui était sis sur le rang *est* de la rue Saint-Samson, on a construit des maisons particulières. Le seul signe apparent qu'il en restât était une chapelle, alignée au cordeau des bâtiments voisins, dans laquelle on célébra la messe tous les dimanches jusqu'à la révolution de 1790.

PROCÈS DES TEMPLIERS.

Il est bien entendu qu'en traitant du procès intenté aux chevaliers de l'ordre du Temple, nous n'entendons parler que de ce ceux de Douai. Tant d'hommes remarquables se sont chargés d'exposer les faits de ce terrible drame, et de réhabiliter la mémoire de cet ordre illustre, victime de la cupidité, de la lâcheté, et de l'ambition à la fois!...

Les chevaliers du Temple, de Douai, furent arrêtés, comme tous ceux qui se trouvaient en France le 13 octobre 1307. Deux pièces nous avaient conservé le récit de l'arrestation et du procès ; l'une d'elles a seule échappé au zèle des persécuteurs, encore est-elle mutilée.

C'est une lettre du révérend père prieur des frères prêcheurs de Douai, adressée à Pierre (1), évêque d'Arras, par laquelle il lui mande qu'il a eu beaucoup de peine à déterminer le père W. (2) à mettre par écrit ce qui s'est passé dans le procès des Templiers des deux maisons de Douai. « Il lui paraissait, dit le prieur, que ce serait violer un secret ou au « moins renouveler la douleur de bien des personnes. Cependant, « ajoute-t-il, il s'est rendu à vos désirs, à condition, que vous ne com-

(1) Pierre de Capis, 22ᵉ évêque d'Arras en 1319, puis évêque de Chartres en 1326.
(2) Le père Wautier, du couvent de Douai.

« muniquerez son mémoire à personne; pardonnez cette fantaisie d'un
« vieillard plus qu'octogénaire et accueillez avec bonté son ouvrage et
« celui qui vous le porte. »

La seconde est la citation du père W., ainsi conçue :

« L'an 1307, le 13 octobre, vers sept heures du matin, nous ap-
« prîmes que les frères de l'ordre de la milice du Temple, tant de la
« maison de Notre-Dame que de celle de Saint-Samson, avaient été pris
« par le bailli de Douai, son lieutenant et ses sergents, et conduits pri-
« sonniers à la Vieille-Tour. »

« Peu de jours après des bruits extraordinaires se répandirent dans
« toute la ville et ses environs. On nous assura que les Templiers
« avaient été arrêtés le même jour par toute la France.

« Le samedi veille de saint Amé (18 octobre 1307), monseigneur
« Gérard, évêque d'Arras, arriva à Douai, pour officier le même jour
« et le lendemain, afin de jouir *des trois marcs d'argent de Flandre qui*
« *lui sont dus en cette occasion*, et il alla loger dans le cloître, chez
« maître Jean de Marigny, prévôt de Saint-Amé, chanoine et chantre
« de l'église de Paris, aujourd'hui évêque de Beauvais (1).

« Le même jour après souper monseigneur l'évêque m'appella avec
« défunt le frère Robert, recteur en la sainte Théologie. Nous trouvâmes
« avec lui maître Jean Malet, chanoine de Saint-Pierre et de Saint-Amé
« prévôt de Béthune, frère Venant, de Dechy (2) gardien des frères
« mineurs et Henri de Lamoris, clerc du diocèse d'Arras, notaire im-
« périal. Monseigneur l'évêque nous annonça qu'il s'était rendu à Douai
« pour informer contre les frères de la milice du Temple, et que,
« d'après les pouvoirs à lui donnés, il nous déléguait pour ses assis-
« tants et pour le suppléer au besoin, et fixa notre première session au
« vingt du même mois, à une heure dans la basse cour du château (3).

« Aux quels jour, heure et lieu, les personnes susdites formant le
« tribunal, le révérendissime évêque d'Arras, produisit les lettres du
« très-saint père et seigneur Clément, pape, V.ᵉ du nom, qui lui ordon-
« naient de tenir information avec les hommes pieux qu'il aurait choisis

---

(1) Jean de Marigny fut depuis archevêque de Rouen. Il était frère du fameux Enguer-
ran de Marigny comte de Longueville, premier ministre de Philippe-le-Bel, lequel fut pendu
aux fourches patibulaires de Montfaucon, et de Philippe, évêque de Cambrai et ensuite
archevêque de Sens.

(2) Dechy, possédait dès le X.ᵉ siècle un établissement religieux.

(3) Le château était sur l'emplacement de la Fonderie.

« sur les dérèglements des Templiers dans toute l'étendue de son diocèse;
« furent pareillement exhibés beaucoup d'articles sur lesquels nous
« devions interroger lesdits Templiers.

« Peu après les sergents du bailli de Douai amenèrent par devant le
« tribunal les frères de la milice du Temple; savoir : Pierre de Monti-
« gny, du pays d'Artois; Jean de Waskehal, du pays de Pévèle; Simon
« Godin, du Cambrésis; Jean du Pont, du pays d'Ostrevant; Melin
« Delpire, du Tournaisis; tous de la maison de Notre-Dame. Et Henri
« Van Meerstreet, de la maison de Bruges, faisant route vers la mer. De
« la maison de Saint-Samson, Hugues de Coligny, du comté de Bour-
« gogne; Jean Piau, du pays d'Artois; Jean Potin, du même pays et
« Jacques le Felon de la banlieue de Douai.

« Après lecture des lettres apostoliques et des articles ci-dessus,
« monseigneur l'évêque fit un discours sur les obligations que chacun
« d'eux avait à remplir, surtout de dire la vérité et les renvoya en
« prison.

« Le 21 octobre, le tribunal assemblé fit venir frère Hugues de Coli-
« gny, maître de la maison du Temple de Saint-Samson, lequel après
« serment prêté, interrogé sur les quatre premiers articles du reniement
« du Christ, *nia tout leur contenu.*

« Sur les quatre articles suivants .. (*Le reste manque*). »

Le père Wautier laisse du doute sur ce que devinrent les chevaliers
du Temple de Douai, mais nous avons la certitude que malgré les efforts
de Jean de Marigny pour les perdre ils ne furent soumis à aucune torture
et qu'ils furent mis en liberté, ou envoyés dans des couvents et peut être
même remis à leurs familles. Car ni les registres de l'Hôtel-de-Ville, ni
le livre d'argent du chapitre de Saint-Amé, où l'on annotait exactement
tous les faits importants qui se passaient à Douai, surtout en matière
d'hérésie, de sortilége, etc., ne disent mot de leur supplice, ce que
sans nul doute on aurait fait avec le plus grand détail.

La bulle de Clément V, qui abolit l'ordre des Templiers, porte la date
du 2 mai 1312; par cette bulle les biens de l'ordre du Temple étaient
donnés aux hospitaliers de Saint-Jean-de-Jérusalem, avec menace d'interdit contre tous ceux qui pourraient s'en mettre en possession. Cela
n'empêcha pas l'avide Philippe-le-Bel de s'emparer des dépouilles de
ses victimes, et les biens ne furent restitués aux Hospitaliers qu'après
sa mort arrivée le 29 novembre 1314.

H. R. DUTHILLŒUL.

POÉSIE

MES QUATRE-VINGT-HUIT ANS.

ÉPITRE. (1)

Le temps en m'accablant du poids de sa rigueur
Ne m'a laissé d'entier que l'esprit et le cœur.
Et sensible à mes vœux, la muse que j'implore
Me dicte encor des vers à ma dernière aurore.

Eh : dites-moi, que fait le vieux Damis?
Demandait tristement à certaine personne
   Un de ses plus anciens amis.
A des doutes cruels mon âme s'abandonne!
Peut-être, hélas! suis-je arrivé trop tard :
   Et la Parque inflexible,
A nos vœux les plus chers trop souvent insensible
Aura tranché les jours du malheureux vieillard.

   — Pour notre ami soyez sans crainte,
Le temps à sa santé n'a porté nulle atteinte;
Il est frais et dispos, fait ses quatre repas
   Mais son esprit avec son âge,
   Par malheur ne s'accorde pas!

(1; Cette pièce nous avait été envoyée, il y a quelques temps de la part de M. Joseph de Girard, frère du célèbre Philippe de Girard, inventeur de la machine à filer le lin ; mais avant que nous ayons pu insérer ses vers, la mort a enlevé à ses amis l'aimable et spirituel vieillard.

— Vous m'affligez; je le croyais plus sage;
Quoi voudrait-il encore faire le damoiseau,
Et d'un pas chancelant se traîner près des belles,
Tantôt d'un papillon en empruntant les ailes
Et tantôt roucoulant en fade tourtereau,
  Courant les bals, la comédie,
Et des lions du jour imitant la folie?

— Vous êtes dans l'erreur, il a d'autres travers;
Vous le croirez à peine, il fait de méchants vers,
Et le vieil écuyer, monté sur son Pégase,
Rimaille, en grimaçant, sa prosaïque phrase.
Mais ce n'est point assez; dans un plus noble essor
De la vaste Algérie il veut régler le sort,
  Dicter des lois à l'urne électorale,
Et du peuple français épurer la morale (1).

— Lorsqu'il atteint déjà le déclin de ses jours,
Pourquoi par des travaux en fatiguer le cours...
  Qu'il laisse à la vive jeunesse
Les succès de l'esprit, la gloire, la tendresse,
Et qu'il végète en paix. — Que dans un doux sommeil
Il attende l'instant du céleste réveil?

—Eh! pourquoi donc défendre à l'austère vieillesse
De s'égayer parfois sur les bords du Permesse;
D'éclairer son pays sur ses vrais intérêts,
Et de guider ses pas dans de sages progrès?
Le ciel en nous traçant le cercle de la vie
N'a point marqué l'instant où s'éteint le génie;
Jusqu'au dernier moment il peut briller encor
Comme un brillant flambeau pour éclairer la mort.
Le célèbre Baour, aveugle comme Homère
Illustre ainsi que lui la fin de sa carrière,

---

(1) Allusion à divers écrits de M de Girard.

Et dans le pieux Job, en ses sublimes vers
Il fait parler le dieu maître de l'univers;
Tel ce volcan fameux, dont le brûlant cratère
Tout blanchi de frimas verse au loin sa lumière,
Le soleil aux hivers prête quelques beaux jours
Et de l'oiseau charmé réveille les amours.
Sur ce tronc décrépit voyez ce vert feuillage,
Son ombre sert d'asile aux troupeaux du village,
Et la jeune bergère, en ses folâtres jeux
Y vient danser, rêver ses projets amoureux.
Tel nous voyons Damis! Qu'importe sa vieillesse,
Quand sous un front ridé le cœur plein de jeunesse,
Il peut, sans se courber, en supporter le poids?...
A de touchants égards il a de justes droits.
Il est loin d'aspirer aux palmes de la gloire,
Aux énivrants honneurs de l'immortalité;
Espérer une longue et brillante mémoire
Serait pour sa raison de la témérité.
Mais qu'on le laisse au moins, avant qu'il ne succombe,
Semer de quelques fleurs les abords de sa tombe;
De ses anciens amis mériter un soupir,
La faveur d'une larme et d'un doux souvenir.

JOS DE GIRARD.

1849.

DANIEL ET BERTHA.

O le méchant! — O la mauvaise femme !
— Votre conduite est affreuse, Daniel.
— Bertha, la vôtre est encor plus infâme.
— Infâme, moi ! qu'ai-je fait ? juste ciel!
— Chacun connaît votre laid caractère.
— Ah! c'en est trop, Daniel, séparons-nous :
Nous ne pouvons vivre ensemble sur terre.
— C'est dit, Bertha, cherchez un autre époux.

Dans un hameau, près du lac de Genève,
Près de ces bords où l'on doit vivre heureux,
Femme et mari depuis un mois, sans trêve,
A tout propos se querellaient entre eux ,
Et sans égard employaient l'un, la force,
L'autre, l'esprit de son sexe rusé ;
Mieux valait donc recourir au divorce ,
On sait qu'en Suisse il est autorisé.

Mais pour ce faire , il fallait qu'une barque
Les transportât au chef-lieu du canton ;
Daniel en fit à Bertha la remarque :
Non, dit Bertha sur un superbe ton ,
On me prendrait pour une fiancée
Allant de noce acheter ses cadeaux.....
Bref, on convint durant la traversée,
De se tenir muets et dos à dos.

Les voyez-vous s'éloigner du rivage,
Ces deux époux, ces deux charmants boudeurs,
Rêvant la fin de leur triste esclavage ,
Du grand lac bleu sondant les profondeurs ,
Le batelier qui les guide sur l'onde
Dit en voyant ces mornes passagers :
Ce jeune gars et cette fille blonde,
Sont-ils amants ou sont-ils étrangers ?

Soudain, le ciel s'assombrit.... des nuages
Noirs et groupés courent à l'horizon,
Le vent s'élève et la voix des orages
Frappe les airs de son lugubre son,
Bientôt surgit une horrible tempête:
Daniel tremblant lève les yeux au ciel ,
Le batelier siffle en hochant la tête,
Bertha pâlit et regarde Daniel.

Le vent redouble et la barque chavire....
Bertha ! — Daniel, prends pitié de mon sort !
— D'un bras, Daniel la soulève et l'attire ,
Nage de l'autre et gagne enfin le bord,
Merci, dit-elle, en tombant sur la rive ,
Merci, Daniel, mon époux, mon sauveur ,
Je t'aimerai toujours quoiqu'il arrive. —
Lui, souriant, la presse sur son cœur.

Les voyez-vous sous la verte tonnelle,
Ces deux époux, ennemis le matin ?
Daniel, joyeux chante une ritournelle,
Berthe, en riant, prépare le festin ;
Leurs moindres mots dès-lors sont des oracles ;
Les faits passés sont des songes pour eux ;
Ah ! le hazard souvent fait des miracles,
Et malgré nous, nous force d'être heureux.

CASIMIR FAUCOMPRÉ.

BIBLIOGRAPHIE.

Les Violettes du Nord, par M. Bauduin de Wiers.

Le recueil de poésies que nous annoncions dans un de nos derniers numéros vient de paraître, et il confirme la bonne opinion qu'un de nos amis nous en avait donnée à l'avance. Sous le titre : LES VIOLETTES DU NORD, M. Bauduin de Wiers a réuni un choix d'opuscules dont quelques-uns se font remarquer par une pensée profonde et hardie, d'autres par un sentiment doux et pénétrant. On y sent peu le vague de cette poésie sans nom qui est le propre des jeunes gens dont l'imagination s'élance au hasard dans des sphères inconnus. Ici, chaque morceau a un but, chaque phrase a un sens, mérite qui n'est pas excessivement commun dans notre siècle. Si, parfois, ce sens reste encore quelque peu obscur, en le cherchant, du moins on le trouve. Nous devons encore louer l'auteur de la variété qu'il a habilement semée dans son œuvre. Tantôt il s'élève au genre héroïque et réveille les échos des batailles comme dans l'*Anniversaire de 1792*. Tantôt c'est l'auréole du génie récompensé par l'infortune qu'il place sur la tête du grand *Corneille*. Et puis, à côté de ces vers nobles et pompeux viennent se glisser des tableaux délicats, touchants et remplis d'un vif intérêt comme *le Moissonneur, le Prêtre, l'Automne, à une Religieuse, le Vieillard et l'Enfant*, etc. M. Bauduin de Wiers est poète, et au lieu de chercher l'inspiration il se laisse souvent entraîner par elle au point de ne pas savoir revenir sur ses pas pour revoir son œuvre, la retoucher, la limer, la rendre plus parfaite. Quand il a rendu son idée d'une manière heureuse, tout est dit. Nous sommes loin du temps ou ce vieux radoteur de Boileau disait :

> Vingt fois sur le métier remettez votre ouvrage.

Aujourd'hui nos poètes prennent de grandes licences ; mais nous croyons que le bon goût ne les a pas encore autorisés à faire rimer *parfum* avec *quelqu'un*, *cachot* avec *fardeau*, *Waterloo* avec *tombeau*. Au surplus si nous signalons à M. Bauduin de Wiers quelques petites négligences que, plus attentif, il eût fait disparaître lui-même, c'est que son recueil renferme assez de bonnes choses pour faire pardonner une aussi légère critique.

BULLETIN DE LA QUINZAINE.

Nouvelles artistiques et littéraires.

— L'Académie impériale de musique a fait ces jours derniers une relâche forcée pour une cause assez originale. On devait jouer les Huguenots, et une brillante assemblée s'était donné rendez-vous pour entendre encore les sympathiques accents de M.* Sophie Cruvelli dans le rôle de Valentine ; mais à l'heure de commencer le spectacle, la célèbre cantatrice n'était pas arrivée ; c'est-à-dire elle était partie.... par le chemin de fer du Nord, et il a fallu rendre l'argent au public qui était fort peu satisfait de l'aventure. On attribue cette fugue à un motif — les bonnes fugues en ont ordinairement plusieurs — n'importe, le motif de celle de M.* Cruvelli serait, dit-on, la mesure prise par l'administration de l'Opéra de supprimer les vedettes de l'affiche et de passer sur les noms des artistes l'inflexible niveau de l'égalité.

— L'Académie des Beaux-Arts a tenu le 7 de ce mois, sa séance annuelle pour la distribution des prix aux élèves lauréats et l'exécution de la cantate couronnée. Ce qui ajoutait un vif intérêt à la solennité, c'était le début de M. Halevy comme secrétaire perpétuel. En sa nouvelle qualité, l'illustre compositeur avait à lire un rapport sur les envois de Rome et un éloge historique de Fontaine, le célèbre architecte. Le début de M. Halevy a été aussi brillant qu'on devait l'attendre de cet esprit éminent qui sait employer tous les styles et donner à sa pensée toutes les expressions , celles des notes et celles de la parole. Lecture faite, on a exécuté la scène de M. Berthe, élève de M. Leborne, qui a remporté le premier grand prix de composition musicale.

— En arrivant près de la station de Roubaix, les voyageurs que le chemin de fer du Nord emporte vers la Belgique remarquent volontiers des terrains beaucoup plus bas que la voie ferrée et qui, naguère couverts d'une eau stagnante, sont aujourd'hui transformés en un vaste jardin gracieusement dessiné, orné déjà de riches plantations auxquelles on ne peut reprocher que leur jeunesse, défaut dont elles se corrigeront avec le temps. C'est là que, grâce à la courtoisie du propriétaire de cette campagne , l'excellente musique de Roubaix donne à ses membres honoraires des concerts d'été qui attirent la plus élégante société de la ville.

Mais ce n'est pas là que se bornent les mérites de cette charmante villa. Elle en aura bientôt un autre que nous tenons à signaler : le talus du chemin de fer offrant une bonne exposition et un sol mêlé de cailloutis, le propriétaire dont nous parlons a eu l'heureuse idée d'y planter un vignoble. A cet effet, il s'est procuré de jeunes plants des meilleures contrées de l'Europe, et à l'heure où nous écrivons ils présentent une fraîche végétation qui donne pour l'an prochain de belles espérances. Il y aura là des échantillons de raisins de la Bourgogne, de la Champagne et du Bordelais, voire même de ceux d'Espagne et des bords du Rhin. Nous y avons vu des ceps du fameux Johanisberg, qui sont arrivés revêtus de la griffe du prince de Metternich. Si le soleil leur vient en aide, Roubaix aura donné le signal d'une révolution vinicole On sait qu'il y a quatre siècles on cultivait la vigne dans notre Flandre Il n'est donc pas impossible que cet essai réussisse.

— La réouverture du Théâtre impérial Italien s'est faite le 3 de ce mois de la manière la plus brillante ; elle inaugure on ne peut mieux une ère qui paraît destinée à voir de nombreux succès. *La Semiramide* n'avait pas été représentée depuis deux ans. C'est une de ces partitions qui n'ont pas besoin de se reposer pour être entendues avec grand plaisir, surtout quand elles ont pour interprètes MM^{mes} Bosio, Borghi-Mamo, MM. Gassier, Larchri etc., etc. Avec de pareils talents le Théâtre Italien aura vite reconquis le rang élevé qu'il a occupé autrefois parmi les scènes lyriques du monde entier.

— *La Maîtresse du Mari* est une ingénieuse idée de comédie dont les auteurs, MM. Joachim Daffot et Nérée Desarbres ont réussi à faire un fort agréable opéra-comique, jeune, vivace, enjoué et roucoulant de sa voix la plus argentine les ravissantes mélodies de M. Montaubry.

— Les musiciens du palais de Sydenham viennent d'offrir à leur chef d'orchestre un bâton d'honneur en argent, richement ciselé et doré. Sur l'étui recouvert et doublé de velours de Genève, une plaque d'argent doré est placée qui porte cette inscription : « Ce « bâton a été présenté par les musiciens du Palais-de-Cristal à leur chef Henri Schulleton, « esq., comme un témoignage d'estime et d'amitié. — Septembre 1854. »

— Les membres de l'Association Britannique viennent de se réunir ; il a été résolu dans ce *meeting* qu'une statue serait élevée à Isaac Newton, à Grantham, où est né et où a été élevé ce grand philosophe. La souscription qui a été ouverte a déjà produit 32,000 fr

— Tout le monde a entendu parler des Cours vehmiques ou de la sainte Vehme, de ces terribles Tribunaux secrets, qui existaient en Allemagne pendant les derniers siècles du moyen-âge. Dans les histoires de tous les Etats germaniques on peut lire des détails sans fin sur cette juridiction mystérieuse, sur son mode de procédure, sur les tortures qu'elle employait, la condamnation et l'exécution des coupables, mais jusqu'à présent on n'avait encore trouvé aucun monument matériel des Cours vehmiques. Cela du reste s'explique par le secret qui enveloppait jusqu'aux moindres actes de ces Tribunaux, qui. pour la plupart, n'avaient pas de siége fixe et tenaient leurs audiences tantôt dans des souterrains, tantôt au milieu des vastes forêts, dans des gorges de montagnes ou dans des cavernes, et qui faisaient tout de vive voix, sans jamais recourir à l'écriture.

Dernièrement, par un effet du hasard, on a découvert quelques monuments d'une Cour vehmique. M. De Mayenfisch, maréchal de la cour du prince de Hohenzollern-Sigmaringen, et conservateur du musée d'armes rares et anciennes (*armarium*) du château de Hohenzollern, crut remarquer que dans le mur de l'une des galeries du rez-de-chaussée de ce musée il y avait une épaisse couche de plâtre ; il fit enlever ce plâtre, et il vit, en effet, une porte en bois ; on détacha cette porte, et derrière celle-là on en trouva une autre en fonte, munie de quatre énormes serrures. M. De Mayenfisch donna ordre de l'ouvrir, et, après un travail pénible, on y parvint ; elle donnait entrée dans un souterrain en pente rapide ; M. De Mayenfisch et des employés du musée, tous armés de flambeaux, y pénétrèrent ; ils firent environ trois cents mètres de chemin, puis ils trouvèrent le souterrain bouché avec des gravats. Soixante-huit charretées de ces gravats furent emportées, et ensuite on découvrit une vaste salle ronde, aux murs de laquelle étaient suspendus de distance en distance des crucifix et des groupes composés de la Sainte-Vierge et de saint Jean-Baptiste, tous grossièrement taillés en bois de chêne ou de hêtre. Entre ces objets se trouvaient accrochés des instruments de torture, tels que lourdes chaînes, tenailles, poignards, anneaux de fer s'ouvrant à volonté, garnis à l'intérieur de piquants du même métal, et dont la grandeur semble indiquer qu'ils étaient destinés à être appliqués à la tête des patients.

Au milieu de la salle était une table en grès entourée de dix siéges pareillement en grès ; sur la table se trouvaient un marteau, cinq boules en bois noirci, une assiette en cuivre, au fond de laquelle étaient, en bas-relief, un crucifix avec la Sainte-Vierge et saint Jean-Baptiste ; enfin, ce qui a donné l'explication du tout, le sceau en fer de la Sainte-Vehme.

Le marteau était sans doute celui avec lequel les initiés frappaient les trois coups à la porte de la maison de l'individu qu'ils étaient chargés d'assigner devant le Tribunal secret ; l'assiette et les boules étaient probablement destinées au vote. Quatre voix déterminaient la condamnation de l'accusé, c'est-à-dire la condamnation à mort, car la Sainte-Vehme n'appliquait d'autre peine que la peine capitale.

Dans la principauté de Sigmaringen, la dernière Cour vehmique fut tenue en 1417, sous la présidence du duc Ulric de Wurtemberg. Lorsque, peu de temps après, les deux comtes de Zollern, qui, eux-mêmes, avaient été traduits devant un tel Tribunal, se rendirent maîtres du pays, ils y abolirent cette juridiction secrète et, ajoutent les historiens, ils firent murer le local de ses séances. Il n'est pas improbable que ce local soit le même que celui dont nous rapportons la découverte

— L'Académie des sciences et lettres de Montpellier (section des sciences), a mis au concours, pour le prix de 500 francs, qui doit être décerné en 1856, la question suivante :

Etude chimique des vins et des divers produits formés pendant la vinification.

La question étant très-vaste, les concurrents pourront n'en aborder qu'une partie nettement limitée et à leur choix. Sans leur imposer aucun programme, l'Académie leur rappelle les questions suivantes, si intéressantes pour le midi de la France.

Etude chimique de la matière colorante du vin et de l'influence que ses modifications et ses altérations peuvent exercer sur le vin.

Étude de la fermentation du moût de raisin, au point de vue des produits auxquels elle peut donner lieu, et des causes qui peuvent modifier ces produits.

Etude chimique des divers alcools qui se produisent dans la fermentation, qui accompagnent l'esprit-de-vin ou qui s'en séparent pendant la distillation.

Etude chimique des divers éthers ou huiles essentielles qui se développent dans le vin ou les eaux-de-vie.

Etude chimique des résidus de la distillation des vins ou des marcs.

Les concurrents ne devront pas négliger de tirer de leurs recherches, des conclusions pratiques, sans oublier cependant que c'est un travail scientifique que l'Académie attend de leurs efforts.

Les mémoires devront être adressés au secrétaire-général de l'Académie des sciences et des lettres de Montpellier, avant le 1.ᵉʳ Août 1856.

— Sous le titre de : *Le Billet de Marguerite*, le Théâtre-Lyrique vient d'enregistrer un beau succès. Ce petit conte de MM. de Leuven et Brunswick est empreint de la véritable couleur allemande ; leurs petits tableaux d'intérieur semblent peints d'après nature; il y a de la vie, de l'intérêt et du cœur; voilà bien des qualités pour une seule pièce Pour que rien n'y manquât, M. Gevaert s'est chargé de la mettre en musique. Ce compositeur, né à Gand, aborde la scène française pour la seconde fois. *Georgette*, représentée il y a un an sur le même théâtre, avait déjà révélé un talent distingué et assuré d'un brillant avenir. *Le billet de Marguerite* a confirmé toutes les espérances. Le mérite incontestable qui se montre partout dans cet ouvrage a valu à l'auteur une de ces ovations flatteuses qu'on ne décerne qu'aux véritables talents. M. Meillet, Mad. Meillet et Deligne-Lauters ont concouru de tout leur pouvoir au succès de cette pièce charmante, aussi ont-ils eu leur bonne part des applaudissements

Pour tous les articles non-signés :

Les Rédacteurs-Propriétaires :

BRUN-LAVAINNE, *Gérant*, A. DEPLANCK, CASIMIR FAUCOMPRÉ.

Lille. Imp. de Lefebvre-Ducrocq.

LITTÉRATURE.

LE PASTEUR D'AMES.

SUITE (1).

II.

Il ne fut pas difficile à M. d'Abancourt d'obtenir que les soldats anglais reçussent de leur chef l'ordre de respecter ses chevaux ; et même de ne les regarder qu'à distance, au milieu des prairies où l'on ne tarda pas à les voir reparaître. Le capitaine Churchill, se serait reproché comme un crime de repousser, à ce sujet, la prière du baron ; non pas qu'il se crût obligé à des ménagements particuliers envers lui, pour des atten- tions trop ouvertement intéressées, mais parce qu'il s'était aperçu que tout ce qui excitait la mauvaise humeur de cet homme, faisait gronder un orage sur la tête d'une personne dont il n'eût voulu pour rien au monde accroître les ennuis.

Lionel Churchill avait eu, comme tous les jeunes gens des hautes classes, riche, bien fait et d'un agréable visage, de faciles bonnes fortunes. Cependant, son cœur épris d'un idéal de charmes et de vertus puisé dans la vie des songes, son cœur s'attristait plutôt qu'il ne se réjouissait au souvenir de ces liaisons peu avouables, où la jeunesse est entraînée par un aveuglement fatal.

---

(1) Voir la *Revue*, Tome II, page 233.

Quelques jours passés dans la société de Cécile lui apprirent qu'il avait rencontré l'objet de ses mystérieuses aspirations et qu'il allait enfin connaître les délices d'un dévouement sans limites, d'une adoration infinie.

— Si cet ange daigne m'aimer, se dit-il, entraîné par l'influence des lois et des mœurs de l'Angleterre, je veux l'arracher au joug d'un hymen odieux, lui donner mon nom et lui consacrer ma vie toute entière.

Quoiqu'il eût ainsi marqué, dès l'origine de sa passion, le but qu'il voulait atteindre, Lionel jugea prudent de ne le découvrir qu'avec lenteur aux yeux de la jeune femme dont il redoutait les scrupules, et le respect de ses soins servit longtemps de voile à l'ambition de son amour.

Ce respect trompa Cécile. Son ignorance du monde ne lui permit pas de soupçonner un sentiment exalté dans des attentions si pleines de retenue, et comme une fleur des champs s'ouvre le matin avec joie au rayon, faible encore, dont plus tard les feux brûlants doivent la dévorer, elle accepta sans inquiétude des marques d'intérêt qui ne lui semblaient être que l'expression d'un attachement loyal.

L'ingénuité de sa confiance dans le jeune insulaire se manifesta bientôt par la demande qu'elle lui adressa d'un sauf-conduit jusqu'à Cambrai, la route de cette ville étant alors interceptée par les troupes alliées, pour aller rechercher Alice. — Il faut, lui dit-elle, naïvement, que les caresses de ma chère petite, vous paient de l'aimable bienveillance dont vous me rendez l'objet.

Lionel s'empressa d'acquiescer au vœu de la tendresse maternelle; il avait déjà trop clairement reconnu à quel point M.ᵐᵉ d'Abancourt chérissait sa fille pour ne pas mêler cette enfant à tous ses projets d'avenir. Mais son obligeance fut rendue vaine par l'entêtement du baron à voir un danger dans ce retour chez lui d'une marmotte pleureuse, disait-il, dont Cécile s'occuperait exclusivement.

— Je vous défends, répondit-il à sa femme qui lui montrait toute joyeuse le laissez-passer qu'elle avait obtenu, je vous défends de songer à autre chose qu'à maintenir sir Lionel dans les bonnes dispositions où il se trouve à notre égard, et puisqu'il se plaît à causer avec vous, je ne souffrirai pas que vous le mécontentiez en le plantant là pour jouer le rôle de bonne d'enfants. Tenez vous pour dit que je ne mettrai de voiture à votre disposition qu'après le départ des Anglais.

Cécile n'osa pas insister ; le ton bourru de son mari la réduisait facilement au silence, mais elle fut plusieurs jours à se remettre du chagrin que lui causa ce refus absurde et tyranique.

Lionel ne l'entendant plus parler de l'arrivée de sa fille, et remarquant l'abattement de son maintien, comprit que le retour de l'enfant n'avait pas été autorisé par le père, et sans se douter du rôle passif qu'il jouait lui-même dans ce refus, il mit un empressement extrême à en atténuer l'effet. Non content de rester tout le jour auprès de la jeune femme à épier dans ses regards ce qu'elle pouvait désirer, pour l'accomplir sur le champ, il lui parla de ses voyages et des combats auxquels il avait assisté ; il essaya de la distraire davantage encore en faisant manœuvrer sa compagnie sur la pelouse du château ; en appelant là, aussi, la musique du régiment de la reine pour qu'elle y exécutât ses airs les plus fiers ou les plus émouvants. Ces moyens lui réussirent ; et la baronne, laissant quelquefois ses mains inactives, pour mieux écouter un récit plein d'intérêt, ou , s'accoudant à l'une des fenêtres ouvertes qui lui permettait de suivre des yeux les évolutions d'une troupe bien disciplinée, de recueillir les sons d'une brillante harmonie , la baronne réfléta bientôt dans sa douce beauté quelques-unes des riantes lueurs dont les fronts de vingt ans reçoivent une grâce nouvelle.

La toilette même de Cécile témoigna de ses dispositions intérieures. Quoique par l'ordre de son mari elle eût toujours été habillée avec une certaine richesse depuis l'arrivée des Anglais à Abancourt, ce ne fut qu'à partir du moment où d'agréables tableaux égayèrent son imagination qu'elle se montra dans un vêtement de couleur claire et de forme dégagée comme en portaient alors les personnes jeunes. Lionel se réjouit, on le conçoit, d'une telle transformation, mais le silence qu'il imposait à son amour lui coûta davantage quand la gaieté et la parure de la baronne donnèrent une séduction de plus à ses attraits. Il eut cependant le courage de se taire encore, tant il craignait, comme l'oiseleur prêt à s'emparer d'une craintive colombe, de l'effaroucher par trop d'empressement, et ses regards mêmes ne laissèrent éclater une admiration passionnée que dans les moments où ceux de M.ᵐᵉ d'Abancourt ne pouvaient les rencontrer.

Rien donc n'éveillant les soupçons de Cécile sur les sentiments qu'elle avait fait naître, elle continua de les croire dignes du retour que son cœur innocent leur accordait, aussi, pendant plusieurs mois, les relations entre elle et le jeune insulaire n'eurent-elles que de la douceur.

C'était maintenant d'un pas léger et le sourire sur les lèvres, que
Cécile venait s'établir le matin dans le vieux salon où, naguère, elle
n'entrait qu'en songeant avec un soupir de regret aux chambres simples,
mais remarquablement claires et propres de son couvent. Il est vrai que,
grâce aux soins de Lionel, ce salon avait beaucoup perdu de sa physionomie sombre et dévastée. Chaque jour, les domestiques du commandant l'ornaient de nombreux bouquets qu'ils allaient cueillir, le baron
ne voulant pour tout jardin qu'un potager, dans les champs et les
bois d'alentour. Ils emplissaient aussi l'âtre d'une mousse fraîche
qu'ils parsemaient de petites fleurs odorantes, et, sur le carreau disjoint
du sol, ils avaient étendu le magnifique tapis de Perse dont leur maître
faisait recouvrir, dans les campements de l'armée anglaise, le plancher
de sa tente. Mais l'espace où travaillait la baronne s'était surtout embelli. Une riche peau de lion en occupait le centre; d'épais coussins
de velours bleu, à crépines et glands de soie, l'entouraient d'un divan
continu, et deux chaises d'ébène incrustées d'ivoire, assorties au métier
à broder, formaient un digne accompagnement à ce joli meuble. Au
pied de la fenêtre, qui éclairait cette espèce de cabinet improvisé, une
caisse en bois de sandal, toute fleurie de plantes rares, expédiées à
Abancourt sur la demande de Lionel par un jardinier de Harlem, étalait
ses brillantes couleurs et répandait ses parfums odorants, tandis que sur
le haut des vitres, des branches de vigne vierge entremêlées de chèvre-
feuille simulaient un store aux dessins variés.

Ce changement d'aspect, dans le lieu de sa résidence journalière,
ravissait M.ᵐᵉ d'Abancourt, et le baron qui méprisait fort toute recherche acceptait celle-ci sans oser la blâmer, par politique. Il crut
même devoir dire à sa femme le premier jour où le salon se trouva si
heureusement métamorphosé :

— Les Anglais sont des originaux peu endurants lorsqu'on les con-
trarie, et puisque M. l'officier aux gardes de la reine se complait à ces
arrangements de sybarite, il ne faut pas surtout que vous y mettiez
obstacle.

Après quoi Cécile n'eut pas même le temps d'affirmer que cela était
loin de son intention, car suivant l'habitude qu'il avait prise de ne lui
parler que pour lui intimer sa volonté, il n'attendit pas de réponse.

Ses manières et son ton avec la jeune femme perdirent cependant de
leur brusquerie, surtout en présence de Lionel. Sans s'expliquer comment un homme de cœur, un brillant militaire, pouvait causer toujours

avec une personne aussi insignifiante que l'était à ses yeux la baronne, il reconnaissait que son hôte ne préférait rien, chez lui, à la société de Cécile, et, pour ne pas le choquer, il s'efforçait de substituer quelques égards à son habituelle impolitesse maritale. Ces égards étaient peu de chose, sans doute, car le capitaine Churchill nommait toujours, dans son âme, le baron un tyran affreux, mais celle qui s'en voyait l'objet les comptait au nombre des améliorations les plus remarquables dues à l'influence du jeune étranger; et, sauf l'éloignement d'Alice auquel elle avait encore plusieurs fois en vain essayé de mettre un terme, Cécile, entourée des soins attentifs de Lionel, mieux traitée que de coutume par son mari, Cécile se serait trouvée plus heureuse qu'elle ne l'avait jamais été depuis son mariage.

Les lettres, d'ailleurs, que lui écrivait l'abbesse de la Visitation, contenaient tant de riants détails sur la santé de sa chère enfant, sur les ébats qu'elle prenait dans les préaux du cloître, au milieu de folâtres pensionnaires qui, toutes, comme les religieuses et les novices, l'aimaient tendrement, que de ce côté là aussi, en acceptant les plaisirs que goûtait Alice comme un dédommagement à ses privations personnelles, le cœur de Cécile rencontrait encore plus de sujets de se réjouir que de s'attrister.

L'âme de Mme d'Abancourt était d'une sensibilité profonde, mais son imagination, que n'avaient jamais exalté ni les entretiens frivoles, ni les ouvrages romanesques où tant de lectrices vont puiser des sujets de mécontentements chimériques contre leur destin, son imagination était calme, et lorsqu'un rayon joyeux daignait éclairer le présent, Cécile l'accueillait avec gratitude, sans mettre plus d'entêtement mélancolique à se rappeler les orages du passé qu'à prévoir ceux de l'avenir.

— « A chaque jour suffit sa peine, » disait-elle avec Saint-Mathieu, et ces sages paroles lui rendaient facile le retour à la paix, à l'enjouement de ses années printannières. Mais une disposition d'esprit si favorable au bonheur, dans le courant ordinaire des choses, offre souvent des dangers parmi les écueils qu'un mariage mal assorti fait naître sur la route d'une jeune femme. L'heure où la baronne devait entrevoir ce danger n'était pas sonnée encore; nul trouble ne l'avertissait qu'une barque fragile doit ne jamais voguer sans méfiance, même sur les eaux d'un lac d'azur, et la plus candide sérénité demeurait son partage.

— Quel pays allez-vous me faire parcourir aujourd'hui, disait-elle, avec son doux et confiant sourire, aussitôt que Lionel avait pris place à quelques pas de son métier. Sont-ce les merveilles de la civilisation ou les beautés de la nature dont le tableau charmera mes yeux ?

— Prononcez vous-même, suivant la disposition de votre esprit, répondait le jeune insulaire, qui, ayant visité toutes les capitales de l'Europe, et fait ses premières armes dans les colonies anglaises de l'Amérique, pouvait décrire aussi bien les fêtes magnifiques des cours, que les imposantes grandeurs d'un pays primitif; — votre choix seul doit me guider.

— Non, je préfère vous laisser le maître. A moi qui ne connais rien, tout offre un égal intérêt.

Lionel réfléchissait alors quelques instants, puis il conduisait Cécile par un récit vif, animé, pittoresque, soit dans les palais brillants de l'ancien monde, soit dans les splendides solitudes du nouveau. Mais ce qu'il savait surtout placer d'une manière frappante sous les regards de la jeune femme, c'étaient les incidents de la vie de campagne en Angleterre : on sentait qu'il peignait là ce qu'il aimait de prédilection, ce qu'il voulait faire aimer, et l'image qu'il traçait d'une vaste demeure, habitée par des époux tendrement unis, retentissant tour à tour de voix enjouées, de nobles concerts, de fanfares de chasses; cette image, il la destinait, dans sa pensée, à faire comprendre à Cécile tout ce qui manquait de bonheur et de plaisir à sa propre existence.

Un matin qu'il avait, plus encore que de coutume, rendu sa peinture attrayante, la jeune femme s'écria :

— Oh ! la vie enchantée ! et qu'heureuses sont les mères appelées à en voir jouir leurs enfants ! Que ne donnerais-je pas, moi, pour espérer qu'un jour elle sera le partage de ma chère Alice.

Lionel essaya de faire tourner cet élan d'un cœur maternel à son avantage.

— Si vous désiriez, en effet, un tel bonheur pour votre fille, il vous serait facile de le lui assurer.

— Et comment cela, je vous prie ?

— En adoptant pour votre patrie la sage, l'indépendante Angleterre.

— M. d'Abancourt ne consentirait jamais à quitter la France.

— M. d'Abancourt n'aurait rien à voir dans une telle résolution.

La baronne qui travaillait avec assiduité en causant, releva la tête, surprise de ces paroles, et elle dit :

— Vous ne parlez pas sérieusement, n'est-ce pas sir Lionel ?

— Je vous demande pardon, rien n'est plus sérieux que ma pensée

en ce moment. Comment pourrais-je plaisanter, mon Dieu ! quand il
s'agit d'un pareil sujet. — Ecoutez-moi, poursuivit-il avec chaleur,
écoutez-moi sans prévention, et voyez si le parti que je vous supplie de
prendre n'est pas le seul qui puisse épargner à votre enfant la triste
destinée dont vous êtes victime.

— Monsieur, interrompit la jeune femme d'une voix tremblante,
mais avec quelque fierté, je ne vous ai jamais dit que je fusse à plaindre,

— Non, vous ne me l'avez pas dit, mais croyez-vous que j'aie pu
vivre depuis deux mois dans cette maison sans être frappé du supplice
auquel on vous a condamnée ? Croyez-vous que je n'aie pas pressenti
qu'après avoir vu s'écouler dans un esclavage personnel abrutissant vos
plus belles années, il vous faudra recommencer à parcourir la même
voie de douleur pour Alice ; car une seule objection ne vous sera jamais
permise contre le sort, quelqu'il soit, que M. d'Abancourt voudra faire
à sa fille.

La baronne joignit les mains et baissa tristement la tête pendant que
Lionel continuait :

— Quand donc, je vous propose de venir habiter mon pays, c'est
que je prévois pour vous des jours encore plus tristes que ceux de votre
jeunesse. — Maintenant vous souffrez seule, plus tard vous souffrirez
dans votre enfant... dans votre enfant qui sera sacrifiée comme vous
l'avez été vous-même.

Cécile ne put retenir ses larmes, et elle murmura :

— Oh ! ma pauvre Alice !

— Pourquoi vous contenter de la plaindre, reprit le jeune officier,
quand vous pouvez la secourir ? Quand vous pouvez abriter sa vie et la
vôtre dans une retraite délicieuse dont vous serez l'ornement, la joie, la
reine ? — Je possède, ajouta-t-il, sans laisser à M.ᵐᵉ d'Abancourt le
temps de l'interrompre, dans la principauté de Galles, sur les bords
de la mer, une habitation qui réunit tout ce qu'on peut rêver de plus
frais, de plus calme, de plus gracieux : Laissez-moi vous y conduire.
Là, de nombreux serviteurs vous obéiront à l'envi ; des voitures, des
chevaux, un yacht seront toujours à vos ordres pour visiter la contrée
et les îles du voisinage : Une bibliothèque choisie charmera vos loisirs
Plus tard, des professeurs de la ville viendront vous aider à perfectionner l'éducation d'Alice, et les orphelins, les vieillards béniront votre
présence comme ils bénissaient jadis celle de ma mère.

Cécile, défendue par une longue sécurité contre le soupçon des sentiments de Lionel, ne vit encore dans sa proposition qu'une marque généreuse mais acceptable d'amitié, et, le regardant d'un air attendri, elle répliqua :

— Si quelque lien de famille nous unissait, il serait déjà bien noble à vous d'aller ainsi au-devant d'un sacrifice considérable de votre fortune, mais combien une telle offre n'a-t-elle pas plus de prix faite à une personne qui vous est étrangère.

— Vous m'êtes étrangère ! interrompit Lionel, que cette réponse jeta malgré lui hors de sa voie de patiente réserve. — Etrangère, à moi, vous Cécile ; — Ah ! si vous le croyez, c'est admettre qu'une parenté de hasard enchaîne plus le cœur, dicte mieux le dévouement que l'amour inspiré par les plus adorables vertus !

— L'amour ! répéta la jeune femme pleine d'un étonnement douloureux, et cherchant à retirer des mains de Lionel ses mains qu'il avait saisies.

— Oui, l'amour, s'écria-t-il, en pliant le genou, et forçant par cette attitude les regards de Cécile à s'arrêter sur son beau visage où rayonnaient toutes les flammes de la passion. Un amour que j'ai eu la force de vous cacher pour laisser grandir votre confiance, mais un amour que rien au monde, pas même votre froideur, ne saurait détourner de sa résolution de vous arracher de ces tristes lieux et de vous rendre la vie indépendante, heureuse. — Il ajouta en voyant plus de trouble que de courroux dans les yeux de Cécile.

— Si je n'avais pas su que la présence d'Alice est indispensable à votre bonheur, je vous aurais peut-être déjà parlé de mes projets d'avenir, mais j'attendais le retour de cette enfant, persuadé que vous cèderiez plutôt à son intérêt qu'au vôtre.

— L'intérêt d'une enfant, murmura la jeune femme que le souvenir d'Alice avait fait tressaillir, ne peut jamais être de voir sa mère accepter une situation équivoque.

— Votre situation n'aurait rien d'équivoque, en abandonnant vos biens au baron d'Abancourt, il se prêterait facilement, on n'en peut douter, au divorce demandé par vous, et que notre ambassadeur à Rome, mon parent très-proche, se chargerait d'obtenir. Une fois rendue à la liberté, Cécile, mon nom, ma fortune, ma tendresse, vous placeraient au rang des femmes les plus honorées entre toutes : Votre fille deviendrait la mienne. Ah ! si vous me refusez, ajouta-t-il avec un accent plein de tristesse, c'est que j'ai le malheur de vous inspirer de l'aversion.

— Plut à Dieu ! s'écria la jeune femme en se levant avec une sorte d'égarement ; — plut à Dieu que j'eusse le courage de vous haïr pour venir ainsi tenter ma faiblesse ! Oh ! sir Lionel, est-ce là ce que je devais attendre de vous ?

L'involontaire aveu que contenaient ces paroles transporta de joie l'officier anglais, il comprit qu'il était aimé, et retenant Cécile à sa place, il lui exprima dans les termes les plus ardents toute sa reconnaissance. Il revint ensuite à ses supplications de l'accompagner en Angleterre.

— Il faut nous hâter, continua-t-il, car d'un moment à l'autre notre armée peut recevoir l'ordre de marcher sur Paris, et le signal de la guerre me défendrait toute pensée d'éloignement. Avec le sauf-conduit que je vous ai donné, envoyez chercher votre fille à Cambrai par quelque femme de service : Aussitôt son retour nous partirons. Un congé de quelques jours me suffira pour vous mettre en sûreté ; quand je reviendrai en France le baron n'apportera pas, je crois, beaucoup de zèle à me chercher dans un autre cantonnement.

Comme il parlait ainsi en pressant les mains de la baronne, la porte du salon s'ouvrit avec fracas, et M. d'Abancourt, les traits enflammés de colère, se précipita vers eux. — Par un mouvement naturel de crainte pour Cécile, Lionel se plaça devant elle bien résolu à la garantir de toute insulte.

— Je m'adresserai au duc de Marlborough lui-même, s'écria le baron d'une voix tonnante, si je ne vous trouve pas disposé, capitaine Churchill, à....

— Je suis prêt, Monsieur, interrompit le jeune commandant à vous offrir toutes les explications....

— Il s'agit bien d'explication quand le fait est avéré, quand j'ai vu la malheureuse....

— Sortons, Monsieur, dit Lionel, — M.ᵐᵉ d'Abancourt ne doit pas entendre un pareil langage.

— Oui, sortons, et si je ne vois pas battre de verges, devant moi, sur le champ, l'ignoble troupier qui s'est fait le bourreau de *Francisca*, la plus belle pouliche de mes écuries, en la menant à fond de train dans une terre labourée, je vous déclare...

Le capitaine l'interrompant vivement :

— Oh ! s'il s'agit de *Francisca*, M. le baron, je partage votre courroux, et je m'engage d'avance, s'il lui arrive malheur, à la remplacer par ma jument *Sultane* dont vous admirez la beauté.

Persuadé que le baron avait entendu son entretien avec Cécile, Lionel avait quitté le salon sans oser se retourner vers la jeune femme, mais dès qu'il eut compris d'où venait la fureur de son hôte, il prit le prétexte d'aller chercher son chapeau pour se rapprocher du métier à broder devant lequel M.ᵐᵉ d'Abancourt était restée pâle, tremblante, éperdue.

— Faites venir Alice, je vous en conjure, lui dit-il à voix basse, en s'inclinant vers elle, moi je vais arranger cette sotte affaire, et je vous promets que le soldat ne sera pas battu.

— Mais arrivez donc, s'écria le baron en revenant sur ses pas pour savoir ce qui l'arrêtait ; qu'est-il besoin de tant de politesses !

Lionel le rejoignit aussitôt, et la baronne alla se jeter toute en pleurs au pied d'un crucifix dans sa chambre.

M.ᵐᵉ ADÈLE DESLOGES,

La suite prochainement.

MES SOUVENIRS.

SUITE (1).

II.

Sous le Directoire.

La physionomie de notre ville sous le Directoire a été trop spirituellement crayonnée par M. Victor Derode, dans son *Histoire de Lille*,.
pour que j'ose essayer d'en faire une pâle copie ; mais je retrouverai
bien encore dans ma mémoire d'enfant quelques traits à ajouter à ce
tableau véridique de misères et de plaisirs, d'immoralités et de vertus
civiques, de prétention au suprême bon ton et d'indescriptibles ridicules.

On sait qu'en l'an V de la République, le peuple de Lille souffrait
d'une disette horrible qui était, du reste, générale en France. Grâce
au dévouement de quelques officiers municipaux qui exposèrent leur
fortune et leur vie en allant à l'étranger acheter des grains pour le
compte de la commune, notre population ne mourut pas absolument de
faim, mais elle fut plus d'une fois bien près de cette catastrophe. Il n'y
avait plus de boulangerie privée. C'était la municipalité qui faisait con-
fectionner le pain et qui le distribuait dans les sections à des prix
différents selon la fortune des consommateurs. Ces prix étaient, en
apparence, exorbitants, car la livre de pain était payée vingt sous par les
plus pauvres, et 10, 15, 20 francs par les plus riches. Mais comme ,
dans ce paiement, on n'était tenu de donner que deux sous en numéraire et que le reste du prix était représenté par des assignats qui
n'avaient presque plus de valeur, c'était à peu près deux sous pour toutes
les classes, et le principe de l'égalité blessé par la taxe nominale triom-
phait dans la taxe réelle.

(1) Voir la *Revue*, tome II, page 240.

A la vérité peu de riches mangeaient du *pain de section*. Ce pain était si noir, si lourd, si collant, qu'il inspirait du dégoût rien qu'à le voir. Je me souviens que j'allais souvent le chercher avec mon aïeul qui me tenait par la main. Notre bureau de distribution était dans la *cour du Frêne*, près de la Morgue ! C'était un agrément de plus. Il fallait vraiment avoir bien faim pour aller solliciter une pareille nourriture en faisant queue à la porte de la section pendant des heures entières. Aussi les *ci-devant bons bourgeois* tendaient-ils tous les ressorts de leur intelligence pour introduire en ville, par fraude, de bonne farine qu'ils achetaient à des prix fous chez les fermiers ; mais c'était chose difficile et dangereuse.

Il existe dans les archives de la ville un rapport fait par un de nos municipaux sur les motifs de l'incarcération du citoyen L...., qui était détenu depuis trois mois dans la maison des *Bons-Fils*, convertie en prison politique.

L'honorable rapporteur, comme nous disons aujourd'hui, rend compte que l'arrestation du citoyen L.... a été la suite de la découverte faite chez lui, dans une visite domiciliaire, *d'un tonneau de farine de froment*. L'officier municipal ne cherche pas à atténuer la grandeur du crime ; mais, comme il est bon diable, au fond, il déclare que, d'après la notoriété pnblique, le citoyen L.... est *un homme sans tête*, qu'il laisse porter par sa femme un vêtement que la pudeur anglaise me défend de nommer, depuis qu'une étroite alliance nous unit aux blondes filles d'Albion. Le rapporteur ajoute que la susdite citoyenne, entachée d'incivisme et de superstition, a pu seule concevoir l'odieux dessein de manger de bon pain blanc en place du détestable mastic fourni par la municipalité ; qu'à la vérité la coupable faiblesse du mari, qui n'avait pas su conserver sa dignité d'homme libre, méritait une punition exemplaire ; mais que trois mois de séjour dans les cabanons des *Bons-Fils* (aujourd'hui l'asile des femmes en démence), pouvaient suffire pour une première fois. Ces conclusions anodines prouvent que l'esprit public était bien dégénéré depuis 1793.

Quant à ma famille, elle n'était pas exposée à de pareilles poursuites. Le pain de section faisait notre seule nourriture. Nous fûmes près d'un an sans manger de viande !... Et pourtant mon père avait mille francs d'appointements à l'orchestre du théâtre ; mais comme il n'entrait guère que des assignats dans la caisse, les artistes étaient payés avec cette monnaie fantastique. Un jour on m'envoya acheter, au coin de la rue, des pommes de terre cuites pour le montant du mois que mon père venait de recevoir,—environ quatre-vingts francs,—j'en rapportai plein mes petites mains. Si nous eûmes du pain, pendant cette triste période, ce fut grâce aux leçons de flûte que mon père donnait à quelques nobles, *détenus jusqu'à la paix* dans l'ancien hospice de la charité dont on avait aussi fait une prison. Leur sort était bien amélioré; on ne les guillotinait plus, et il leur était permis de jouer de la flûte.

Au milieu de toutes ces misères, les bals, les concerts, les spectacles étaient suivis avec une sorte de rage. Il fallait bien danser pour oublier qu'on avait faim.

Le théâtre de Lille avait encore cette vieille réputation qui lui avait valu l'honneur d'être choisi par Voltaire pour la première représentation de sa tragédie de *Mahomet*. Toutefois les temps étaient bien changés. Melpomène avait *porté chez ma tante* son manteau de pourpre et son diadème étincelant de pierreries fausses. *Phèdre* et *Mérope* étaient momentanément remplacées par *Robert, chef de brigands*, et par *Mysantropie et repentir*. Un drame français et un drame allemand, offrant tous deux un immense intérêt au public d'alors, le premier à force de pompeuses tirades contre les préjugés, accompagnées de coups de sabre, de feux de mousqueterie, le second à force de naturel et de simplicité. L'un était préféré par les hommes, l'autre faisait verser aux femmes des torrents de larmes, au point qu'un plaisant du parterre s'avisa un soir d'ouvrir son parapluie. Il est juste d'ajouter que cette dernière pièce était parfaitement jouée—d'après ce que j'entendais dire à l'orchestre où mon père me conduisait tous les soirs.—Le rôle de M.me Miller, l'épouse *repentante*, était confié à M.me Michel, actrice d'une beauté rare, d'une grande distinction et d'un talent vrai. Celui du baron de Menau, l'époux *mysantrope*, revenait de droit au premier rôle Emmanuel. Par un singulier rapprochement, l'acteur s'était trouvé lui-même dans une situation analogue à celle de son rôle, et le chagrin, en altérant ses facultés mentales, l'avait rendu réellement mysantrope quand il n'était pas fou. Le public qui connaissait sa situation observait avec anxiété sur cette figure pâle et inanimée les traces profondes des tortures de son âme. Puis, dans la scène où il se retrouve pour la première fois près de sa femme humiliée et tremblante, où sans la regarder il lui parle avec bonté, chacun retenait son souffle, craignant que le pauvre acteur, triste jouet d'une illusion, ne succombât à l'émotion véritable que trahissaient les pleurs dont son visage était inondé. Puis enfin au dénouement, quand le pardon s'échappait de son cœur à la vue de ses enfants, et que parfois il fallait l'emporter sans connaissance, les spectateurs, au milieu d'applaudissements enthousiastes s'associaient involontairement à l'immense douleur de cet homme qui, après son rêve, allait rentrer chez lui et s'y retrouver seul!

Tout le personnel dramatique ne mettait pas à d'aussi rudes épreuves la sensibilité du public. Il y avait pour *première chanteuse* une Madame Chevalier qui joignait à un physique assez agréable une de ces voix, comme on les aimait dans ce temps-là, attaquant à la bayonnette les positions les plus élevées, les notes les plus pointues. Quand elle criait, dans la *Belle-Arsène*,

> Non, non, non, j'ai trop de fierté
> Pour me soumettre à l'esclavage.
> Dans les liens du mariage
> Mon cœur ne peut être arrêté.

elle faisait vibrer les cristaux du lustre et le parterre était ivre de joie. Malheureusement cette actrice bien aimée était quelquefois ivre d'autre chose. Un soir qu'elle n'avait pas eu besoin de mettre du fard pour être rouge, elle s'embarbouilla tellement dans les roulades de son grand morceau : *Je planerai sur les nuages*, espèce de duo concertant pour la voix et la flûte, qu'elle dût s'arrêter court. Essayant alors d'en rejeter la faute sur mon père qui l'accompagnait, elle s'approcha de la rampe d'un air menaçant et lui donna tout haut l'épithète de...... comment dirai-je cela?...... Enfin elle lui donna, en un seul mot, le nom générique du compagnon de Saint-Antoine. Mon père, quoique peu endurant, sut se contenir; mais le chef d'orchestre reprocha vivement à la chanteuse ses habitudes d'ivrogne. Le public eut la bonté de rire de cette scène improvisée et la pièce alla tranquillement jusqu'à la fin.

Une autre actrice, celle qui jouait les *Dugazon*, était connue sous le nom de *la petite Duval*. Ses mœurs étaient détestables, ce qui lui valait de nombreux partisans. Sans être jolie, elle avait assez de gentillesse à la scène; et puis elle louchait dans la perfection. Ses regards lançaient des feux croisés comme les batteries de Sébastopol. Une nuit...... grâce encore pour cette anecdote, ce sera la dernière de ce genre-là. C'était, je crois, le 21 novembre 1799 ou 1800, la musique de la Garde-Nationale, dont mon père était chef et moi second triangle, revenait de donner des sérénades pour fêter la Sainte-Cécile, lorsque des cris semblables à ceux d'une chatte en furie partirent d'un des logements qui entouraient la salle de spectacle. Bientôt une porte s'ouvrit, un officier d'état-major s'en échappa l'épée à la main; un chasseur de la Garde-Nationale le poursuivit en brandissant son sabre; *la petite Duval* les suivait

> . . . . . . dans le simple appareil
> D'une beauté qu'on vient d'arracher au sommeil.

Elle tenait dans ses mains frémissantes un chandelier avec lequel elle voulait fendre la tête de l'officier d'état-major, ses yeux roulaient convulsivement dans toutes les directions; elle était si affreuse à voir, à la lueur rougeâtre de nos lanternes que, saisi de peur, j'allai me cacher derrière la grosse caisse.

Pendant ce temps, mon père, par une manœuvre habile, avait disposé ses musiciens de façon à envelopper et à désarmer les parties belligérantes, y compris la mère Duval qui arrivait avec une paire de pincettes pour former le corps de réserve. Après un interrogatoire tragi-comique, et attendu que la police dormait paisiblement au corps-de-garde, la musique reconduisit à leur domicile respectif les deux rivaux pour les empêcher de se battre avant d'avoir convenablement réfléchi à la grandeur de leur sottise.

Si j'ai cru devoir raconter cette folle anecdote, c'est comme tableau de mœurs et pour montrer quels étaient les sujets ordinaires de discorde qui mettaient aux prises les officiers de la garnison avec les élégants de la ville, ceux qu'on appelait les *incroyables* et qu'en province on désigne aujourd'hui sous le titre de *jeunes gens*, même alors qu'ils ont passé la quarantaine.

Le prix du pain ayant baissé, le numéraire ayant reparu, grâce à la confiance générale qu'inspiraient les mesures financières du premier Consul, nos *incroyables*, à l'exemple de leurs maîtres de Paris, reprirent leur train de vie accoutumé, les amours faciles, les orgies échevelées, les modes excentriques, les duels pour des femmes de théâtre. Il fallait qu'un *incroyable* eût un estomac de fer et fût de première force à l'épée. Les nôtres avaient reçu en tous genres des leçons de Saint-Georges pendant le séjour assez long qu'il fit à Lille. Aussi quand un nouveau corps arrivait dans cette ville, on se *tâtait*, dès les premiers jours, avec les maîtres d'armes et dès qu'on s'était fait, de part et d'autre, quelques bonnes saignées, bourgeois et militaires devenaient les meilleurs amis du monde.

Après la victoire de Hohenlinden, quand l'armée de Moreau rentra en France, la 46.ᵉ demi-brigade fut envoyée à Lille. Elle comptait parmi ses officiers les plus braves et les plus tapageurs, les deux frères Cambronne, dont l'aîné, devenu général, s'est illustré à Waterloo par un mot que l'histoire a considérablement embelli.

Dès le jour de leur arrivée, une querelle s'engagea au spectacle. Les bourgeois applaudissaient une actrice, les officiers la sifflèrent. Le lendemain matin, dix ou douze duels eurent lieu à la fois avec un acharnement peu ordinaire. Il y eut je crois, mort d'homme. Ordre fut donné à la 46ᵉ de partir immédiatement pour Dunkerque. Là, une collision semblable eut lieu ; mais les Dunkerquois étaient d'une habileté remarquable dans l'art de tuer son homme avec grâce et distinction. Ils donnèrent une leçon aux amis des Cambronne, et après cela, la paix se fit dans des flots de punch.

Cependant mon père, qui ne participait ni aux orgies, ni aux duels, ni aux réconciliations, avait bien du mal à nourrir sa famille. Les directeurs du spectacle ne payaient plus en assignats ; mais ce n'était pas mieux. Fort souvent ils ne payaient pas du tout. Une occasion s'offrit pour nous de sortir d'une position si pénible : dans cette même 46.ᵐᵉ demi-brigade qui n'avait fait, pour ainsi dire, que passer à Lille, il manquait un chef de musique ; on offrit cette place à mon père qui après quelques hésitations, finit par l'accepter et partit pour Dunkerque où ma mère et moi nous allâmes le rejoindre quelque temps après.

Je passe sous silence notre séjour dans cette ville qui n'offre aucune particularité intéressante pour arriver à un événement des plus extraordinaire dont j'ai déjà fait le récit dans l'ancienne *Revue du Nord* (tome I page 273) et dont je vais reproduire la substance pour ne pas laisser une lacune importante dans *Mes Souvenirs,* en évitant, autant que possible , les redites.

C'était en 1803. Le premier Consul voulant mettre à profit, pour recouvrer la plus riche de nos colonies, la paix maritime qu'il prévoyait n'être pas de longue durée, avait, dès l'année précédente, envoyé à Saint-Domingue une formidable expédition sous le commandement du général Leclerc son beau-frère. Les commencements de cette guerre furent heureux. La révolte vaincue, les chefs soumis, le premier de tous, le fameux noir Toussaint-Louverture, conduit en France, il semblait que l'île admirable, appelée avec raison la reine des Antilles, dût être rattachée pour longtemps à la métropole ; mais si les insurgés, malgré leur courage aveugle et sanguinaire, avaient fait éprouver peu de pertes à nos troupes , le climat, cet ennemi bien plus redoutable , était venu au secours de la race noire et avait produit dans les rangs de notre brave armée, des vides effrayants. Le général en chef, lui-même, comptait parmi les victimes et chaque jour voyait tomber sans combattre de nouveaux soldats.

Le gouvernement donna ordre d'envoyer à cette malheureuse armée des renforts d'hommes choisis, autant que possible, parmi ceux qui avaient déjà servi dans les pays chauds.

A Dunkerque, où nous commencions à jouir d'un bien-être acheté par de longues privations, trois corvettes de guerre vinrent pour embarquer un bataillon de soldats de marine qui s'y trouvait réuni. Elles étaient sur rade vers la fin de février. Les compagnies se rendirent à bord et l'on fit les préparatifs nécessaires pour mettre bientôt à la voile.

Le chirurgien-major de la 46.ᵉ obtint de quitter cette demi-brigade pour passer dans la marine, et fut attaché à l'une des corvettes en question. Il se nommait Rebol, c'était un grand amateur de musique et, à ce titre, mon père et lui avaient formé promptement une liaison intime que le prochain départ du chirurgien allait rompre.

Voulant profiter des derniers jours qui lui restaient, M. Rebol nous invita, mon père, ma mère et moi, à venir dîner à bord de *la Malicieuse* le dimanche 1.ᵉʳ Mars. Pour ma mère et pour moi une promenade en mer était une nouveauté fort agréable. Pour mon père, qui, dans son enfance avait séjourné à l'île de France et à Pondichéry, c'était presque un retour vers ses jeunes années; mais, au moment où l'on vint nous avertir que le canot qui devait nous conduire en rade n'attendait plus que nous, ma mère n'était pas prête Elle dût, bien à regret, demeurer à la maison. Mon père en la quittant, n'eut point, hélas! le pressentiment qu'il ne la reverrait plus.

Du reste, tout semblait favoriser notre partie de plaisir. La mer était calme, le ciel sans nuage, un soleil radieux semblait annoncer que le printemps s'était trompé de date.

Nous fûmes reçus à bord avec la plus franche cordialité; pour des marins un dîner d'adieu est une fête. Le nôtre se prolongea jusqu'au soir et fut suivi d'une espèce de concert. Plusieurs officiers de *la Mali-cieuse* étaient aussi musiciens et jouaient de divers instruments.

Vers onze heures du soir, lorsque nous comptions être remis à terre, on nous dit que la grande chaloupe était revenue avec des provisions; mais que le canot attendait au port pour ramener quelques officiers qui étaient allés au spectacle et l'agent comptable qui avait été toucher la solde; que la mer se faisant houleuse, ce canot attendrait probablement le jour pour revenir à bord et qu'on allait préparer notre coucher puisque notre retour était forcément remis au lendemain.

Tout cela était fort naturel et nous nous couchâmes sans inquiétude; mais vers le matin, des mouvements de tangage très-violents apprirent à mon père qu'il se préparait une tempête. Les vagues furieuses qui battaient les flancs du vaisseau ne permettaient pas de descendre une embarcation; le canot resté à terre pouvait encore moins nous rejoindre. Les capitaines des trois corvettes se consultant par leurs signaux étaient d'avis que la bourasque ne pouvait pas durer et ils mouillèrent leurs dernières ancres espérant tenir encore quelques heures; mais de la terre on jugeait mieux notre position; toute la population de Dunkerque bordait le rivage; on organisait des secours pour un naufrage qui était regardé comme inévitable. Enfin, l'autorité maritime voyant la force de l'ouragan s'augmenter à chaque instant, fit tirer trois coups de canon, ce qui était un ordre impératif auquel il n'y avait pas à résister. Alors, à un signal donné on coupa les cables sans pouvoir sauver une seule ancre; les trois corvettes firent un bond et s'élancèrent sous leurs basses voiles comme des hirondelles rasant les flots.

BRUN-LAVAINNE.

HISTOIRE.

DE L'ARTILLERIE DE LA VILLE DE LILLE

AUX XIV.ᵉ, XV.ᵉ ET XVI.ᵉ SIÈCLES.

Archers. — Arbalétriers. — Canonniers.

SUITE (1).

XV.ᵉ SIÈCLE.

Comme dans le siècle précédent, l'arc et l'arbalète sont encore en usage. Ainsi, en 1404, on achète à Bruges un cent de *bastons crus* pour faire arbalestres, moyennant LXII l. VII s. VI d., comprins ens les frais d'iceulx faire mettre en tonniaux, *tonlieux* et voiture de les faire admener de lad. ville de Bruges.

Cette même année, l'artilleur Pasquier de Baclerot demandait onze sous pour chaque *cru baston d'ars arballestres* par lui ouvré, verni et mis sur corde, et trois sous pour loyer chacun d'eux sur *son arbrière*. En 1412, il y met nouvelles cordes et nouvelles *serres*, et adapte *des nois aux arbrières* achetées à Bruges, XXI s. febles chacune. Les *estages* de ces dernières sont aussi mentionnées.

A cette même époque, Baclerot exigeait L s. febles, pour avoir réparé et rencordé de nouvel *un grant ark de corne, avoir icellui monté sur le grande arbrière noefve* par lui livrée, avœc un nœf estrier, et icellui *avoir fait paindre et armoyer des armes de la ville*, et aussi les avoir fait couvrir de canevach.

L'année suivante, il rencorne et rappareille cinquante deux arbal-

(1) Voir la *Revue*, tomo II, pages 76 et 130.

lestres de corne, livre un grand nombre de cordes d'arc à main, et fait *peindre et armoyer* ces derniers (1).

En 1465, c'est Jehan Steenkin, ouvrier d'arbalètes d'acier, à Bruxelles, qui, moyennant XXXVI l., fournit *six verghes d'arballestres d'achier, de XIIII quarreaulx, parmy les estiiers, sans cordes, ne arbrières et engiens à les tendre.* Ces derniers coûtaient XLIIII s., les cordes, six sous.

En 1476, il fallait remettre à point *les serres* des sept arbellestres prestées a la ville par madame de Richebourg. N'oublions pas *les cren- nequins d'achier* (2) que possédait alors l'arsenal de Lille. En 1189, deux engiens d'achier servant a les monter, reviennent a IIII l. IIII s., et la corde de chacun d'eux est payée VI s.; tandis que pour *une arbrière adaptée à ung puissant crennequin*, on en exige XLVIII.

En 1471, Luc Le Monnier, artilleur du duc, obtient IX l pour III c. trois quartrons de tret d'arballestre empenés de bois et ferrés de fers non esmolus.

En 1404, les chaperons des vingt-cinq arbalétriers envoyés a Grave- lines, pour la garde du pays à l'encontre des Angles (Anglais), sont de vermeil drap, et les bandes de blanc drap, ainsi que les fleurs de lis Pour leur étendard il faut une aune de bougran En 1406, ces fleurs de lis. sont de drap *d'araigne*, à seize sous l'aune. La bannière du trompette qui précédait ceux que la ville avait dirigés sur l'Escluse, était de *cen- dal vermeil, blanc, noir et jaune*, à VIII s. l'aune.

En 1417, c'est à Anthoine, trompette de Jean-sans-Peur, que les échevins confient le soin de présenter à ce prince les XX arbalétriers et les X paviseurs, qu'ils envoient à Paris, pour le bien du roy, nostre sire, et de son royalme.

Pour le drap vermeil et blanc des caprons de ces arballestriers, pa- viseurs et cartons, CXVI s. sont alloués, et L s. febles pour leur éten- dard.

Ceux qui quittent la ville, en 1419, assistent, avant leur départ, *à une notable messe à note*, célébrée à St-Etienne, laquelle coûte XXIIII s. VI d., y compris l'offrande. Quant *aux trois menestrelz et au trompette, qui jouent de leurs instrumens devant iceulx aballestriers*, X s. VI d. leur sont accordés; et XXIII s. VII d. ob. à Pietre Robert, qui avait peint aux armes de la ville huit pignons remis aux cartons et au connétable. Long- temps après (1433), Loys le pointre peint celui donné aux arbalétriers envoyés au siége de St-Valery. En 1472, il faut quarante aunes de drap moitié bleu et moitié blanc, à XIIII s. VI d. l'aune, pour les *pallos* des qua- rante archiers, *picquenaires* et pionniers, que la ville fournit au bâtard de

---

(1) Les arcs faits avec le bois de l'if étaient fort en réputation, en 1478. En 1430, un individu encourt une amende de LX s., *pour avoir trait d'ars os gales.*

(2) Selon Roquefort, le *cranequinier* etait un arbalétrier à pied et à cheval — Philippe de Commynes mentionne les cranequiniers, liv. 1, ch. VI de ses *Mém*.

Si nous en croyons Roquefort, toutefois, le cranequin était un pied de biche ou un instrument pour bander les arbalètes : il était en fer et se portait à la ceinture. (*Dict d la langue romane*, t. I. p. 317). — Dans son supplément (p. 101) il dit : Instrument de bandage, pied de biche, sorte de clef pour armer les arbalestes. Cet instrument qui se portait à la ceinture, s'ajustait, en cas de besoin, sur le fust de l'arbaleste. Le *cranequin* était en fer et disposé en double manivelle dont la rotation se faisait au moyen de deux crochets de fer attachés au bout des deux courroies.

Bourgogne, et une aune et demie de vermel (à XVI s. l'aune), employé *à
ferre croix St-Andrieu sur lesdis paltos*. Pour les *jacques* des archers le
parmentier exige L s, et XXVI s. pour celles des pionniers. N'oublions
pas les LXXII aunes et demie de frise, à VII s. l'aune, pour les manches
de ces *jaques*, non plus que les LXX douzaines d'esghillettes de fil, à
XVIII d. la douzaine.

L'argentier parle ensuite des sallades, des gorgerins, des brachières,
des aubers, des garde-bras, des espées longhes qui leur furent livrés,
ainsi qu'à ceux dirigés sur Nuitz. Pour ces derniers le frère de Pietre
Van Malle avait fourni quatre banerolles, à IIII s. pièce. Quant aux douze
pionniers qui les accompagnaient, le brodeur Coille, qui venait de placer
IIII escuchons aux armes de Lille sur les deux pavillons prêtés au duc,
avait brodé deux fleurs de lis blanches sur leurs paltos.

En 1475, il fallait six aunes et demi quartier de drap vermeil, à XX s.
l'aune, et une demi-aune de *blanquet*, de XII s, pour les *journades* des huit
compaignons (quatre charpentiers et quatre charrons), que la ville
envoyait au service du prince. Ce fut encore au brodeur que l'on confia
le soin de placer sur chacune d'elles *une fleur de lis blanche par devant, et
derrière, pour les carpentiers, à chescune une happe (hache), et à chelle des
curliers (charrons) à chescune une roe.*

Chacun d'eux reçut en outre une javeline pour défendre leur corps en
allant par les champs. Ces piques avaient quelquefois jusqu'à vingt-
deux pieds de long.

Lille fournissait aussi à ces généreux citoyens des chariots pour lesquels elle s'imposait souvent de grandes dépenses. Ainsi, en 1386,
XX s. sont alloués au peintre Jehan Mauvin, pour se desserte *de avoir
paint et armoyet des armes de le ville, I car, couvert de aisselin (planches),
et les pavois et banieres (1) pour les arbalestriers, canonniers et paviseurs
lillois, ordenés pour aler servir le duc de Bourgogne ou voiaige que on entendoit à faire en Engleterre*

En 1453, l'argentier, après avoir parlé des trente-six archers levés
pour contribuer à la réduction de Gand, lesquels, dit-il, furent réduits
à trente-quatre, afin que la solde de ces deux derniers servît à celle d'un
trompette (à XXIIII s. par jour) *pour leur esjouissement*, nous fournit de
précieux détails au sujet du chariot qui servit au transport de leur tente.
Il nous dit que, pour le couvrir, il fallut *treize aunes de drap vermeil, à
neuf sous l'aune, six quartiers de drap blanc, de XIII s. VI d., pour les fleurs
de lis, et, enfin, douze aunes de quenevach, à III s. l'aune, pour en faire
une couverture à mettre sur led. car audesoubz de led. couverture de drap.*
Les esguillettes à attacquier le drap sur le car sont aussi mentionnées.

Chaque année, le jour de leur fête, les arbalétriers apportaient en

(1) Chaque centenier avait aussi sa bannière, comme le constate ce précieux document
de l'année 1476-77 : à Anthoine Pietres, paintre, pour son sallaire d'avoir fait et livré à la
ville le nombre de XVI benieres vermeilles, et sur icelles mis et assiz les XII apostres et autres
sains, tout d'or et d'argent, pour icelles benières délivrer, à chescun centenier, une, adfin que
chescun se trouvast soubz sa bannière, toutes les fois que effroi venroit à led. ville — En 1573,
on a tre petire, Robert Labalestrier, recevait du magistrat XIIII l., pour avoir peinct
l'enseigne des bourgois de Lille en dessoubz du S.' de Herbamez : Assçavoir, au mylan
ung St. Estienne avec les ruans de pierre (ceux qui le lapidaient), les armes du roy, nostre
sire, celles de ceste ville, et le tout faict et painct de bon or et argent, et fine couleur à l'huille.

grande pompe leur oiseau à la halle, où il restait déposé. Ainsi, en 1441, nous voyons que Gilles le Cat avait fait trois potentes de fer, chescune potente à tout une buise de fier de ung piet de long, servans en le chambre d'eschevins pour mettre *les pappegais* (1) *de l'arc arballestre*. L'argentier a aussi grand soin de porter en dépense le prix du vin accordé aux arbalétriers qui, après leur feste du rosignolt, apportèrent en halle leur d. rossignolt.

En 1447, les deux connétables et les seize arbalétriers, qui venaient de recevoir de la ville douze livres, pour et en advancement d'avoir fait faire chescun *une heucque verde. armoyé de blanches fleurs de lys, pour eulx porter au-dessus de leurs armeures, au jour du behourt* (fête de l'Épinette), acceptent aussi de grand cœur les XXIIII s. que leur accordent les bons échevins, *alors qu'ils apportent le rosignolt en halle, pour le mettre avoec les autres, pour l'embellissement d'icelle.*

En 1489, Lille faisait à l'illustre époux de Marie de Bourgogne un cadeau bien digne de la haute réputation militaire que s'étaient acquise ses courageux habitants. Ses magistrats s'adressaient à cet effet à deux habiles artilleurs, Zegre Duprier et Gilles le Mesre, qui leur fournissaient une douzaine d'arcs à main, de XVIII l ; cinq douzaines de flèches, de XII l.; quatre douzaines de cordes, de XXXII s. Quant *aux fers de ces flèches, tant dorés, comme autres*, ils les payaient VIII l., et leur étui XLVIII s.; alors qu'une custode pour ces flèches coûtait le même prix, y compris l'étui des cordes, et que le peintre exigeait L s. *pour peindre quatre de ces arcs et une douzaine des flèches.*

La haute bienveillance avec laquelle Maximilien avait accueilli ce témoignage d'attachement de la bonne ville de Lille, engageait ses magistrats à le renouveler, en 1493. A cette dernière époque, ils complètent leur splendide cadeau en y ajoutant *deux douzaines de fers à esprouver harnas*, à III s. pièce, et *ung doitliers broudé*, de LX s. L'année précédente, ils avaient dépêché leur messager à Malines, à l'effet d'y présenter à l'archiduc certain traict à main pour tirer l'oiselet, au III.ᵉ jour de may.

Parlons actuellement des diverses pièces d'artillerie réunies dans l'arsenal de Lille. En 1406, on y comptait trente sept canons au moins, car l'argentier porte en dépense les cinquante sous alloués à Demilleville (2) et à plusieurs autres canonniers qui, par plusieurs fois, ont fait getter XXXVII des canons de la ville, pour savoir se il estoient boin. En 1412, les quatre grans canons, appelés bombardes (3), ainsi que quatre autres grans canons et XXIII petis canons de fier, sont nettoyés et refectionnés par Jaques Yolens, *orlogeur* et canonnier. On lui remettait

---

(1) Rabelais parle (*Pantagruel*, liv. IV, chap. LII) du canonge, grand et fort papier qu'on employait pour les livres de chœur. On en faisait aussi usage pour le blanc servant à la butte des archers et des arbalétriers. Au centre, suivant Rabelais, (Ibid) on peignait, d'ordinaire, une grolle ou corneille.

(2) Sans doute le même que Pierre Daimlleville, faiseur d'oreloges lillois, que notre savant collègue, M. le docteur le Glay, a fait connaître à M. le comte de La Borde (Ouv. cit. t, I, p. LXI)

(3) En 1406, Pierre Demilleville fait les quatre chercles et les deux membres de fer qui tiennent le sommier d'une bombarde.

aussi IIII l. XVI s. febles, prix *des deux petis canons portatis, pes. XLIIII l.*, *qu'il venait de fondre, considéré qu'il n'en y avoit aucuns de tele fachon, et qu'il sont tout de fier.*

Les registres nous font connaître les immenses munitions de guerre que Lille avait réunies dans ses vastes arsenaux, à l'époque du terrible siége d'Arras de 1414. Outre les rondes pierres de canon, dont nous parlerons bientôt, elle faisait venir d'Amwerpes (Anvers), où Jaqmart Lolieur, échevin, se rendait à cet effet avec des Godaux, pluiseurs veuglares, engiens à tendre arballestres et pluiseurs autres garnisons nécessaires à deffence de boine ville. De son côté, Nicaise Cambier, faiseur de fers de viretons (1) et de *caude treppes* (2), à Binch en Haynau, lui fournissait VI m. et IIII c. de fers de viretons, au prix de CV l. XII s. febles (nous en omettons un grand nombre d'autres); VIII m. *caudes treppes*, à VII frans le millier. Jehan Pierin lui procurait aussi *deux milliers de petis pochons de terre, à ens mettre cauch, pour le deffence de le ville.*

Le nombre des pièces d'artillerie que les magistrats lillois font fondre alors, (1414), est incroyable. Ainsi, nous voyons successivement apparaître, outre les XXIIII engiens à monter arballestres, 1 petit canon de fer prest à jetter plommés, payé XXXVI s. febles; 1 grand engien de canon, comme *veuglare;* cinq autres *veuglares* avec leurs cambres, payés III c. III l.

L'habile Jacques des Godaux, que nous avons déjà cité, leur fournit encore deux *veuglares*, pes. II c. LXX l , chacun à deux chambres (3).

A l'Ecluse, on choisit, dans les ateliers d'Herman Hewlinchonne, XXV *veuglares*, pesant XXIX c. LXXI l. Vingt-six autres *veuglares*, les XIII premiers et leurs XXXVI cambres (4), pes. XII c. XXV l., et les XIII autres, du poids de XVII c. XLVI l., sont tour-à-tour mentionnés.

Ces diverses machines, tant les engiens, cambres, comme les aucuns desdis *veuglares*, furent transportés dans de grands tonnels de sapin.

On envoya aussi à Arras trois tonneaux esquelx avaient esté mis un grand mont *de caude treppes.*

DE LA FONS-MELICOCQ.

La suite prochainement.

---

(1) En 1417, il fournissait VI m. III c. de viretons, moitié, *à falle de sauch*, et l'autre moitié *à fachon de mousque*, à raison de XXXIII s. febles le cent. — En 1460, l'arsenal de Lille possédait CLII m. de tret et fust de viretons d'arbalestres, et pluiseurs *dondaines*. (Voyez Roquefort). — 1475, l'artilleur demande XXI s. pour rempenner un cent de viretons.

(2) En 1478, on faisait porter à Pont à Wendin (en deux penniers) certaine quantité de *caudes treppes*, qui y furent semées, pourtant que nouvelles estoyent que les Franchoix y devaient passer, pour aller à Tournay, à tout vivres. En 1485, on en plaçait onze, pesant LXXI l., à la barrière extérieure de la porte du Molliniel. Deux ans après, on en clouait deux, au moyen de deux bandes, à la grande barrière de la porte d'Errignaulx.

(3) Les six qu'il livrait, en 1415, moyennant CXLVIII l. VI s. VIII d., pesaient, y compris les douze chambres, VIII c. X l., et les six autres, fournis par Jehan Van Ost, de Bruges, IX c. L l.

(4) Les bombardes avaient aussi deux chambres, puisqu'on mentionne (1437) ung canon à manière de bombarde, à tout deux cambres.

POÉSIE

SOUVENIRS DES JOURS PASSÉS.

Hommage de l'auteur à sa ville natale. (1)

Lille! cité chérie! accepte l'humble hommage
Que mes derniers accents t'adressent dans ces vers!
En tous temps, en tous lieux, ce fut la douce image
Qui vint me consoler dans mes tristes revers!

Quand j'étais loin de toi, dans ma pénible absence,
Oh! combien je brûlais de revoir ton séjour!
Et que de fois aux murs témoins de ma naissance
Mes vœux impatients devançaient mon retour!

J'ai vu les monts fameux de la fière Helvétie,
Dont mon pied a gravi les glaciers éternels;
Et du grand Tell partout l'héroïque patrie
Me faisait admirer ses tableaux solennels.

(1) Bien que nous publierons encore des poésies de l'auteur de cette pièce, elle sera effectivement, comme il le dit, sa *dernière* production, et terminera le troisième volume de ses poésies nouvelles, dont le premier vient de paraître, et duquel nous avons rendu compte dans la *Revue du Nord* du 15 Juin dernier.

De la belle Italie et de l'heureuse France
Mes pas ont parcouru les bords les plus vantés,
Et ceux où le Batave oppose avec prudence
Sa digue aux flots des mers vainement irrités.

J'ai visité deux fois, franchissant le tropique,
Ces îles où jamais ne règnent les frimas,
Où brille la nature, où l'ardente Amérique
Sans cesse offre aux regards ses splendides climats.

Mais aux riches aspects de la terre étrangère,
Aux beaux champs que j'ai vus je préfère les tiens;
Et ta dormante Deûle à mes yeux est plus chère
Que les flots vifs et purs des rocs helvétiens!

O jours de mon enfance! ô jours de ma jeunesse!
Temps de l'illusion, où tout était bonheur!
Hélas! ils sont passés ces instants d'allégresse,
Mais leur doux souvenir vit toujours dans mon cœur!

Qu'avec plaisir, foulant l'herbe tendre et fleurie,
Je courais pour saisir le papillon nouveau!
Que mon œil avec joie, au sein de la prairie,
Voyait mes longs filets envelopper l'oiseau!

Là, ma ligne mordante, aux eaux abandonnée,
M'annonçait un captif par son liége plongeant;
Là, dans mes rets subtils la proie emprisonnée
En luttant m'étalait ses écailles d'argent.

Souvent, quand les épis ne couvraient plus la plaine,
J'y menais l'épagneul à ma voix attentif,
Et mon tube tonnant portait la mort soudaine
A la jeune perdrix, au lièvre fugitif.

Tantôt, la rame en main, dans le canot rapide
Je volais défiant l'effort de mes rivaux :
Tantôt je m'élançais dans le cristal liquide,
Et d'un agile bras fendais le sein des flots.

Quand l'hiver enchaînait les ondes de sa glace,
D'un fer savant et prompt je sillonnais l'étang ;
Un faux pas m'étendait sur la dure surface,
Et j'oubliais le coup qui meurtrissait mon flanc.

Souvent, dans les sentiers des campagnes riantes,
L'active promenade égayait mes loisirs ;
Et suivant tour à tour mes courses attrayantes,
L'amour et l'amitié redoublaient mes plaisirs.

Lille ! c'est près de toi que de la poésie
J'ai ressenti l'élan pour la première fois ;
Et si j'en ai reçu quelque peu d'ambroisie,
C'est encore à tes champs, tes près que je le dois !

Voilà dans quels plaisirs s'écoula mon aurore !
Cet âge évanoui qui me vit trop heureux !
Mais à ces jours brillants que le ciel fit éclore,
Hélas ! a succédé l'orage ténébreux !

Le nautonnier, en butte à l'horrible tempête,
Après tous ses dangers, arrive au moins au port ;
Moi, je n'ai plus l'espoir de reposer ma tête
Sous un tranquille abri que cherche en vain mon sort !

J'errai pendant cinq ans sur la terre et Neptune,
Et toujours depuis lors mon cœur fut désolé !
J'ai perdu mes parents, mes amis, ma fortune ....
J'ai vu tout disparaître... et je suis isolé !

A mes yeux expira la jeune et belle épouse
Que l'hymen, un an seul, m'unit d'un doux lien !
Ma fille me restait !... mais la Parque jalouse
A mon amour encor ravit ce dernier bien.

La douleur règne seule en mon âme flétrie,
Depuis les coups affreux de ces funestes jours !
De l'existence en moi la source s'est tarie,
Et je sens que bientôt s'achèvera son cours.

Oui, je sens chaque jour la vie en moi s'éteindre,
Et des ans et des maux le poids s'appesantir !...
Mais quand la mort voudra, qu'elle vienne m'atteindre....
Du monde où j'ai vécu je suis prêt à sortir.

Dans le sein de la tombe il est temps de descendre,
Quand ceux chers à mon cœur y sont tous descendus !
Il est temps, à mon tour, que j'aille unir ma cendre
Aux cendres des objets que ce cœur a perdus !

Bercé, dans mon printemps, par des rêves de gloire,
J'espérais que mon nom survivrait au trépas !...
Mais qu'importe, après tout, la terrestre mémoire?...
La mort est insensible aux honneurs d'ici-bas.

Lille ! peut-être un jour tu daigneras relire
Les vers qu'un temps heureux vint jadis m'inspirer,
Et ne refuse point ceux que ma faible lyre
A tes murs paternels ose ici consacrer !

Quand je quitte à jamais le Pinde au doux ombrage,
Oui, reçois le tribut que je t'offre en ce jour !
D'un cœur reconnaissant il est le témoignage,
Et souris aux accords dictés par son amour !

A. CUNYNGHAM,

BIBLIOGRAPHIE.

Méditation religieuse.

Une jolie brochure de vingt et quelques pages, sortie des presses de M. Danel, vient de nous être adressée par l'auteur, qui a bien voulu, à notre égard, soulever le voile dont il lui a plu de couvrir son nom pour le public. Nous respecterons néanmoins ce que nous croyons être son désir, d'autant plus que la nature de son œuvre, tout empreinte du sentiment religieux, n'est pas de celles qui recherchent le bruit et l'éclat. *Vanité des vanités et tout est vanité*, répète-t-il lui-même, après le sage des sages. Ce n'est donc point pour acquérir une gloire éphémère comme toutes les choses de ce monde, que l'auteur des *Méditations religieuses* livre au public les secrets de son âme. Il a, nous n'en doutons pas, des vues plus nobles, des aspirations plus hautes, et la chose qui lui importe le moins c'est l'éloge ou la critique de ce même public qu'il prend pour confident et non pas pour juge.

A ce point de vue il nous siérait mal de donner à nos lecteurs une opinion quelconque sur le nouvel ouvrage, si, autour de l'esprit qui l'anime et que chacun peut apprécier suivant ses idées propres, il n'y avait la forme qui est assujettie à des lois assez généralement reconnues pour qu'il soit permis de dire: Ceci est bien, ceci est mal.

C'est ainsi de la forme seule que nous allons nous occuper.

La *Méditation religieuse* qui vient de paraître, est la deuxième du même auteur, et elle se divise en deux parties, l'une en prose, l'autre en vers.

La première est une sorte de paraphrase des paroles de Salomon, citées plus haut; elle a pour sujet la fragilité, l'instabilité des biens de ce monde, l'éternité des récompenses et des peines. Fénélon a prouvé, non sans difficulté, qu'on pouvait faire de la poésie en prose. C'est sans doute cet illustre exemple qui a enhardi l'auteur des *Méditations* à donner à cette première partie une forme différente de la seconde. A-t-il réussi? Nous lui dirons franchement: non. Il ne suffit pas, lorsqu'un poète veut s'affranchir de la mesure et de la rime, qu'il délaie sur sa palette un peu de couleur biblique, qu'il donne par ci, par là, à ses images, quelques-uns des tons chauds de l'Orient, c'est là un procédé vulgaire et trop souvent employé; mais il faut que, d'un bout à l'autre du discours, les mots restent à la hauteur des pensées, soit par l'éclat de leur sonorité, soit par leur simplicité mélodieuse. Ce doit être un chant que l'oreille croit entendre, alors même qu'il ne frappe que les yeux.

Notre auteur a essayé de parler ce langage divin ; mais semblable à
l'oiseau qui, dans son vol inégal, monte, descend, pour remonter et
descendre encore, il a mêlé à quelques images vraiment belles des
raisonnements qui ne ressemblent en rien à cette musique dont nous
parlions tout à l'heure. C'est très-logique, très-salutaire même ; mais ce
n'est pas poétique du tout

Le seconde partie est bien supérieure à la première. Nous retrouvons là
notre poëte. Là, son chant s'élève au-dessus des sujets qu'il affectionne
d'habitude ; il devient tour à tour énergique ou touchant sans cesser d'être
harmonieux. Voici comment il peint la mort du juste :

> Au moment de mourir, voyez comme il est calme.
> D'une chrétienne vie il va cueillir la palme ;
> Comme un enfant qui cherche un remède certain
>   A ses maux, à sa peine amere,
> S'endort en souriant dans les bras de sa mère,
> Sûr de la retrouver en s'éveillant demain ;
> Ainsi prêt à quitter le fardeau de la vie,
> L'homme qui croit sourit à son dernier sommeil,
>   Sûr de trouver à son réveil
> Un Dieu clément pour père, et le ciel pour patrie.

Ces vers ont une suavité délicieuse, et nous félicitons l'auteur du
sentiment qui les lui a inspirés. Pourquoi faut-il qu'à quelques pages de
ce petit chef-d'œuvre on trouve d'autres vers comme ceux-ci :

> Car sachons qu'à l'éternité,
> Dieu l'a voulu dans sa sagesse,
> *D'autres éternités sans cesse,*
> Succèderont *sans cesse* avec rapidité.

(Nous pensions qu'il n'y avait qu'une seule éternité, et notre intelligence
ne va pas jusqu'à comprendre plusieurs éternités se succédant l'une
à l'autre).

> Sujets de crainte affreuse et de douce espérance,
> Que n'approfondit pas notre esprit matériel,
> Dans l'enfer, les maux, la souffrance,
> La paix et le bonheur au ciel ;
> De Dieu l'amour et la clémence,
> Ou sa colère et sa vengeance,
> Songez-y bien, pauvres mortels,
> Seront pour vous à jamais éternels.

Le dédain de la rime est poussé ici un peu loin et, nous l'avons dit
dans une autre occasion, c'est le principal défaut de notre temps. On est
pressé de produire. Quand un vers est fait on y tient, car la paresse est
l'ennemie naturelle de la correction. Nous ne cesserons de répéter aux
poëtes que nous estimons : Châtiez vos vers comme des enfants bien
aimés. Corrigez leurs défauts sans attendre que la critique les signale.
Méfiez-vous du laisser-aller. Abstenez-vous des licences. Quelle que soit
l'autorité de l'exemple, une faute est toujours une faute, alors même
qu'elle passe abritée sous l'aile du génie.

BULLETIN DE LA QUINZAINE.

Nouvelles artistiques et littéraires.

Voici une entreprise de deux de nos concitoyens qui obtiendra nous l'espérons, toutes les sympathies des amateurs de chant. SOUS LES SAULES, est le titre d'un album musical, qui doit commencer à paraître en décembre prochain, et donnera chaque semaine une livraison composée d'une romance. Le prix de l'abonnement est de 12 francs pour l'année, ce qui fait ressortir le prix de chaque romance à 23 centimes ! L'auteur de la musique est notre gai chansonnier Desrousseaux, qui a su conquérir une renommée de bon aloi comme poète populaire. Il va prouver au public que son talent peut prendre plus d'une forme. Déjà sa *Canchon-Dormoire* avait décélé en lui la véritable inspiration musicale. Maintenant il laisse reposer le genre qui lui a valu ses premiers succès et devient compositeur de romances. Nous lui en avons entendu chanter quelques-unes qui méritent de figurer sur tous les pianos. Mais la musique ne suffit pas seule à donner la vogue à une romance ; le sujet a sa part et l'auteur des paroles doit, pour ainsi dire, faire éclore la mélodie. M. Casimir Faucompré s'est chargé de ce soin. Il est notre collaborateur. A ce titre il convient que nous laissions ses vers se recommander par eux-mêmes.

BRUN-LAVAINNE.

— La santé de Rossini s'améliore de jour en jour. Les dernières lettres reçues de Florence permettent d'espérer que l'illustre compositeur ne se ressentira bientôt plus de la cruelle maladie dont les atteintes ont causé une si profonde et si douloureuse émotion en Italie, en France et en Angleterre.

— Les préoccupations de l'Orient se glissent partout. Dernièrement, au Théâtre-Italien, à une brillante représentation de *Il Barbiere di Siviglio*, M. Rossi, jouant Bartolo, a traité le comte Almaviva (au moment où il vient en soldat faire tapage chez le docteur), de *brutte Cosaco*. L'épithète manque un peu de couleur locale dans une pièce espagnole du dernier siècle ; mais elle n'en a pas eu moins de succès.

— *Allez-vous en gens de la noce*, est un petit acte de vaudeville qui ne se préoccupe pas de la vraisemblance de son intrigue, il songe encore moins à *Castigare Mores* par une leçon de morale quelconque ; mais il est frais, spirituel, de gaieté folle, et si la verve épanouie de MM. Gabet et de Gallois ne vous déride pas le front, c'est que vous êtes atteint du spleen à un degré où il n'y a plus d'autre remède que le suicide.

— Un jeune étudiant de l'université de Salamanque, nommé Pepó Higuero, vient d'inventer, dit-on, un nouveau procédé pour reproduire textuellement les discours prononcés dans les Cortès et devant les tribunaux. C'est peut-être un fort mauvais service à rendre aux orateurs, à moins que dans la bienheureuse Espagne, ils ne soient tous des Cicéron. N'importe, si ce nouveau moyen réussit, voilà les sténographes jetés sous la remise, comme les employés de l'ancien télégraphe, les rouliers et les coucous. Le procédé en question est tout simplement un piano à double clavier, ayant en tout 132 touches, lesquelles correspondent à autant de lettres qui, au repos, se garnissent d'encre d'imprimerie, et à chaque mouvement qu'on leur donne vont reproduirent sur une feuille de papier les mots à mesure qu'on les prononce L'essai va en être fait en public à Salamanque d'abord à Madrid, ensuite.... Nous verrons bien.

— Deux pièces sont en ce moment en répétition à l'Opéra-Comique, l'une de MM. Lockroy et Grisar, l'autre de M. F. Bazin, l'auteur de *Madelon*. Voilà de l'activité.

— Dans le courant de cette année sont morts deux hommes dont nos concitoyens ont apprécié le mérite. MM. Bazin et Maes.

M. Auguste Bazin, né à Paris, licencié, agrégé ès-lettres, professeur de rhétorique au collége de Lille pendant plusieurs années, est mort jeune encore à Cahors où il occupait l'une des chaires du lycée. Plein d'idées élevées et de convictions profondes, il portait dans l'exercice de ses fonctions et dans ses relations personnelles une délicatesse extrême. Tous ceux qui ont su l'apprécier ont cherché à en faire leur ami et leur conseil. Son esprit cachait sous des formes très-simples une grande finesse d'observation et des habitudes sérieuses de réflexion. Aucun de ses travaux littéraires n'a été publié. Il laisse inachevée une grande et remarquable étude sur les chansons de Gestes (romances de chevalerie) comparées aux épopées antiques. Quelques fragments en ont été lus à l'Association Lilloise.

M. l'abbé Frédéric Maes, né à Barnheim, était certainement un des hommes les plus érudits que la ville de Lille ait possédés. Docteur en théologie ou du moins pourvu dans son ordre d'un grade analogue, il avait enseigné à Turin les mathématiques transcendantes et la physique. Il parlait avec une égale facilité toutes les langues de l'Europe occidentale. et avait dans les langues mortes des connaissances approfondies dont fait preuve sa collaboration aux *vies des pères* de l'église publiées par M. Lefort. Les arts lui étaient aussi familiers, on a pu en juger par un chœur avec accompagnement d'orchestre qui a été plusieurs fois exécuté parmi nous. Tout le monde connaît ses *conférences littéraires et philosophiques* et en a goûté les pensées graves, le style ferme et pur. Ces études sévères et variées n'avaient en rien altéré la grâce élégante et fine de cet esprit universel. Tous ceux qui ont joui de sa conversation en trouveront bien difficilement une autre à lui comparer. Jeune aussi, il vient de mourir à Berlin.

Heureux ceux qui par les vertus de leur cœur ou les richesses de leur esprit laissent des souvenirs aussi nombreux et aussi vifs.

—Le grand succès du jour c'est *La Nonne Sanglante*. Si l'on en croit les journaux de la capitale, la musique de cette opéra place M. Gounod au rang de nos premiers compositeurs. Elle fourmille de beautés soit dans l'ampleur de la partie symphonique soit par la fraicheur d'un grand nombre de mélodies qui trouvent place jusque dans les morceaux d'ensemble, mais surtout par des effets neufs et saisissants, qui naissent des situations offertes par le sujet. Quant à ce sujet lui-même, le titre seul indique ce qu'il peut être, et les comptes-rendus de la critique parisienne nous confirment dans la pensée que nous avions eue tout d'abord, qu'il s'agissait simplement de transplanter le noir mélodrame du boulevard du crime sur le théâtre de la rue Lepelletier.

Depuis que *Robert le Diable*, malgré la stupidité de son libretto, a fait faire à tous les théâtres des recettes fabuleuse, on regarde comme excellent tout ce qui rapporte beaucoup d'argent à la caisse. M. Scribe le sait mieux que personne, c'est pourquoi son nouvel opéra repose comme l'ancien sur une donnée à demi-surnaturelle, du moins pour ceux qui croient aux revenants. Un fantôme blanc avec une grande tâche rouge, une jeune personne craintive qui consent néanmoins à porter le même uniforme. Un crime dont la police de ce temps-là n'a pas su découvrir l'auteur, un fils qui ne peut se marier qu'après avoir tué son père, un couvent en ruine comme celui de sainte Rosalie. La nuit au commencement, la nuit au milieu, la nuit à la fin, pour faire mieux ressortir une fête magnifique éclairée à *giorno*. Des décors admirables, des costumes superbes, voilà à peu près toute la pièce. Ne nous en plaignons pas si elle a pu fournir au musicien quelques-unes de ces inspirations sublimes qui font vivre un ouvrage, même alors qu'on a pu s'apercevoir que le fond en est détestable. Et franchement, ce sont souvent les plus mauvaises pièces qui font faire de la meilleure musique, pourvu qu'elles soient bien charpentées et qu'elles offrent des situations propres à échauffer le génie du compositeur.

— Les nouvelles des coulisses, dont le public est ordinairement assez friand, se bornent pour l'instant à un procès entre M⁻ Rachel et M. Legouvé fils. Le poète a obtenu gain de cause contre l'illustre tragédienne qui est condamnée à assister à toutes les répétitions de la *Médée*, répétitions qui seront réglées par l'administration sur la demande de l'auteur, sous peine de deux cents francs pour chaque jour de retard et ensuite à jouer la pièce. Nous ne sachons pas que jamais Corneille ait eu recours aux tribunaux pour faire jouer les siennes.

— On annonce déjà un ouvrage de M. Victor Cousin sur les encyclopédistes, le tome second des *Souvenirs* de M. Villemain et un nouveau roman historique de M. Alfred de Ligny.

— M. Bude, l'un des auteurs du grand arc de triomphe de l'Etoile et de la statue du maréchal Ney, fait en ce moment un Bonaparte, premier consul, à cheval. M. Préault, autre statuaire de talent, donne ses soins à une œuvre de bas-relief destinée à la grande exposition de 1855. M Eugène Delacroix s'occupe de trois grandes pages historiques, M. Paul Delaroche s'occupe aussi d'une grande toile, mais en secret. Enfin, M. Thomas Couture, l'auteur des *Romains de la décadence*, qui fit tant de bruit sous Louis-Philippe, vient de faire un pendant à ce tableau aristophanesque, c'est une grande scène de carnaval parisien et de souper au vin de champagne. On désigne déjà cette composition sous le titre de *les Parisiens de la décadence*

Pour tous les articles non-signés :

Les Rédacteurs-Propriétaires :

BRUN-LAVAINNE, *Gérant*, A. DEPLANCK. CASIMIR FAUCOMPRÉ

Lille. Imp de Lefebvre-Ducrocq.

LITTÉRATURE.

LE PASTEUR D'AMES.

SUITE (1).

III.

Le lendemain, aux premières lueurs du jour, une villageoise, enveloppée de sa *faille* de serge noire, et s'appuyant sur le bras d'un garçon de quinze à seize ans, suivait d'un pas pressé la route qui mène d'Abancourt à Cambrai. Le sauf-conduit, dont son compagnon était porteur, leur avait permis de passer devant tous les postes militaires sans être retenus, et l'horloge du beffroi finissait à peine de sonner six heures, qu'ils atteignaient, au bas des remparts, la porte Cantimpré. Mais cette porte ne s'ouvrait plus depuis le séjour des alliés dans le Cambrésis, et les abords de l'étroite poterne, qui donnait seule accès dans la place aux fournisseurs des marchés, étaient encombrés, déjà, d'une foule de campagnards chargés de hottes d'où l'on voyait déborder des provisions de tout genre. Les deux voyageurs, partis de si bon matin d'Abancourt, furent donc obligés d'attendre leur tour pour être introduits dans la ville. Dès qu'ils y eurent pénétré, le jeune paysan voulut prendre le chemin du couvent de la Visitation, mais la personne qui tenait son bras l'arrêta en disant :

(1) Voir la *Revue*, Tome II, page 233 et 265.

— Je voudrais entendre la messe à l'église du Saint-Sépulcre ; aidez-moi à marcher jusque-là, Joseph, car je suis brisée de fatigue.

Joseph prit une autre rue, en répondant d'un air capable :

— Nous n'avions pas besoin de venir si vite ; on n'ouvre jamais la poterne avant sept heures, et je savais bien que rien ne pressait.

Cécile, car c'était elle qui avait revêtu les habits de sa jardinière afin de sortir du château sans être remarquée, Cécile garda le silence, tout en songeant combien, au contraire, il était pressant pour elle d'être à l'abri des poursuites dont elle serait infailliblement devenue l'objet si Lionel avait appris son départ furtif.

Les aveux du jeune insulaire, la découverte de ses propres sentiments, et l'exaspération, d'abord mal interprétée de M. d'Abancourt, avaient jeté la veille son esprit dans un trouble affreux dont elle ne sortit qu'a-près avoir pleuré et prié longtemps. Souvent les larmes sauvent notre raison, toujours les prières la fortifient. Celle de la baronne, une fois ranimée, lui montra qu'elle n'avait à prendre que le parti de la fuite, et pendant que Lionel s'abandonnait aux songes les plus flatteurs, Cécile allait chercher un refuge contre lui dans les lieux qu'habitait sa fille. Mais avant de se rendre auprès d'Alice, elle voulût confier à l'homme qui l'avait toujours si sûrement guidée dans le sentier du devoir, le pen-chant involontaire auquel son cœur s'était laissé entraîner. Pour oser presser son enfant dans ses bras, il fallait qu'elle eût racheté sa faute par une humiliante confession, il fallait qu'elle en fût relevée par une main secourable. Elle marcha donc avec son compagnon jusqu'à l'entrée de la cathédrale : là, ayant su que le prêtre qu'elle venait chercher célébrait alors la messe, elle dit à Joseph, après l'avoir récompensé de son assistance, qu'il pouvait partir dès qu'il le voudrait ; qu'elle ne retourne-rait pas avec lui à Abancourt. Aussitôt elle le quitta, et s'enfonça dans les profondeurs de la nef, jusqu'à la chapelle où s'achevait le service divin. Elle y arrivait à peine que celui dont elle était la pénitente des-cendit de l'autel tenant entre ses mains le calice d'or qu'il allait déposer avec les habits sacerdotaux. C'était un homme âgé d'environ soixante ans, grand, maigre, un peu voûté, mais d'une physionomie noble et douce

— Mon père, murmura la jeune femme en l'abordant avec respect, je désirerais me confesser....

Le prêtre s'arrêta plein de surprise et de compassion à la vue du déguisement et de la figure altérée de M.ᵐᵉ d'Abancourt.

— Je suis prêt à vous entendre comme confesseur, mon enfant, lui répondit-il ; mais vous me paraissez si abattue et si troublée que peut-être il vaut mieux ne me parler en ce moment qu'à titre d'ami. Entrons là, d'abord, ajouta-t-il en montrant la sacristie, nous irons ensuite chez moi. Il ne lui fallut qu'un instant pour être prêt à l'emmener par un passage intérieur dont il avait la clé.

Dès qu'ils furent assis tous deux dans une chambre très-simple, mais où l'on voyait quelques tableaux de piété remarquables, il interrogea Cécile, du ton le plus affectueux, sur les causes de son voyage, de son traves-tissement, et elle lui répondit avec la même sincérité que si elle s'était trouvée à genoux, devant lui, au tribunal de la pénitence. Rien ne fut oublié ni pallié, depuis le jour où Lionel avait été amené par son mari à Abancourt, jusqu'à l'heure révélatrice des coupables sentiments qu'elle avait inspirés, et partagés à son insu.

Après qu'elle eut cessé de parler, son auditeur qui l'avait écoutée avec la plus grande attention, lui dit :

Votre résolution de fuir le danger aussitôt que vous l'avez connu, vous excuse à mes yeux, en partie du moins, d'une faiblesse déplorable ; je ne crois pas cependant qu'il soit bon pour vous de quitter Abancourt. La femme mariée doit habiter sous le toit conjugal, même quand il ne lui offre pas un heureux abri. C'est l'étranger qui a terni par sa présence la pureté de votre âme, c'est le capitaine Churchill qu'il faudrait éloigner.

— Je crains qu'il ne consente pas à abandonner le château si j'y retourne, répliqua la baronne en hésitant.

— Peut-être, ma chère fille, réussirai-je à le décider.

— Vous le verrez donc ?

— Je le verrai si cela est nécessaire, en vous reconduisant moi-même chez votre mari, aussitôt que j'aurai fait une démarche qui me prendra quelques heures. Pendant mon absence vous irez demander Alice aux dames de la Visitation, et vous la tiendrez prête à partir avec nous.

En parlant ainsi, il se leva pour donner l'ordre d'atteler un petit carrosse dans lequel il avait souvent parcouru les campagnes des envi-rons de Cambrai pour porter des secours et des consolations à de pauvres malades ; avant de partir il prit à la hâte une collation frugale que Cécile, exténuée, partagea sur son invitation pressante.

Le quartier-général des alliés était alors à Iwuy, grand village au nord-est de la ville épiscopale. On y arrivait par un chemin de traverse

que le passage continuel des troupes avait mis en fort mauvais état,
aussi, le digne prêtre, ami, soutien et directeur de la triste Cécile,
eut-il le temps de réfléchir à tous les obstacles que pouvait rencontrer
son projet, et d'imaginer les moyens de les vaincre. Le départ de
France de Lionel, effectué sur le champ, et sans retour possible, au
moins pendant quelques années, lui semblait la condition indispensable
au repos de M.ᵐᵉ d'Abancourt. Il se disait que ni les remparts d'une
place forte, ni les murs d'un couvent, n'arrêteraient les messages de
l'officier anglais; que la peinture d'un amour si dévoué, si généreux,
rendrait plus amère encore la destinée sans bonheur de cette jeune
femme, et finiraient peut-être même par lui ôter le courage d'en repousser la séduction. M.ᵐᵉ d'Abancourt était, pour lui, qui lisait jusqu'au
fond de ce cœur ingénu, un être digne du plus tendre intérêt, et puisqu'il n'avait pu l'empêcher d'être malheureuse par un mariage mal assorti, il voulût du moins lui sauver la douleur d'un attachement illé-
gitime. Il savait qu'une âme née pour le bien souffre moins des maux
que le sort lui inflige que du repentir d'une faute.

Les sentinelles qui veillaient autour du château d'Iwuy n'arrêtèrent
pas un carrosse dans lequel ils n'aperçurent qu'un ecclésiastique âgé,
mais celui-ci ayant une fois mis pied à terre, fut interrogé dans le vestibule où de nombreux serviteurs attendaient des ordres, par une espèce
de majordome, sur le but de sa visite.

— J'ai besoin de parler au général en chef, duc de Marlborough,
répondit le voyageur.

— Le général est à table en ce moment; et il ne reçoit d'ailleurs
que les personnes de sa connaissance.

— Eh bien! veuillez me donner une plume et du papier, je lui
écrirai quelques mots. Je ne doute pas qu'il m'accorde un entretien.

Le majordome frappé de l'air calme et assuré du vieillard prépara ce
qu'il fallait pour écrire, et bientôt un billet lui fut remis qu'il se hâta
de porter à son maître.

Le duc de Marlborough ne possédait plus alors tous les avantages
extérieurs qui l'avaient fait, dans sa jeunesse, surnommer le *bel Anglais*,
par l'armée de Turenne, dans laquelle il avait servi en qualité de volontaire, mais il en gardait des traces, et sa noble prestance suppléait pour
le faire admirer encore, à sa grâce juvénile évanouie.

Il déjeûnait avec un brillant état-major lorsque son serviteur lui pré-
sentant la missive dont il s'était chargé, lui dit:

— Monseigneur, c'est de la part d'un prêtre français qui attend la réponse.

Un coup-d'œil jeté sur la signature rendit le duc attentif, mais dès qu'il eut parcouru le billet il se leva en s'écriant :

— Un grand bonheur m'arrive, Messieurs! Je veux vous le faire partager. — Ce sera, dans tout le cours de votre vie, un souvenir ineffaçable que de vous être trouvé un jour en présence de M. de Fénélon!

Il sortit et rentra bientôt en tenant par la main l'archevêque de Cambrai, car c'était lui dont la compâtissante bonté voulait sauver Cécile. — Un mouvement spontané de vénération fit incliner le front et presque courber le genou de tous les jeunes officiers, devant l'illustre auteur de *Télémaque*.

— Daignez prendre place un moment à ma table, Monseigneur, dit le duc de Marlborough au prélat, et permettez que mes braves compagnons d'armes portent un toast d'admiration au plus beau génie, au caractère le plus élevé de notre temps.

L'archevêque salua le duc et son état-major avec l'affable dignité dont ses manières étaient toujours empreintes, mais après les avoir remerciés de leur bienveillant accueil, il ajouta qu'il ne pouvait prolonger son absence de Cambrai, sans y jeter une certaine inquiétude, et qu'il se voyait obligé de presser le duc de lui accorder l'audience particulière qu'il en avait sollicitée.

— Malgré la peine que je ressens de ce refus, je suis à la disposition de votre éminence, répondit le général, et il conduisit M. de Fénélon dans son cabinet après avoir dit quelques mots, en passant, à l'un de ses convives.

Aussitôt qu'ils furent seuls, le duc s'empressa de demander à son illustre visiteur en quoi il serait assez heureux pour l'obliger.

— J'espère, continua-t-il vivement, qu'aucun de mes soldats n'a enfreint les ordres que j'ai donnés concernant le respect de vos propriétés?

— Non, Mylord, dit M. de Cambrai, les troupes anglaises ont obéi ponctuellement à l'injonction bienveillante de leur chef : Cependant c'est un de vos officiers, le capitaine Churchill, qui me force à vous importuner en ce moment.

— Mon neveu, Lionel, interrompit le duc étonné, serait-il possible que sa conduite eût mérité votre désapprobation ?

— Je ne le connais pas personnellement, répondit l'archevêque, mais quand je vous aurai conté dans quelle situation d'esprit il se trouve, et quel préjudice son avenir peut en éprouver je crois que vous ne me blâmerez pas de vous l'avoir fait connaître.

— C'est donc un service que vous voulez lui rendre.

— Il ne le penserait pas, sans doute, mais votre excellence en jugera autrement que lui, je le crois.

Il fit alors au général anglais le récit détaillé de tout ce qui s'était passé à Abancourt depuis que le jeune capitaine y était en cantonnement, et sa connaissance du cœur humain l'engagea à appuyer particulièrement sur la détermination de Lionel d'enlever Cécile, de faire rompre son mariage par le pape, et de l'épouser pour vivre avec elle dans la retraite.

— Belle idée, vraiment, s'écria le duc, prendre pour compagne une femme déshonoré, du moins aux yeux du monde, abandonner une carrière déjà pour lui pleine d'éclat, manquer un superbe mariage arrangé par sa famille ; ce serait là une insigne folie, que je ne puis permettre ! Je vais lui ordonner de se rendre sur le champ en Angleterre ; j'ai des dépêches à faire tenir en mains propres à la reine, il en sera porteur.

— J'aurais bien mal dépeint à votre grâce, dit M. de Fènélon, les sentiments de sir Lionel pour Mme d'Abancourt, si elle croyait qu'une courte absence pût suffire à les effacer de son cœur. C'est une longue séparation qui serait nécessaire.

— Eh bien! je prierai Sa Majesté de lui confier un poste dans les Indes. J'aime mieux être privé de sa présence, pendant plusieurs années, que de le voir courir à sa perte. Mais qui me répondra, qu'avant de partir il ne puisse pas décider la baronne à l'accompagner ?

— Ce sera moi, Mylord, dit le prélat, en se levant. Je ne quitterai pas la jeune femme tant qu'elle aura besoin d'un appui contre les prières ou la violence d'un homme au désespoir.

— Alors je suis sans alarmes, répondit le duc, et je vais expédier mes lettres à Lionel afin qu'il s'éloigne d'Abancourt aujourd'hui même.

L'archevêque après l'avoir encouragé dans son empressement, allait remonter dans sa voiture, lorsqu'il la vit entourée d'une foule d'officiers à cheval et en grande tenue.

— Mes aides-de-camp, dit le général, vont avoir l'honneur de servir d'escorte à votre éminence jusqu'aux limites de notre position. Ils se dédommageront ainsi de n'avoir pu tantôt vous témoigner leur enthousiasme pour votre livre immortel.

Le prélat français, voulût en vain se soustraire à ces démonstrations de respect, il dût se résigner à partir avec un cortége digne d'un souverain. A plusieurs reprises le long de la route il fut accueilli par des fanfares et le salut des drapeaux qui flottaient sur les tentes, et lorsque les brillants cavaliers se virent obligés de le quitter, le plus jeune d'entre eux demanda la permission de lui baiser la main au nom de tous ses camarades.

— Exprimez-leur, mon enfant, dit l'archevêque d'une voix émue, mon regret de ne pouvoir adresser mes remerciements particuliers à chacun d'eux ; et puisse le rétablissement de la paix entre nos nations me permettre de les recevoir bientôt, ainsi que vous, comme des amis, dans ma demeure.

Il l'embrassa paternellement, salua tous les autres avec une aménité pleine de noblesse, et donna ordre à son cocher de presser le pas des chevaux. Deux heures après, Cécile tenant sa fille dans ses bras, rentrait avec lui au château d'Abancourt.

M. ADÈLE DESLOGES.

La suite prochainement.

LA GRAND'MÈRE.

CONTE DE H. C. ANDERSEN.

Ich hab' eine alte Muhme ,
Die ein altes Büchlein hat ;
Es liegt in dem alte Buche ,
Ein altes, dürres Blatt.
So dürr sind wohl auch die hände,
Die einst im Lenze ihr's gepflückt.
Was mag doch die alte haben ?
Sie weint so oft sie's erblickt.

Anastasius GRUN.

Grand'mère est si vieille, elle a tant de rides au front et des cheveux blancs comme neige; mais ses yeux brillent comme deux étoiles, oui, et ils sont plus brillants encore. Son regard est si doux et on a tant de plaisir à le contempler. Elle sait de si belles histoires qu'elle raconte si bien et elle a une robe parsemée de grandes fleurs, toute d'une soie noire si épaisse qu'elle crie au moindre frôlement. Grand'mère sait tant de choses car elle a vécu si longtemps avant père et mère; c'est bien vrai ! Grand'mère a un livre de pseaumes avec des fermoirs d'argent, et elle lit souvent dans ce livre, dans les feuillets duquel se trouve une rose, toute sèche et aplatie; elle n'est pas aussi belle que les roses qui s'étalent dans les vases, et cependant grand'mère lui sourit si tendrement, oui, et alors ses paupières se baignent de larmes! Pourquoi cette rose desséchée dans le vieux livre plait-elle ainsi à grand'mère, le savez-vous? Chaque fois que les larmes de grand'mère tombent sur cette fleur, les couleurs de celle-ci deviennent plus fraîches, la rose se dresse et remplit de son parfum toute la chambre ; les murs disparaissent comme un nuage, et tout à l'entour surgit un délicieux et verdoyant bosquet, où les rayons du soleil jouent à travers les branches des arbres, et alors grand'mère retrouve ses jeunes années, elle est une svelte jeune fille, à la chevelure blonde, aux joues épanouies et colorées ; elle est enjouée, ravissante ; nulle rose ne peut l'égaler en beauté ; et ces yeux, ces doux yeux, ces yeux aimés et bénis, oui, grand'mère les a encore !

A ses côtés est assis un grand et beau jeune homme ; il lui présente la rose et elle sourit, — ainsi sourit encore grand'mère, — oui encore maintenant. — Il n'est plus et bien des pensées l'accablent, bien des changements se sont faits autour d'elle ! — Le beau jeune homme n'est plus, la rose est placée dans le pseautier, et grand'mère, — oui, elle est assise là de nouveau comme une vieille femme et regarde la rose flétrie, cachée dans le livre.

Maintenant grand'mère est morte !

Elle était assise dans son fauteuil et racontait une jolie histoire ; elle disait que le conte était fini et qu'elle était fatiguée, et elle rejetait la tête en arrière pour dormir ; on pouvait l'entendre respirer, elle dormait, mais sa respiration devenait de plus en plus calme, et ses traits décélaient son bonheur et la paix de son âme ; elle était comme si un rayon de soleil éclairait son visage ; elle souriait, et cependant les gens qui la voyaient disaient : Elle est morte !

Elle fut enveloppée d'un tissu de lin blanc et déposée dans le cercueil et l'on ferma ses yeux ; mais chacune de ses rides avait disparu. Elle était là avec un sourire sur les lèvres, ses cheveux étaient d'un blanc d'argent et si vénérables ! Personne ne redoutait de contempler cette défunte, elle était toujours la bonne, la chère, la tendre grand'mère au cœur aimant. Et le pseautier fut aussi déposé dans le cercueil sous sa tête, et la rose était enfermée dans le vieux livre... et puis on enterra grand'mère.

Sur le tertre qui la recouvrait, près de l'église, on planta un rosier, et celui-ci porta des roses, et ces roses s'inclinèrent sous le vent et se dirent l un à l'autre : « Qu il est doux de se baigner dans la rosée et les « rayons de la lune ! Et parce que nous sommes les plus belles, une « main chérie nous cueille pour la plus belle des vierges. Comme nous « allons rougir, comme nous allons exhaler des parfums ! »

Et le rossignol entendit ce que disaient les roses, et le rossignol chanta en l'honneur de la jeune fille qui avait caché la rose dans son pseautier, et l'avait gardée jusqu'à ce que ses joues si fraîches fussent ridées, jusqu'à ce que la jeune fille fût devenue une vieille femme. Il est si doux de vivre de souvenirs !

Et quand le rossignol chantait ainsi pour cette rose et au-dessus de cette tombe, l'orgue de l'église retentissait des chants notés dans le pseautier qu'on avait déposé sous la tête de la défunte, et la lune brillait si complaisamment ! Mais les morts n'étaient pas là ; tout enfant pouvait, la nuit, aller tranquillement cueillir une rose près du mur du cimetière. Un mort sait plus que tous les vivants. Les morts savent quelle est notre anxiété lorsque quelque chose de singulier nous arrive et ils marchent avec nous au-dessous de nous ; ils sont si bons et si dévoués, ils ne veulent pas nous épouvanter, les morts ne reviennent pas.

La terre s'est amoncelée au-dessus du cercueil, il y a de la terre aussi dans le cercueil, les feuillets du livre des pseaumes sont poussière, la rose avec tous ses souvenirs s'en va en poussière ; mais en haut, au-dessus d'elle, fleurissent de nouvelles roses, en haut chante le rossignol et l'orgue résonne, on pense à l'amour et à la grand'mère au regard éternellement doux et jeune, regard qui ne peut mourir.

Un jour, nos yeux reverront grand'mère jeune et belle, comme à l'heure où ses lèvres touchèrent pour la première fois cette rose si gracieuse et si odorante, qui est maintenant poussière au fond du tombeau.

LOUIS DE BAECKER.

HISTOIRE.

DE L'ARTILLERIE DE LA VILLE DE LILLE

AUX XIV.e, XV.e ET XVI.e SIÈCLES.

Archers. — Arbalétriers. — Canonniers.

XV.me SIÈCLE.

SUITE (1).

Certains *veughelaires* avaient jusqu'à trois chambres, tels les cinq que fournissaient (1452) Willeaume Cuvelier, Rogier Desfontaines et Allard de Laubel, et quatre autres, pesant XIII c. XXV l., qu'avait fondus (1453), Jehan Dubos. Longtemps après (1476), ung grant et puissant *veughelaire* coûte VII l. IIII s.

Les *veuglares* sont quelquefois nommés simplement canons (2). Ainsi, en 1414, Bertran de Dignant, canonnier à Maubeuge, faisait payer CXXX l. X s. febles, les trois canons, *autrement nommés veuglares* chescun à deux cambres, et du poids de IIIIxx l., qu'il avait livrés à la ville.

D'ordinaire, on envoyait au fondeur *un modele en bois des chambres qu'il devait fondre*. Ainsi, en 1479, on fait porter à Bruges *ung molle de bois, pour sur icellui faire une chambre à ung gros veugelaire.*

Les *travaux des veuglares* étaient établis sur trois petites roues qui coûtaient (1406) douze sous (3). En 1412, les échevins ayant entendu

---

(1) Voir la *Revue*, tome II, pages 76, 130 et 283.

(2) En 1414, Jehan de Vo-te livre dix canons de fer, du poids de III c. IIIIxx V l. pour getter plommés, munis de leurs caches de fer et de leurs marteaulx acherés. — *Veuglares et canonchiaux.*

(3) 1404 Une pièce de bos à faire un travail pour un grand canon LXVI s. — En 1414, un carlier (charron) livre six roeuwes, deux aissieulx et III traversiers pour travaulx de canons.

vanter ceux que les magistrats douaisiens avaient fait construire pour leurs *venglaires*, envoyaient dans cette ville avec Jaques Mette, qui venait de parfaire *le travail* du grand canon, Jehan Miva, maçon, et Jehan des Godaux (1), adfin de en faire pareils pour la ville.

En 1414, des Godaux embosque (2) plusieurs *veuglares*, et confectionne un *travail* pour un des plus grands, autour duquel il fixe cinq grands cercles de fer. (Nous voyons ailleurs que les ferures de deux autres pesaient LXXVII l.) Pour ce *travail*, il livre trois chercles et carnières, un grand envir, deux grandes fourcques, deux grans estriers, quatre portières, etc.

L'année suivante, les trois habiles ouvriers que nous venons de nommer, se rendent, par ordre des échevins, à Tournai et à Yppre, pour veir et savoir le manière et fachon des embosquemens de leurs *veuglares*, adfin que ceulx de la ville de Lille fussent samblablement ou mieulx fais.

En 1436, il faut deux gros hommiaux (ormes) de brachie et un autre menre (moindre) payés XIII l., pour enfuster canons et *veughelarcs*. N'oublions pas les six chevalés de bos, à trois pies, destinés à six *veughelares*, que livre Ernoul Dou Riez, charpentier de la ville.

Cette même année, Watier le Fèvre et Thomas Caron refont pluiseurs rouwes aux *trov·ux* des grans canons, et Gilles Le Cat, autre fèvre, reçoit IIII xx IX l., pour avoir fait le ferure de XIII canons, à cascun III bendes pour les loyer sur le bos; IIII oelles et une queville ronde *pour tourner sur les quevalés et sur les caryes*, et à cascun une clef pour fremer les cambres par derrière (3), à tout une kayne de ung piet de long, pour ataquier lesdites clefs à VI rondes quevilles, pour tenir les roilles à VI caryes, et *XII clefs pour hauchier les keuvrs desd. canons*; XII quevilles à caynette, enfin, pour tenir lesd. keuwes (4).

En 1443, les mollettes et rouwes des engiens des *veughelaires* sont mentionnées. En 1465, Le Cat reçoit IIII l. XV s., pour avoir fait *deux fors torrillons. chescun a trois bendes et six crampons*, destinés aux deux petites serpentines, pour les mettre sur deux *travaulx*, avec quatre hanes pour mettre aud. *travail*. Il livre aussi les bendes et ferraiges de la grande serpentine, si comme *le grand torillon à trois bendes*.

Parlant ailleurs des trois doubles verghes qui maintenaient la queue de chaque canon, l'argentier nous dit que chacun d'eux devait avoir *ung fort hanet et ung torrillon d'ung piet de long*.

Ces documents divers, que nous nous sommes fait un devoir de grou-

---

(1) On voit ailleurs (1413), qu'il recevait XII l. par an, comme commis par balle à garder et soliciter les canons, *ceuglares*, pourres, *garnins* marteaulx et autres babillements de canons de la garnison de la ville.

(2) Le bos, les bendes et autres ferailles ouquel les engiens sont embloquiés et ataquiés.

(3) 1465. Hurtoir à deux bendes pour mettre derrière le cambre d'un canon.

(4) Parlant de la bombarde *cerbotana* (XIV.ᵉ siècle), M. de Saulcy dit : « La pièce porte d·petits tourillons coniques autour desquels elle peut tourner, la longue queue trouve un point d'appui sur la barre plus ou moins élevée qui la soutient Le plateau de l'affût est sans roulette et n'a donc aucune mobilité. Nous devons remarquer ces tourillons donnés à une pièce fondue dès le quatorzieme siècle. car nous verrons que cette disposition fut à peu près abandonnée pendant longtemps et ne reparut guère que cent ans après, mais avec bien plus d'efficacité. » (Ouv. cit. fol. XX 2.')

per, peuvent nous donner une idée des essais nombreux qui précédèrent l'invention *de la pièce à tourillons*, laquelle M. de Saulcy considère comme le perfectionnement le plus important qui se soit produit dans l'artillerie. Le savant académicien, que Lille compte avec un légitime orgueil au nombre de ses enfants, pense que cette innovation eut lieu entre les années 1476 et 1494 (1).

Les registres aux comptes viennent ici confirmer les prévisions de la science, car, c'est, en 1476, que nous y trouvons ce précieux document, qui vient dissiper tous les doutes qu'auraient pu laisser dans notre esprit ceux des années précédentes : A Andrieu Gillot, fèvre, LX s., *pour avoir reloyé de noefve ferraille une serpentine pour le bullewercq de la porte Saint-Sauveur, sur deux tourillons et fait une nouvelle queuwe derrière pour le haurhier et avaler.*

Les grands *venglaires* étaient parfois placés sur des chariots à quattre roes, pour lesquels il fallait six cents livres de fer. Hubert de Millens, *fondeur de laiton*, avait livré, en 1479, pour l'un d'eux, une chambre du poids de IIII c. LXV l. Il est vrai que, dans ce poids, nous devons faire entrer une bacquebusse de cuivre.

Cette même année, l'argentier mentionne *la cramilie* (2) d'ung baston et son souflet; puis les deux quevilles passans l'aissil *des rouges serpentines*, aussi bien que *leur torillon* maintenu par quatre bandes. D'autres avaient les deux bandes fixées au moyen de quatre quevilles à tieste et à euche. (Une euche à chaîne pour une serpentine.) L'année suivante, les bendes et quevilles de fer *pour fremer les torilles sur l'affust d'une grande serpentine de cuivre*, et de six autres serpentines de fer, *peint s en rouge*, coûtent IIII l. IIII s. ; tandis qu'une *cressmillie de fer* et ung arrest pour *ung baston à quevallet*, sont payés XXIIII s. En 1486, Miquiel de Renty, fèvre, fournit une queville et une kaisne servant à *haulcier et avaler ung baston* En 1491, il faut pour *ung rouge baston une cramillie de fer, d'un piet et demy de long*, et une clef à cruque, du poids de six livres. En 1492, *une double cramillie de fer pes. XXVIII l. est fixée à la serpentine à queralt à tirer l'oiselet*, laquelle était maintenue sur son affût par ung hurtoir à clef et à quatre estriers. *Les hurtoirs des engiens à tirer l'oiselet p saient quelquefois XXX l.*

Il y avait aussi des *crameill e. de bois*, dont les têtes étaient fixées au moyen de bandes de fer de deux pieds et demie. A celles d'une serpentine de fer on remarquait (1492) une queue de fer de deux pieds, ung estrier, XII bendes à esquerre, du poids de XXXII l. (Bendes à hurtoir.)

C'est en, 1433, que les registres mentionnent pour la première fois les coulevrines Nous y lisons : A Jehan des Godaux, fèvre, XII l., pour l'accat à lui fait par eschevins *d'une grande culevrine à deux cambres avoec deux petis culevrins sans cambre* (3) : puis à Willaume, Vrete, aussi fèvre, XXXII l., pour VI *culevrins en fustes*, *chescun à trois cambres, et VI petis culevrins emmanchiés.*

<hr/>

(1) Ibid. fol. XXII. 2.*
(2) Ces *Cramilies* pesaient de cinq à six livres. — Selon M. de Saulcy, (*Bulletin des Sociétés Savantes*, t. I, p. 48, fév. 1851) on ne connaît que deux exemples, en Suisse, (parmi les canons conquis sur Charles-le-Téméraire) de canons à crémail ou crémaillère.
(3) En 1476, on forge nouvelles embouchures pour y faire servir plus grans cambres

Cette même année, Jaques Yolent, orlogeur, (1) et Mahieu Demileville affinent XVIII l. de pourre de canons, pour esprouver coluevrines.

Longtemps après (1443), le canonnier Pietre Desquermes (il gagne X s. par jour), éprouvait les cinq nouveaux *vrughrbires*, deux gros engiens de ceuvre et pluiseurs culevrines, et enseignoit pour en besoignier les compaignons que l'en envoya en la ville d'Alos. En 1452, les cinq coulevriniers et leurs cinq aides, qui accompagnent les quarante archers envoyés au duc de Bourgogne, qui marchait sur Rupelmonde, reçoivent de la ville douze sous par jour, leurs aides et les archers, six. Leurs cinquante *cappeles de thille* coûtent L s. ; les deux couleuvrines qui leur sont remises, IIII l. XVI s. ; les trois livres et demie de pourre de culevrines, XLII s.; les deux livres de plommés (2), III s., et les deux entonnoirs, III s. IIII d.

Le document que voici, en nous donnant un fidèle inventaire de l'artillerie lilloise, en 1460, nous fournit des détails pleins d'intérêt sur les couleuvrines, car il nous fait connaître que XIII l. furent allouées à Gilles le Cat, qui, aidé de ses valets, avait passé vingt-six jours à escurer et relimer les canons et culevrines appertenant à la ville : Assavoir est LXIIII canons, VIIIˣˣ et V cambres servans ausd. canons; VI culevrines sur quevalés et *XVIII cambres servans à icelles culevrines ; XVIII canons ayant manches de fer et XXXV canons enfustez en bos, à jecter plommés. et VIII culevrines ayans manches de bos* (3).

En 1465, XVIII *culevrines, enfustées, garnies chescune d'un carquais et autres abillemens nécessaires au fait du traict desd culevrinex,* sont fournies par Robert de Boulongne, et payées LIIII l., ou XVIII lyons.

En 1472, une autre, garnie *d'escampe de fer* (4), coûte LX s ; tandis que celle qu'on achète à un inventaire n'est payée que XVI s. En 1475, quatre autres reviennent à C s. L'année suivante, le fèvre qui fait *ung nouvel cul* à une cullevrine rompue, obtient VI s. En 1478, Hubert de Millens, *fondeur de layton*, demande XX s. pour la façon de chacune des XXXVI cullevrines de métal, pesans ensemble II c. XLI l., qu'il livre, et XXXVI s., pour celle d'un molle à faire plombes; tandis que Martin Mortroel, hugier, exige XI l. XIIII s. pour leurs affûts (5). En 1481, six autres coulevrines coûtent XXXIII s. chacune, et le chevalet sur lequel on les place, aussi bien que les grosses hacquebuttes, est payé XII s.

Dès 1479, les paysans possédaient des coulevrines ; car, à cette date, la ville de Lille faisait remettre XXVI s. à ung homme de villaige, qui lui avait vendu une cullevrine et quattre bour es de fer. Une autre en cuivre, munie de son affût et d'un molle à faire plommés, ne coûte que XXII s.

Ce fut sans doute vers 1465, que les coulevriniers voulurent, à l'exemple des archers et des arbalétriers, posséder un jardin, puisque, cette même année, le maçon Mark Soiron travaillait à leur bersel (6)

---

(1) En 1409, il recevait LX s. par an pour soigner et tenir nes les canons.
(2) Deux plommés de coulevrine d'une livre et demie, à II s la liv.
(3) Canons, culevrines et crapaudiaux.
(4) Ces escampes valaient XII d.
(5) 1452. Ung vire de bos pour servir à l'affustz d'une grosse culevrine XII s.
(6) Ces berceaux étaient, d'ordinaire, complètement construits en grès.

placé auprès de la noble tour. Il est aussi question du hurtoir fait pour un canon mis en nouvel bos, *qui fu rompu aux culevrinyers traire leur oselet.* Plus loin, on parle du *veughelaire,* ainsi que des pierres conduites au buisson de Wallencamp, où *les confrères culevryniers tirèrent dud. veughelaire, pour avoir roy en leur confrarie.*

En 1467, neuf lots de vin sont présentés aux cullevrinyers de Tournay, pour honneur de ce qu'ilz s'estoient venus esbattre à Lille du jeu de le cullevrine avec leurs confrères Lillois, qui venaient de recevoir une gratification de LX s, à leur retour de Liége. Supprimée par les échevins, l'année suivante, la confrérie des cullevriniers se repentit long-temps d'avoir mécontenté ces magistrats et trompé leur bonne foi, en s'approchant d eux subtilement et exigeant leurs draps, pour faire *leurs pallelos de parure de la procession de Lille,* en taisant que, l année précédente, eulx avoient eubz semblablez paletos, quy leur devoient servir pour deux ans. Lesquelz eschevins de bonne foy leur avaient iceulx palletos accordés.

Trois ans après, ces magistrats durent se féliciter d'avoir ainsi agi, puisque, alors que le duc leur enjoignait de tenir prêts pour son ser-vice le plus grand nombre possible de canonniers, de cullevriniers, de picquenaires et de pionniers, il purent lui alléguer que la ville n'avait nulz canonniers, ne cullevriniers, et aussi que les gens de la ville ne se mêlaient de picques, fors d'estre archiers.

Disons ici que les journades des quatre compaignons cullevriniers qui allaient (1476) rejoindre à Pont-à-Vendin les gens de guerre estans illeuc pour la garde du passaige, *avaient des journades vermeilles, ayant chescune deux blancques fleurs de lys.* L'argentier parle aussi des cent trente-six journades vermeilles *aux parures de la ville,* à treize sous chaque, délivrées aux compaignons, *jueurs de trait à pouldre.*

Mettant en oubli leurs anciens griefs, et ne se rappelant plus que les services récens de ces courageux citoyens, les échevins faisaient acheter LXXI aunes de drap rose pour les cent paletots, *aux parures de la ville,* destinés aux cullevriniers de la cité, qui devaient escorter la loi à la procession.

Peu de temps après (1479), ces magistrats se montrant encore plus magnifiques, faisaient acheter pour les quatrevingt-deux canonniers et cullevriniers, LXVII aunes de drap vermeil et trois aunes de drap bleu, à XX s. l'aune, avec lesquels on confectionnait IIIxx II pastosfz, *aux parures de la ville :* les trois aunes de drap bleu, servirent, comme nous l'apprend l'argentier, à faire auxdis paltofz *chescun à manière d un coller* (sans doute collier) *broudel autour du collet, en fachon d'un quievron.*

La couleur de ces paletots variait sans cesse, car, en 1480, on y em-ploie du *drap mouret,* à XXII s. l'aune.

Il est bon d'observer que, cette même année, les coulevriniers rece-vaient douze liv. des échevins, en advanchement d'un bel et riche estandart de drap de Damas, *aux armes et parures de la ville* (1).

Moins d'un an après, les officiers municipaux concèdent aux coule-

---

vriniers des journades de drap mi-parti blancz et sanghin, sur chacune desquelles on remarque *une croix Saint-Andrieu , de drap bleu.*
Quant à la robe du varlet, elle se distingue *par la petite cullevrine et la
fleur de lys. qui sont brodées sur l'une des manches.* L'année suivante ,
chaque coulevrinier reçoit un paltot de drap noir, enrichi *d'une croix de
Saint Andrieu, de drap cler vert et de deux fleurs de lis blances, avec la fourme
d'une cullevrine.* En 1483, ceux qui sont accordés aux trente coulevriniers, dont se compose la nouvelle confrérie (bientôt après portée à XLII),
établie par les échevins, sont de drap rozet, à XXV s. l'aune, et le
brodeur Guillaume de Sailli demande VI l., pour avoir fait sur chacun
d'eux *la broudure d'une cullevrine et d'une fleur de lis* (1).

Parmi les obligations qui sont imposées aux confrères, nous remarquons celle d'envoyer, chaque dimanche , une dizaine traire de canons
et de cullevrines au gardin, pour ce à eux ordonné emprès la porte de
Fives. De son côté, le *magistrat* s'engage à leur faire délivrer, le premier jour de mai, huit livres de poudre à canon, pour jouer et traire de
canons ou *venglaires.*

Désireux de donner aux coulevriniers lillois une preuve certaine de
sa haute bienveillance, l'archiduc acceptait la royauté qu'ils lui avaient
offerte, et se faisait remplacer, *pour tirer l'oiselet,* par l'échevin Jehan de
Douvring, auquel, et par extraordinaire, messieurs allouaient XII l. XII s.,
pour les divers prix par lui distribués au nom du prince, et parmi lesquels nous remarquons *ung fusil d'argent, pesant uug onche et ung estrelin;
ung autre plus petit, pesant demy onche, et une verghe d'argent doré.*

Nos lecteurs ne seront pas fâchés de savoir que chaque roi des coulevriniers recevait *une espinelle de cire,* que le cirier Allart le Cocq
faisait payer VIII l., en 1486.

Nous savons déjà combien passionnées étaient les villes du Nord de la
France pour les jeux de personnages (2), il n'est donc pas surprenant
que les coulevriniers lillois, sûrs de conquérir les suffrages des officiers
municipaux, au moment, surtout, où ils renouvelaient leur royaulme,
aient offert à ces magistrats (1479) *ung esbatement du jeu la cullevrine.*

Quelques-uns de ces coulevriniers entreprenaient de lointains voyages,
de longs pèlerinages, de ce nombre était Guilbert au Pauch , dit Rous-
selet, qui recevait *du magistrat* une courtoisie, *à son retour du voiage de
Jhérusalem.*

Les serpentines étaient aussi placées sur des affûts. Ainsi, en 1465,
Guillaume Vrete, canonnier du château de Lille, vend aux échevins, au
prix de IIIIxx VI l. IIs., trois serpentines, les deux affustées, et l'autre
sans affust, pesant celle sans bos V c. XXIIII l., et les deux autres ,
déduit le bos, IIII c. XXXVI l.

En 1470, les échevins envoyaient vers le duc, à Hesdin, à l'effet
d'obtenir pour la ville douzes serpentines, ou autre tel nombre qu'il lui

---

(1) Les paletots accordés aux coulevriniers, en 1499 , sont brodés par Jehan de
Laouste.
(2) Voyez nos artistes, pp 215-216; les *Ann. arch.* de M. Didron, *passim* ; mélanges
historiques par M. Champollion-Figeac. t. IV, pp. 320-345; *Bulletin de la Société de l'Histoire de France,* septembre-octobre 1846, pp. 349-350 ; — *Bulletin des Sociétés Savantes,* fév. 1854, pp. 46-47.

plairoit. Ils n'obtinrent, toutefois, du prince que deux serpentines et ung *veughelaire.*

L'année suivante, Gilles de Brabant faisait payer XXXII l. trois serpentines de fer, les deux garnies de chincq chambres, et la III.ᵉ sans cambre, avec *un petit morsier* (mortier) *de ceuvre*, et aultre menue artillerie.

De son côté, le canonnier du chastel de Lille, maistre Guillaume, obtenait V l. VI s. prix des deux chambres de cette dernière serpentine, du poids de IIIIˣˣ IIII l. (1), à XVIII d. la liv., y comprins la fachon de l'embouchure d'icelle serpentine. Quant à maistre Jehan de Malines, fondeur et ouvrier de serpentines, à Bruxelles, il n'en cédait quatre autres de cuivre (deux grandes et deux petites), du poids de XVI c. XXX l., qu'au prix de II c. IIIIˣˣ l. VII s., bien que les échevins lui eussent livré IIII c. LXII l. de cuivre.

On employait pour les pièces d'artillerie *des clefs à quarrure;* car, en 1471, deux de ces dernières pesant vingt livres, et destinées à ung *veughellaire* et à une serpentine, sont payées XXII s.

Les huit serpentines que le charron Jehan de Bauvin avait établies (1475) sur des affûts à deux roues, avaient coûté XX l. chacune. Les fers d'aissil, les crestes des roues, les vireulles, les hurtoirs de ces machines sont aussi mentionnes, ainsi que le pinchelet, les deux crampons et la quevilla pour lez ahanesure devant led. baston, les deux armons et le plat escamel. En 1479, Luc Lucqs, carlier (charron), refaisait IX aissilz *aux serpentines volans.* Longtemps après (1487), il exigeait C s. pour deux paires *de haultes reues affustées dedens les aissilz,* à deux serpentines de cuivre (2). Pour *les haultes reues bastardes* (1489) et les grosses roues *des bombardelles,* il demandait le même prix.

Les bombardes et les bombardelles étaient, il est vrai, encore en usage à la fin du XV.ᵉ siècle, puisque, en 1476, deux sous sont accordés à ceulx qui ont rapporté une pierre de gries tirée aux champs d'une bombarde, assayé et esprouvée au dehors de le porte Saint-Sauveur. En 1489, l'argentier a grand soin de mentionner le bombardier Georges Boucquer, aussi bien que *la bombardelle,* les serpentines et *les courtaux* envoyés au chastel d'Estaimbourg, avec *des joueurs de gros bastons.*

L'arsenal de Lille possédait, en effet, (1476) des *courtaux,* nommés aussi, assez souvent, *gros bastons* (3); car le comptable nous parle de leurs *estriers,* de leurs *apoyelles,* etc. Il nous apprend ailleurs (1479) qu'il fallait III c. XXXVI l. de fer (à II s. la liv.) pour les ferrures de deux de ces engins.

Les serpentines, dont nous venons de parler, avaient également des *appoyelles,* des *clefz,* des *hocques. Les clefs des quevilles et des chambres sont aussi mentionnées, ainsi que les cleucques.*

DE LA FONS-MELICOCQ.

La suite prochainement

---

(1) En 1476, les deux chambres d'une grosse serpentine de fer pes. IIII c. IIIIˣˣ XVI l.
(2) Pour les charges des serpentines on faisait usage de fûts de demi lances.
(3) Leurs roues coûtaient LXX s. la paire ; celles de serpentines et de *veughelaires* XL s.

SCIENCES.

APPLICATION DIVERSES DE LA LUMIÈRE ÉLECTRIQUE.

PHARES ET SIGNAUX SUR MER ET SUR TERRE. — En pleine mer, le navigateur a plus d'un danger à courir. Lorsqu'il approche des côtes, la nuit surtout, les périls s'accroissent. S'il ne connaît pas d'une manière précise l'endroit où il se trouve, les écueils à éviter, les courants à fuir, il peut résulter de cette ignorance les plus terribles catastrophes. C'est pour diminuer ces chances de malheur, par suite de méprises, qu'on a établi depuis longtemps déjà, sur tout le littoral de la France, un grand nombre de phares dont les feux croisés sont tellement rapprochés, qu'en temps ordinaire, un navire longeant les côtes, voit continuellement briller dans l'obscurité plusieurs de ces signaux qu'il reconnaît à leurs distances respectives, à leur couleur, à leur fixité, à la durée de leur *éclipse* et de leur *éclat* intermittents; effets qui, adroitement combinés, servent à lui indiquer les terres en vue desquelles il passe. Ce sont autant de jalons posés sur les rivages pour le guider dans sa course périlleuse.

La sphère de rayonnement de ces phares a été considérablement accrue dans ces derniers temps par l'emploi des lentilles de Fresnel où la lumière réfractée, substituée à la lumière réfléchie, a acquis une portée cinq à six fois plus grande, c'est-à-dire de dix à douze lieues. Malgré cet accroissement d'éclat, si un brouillard épais ou une pluie continue vient à obscurcir l'atmosphère, la clarté n'est plus aperçue, dans ces circonstances, qu'à une distance insuffisante pour prévenir les accidents. A plus forte raison est-elle peu efficace durant ces longues nuits de tourmente où tout l'équipage est sur pied pour lutter contre la fureur des vents et des flots.

On conçoit qu'en pareille occasion, la lumière électrique appliquée aux *lentilles à échelons*, puisse être d'un grand secours. Son éclat perçant qui, par un ciel pur, s'étend aussi loin que le permet la courbure des mers, c'est-à-dire à plus de vingt lieues, pour certains phares, pourra, dans les circonstances critiques dont nous venons de parler, vaincre l'épaisseur des ténèbres jusqu'à des distances suffisantes pour être aperçu des marins en temps utile.

On a fabriqué à Chaillot, dans un atelier spécial, neuf grands *phares électriques* pour les points les plus dangereux, des côtes de France sur l'Océan. Dans peu d'années, tout le littoral sera garni d'un réseau de ces fanaux voltaïques *à feux fixes* et *à feux tournants*, sentinelles avancées veillant à la sûreté des navigateurs qui trouveront en eux des points de repère comme ils en prennent dans le ciel pour se diriger à travers l'immensité des eaux.

De plus, on pourra appliquer l'éclat et l'intermittence des feux à envoyer, de terre, des signaux de convention aux navires en vue des phares, pour leur annoncer s'il y a danger pour eux d'aborder à l'heure présente, ou leur indiquer la ligne qu'ils doivent suivre pour faire heureusement leur entrée dans le port.

Ce n'est pas tout encore ; la lumière électrique pourra être employée, avec le même succès, à bord des bâtiments, soit pour établir une correspondance télégraphique avec le port, à l'effet de demander des secours ou d'annoncer une nouvelle pressante ; soit pour éviter les rencontres de deux navires, choc dangereux qui entraîne souvent la perte de l'un et de l'autre.

La singulière propriété de cette lumière de briller dans l'eau la fera sans doute servir aux travaux de sauvetage et de constructions sous-marines, et peut-être même à la pêche.

Enfin, elle est appelée à rendre de grands services sur les bateaux à vapeur qui sillonnent les fleuves, ainsi que sur les chemins de fer, soit pour l'éclairage, proprement dit, soit pour transmettre des signaux à des distances considérables. Dans les pays où les communications sont difficiles ou interrompues tout à coup, en temps de guerre, par exemple, la lumière électrique pourrait être utilisée pour envoyer un ordre, rallier des troupes sur un point déterminé, annoncer la victoire ou commander la retraite, etc. On peut, en effet, au moyen de lentilles et de miroirs réflecteurs, former des signaux d'un kilomètre de développement, visibles comme un vaste incendie. On peut même projeter simultanément dans toutes les directions la lumière électrique amplifiée par un système lenticulaire, en imprimant à celui-ci un mouvement de rotation assez rapide pour que les éclats intermittents paraissent continus. Il suffit pour cela qu'ils se succèdent à des intervalles d'un dixième de seconde, car telle est la durée d'une sensation lumineuse sur l'organe de la vue. Avec un système de cinq lentilles, le cadre mobile n'aurait qu'à faire deux tours par seconde, vitesse susceptible d'être réalisée facilement.

APPLICATION DE LA LUMIÈRE ÉLECTRIQUE AUX TRAVAUX PUBLICS. — Depuis quelque temps on emploie la lumière électrique, surtout dans les jours d'arrière-saison, pour continuer pendant la nuit, des constructions, des réparations urgentes. C'est ainsi que , pour mener rapidement les travaux du pont de Notre-Dame, dont on a reconstruit en entier les arches, on avait établi la lumière électrique avec réflecteurs près des chantiers. On en a fait usage aussi dans les travaux des docks parisiens. A cet effet, deux *fixateurs* électriques de MM. Deleuil père et fils, étaient alimentés chacun par une pile de Bunzen de cinquante éléments (grand modèle.) Ce système ne laissait aucun point dans l'obscurité et la lumière était parfaitement répartie. Pendant quatre mois que dura cette campagne, il n'y eut pas le moindre accident à déplorer ; tout a parfaitement fonctionnné. Pour chaque appareil, les frais s'élevaient à dix-neuf francs par nuit, c'est-à-dire à trente-huit francs pour les deux. Par ce moyen, six cents ouvriers étaient éclairés et travaillaient souvent à plus de 100 mètres des centres lumineux. Le prix de revient allait donc à moins de cinq centimes par homme. On voit, par ces nombres, que, sous le rapport de l'économie, l'avantage est considérable dans les grands ateliers. La seule chose qui laisse encore à désirer, c'est le moyen de mettre les appareils dans le cas de se passer de la main d'un ouvrier, pour conserver la lumière d'une façon continue. En certains cas analogues à celui qui précède, on peut, à la rigueur se borner aux fixateurs ; mais pour l'éclairage public, il est indispensable que les régulateurs fonctionnent seuls. Dans les travaux de construction de la rue de Rivoli, la lumière électrique est encore employée sans appareils régulateurs. On peut s'en servir de même dans la plupart des grands travaux souterrains , percement des montagnes , exploitation de carrières, de mines, etc.

APPLICATION DE LA LUMIÈRE ÉLECTRIQUE A L'EXPLOITATION DES MINES. — Lorsqu'on creuse profondément dans les entrailles de la terre, on rencontre des cavités où se sont accumulées des masses de gaz , à la fois délétères et inflammables. Quand le mineur, par son travail d'extraction, s'approche de ces réservoirs, à chaque morceau qu'il détache, il amincit d'autant les parois de la cavité qui renferme le fluide comprimé à haute pression. Tout à coup celui-ci sort avec impétuosité en faisant voler en éclats le dernier obstacle qui le retenait captif, renverse quelquefois l'ouvrier et fait bientôt irruption de toutes parts. Malheur alors s'il rencontre une flamme dans la galerie! une explosion terrible se fait entendre, et des centaines de mineurs sont tués par le *feu de la terre* (feu *grisou*, protocarbure d'hydrogène) aussi promptement qu'on le serait par le feu du ciel.

Pour éviter de semblables désastres, Davy a inventé une lampe de sûreté formé de toile métallique dont les mailles serrées donnent passage au gaz, mais s'opposent à la sortie de la flamme quand l'hydrogène carboné se répand dans tout l'espace qui lui est offert.

Néanmoins, la lumière de cette lampe est souvent insuffisante pour éclairer de longues galeries souterraines; on peut la remplacer avantageusement par la lumière électrique puisque celle-ci est susceptible de briller dans le vide ou dans un gaz impropre à la combustion. On supprime toute communication avec l'air extérieur, par ce moyen tout danger disparaît.

Ce mode d'éclairage pourrait convenir encore dans de grands établissement où la présence d'une flamme à l'air libre inspirerait des craintes d'incendie ou d'explosion.

APPLICATION DE LA LUMIÈRE ÉLECTRIQUE A LA PHOTOGRAPHIE.— Dans le principe, les portraits et les vues au daguerréotype se faisaient en plein soleil; c'était la condition du succès; encore fallait-il opérer à certaines heures du jour et employer un temps assez considérable, quinze à vingt minutes. Plus tard, on trouva des substances sensibles à une lumière moins vive, puis sans soleil, à la lumière diffuse, dans un appartement. Maintenant, on peut se passer de la lumière naturelle en photographie et obtenir d'excellents résultats en quelques secondes. L'électricité rend l'opération possible à toute heure du jour et de la nuit. On y gagne même sous le rapport de la régularité des effets; les insuccès sont aussi moins fréquents, car on peut amener la lumière électrique à une intensité toujours la même pour toutes les expériences; l'image ne perd rien de sa netteté; et comme on peut toujours placer cette lumière dans la direction qu'on désire, il en résulte qu'il y a possibilité de faire ressortir sur l'épreuve tel ou tel point déterminé de l'objet dont on veut avoir l'image photopraphique.

Par ce moyen, on peut prendre des vues d'un souterrain, d'une grotte, d'une mine, d'une crypte, en un mot de tout endroit qui ne peut être éclairé que par une lumière artificielle.

Le daguerréotype nous donne, avec la plus scrupuleuse exactitude les minutieux détails de l'extérieur d'un monument, avec l'inconvénient toutefois de présenter les images symétriques des objets. La photographie en réalisant des épreuves dites positives, corrige ce défaut ; mais les papiers qu'elle emploie, si impressionnables qu'ils soient, à la lumière diffuse, ne fournissent que des résultats très-imparfaits quand il s'agit de l'intérieur d'un vaste monument, d'une église, par exemple ; car il reste toujours des points trop peu éclairés, ce qui donne des plaques d'ombre où les objets restent tout à fait confus.

Mais voici une circonstance dans laquelle l'artiste photographiste éprouve un embarras insurmontable ; c'est quand il s'agit de prendre l'intérieur d'une chapelle ornée de vitraux de diverses couleurs. Quelques essais tentés avec la lumière des meilleures lampes ont démontré, dans des circonstances analogues à la précédente, l'insuffisance de ce procédé. La lumière électrique peut seule venir en aide et lever la difficulté. Il n'est pas indispensable ici d'avoir recours à un régulateur dispendieux et difficile à installer ; on peut maintenir, à la main, durant plusieurs minutes, les charbons polaires dans une position telle, que le centre du foyer lumineux reste au même point. Trente éléments de Bunzen et un réflecteur suffisent. Les pôles sont soutenus par un porte-lumière très-simple, formé de trois parties, dont la moyenne est une substance isolante, du verre, par exemp'e, et les deux extrêmes un métal (laiton) portant les charbons conducteurs qui communiquent chacun avec un pôle de la pile.

— Les applications de la lumière électrique augmentent de jour en jour et sont appelées à rendre de grands services au commerce, à l'industrie, aux arts et aux sciences. Nous en signalerons encore deux : La première est relative à la physiologie Chacun sait qu'interposée entre l'œil et une clarté vive, la main devient pour ainsi dire transparente. Cette simple remarque a donné l'idée d'appliquer la lumière électrique à l'étude du corps humain. On voit en effet les lésions, les engorgements des vaisseaux sur les points de la périphérie. Or, connaître la cause et le siége du mal, c'est déjà la moitié de la guérison.

La seconde application a rapport à la microscopie ; mais comme elle mérite quelques développements, nous réservons pour le prochain numéro les curieux détails qu'elle nous offre. .

C. DECHARMES.

Professeur de sciences physiques et naturelles au Lycée d'Amiens.

POÉSIE

L'IMPOT DU SANG.

En me privant de tout, au travail m'efforçant,
Je m'étais amassée une petite somme
Pour racheter mon fils, pour lui payer un homme,
Le jour où la patrie exigerait son sang...
Je disais : — Quand viendra l'époque solennelle
Où vers l'urne du sort mon fils devra monter,
Non, je ne craindrai rien... car si le sort l'appelle,
J'aurai dans mon coffret de quoi le racheter...—
Ah ! si c'est un honneur de servir son pays,
C'est un honneur aussi de bien aimer son fils.

Et le jour du tirage étant bientôt venu
J'accompagne mon fils sur la place publique...
Il monte l'escalier,.. il franchit le portique,
Il a consulté l'urne... et l'urne a répondu !..
— O ma mère, dit-il, en revenant bien vite,
Ma mère, quel malheur, il faudra te quitter !..
— Non, ce n'est pas ainsi, mon enfant, qu'on se quitte,
J'ai là dans mon coffret de quoi te racheter !..
Ah ! si c'est un honneur de servir son pays,
C'est un honneur aussi de racheter son fils.

Mais la guerre soudain éclate à l'orient ;
On demande partout des soldats pour la guerre !..
Moi près de qui pleurait plus d'une pauvre mère,
Je regarde mon fils... mon fils en souriant...
Tous les deux sur le champ nous courons à la ville...
— « Il faut un remplaçant... voilà pour l'acquitter !.. »
Mais toute ma richesse, hélas ! est inutile,
Je ne saurais fournir de quoi le racheter !...

Ah ! si c'est un malheur que la guerre au pays,
C'est un malheur plus grand de voir partir son fils.

J'ai bien pensé mourir dans nos derniers adieux ! —
Le sergent recruteur excitait son courage...
Ses amis l'ont conduit jusqu'au bout du village,
Et moi... moi je n'ai pu le suivre que des yeux.
Maintenant je suis seule assise auprès de l'âtre
Priant pour mon enfant qui vient de me quitter...
—Mais quand je réfléchis qu'il est allé se battre,
Ma prière vers Dieu refuse de monter !..

Ah ! que m'importe donc la gloire du pays
Quand peut-être la guerre a moissonné mon fils.

HECTOR DU BUS-

—————

SOIS HOMME !

A mon Ami C.

I.

Ami, transforme-toi ! ta jeunesse est passée ;
Que l'amour ne soit plus qu'un lointain souvenir !
De ce rêve énervant dégage ta pensée
    Et tourne-toi vers l'avenir !

Va, ne regrette pas les lascives étreintes
De ces doux bras de femme à ton cou suspendus,
Ni les mots palpitants des amoureuses plaintes,
Ni le frémissement de tes sens éperdus.

Sois homme! sèvre-toi de ces vaines caresses
Dont bien vite ton cœur serait désenchanté.
Eloigne cette coupe aux trompeuses ivresses
  Que t'offre encor la volupté.

Brise d'impurs liens!... qu'attendre d'une femme ?
Sa tendresse s'éteint comme un rayon du jour!
Ami, pour féconder les élans de ton âme,
Il te faut plus, crois-moi, que ce vulgaire amour !

II.

Il te faut l'Idéal aux splendeurs souveraines,
Qui plane loin du monde en aspirant au ciel,
Et qui jette, parfois, sur des œuvres humaines,
Le radieux reflet de l'esprit éternel!

Du poète il te faut les extases profondes,
Les saints tressaillements qui s'emparent du cœur
En contemplant l'espace ou scintillent les mondes,
Et quelque fraîche rive où s'entr'ouvre une fleur!

Fais jaillir ta pensée en robuste sculpture!
Peins-nous les bois, les monts, l'Océan indompté!
Artiste, pour amante il te faut la Nature;
Sans honte enivre-toi de sa chaste beauté!

Deviens l'écho vivant de ces voix infinies,
Cris du monde en travail qui sillonnent les airs,
Soupirs, clameurs d'angoisse, étranges harmonies
Que tu transformeras en célestes concerts !

Par d'héroïques chants console et fortifie
Les cœurs vaillants blessés aux combats du devoir,
Et ceux qui, désertant l'épreuve de la vie,
Ont dit à l'avenir l'adieu du désespoir !

Sois grand par le talent, grand par le caractère !
Couronne-toi d'honneur et non de vanité.
Sois du droit opprimé le défenseur austère.
Au-dessus de la gloire aime l'Humanité !

ÉMILE DUPONT (de Douai).

BIBLIOGRAPHIE.

Histoire de Bondues par M. Louis Dervaux.

Douai, le 7 octobre 1854

Monsieur,

Je viens de lire avec beaucoup de plaisir l'*Histoire de Bondues*, tout récemment donnée par M. Louis Dervaux, et je vous suis obligé de m'en avoir fait connaître la publication. Je ne puis qu'en adresser publiquement, si vous voulez bien m'en ouvrir la voie, mes félicitations à l'auteur. C'est une très-bonne monographie, et il est à désirer que des travaux semblables, aussi utiles, aussi sérieux soient entrepris, autant dans l'intérêt des localités que dans celui de nos départements, pour toutes les communes de quelque importance.

Les divisions de ce livre sont bonnes, logiques ; les excursions faites par l'écrivain, hors de l'enceinte de la commune s'y rapportent assez naturellement. Le style est précis et en parfait rapport avec le sujet.

Nous ferons cependant quelques observations de détail sur cet ouvrage, et nous nous permettrons ensuite de signaler à l'auteur quelques faits omis, qui n'étaient peut-être pas arrivés à sa connaissance.

Parlons d'abord de l'étymologie du nom Bondues et *Bondua* (1).

L'auteur pense qu'il peut servir à exprimer une borne, une limite, une démarcation. Il nous semble qu'il signifie tout simplement *Maison de l'alliance*, du celtique *bond* alliance, confédération et *hus* maison.

Nous ne nous arrêterons pas plus longtemps sur le champ aride des étymologies, mais nous ferons observer en passant que la syllabe *sart*, dans Lambersart, Watiésart, Martinsart, Robersart, etc , ne signifie pas terre inculte ou couverte de buissons ; mais qu'elle vient du vieux mot *sarter*, qui au contraire signifie défricher, déplanter, arracher. Ainsi l'on disait le sart (le défrichement) de Lambert, de Watié ou Wautier, de Martin, de Robert (2).

Le fait de la fondation par Gautier, évêque de Tournai, en 1171, n'est point exactement rapporté Par cet acte, Gautier donne à son église cathédrale, l'autel de Bondues, auquel, Lethbert, son chancelier, joignit

---

(1) Et non *Bonda* comme dit M. Dervaux.
(2) Dans un bail reposant aux archives de Douai du 16 mars 1391 ; où lit : Si ne pora rien copper ni *sarter* audit gardin d'arbroierie, qui ne soit sec.

six hôtes et cinq quartiers environ de terre labourable, pour fonder une vicairerie qui ne put être desservie que par un prêtre (1).

Wautier de Marvis, autre évêque de Tournai, par des lettres de l'an 1249, donna aussi à sa cathédrale une partie des dimes de Bondues (2).

Les grands vicaires de Tournai étaient décimateurs de cette paroisse, cependant le curé levait partout une gerbe (3).

L'abbaye de Marquette possédait quarante bonniers de terres à Bondues, qu'elle avait achetées de Jean de Bondues. La comtesse Jeanne lui en confirma la jouissance par un diplôme du 6 mai 1230 et les déchargea de tous droits féodaux (4).

Marguerite sa sœur, aussi comtesse de Flandre, avait acheté en bled, avoine, chapons, poulets appelés *rentes du bois*, qui se prenaient dans la paroisse de Bondues à la mesure gauloise, pour les donner à l'hôpital des Béguines de Lille, par un diplôme du mois de janvier 1255 (5).

En 1580, l'église de Bondues fut brûlée par la garnison de Menin, composée de Français et d'Écossais, on lisait alors dans cette église les épitaphes suivantes :

« Chy devant gist noble homme Pierre de Hingettes, chevalier seigneur
« es Aubiaulx (6) qui trespassa en l'an de grâce 1362, le vingt-septième
« our du mois d'octobre. »

« Chy devant gist noble dame Isabelle d'Antoing, espeuse dudit
« chevalier qui trespassa en l'an de grâce 1419, le vingt-neuviesme jour
« d octobre. Priez Dieu pour leurs âmes. »

« Dessoubs ceste tombe gissent Monsieur Bauduin de Hames, chevalier,
« fils de Monsieur Guillaume de Hames, chevalier, et de dame Marie de
« Huigettes, dame de Bondues, sa femme. Item Robert de Hames, chevalier
« seigneur de Bondues, tué à Azincourt, Guillemestre d'Ailly, sa femme;
« Hues de Hames, tué à la bataille de Montlhéry et Madame Jeanne de
« Comines et plusieurs autres (7). »

On a quelquefois écrit *Huiguettes*, ainsi qu'on peut le voir sur la pierre tumulaire déposée au musée de Douai, que nous avons décrite et dont nous avons donné le dessin (8), mais jamais que nous sachions *Huigettes* ainsi que l'a fait M. Dervaux.

Ces observations ne diminuent en rien le mérite de la monographie de Bondues, que tout amateur de l'histoire de nos contrées doit désirer posséder dans sa bibliothèque.

J'ai l honneur, etc.

H. R. D.

Auteur des *Petites Histoires de Flandre et d'Artois.*

---

(1) Mirœus, tome II, page 1317.—Cousin *Hist. de Tournai*, tome II, page 285.
(2) Sauderus.—Rerum Tornaceus : page 389, *M. ss.*
(3) Le curé de Marcq le Groux.
(4) Buselin.— Gallo Flandria, page 397.
(5) Chambre des Comptes de Lille.
(6) *Obeaux.—Aubiaulx*, aulnes.
(7) Mémoires M SS., tome I, page 391
(8) Mémoires de la Société centrale d'agriculture de Douai, etc., tome XI, page 218.

BULLETIN SCIENTIFIQUE.

— Les recueils consacrés aux sciences sont tout remplis des détails relatifs au Congrès de Liverpool, tenu par l'Association britannique dans le magnifique édifice nommé Saint-Georges Hall où se trouvent réunies de vastes salles pour toutes les cours de justice de la ville et de la province, une belle bibliothèque, un salon de concert, et au centre de tant de services divers, une salle grandiose qui a 167 pieds de longueur, 77 de largeur et 82 de hauteur. Là se sont donné rendez-vous toutes les illustrations scientifiques des trois royaumes et quelques-unes du continent, particulièrement de la France. Le compte-rendu des séances de cette docte assemblée, beaucoup trop étendu pour notre cadre, sera lu avec intérêt dans le journal *Cosmos* qui se publie à Paris sous la direction de M l'abbé Moigno.

— M. Thénard a lu à l'Académie des Sciences de Paris un mémoire donnant le résultat de l'analyse qu'il a faite des eaux du Mont-Dore, auxquelles il doit son retour à la santé. Le savant chimiste a reconnu dans ces eaux la présence de l'arsenic à l'état d'acide arsénique, d'arséniate de chaux ou de soude, et non pas d'acide arsénieux ou de sulfure d'arsenic. Une proposition a été faite dans le sein de l'Académie pour que les principales eaux minérales de France soient soumises à un grave travail d'analyse chimique. Ce serait là une mesure d'une utilité incontestable.

— Des esprits prévoyants se préoccupent déjà de l'épuisement inévitable, dans un temps plus ou moins long, des veines de charbon de terre. M. Maumené, professeur de chimie, à Reims, vient de faire connaître l'heureux résultat des essais qu'il a faits pour tirer parti, comme combustible, des lignites sulfureux qu'on trouve en abondance dans une chaîne de collines qui commence près de Reims, entoure le bassin de la Seine et se prolonge jusqu'en Belgique et en Angleterre. Ces lignites, bien connus des cultivateurs, mais dont on niait la possibilité de se servir pour le chauffage, ont été employés à divers usages, dans les ateliers, dans les cuisines, dans le laboratoire de chimie, et M. Maumené constate, par des calculs qu'on doit croire exacts, que l'unité de chaleur coûte de huit à onze fois moins avec le lignite qu'avec la houille.

— M. Félix Bernard, de Bordeaux, auteur d'un *polarimètre* supérieur à tous les polariscopes dont on s'est servi jusqu'à ce jour, a reçu au Congrès de Liverpool l'accueil le plus flatteur. L'instrument perfectionné qu'il a présenté est le seul avec lequel on puisse mesurer facilement et rigoureusement la quantité de lumière polarisée contenue dans un rayon ou dans un champ lumineux donné. La science doit encore au jeune et savant professeur un autre appareil, le *réfractomètre* qui a pour objet de permettre de mesurer avec toute l'exactitude désirable, jusqu'à la quatrième décimale, les indices de réfraction des corps ou liquides, amenés à l'état de milieu à faces sensiblement parallèles.

— Nous avons sous les yeux une lettre de M. l'abbé Moigno adressée à M. le docteur Dujardin, de Lille, annonçant à notre concitoyen que l'on construisait à Paris un appareil destiné à expérimenter d'une manière décisive son système d'extinction des incendies par des jets de vapeur. Tout fait espérer que l'efficacité de ce nouveau moyen de secours sera bientôt solennellement reconnue et que, cette fois, l'introduction de la science dans le domaine des choses usuelles aura été un nouveau bienfait pour l'humanité.

— La séance du 23 octobre a offert à l'Académie des Sciences la solution tout à fait imprévue d'un problème auquel les circonstances du moment ont donné une très-haute portée. Il s'agit de la fabrication industrielle de l'*eau-de-vie de bois* Il y a environ trente ans qu'on a vu introduire dans le commerce l'acide pyro-ligneux, ou vinaigre de bois. Vers le même temps, un habile chimiste de Nancy, M. Braconnot, a découvert qu'en traitant la matière ligneuse pure par l'acide sulfurique, on obtenait une matière sucrée analogue au sucre de raisin, et que la fermentation convertissait en alcool. Un autre chimiste, M. Victor Tribouillet, a tout récemment obtenu le même résultat et, de plus, il a pu faire servir l'acide sulfurique, après la transformation des fibres végétales en sucre, à la décomposition des acides gras pour en tirer la stéarine et l'oléine. Mais il paraît que, malgré le succès de ces expériences, elles n'ont été suivies d'aucune application pratique. Or, M. Pelouze est venu annoncer à l'Académie la fabrication en grande quantité, la fabrication économique, au point de vue de l'industrie, d'alcool et d'eau-de-vie de meilleure qualité que l'alcool de betteraves, par l'action de l'acide sulfurique sur les fibres végétales ou sur la sciure de bois. M. Arnold, chimiste distingué, formé dans le laboratoire de M Pelouze, se propose d'établir incessamment une usine où il fabriquera en grand. Les procédés sont faciles, les résultats certains et les bénéfices considérables. C'est plus qu'il n'en faut pour assurer le succès d'une découverte qui peut être regardée en ce moment comme un immense bienfait.

— Le *Bulletin de la Société d'encouragement* annonce que M. Hermann Halleux assure avoir réussi à fixer sur la pierre lithographique les images produites dans la chambre obscure. Pour opérer il choisit une pierre pas trop lourde, la serre dans le cadre d'exposition, l'use ensuite à la meule afin de lui donner le grain exigé pour le dessin au crayon. Il faut alors empreindre la pierre avec une dissolution faible et neutre d'oxalate et sesquioxyde de fer, en ayant soin de faire pénétrer le liquide aussi avant que possible. La pierre ainsi préparée peut se conserver longtemps, pourvu qu'elle soit préservée de l'action de la lumière. Lorsqu'elle est mise dans la chambre noire il faut qu'elle soit, non pas mouillée, mais humide. Au sortir de cette chambre la pierre porte déjà l'image en train ; en versant dessus une dissolution de carbonate d'ammoniaque, l'image se fixe et devient plus nette On éloigne les sels solubles qui empreignent la pierre au moyen d'un lavage à l'eau. Enfin pour reproduire des exemplaires de l'image on emploie les moyens ordinaires d'impression lithographique.

BULLETIN DE LA QUINZAINE.

Nouvelles artistiques et littéraires.

— MM. Desrousseaux et C. Faucompré viennent de faire paraître la première livraison de leur album qui a pour titre : Sous les Saules. Elle se compose d'une charmante mélodie : l'Aumône, dédiée à M.*** Iweins-D'hennin. Cette publication nous met à l'aise pour les éloges, que nous lui avons donnés à l'avance, car ces éloges seront bien certainement confirmés par le public. Nous ajouterons que la gravure musicale, exécutée par M. Bolduduc est d'une netteté qui égale celle des plus belles gravures parisiennes et que la première page est, en outre, ornée d'une jolie vignette qui se reproduira sur toutes les livraisons.   BRUN-LAVAINNE.

— Le Théâtre Lyrique répète activement l'ouvrage en trois actes de MM. Dennery et Clairville dont M. Adolphe Adam a fait la musique. M.*** Cabel est chargée du principal rôle, cela va sans dire. Un nouveau ténor doit faire ses débuts dans cette pièce, dont le sujet rappelle, dit-on, beaucoup de choses. C'est un seigneur déguisé en muletier qui se prend d'un amour pour une fille d'auberge, laquelle n'est rien moins qu'une princesse ; ce sera la cent et unième reproduction des Jeux d'amour et du hasard.

— Le ténor italien Meri Baraldi que nous avons entendu à Lille au dernier concert du cercle, doit débuter à l'Opéra dans le rôle de Mazaniello de la Muette.

— La réception à l'Académie française de M.gr Dupanloup, évêque d'Orléans, a fourni à ce prélat l'occasion d'un beau triomphe, non seulement comme littérateur, mais aussi comme penseur. L'élévation des idées, la finesse des aperçus et surtout la parfaite intelligence de son époque lui ont mérité l'approbation générale. M. de Salvandy a été moins heureux dans sa réponse. En jugeant avec une sévérité outrée les plus éminents écrivains du siècle dernier, il a blessé plus d'une susceptibilité et, qui pis est, blessé la justice. Il en est tout autrement du monde des idées que du monde physique. Dans le premier, plus la perspective s'éloigne et plus il devient facile de discerner le vrai.

— On construit à Gênes un théâtre qui portera le titre de Théâtre de Verdi. Il s'ouvrira au printemps prochain ; Verdi écrira un ouvrage pour l'inauguration de cette nouvelle scène italienne.

— Il est question d'établir en Hollande une association d'artistes musiciens basée sur les principes qui ont fait et font tous les jours la fortune de la société fondée par M le baron Taylor, à Paris.

— On parle de M. Vahrer, chef de division au ministère d'Etat, comme successeur de M. Roqueplan à la direction de l'Opéra. On met aussi en avant le nom de M. Crosnier qui s'est enrichi comme on le sait dans deux administrations théâtrales, la porte Saint Martin et l'Opéra-Comique, avant d'être député au Corps législatif.

— L'Académie Impériale de musique va tuer le veau gras, son enfant prodigue revient au foyer paternel. Le départ de M.*** Cruvelli, qui avait pris toutes les proportions d'un événement, se réduit, grâce à une petite explication, à la chose la plus simple du monde.

Figurez-vous que le jour où elle devait jouer les *Huguenots*, l'éminente *prima dona* se trouve subitement indisposée.. . ou mal disposée, ce qui revient absolument au même. Elle a l'extrême attention d'envoyer *une personne* prévenir l'administration du théâtre qu'il lui est impossible de jouer le soir. Jusqu'ici l'actrice est parfaitement en règle; mais voilà que la diable de *personne* s'en va flânant le long des boulevards et oublie sa commission. M. Roqueplan, comptant sur Mme Cruvelli, fait ouvrir les portes; la salle s'emplit, la recette est superbe ; mais au moment de commencer.. ... vous savez le reste. Qu'était devenue la tendre Valentine? là était le mystère, et par conséquent, la source de mille et mille suppositions. La plus vraisemblable et la plus accréditée, c'était qu'un Anglais millionnaire voulant épouser la cantatrice, avait voulu la soustraire aux impressions pas mal dangereuses de la grande scène du quatrième acte des *Huguenots*. Hé bien! pas du tout, il n'y a en jeu ni Anglais, ni millions. Mme Cruvelli. informée trop tard de la négligence de son ambassadeur, comprenant la gravité de l'affaire et ayant horreur du papier timbré, a tout bonnement confié sa destinée au chemin de fer du Nord qui l'a rapidement conduite hors de France. Mais la France ! c'est l'Eden des grands artistes. Sortie par Valenciennes, la fugitive est rentrée par Strasbourg,— où fort heureusement ne se trouvait pas l ange exterminateur avec son épée flamboyante, — et elle s'est mise à la disposition de l'administration de l'Opéra qui n'a pas demandé mieux que d'ouvrir ses bras à l'enfant égaré.

— On annonce que M. Nestor Roqueplan vient de résigner ses fonctions de directeur de l'Académie impériale de musique.

— Pendant bien des siècles, les humains n'ont eu l bonheur de connaître que sept planètes Le célèbre Mathieu Laensberg, lui-même .

> Cet astronome clairvoyant,
> Rempli d'esprit et de science ,

n'en a jamais cité davantage dans son immortel almanach qui jouit à juste titre d'une renommée universelle ; mais il paraît que les astronomes de nos jours y voient encore plus clair que le docte Liégeois. Depuis le succès de gloire et de profits obtenu par M. Leveyrier , de tous les points du globe, des télescopes sont braqués vers le firmament, dans l'espoir d'y rencontrer quelque planète nouvelle. Il paraît que c'est une pêche qui en vaut bien une autre, et qu'il est plus aisé de découvrir des planètes que des pierres philosophales ; car voici un savant Américain, M. Ferguson , qui vient de faire , à l'Observatoire de Washington, la trouvaille d'une *trente-unième* planète, laquelle se tenait modestement cachée dans le voisinage d'Egérie. Nous nous empressons d'annoncer cette bonne nouvelle à nos amis. L'un d'eux, en songeant l'autre jour , aux étoiles filantes, craignait de voir, à la fin, la voûte céleste dépeuplée. Qu'il se rassure, s'il y a des étoiles qui filent. il y en a d'autres qui poussent.

Nous venions d'écrire ces lignes , lorsque le *Moniteur* nous annonce que deux nouveaux astres viennent encore d'être trouvé à Paris, l'un dans la nuit du 27 au 28 octobre par M. Goldsmith , l'autre. la nuit suivante par M. Chacornac. Le journal officiel nous apprend en outre que le nombre des planètes découvertes depuis le commencement du siècle actuel s'élève à 33, et qu'il faut s'attendre à en voir surgir encore une multitude d'autres.

Pour tous les articles non-signés :

Les Rédacteurs-Propriétaires:

BRUN-LAVAINNE, *Gérant;* A. DEPLANCK, CASIMIR FAUCOMPRÉ.

Lille. Imp de Lefebvre-Ducrocq.

LITTÉRATURE.

LE PASTEUR D'AMES.

SUITE (1).

IV.

Lorsque le baron et Lionel apprirent, chacun de leur côté, le départ de Cécile pour Cambrai, ils ne doutèrent pas qu'elle ne fût allée chercher sa fille.

— C'est une désobéissance inouie à mes injonctions, s'écria le premier avec emportement; je l'en punirai de manière à ce qu'elle ne soit plus tentée de recommencer. Et la cravache, qu'il portait habituellement à la main, siffla dans l'air comme une menace brutale.

— C'est un acquiescement tacite à mes vœux! se disait le second plein de la joie la plus vive; je l'en remercierai bientôt à genoux. Pour rapprocher le moment où il lui serait permis d'exprimer sa reconnaissance, il se fit amener une chaise de voyage, et la conduisit lui-même avec rapidité au devant de la baronne.

Mais après une inspection attentive de toutes les personnes qu'il rencontra sur le chemin; — il avait su de la jardinière quels habits communs déguisaient M.ᵐᵉ d'Abancourt, — après une longue attente au dernier poste de l'armée anglaise, il n'avait encore rien aperçu qui ressemblât à la jeune femme dont son cœur n'aurait pu méconnaître la tournure élégante sous les plus rustiques vêtements.

— Alice serait-elle malade, ou sa mère s'est-elle trouvée souffrante d'une marche inaccoutumée? Se disait l'impatient jeune homme, en

---

(1) Voir la *Revue*, Tome II, page 233, 265 et 297.

montant sur toutes les buttes qu'offraient les bords des champs, pour
regarder plus loin dans les fortifications de la ville. Sa pensée n'allait
pas jusqu'à la crainte de voir Cécile s'enfermer dans Cambrai de son
propre mouvement. Les âmes passionnées ne plongent pas aussi brusquement qu'on le croit au fond de la douleur ; le ciel, pour les empêcher de s'y briser les y fait descendre par gradation.

La présence de Joseph, qui traversait seul un pont sur l'Escaut, confirma les inquiétudes du capitaine Churchill, mais sans lui en inspirer
de plus poignantes. Il courut cependant à la rencontre du compagnon
de route de la baronne, bien avant dans les lignes françaises où son
uniforme écarlate pouvait lui attirer des coups de fusil, et ce ne fut
qu'après des explications multipliées qu'il comprit enfin que M.ᵐᵉ d'Abancourt se décidait d'elle-même à ne pas revenir.

Un abattement profond s'empara du jeune insulaire et pour cacher
sa faiblesse, qu'il sentait prête à se trahir par des larmes , il remonta
dans sa voiture, mais au bout de quelques instants il appela Joseph, le
fit placer devant lui et recommença à le questionner sur son voyage du
matin, particulièrement sur les paroles qu'avait prononcées sa maîtresse
en le congédiant.

— Ne vous a-t-elle chargé de rien dire à son mari ou à d'autres ?
lui demanda-t-il.

— Rien, mylord, sinon qu'elle voulait rester avec sa fille, tant qu'il
y aurait des troupes au château.

— Paraissait-elle gaie, en s'exprimant ainsi ?

— Oh ! pour ça non ; elle parlait d'une voix triste, et pendant le
chemin je crois bien qu'elle pleurait, mais c'était sûrement de fatigue ;
elle marchait si vite !

Le chagrin de Cécile adoucit celui de Lionel ; il comprit qu'elle n'avait
pas obéi sans regret à ce qu'elle appelait un devoir, et sa résolution de
l'arracher à des nœuds cruels en fut encore affermie. Mais par quels
moyens y parvenir maintenant qu'elle avait mis entre eux les murailles
d'une ville forte et les grilles d'un couvent ? Il se le demandait pour la
centième fois lorsque une estafette venant du quartier-général l'atteignit
et lui remit la lettre de son oncle. Cette lettre, enjoignait au capitaine
Churchill de partir immédiatement pour Londres, et de remettre, en
mains propres, à sa souveraine, des dépêches importantes ; il y vit aussi
que le duc de Marlborough, inquiet des soupçons que la reine Anne
avait conçus de son ambition guerrière, le chargeait de les dissiper en

se montrant pour lui favorable à la paix. La paix! Lionel en accueillit l'espoir avec transport; elle seule pouvait le rapprocher de Cécile, aussi se promit-il bien d'en faire valoir les avantages avec chaleur.

Ses préparatifs de voyage, qu'il pressait vivement, allaient être terminés, lorsqu'un de ses domestiques vint lui apprendre le retour au château de M.ᵐᵉ d'Abancourt avec sa fille et un étranger.

— C'est l'amour qui me la ramène, pensa-t-il en s'élançant vers le salon où il croyait la trouver; elle n'aura pas eu la force d'accomplir son sacrifice et le mien. Je retarderai mon départ jusqu'à la nuit, et dans quelques heures nous serons ensemble sur la route de Calais.

Mais il ne rencontra pas Cécile, et comme il la demandait avec insistance, on lui répondit qu'elle s'était enfermée dans sa chambre, en arrivant, et ne pouvait recevoir personne.

Lionel frémit à ces paroles; il n'espéra plus qu'elle fût revenue de son plein gré, et il redouta quelqu'emportement du baron.

— Je voudrais parler sur le champ à M. d'Abancourt, dit-il d'une voix altérée.

— M. le baron n'est pas au château, répliqua le valet, l'apparence d'un orage l'a décidé à faire mettre en meules ses foins les plus éloignés des granges.

— Il ne sait donc pas que M.ᵐᵉ d'Abancourt est ici.

— Non, mylord, mais il sera bien content de son retour si on en juge par la colère qu'il a eue de son départ.

Lionel ne l'écoutait plus; il se rappelait qu'un corridor de service donnait entrée dans toutes les chambres, et il crut pouvoir arriver jusqu'à Cécile sans intermédiaire. Ce fut en vain cependant qu'il essaya d'ouvrir la porte d'une petite pièce dépendante de l'appartement de la baronne. Un verrou intérieur la tenait close, et ses appels réitérés, que la prudence aurait dû lui prescrire de faire moins hautement, restèrent sans réponse. Exalté par cette réclusion et ce silence, les soupçons de Lionel allèrent jusqu'aux craintes les plus chimériques. L'étranger qui accompagnait Cécile lui parut être le complice d'un mari dont le despotisme ne reculait devant aucun excès. Que se passait-il dans cette chambre muette? Le baron était-il réellement loin de chez lui, ou n'avait-il feint de s'éloigner que pour être plus libre de maltraiter sa prisonnière? Ces questions, que s'adressait le jeune officier, redoublaient son angoisse. L'heure de son départ était proche. Mais il eût encouru mille fois la colère de son oncle et la disgrâce de la reine, il eût perdu son état et sa fortune, plutôt que de partir sans avoir éclairci le mystère du retour et de la retraite inexplicable de M.ᵐᵉ d'Abancourt.

Dans cet égarement d'esprit il n'hésita plus ; la pointe de son épée eut bientôt fait sauter la serrure et le verrou de la première porte ; celle de la chambre de la baronne, également fermée, allait céder de la même manière, lorsqu'elle s'ouvrit tout à coup de l'intérieur, et l'archevêque de Cambrai se présenta aux regards de Lionel.

Les traits de l'auteur de *Télémaque* étaient connus, grâce au burin, de toute la noblesse d'Angleterre, aussi le jeune commandant resta-t-il silencieux et plein de confusion pendant que le prélat lui disait avec gravité :

— Si le baron d'Abancourt se trouvait à ma place, croyez-vous, Monsieur, que sa femme n'aurait pas beaucoup à souffrir de votre inconvenante apparition chez elle ?

— Je serais au désespoir d'augmenter les conditions douloureuses d'une vie déjà trop à plaindre...

— Vous l'avez fait pourtant, jeune homme, interrompit M. de Fénélon ; mais ne parlons pas de ces tristes choses, ici, où des oreilles indiscrètes pourraient les entendre ; entrez avec moi chez M.ᵐᵉ d'Abancourt ; vous n'y trouverez qu'Alice endormie ; la pauvre mère s'est retirée dans son oratoire : C'est aux pieds de Dieu seulement qu'elle peut espérer recouvrer la paix de l'âme que vous lui avez si cruellement ravie.

Quelqu'embarrassé que fût Lionel, il essaya de se disculper.

— Si votre grandeur, dit-il, connaît la nature de mes sentiments pour M.ᵐᵉ d'Abancourt, elle n'ignore pas, sans doute, qu'ils n'ont jamais pu être qualifiés d'offense à la vertu de celle qui en est l'objet.

Je sais, répliqua l'archevêque d'un ton adouci, que vous n'avez pas conscience de votre faute ; car le monde dans lequel vous avez vécu, et même les principes religieux qui ont fait partie de votre éducation, ne vous laissent aucun doute sur la légitimité d'un acte que la morale catholique repousse comme une infraction aux ordres du ciel. Mais, tout en reconnaissant que les mœurs et les croyances de votre pays vous excusent d'avoir promis à M.ᵐᵉ d'Abancourt une liberté dont vous croyiez l'obtention facile, tout en rendant justice à la loyauté, à la générosité de vos intentions, je déplore vivement, et vous devez regretter vous-même, sir Lionel, le hasard qui vous a conduit dans cette demeure.

Avant de vous rencontrer, Cécile n'était pas heureuse, je ne le sais que trop, mais elle était calme. L'accomplissement des devoirs répand toujours de la sérénité sur la vie. Vos paroles, en venant révéler et offrir une existence pleine de joies à celle qui n'avait en partage que des privations, devaient naturellement troubler son âme. Ce trouble, quoiqu'il ait été surmonté par la vertu, n'est pas apaisé, il ne le sera pas de longtemps peut-être, et vous aurez à vous reprocher d'avoir augmenté le poids d'un fardeau déjà bien lourd pour une faible femme.

A ces mots Lionel s'écria plein d'agitation :

— Ce serait pour mon cœur un remords éternel; mais si je prenais ici l'engagement sacré de ne jamais revoir M.ᵐᵉ d'Abancourt dans le cas où son mariage ne pourrait être annulé, ne lui conseilleriez-vous pas, vous-même, Monseigneur, de fuir une tyrannie abrutissante et d'accepter une partie de ma fortune comme le don d'un frère?

Le prélat répondit :

— Vos intentions sont droites et généreuses, je me plais à le reconnaître de nouveau, sir Lionel, mais vous supposez qu'une épouse est maîtresse de fuir le joug qui l'opprime...

— Je fais plus que supposer, je suis certain qu'une esclave doit toujours chercher à briser sa chaîne ! s'écria le jeune Anglais avec véhémence.

— J'essaierais volontiers de vous démontrer, reprit M. de Fénélon, qu'il est aux maux irréparables plus de mérite dans la résignation que dans la révolte, mais vous n'avez ni le loisir de m'écouter, ni la volonté de me comprendre. Ce que je puis vous affirmer, c'est que la conscience de M.ᵐᵉ d'Abancourt ne lui permet pas de désirer la rupture d'un lien sacré, et que sa dignité refuse toute offre d'assistance.

Lionel voulait parler, mais l'archevêque continua :

— Lorsqu'elle partait pour Cambrai ce matin, elle songeait à s'enfermer dans le couvent de la Visitation avec sa fille; je n'ai pas approuvé ce parti; M. d'Abancourt d'ailleurs pouvait avoir la fantaisie de s'y opposer légalement, le retour volontaire était plus sage...

— En la ramenant ici, dit Lionel avec une amertume, qui lui faisait oublier le respect dû à son interlocuteur, vous l'exposiez cependant au double danger de la colère de son mari et de ma tendresse.

— En la ramenant ici, moi-même, repartit le noble prélat avec indulgence, je savais que le baron maîtriserait son humeur, et je comptais aussi, d'après ce que Cécile m'avait dit de l'élévation de vos sentiments, je comptais obtenir de vous le sacrifice complet d'une espérance coupable et chimérique. C'est un de mes chagrins les plus vifs, continua-t-il, en baissant la voix, je vous l'atteste sir Lionel, de n'avoir pu empêcher

le mariage de Mlle d'Epinoy et de M. d'Abancourt, mais j'ai la consolation d'entendre louer partout celle que je plains, tandis que son départ
avec vous la rendrait un objet de mépris...

— Dans mon pays, s'écria le jeune Anglais, la société ne méprise pas
une infortunée qui cherche le bonheur dans un nouveau choix.

— Dans votre pays, comme en France, dit M. de Fénélon, un homme
de cœur, et ceci l'honore, s'enquiert avec soin de la conduite d'une
mère dont il veut épouser la fille.

Il ajouta en s'avançant vers le berceau d'Alice : — Regardez, sir
Lionel, et puisez dans la vue de cet être innocent la force d'assurer
le respect à son avenir.

La petite fille venait de s'éveiller, elle sourit au gracieux visage du
jeune homme qui se penchait vers elle, et de sa main mignonne lui fit
une douce caresse. — Alice était le portrait vivant de sa mère ; Lionel
n'en put de longtemps détacher ses regards... lorsqu'averti de son oubli
par l'archevêque qui lui toucha le bras, il se décida enfin à s'éloigner,
une larme qu'il ne parvint pas à retenir tomba sur le front de l'enfant
et sembla sceller la promesse du sacrifice que l'honneur exigeait de lui.

Après avoir accompagné l'insulaire jusqu'à sa voiture en lui réitérant
l'assurance de veiller sur Cécile, le noble pasteur revint auprès de cette
dernière : Il la trouva agenouillée contre le lit de sa fille, écoutant le
récit enfantin de la belle apparition qui venait de s'évanouir. Elle était
très-pâle, mais calmée, et lorsqu'elle porta à ses lèvres la main de son
sauveur, ce fut avec l'intime conviction qu'il l'avait soustraite au plus
grand péril.

Un autre devoir était imposé à M. de Cambrai, il l'accomplit en parlant au baron, avec l'autorité de son caractère et de son rang, des
égards qu'il réclamait de lui pour Cécile. Il lui remit aussi une exemption
de tous logements militaires, pour le village d'Abancourt, signée par le
général anglais ; et lorsqu'il rentra dans son palais il y rapporta la
pensée consolante d'avoir gardé blanche et pure la plus chère brebis de
son troupeau.

. . . .

Quatre ans après ce jour, par une tiède matinée d'automne, l'auteur
de *Télémaque* se promenait lentement dans le jardin de sa demeure
épiscopale, il paraissait souffrant et attristé, mais sa figure gardait,
sous une mélancolique expression, la bienveillante dignité qui lui était
habituelle.

Pendant les quatre années qui venaient de s'écouler, des événements importants pour la France, et trop émouvants pour la nature sensible du noble prélat, s'étaient accomplis. A la joie profonde de voir son pays délivré (1712), par la victoire de Denain, du joug humiliant des alliés, s'était jointe, dans son cœur, l'espérance du règne prochain de son digne élève le duc de Bourgogne, devenu, par la mort du grand Dauphin, l'héritier direct de Louis XIV, septuagénaire; mais cette espérance alla bientôt s'ensevelir dans le tombeau du jeune prince, et la santé, toujours assez faible de l'archevêque de Cambrai devint sans retour languissante.

Le matin dont nous parlons, l'air était si limpide, les feuilles des arbres si richement colorées, le parfum des dernières fleurs encore si pénétrant, que l'illustre vieillard prolongeant sa promenade avec moins de fatigue que de coutume, dépassa le moment où des visiteurs empressés lui apportaient journellement le tribut de leur vénération. Dès qu'il s'en aperçut il s'achemina vers son palais, afin de ne pas manquer, en se faisant attendre, aux lois de la politesse dont il ne se départait jamais qu'involontairement par un motif personnel. Mais avant d'entrer dans la salle de réception il fut averti par l'un de ses domestiques qu'un militaire étranger réclamait la faveur de l'entretenir sans témoins. Le prélat se fit excuser auprès de sa société du retard qu'il mettait à la rejoindre, et donna l'ordre d'introduire près de lui, dans un cabinet de travail, le personnage qu'on lui annonçait.

— Votre grâce daignera-t-elle reconnaître, dit le voyageur, en s'inclinant avec respect devant l'archevêque, le colonel Churchill?

— Je vous ai vu peu d'instants, sir Lionel, répliqua M. de Fénélon, et votre aspect ne me semble plus tout à fait le même, mais votre ressemblance avec un illustre parent m'aurait appris le nom que vous portez.

— Si je ressemble par les traits à mon oncle, le duc de Marlborough, e tiens plus de lui encore par l'admiration que m'inspire votre caractère et votre génie.

— Mes louanges dans votre bouche, répondit l'archevêque avec un sourire de bonté, font l'éloge de votre courtoisie, colonel Churchill, car je vous ai un jour rendu très-malheureux.

Lionel pâlit à ce souvenir, mais surmontant son émotion, il dit d'une voix ferme.

— Mon désespoir ne m'a pas empêché de comprendre, Monseigneur, la justice de votre décision, je crois vous l'avoir prouvé par l'empressement que j'ai mis à lui obéir, et par le respect que j'ai gardé pour elle en ne cherchant pas à revenir en Europe même après que la paix m'avait rouvert la France. Aujourd'hui encore, aujourd'hui que toutes mes pensées appartiennent, comme autrefois, à M.ᵐᵉ d'Abancourt, si je n'ai pu résister au désir d'entendre parler d'elle, j'ai voulu du moins purifier ce désir en ne le satisfaisant que par vous.

— Vous ne vous êtes pas même arrêté près de l'ancienne demeure de la baronne en venant ici ? demanda M. de Cambrai.

— Est-ce que Cécile n'habite plus le château d'Abancourt ? s'écria Lionel avec une vivacité qu'il ne pût réprimer ; — Est-ce que son mari l'a chassée de cette maison dont je n'ai pas osé m'approcher, mais qui m'a semblé, à distance, plus assombrie que jamais ?

— Sir Lionel, dit M. de Fénélon gravement, le baron d'Abancourt, après une chute de cheval qui le retint six mois sur sa couche, est mort il y deux ans. Cécile, qui l'avait soigné avec la plus admirable patience, s'est fixée depuis son veuvage, à Cambrai, près de sa fille.

— Cécile est veuve depuis deux ans !.... reprit Lionel avec un accent mêlé de bonheur et d'alarme. Mais n'a-t-elle pas enchaîné sa liberté par quelque promesse religieuse ?

— Elle l'eût fait peut-être, si je ne m'y étais pas opposé en lui parlant de ses liens de mère ; — je n'allais pas au-delà, mais, je l'avoue, il me restait aussi, pour elle, l'espérance de votre retour.

— Oh ! je vous remercie de m'avoir bien jugé, Monseigneur, s'écria Lionel ému.

— Mon enfant, il y a des sentiments qui ont entr'eux une analogie inflexible. Votre obéissance à l'appel du devoir m'était un sûr garant de votre constance. Cependant vous pouviez périr dans les combats ; et je ne rappelais jamais votre souvenir à la baronne,—son âme le gardait assez ; mais je comptais, si vous viviez, sur la durée de votre affection : la mobilité n'est le partage que des cœurs sans énergie, inhabiles à se dévouer.... Si je ne me trompe, Cécile doit être dans le salon voisin, je vais lui faire demander de me parler.

— Monseigneur, dit Lionel troublé, ne serait-il pas mieux qu'elle ne me vit pas d'abord ; le climat des Indes m'a beaucoup changé ; vous l'en avertiriez avec précaution.

Le prélat jeta sur le jeune insulaire un bienveillant regard, et il répondit : — Vos cheveux moins blonds, votre visage plus mâle que jadis, pourront étonner Cécile un moment, mais ils ne sauraient lui déplaire.

Sa main toucha le cordon d'une sonnette et il donna l'ordre au valet qui se présenta de prier Mme d'Abancourt de venir le rejoindre, et de prévenir les autres personnes qu'il serait privé de l'honneur de les recevoir.

L'agitation de Lionel ne lui permit pas de rester à sa place, il se leva, marcha vers la porte, puis retourna s'appuyer contre une fenêtre dont les rideaux le cachaient à demi.

La baronne ne tarda pas à paraître. Sa beauté plus sereine n'avait rien perdu de son expression touchante. Elle s'avança vivement vers l'archevêque, prit une de ses mains, et demanda d'une voix pleine de tendresse filiale des nouvelles de la santé de son cher protecteur.

— La santé ne peut plus refleurir chez votre vieil ami, répondit M. de Fénélon; il lui faudra vous quitter dans peu, mais le ciel en vous privant de son faible appui, vous en a réservé, dans sa bonté, un autre, meilleur : Vous allez voir, Cécile, quelqu'un dont le retour vous consolera de mon départ.

D'un geste bienveillant il engagea le colonel à s'approcher; celui-ci eût à peine fait un pas vers eux que Mme d'Abancourt le reconnut, et manqua de défaillir en prononçant le nom de Lionel.

— Ma présence vous cause-t-elle de la peine? dit le jeune Anglais dont le bras vint lui servir de soutien.

— Non, oh! non, murmura Cécile; c'est l'étonnement, la joie de vous revoir qui m'ont saisie.... Et soudain, par l'instinct d'une pudeur charmante, elle le repoussa timidement, et s'agenouilla près de l'archevêque en se cachant le visage de ses mains.

Lionel, transporté d'amour, mit un genou en terre à côté d'elle et pria le noble pasteur de les bénir l'un et l'autre :

— Votre grâce, ajouta-t-il, n'accordera pas cette faveur seulement à un ami, mais à un fils. Pendant mon triste bannissement, j'ai reconnu les beautés de votre croyance, et je partage maintenant la Foi qui sait donner aux hommes l'indulgente vertu des saints, aux femmes la douceur des anges.

Heureux de cette révélation, l'archevêque de Cambrai fit le signe de la croix sur ces deux êtres aimants, qu'il avait dû condamner à une séparation temporaire, dont il les dédommagea bientôt en les unissant lui-même devant Dieu, pour l'éternité.

Mme ADÈLE DESLOGE.

MES SOUVENIRS.

SUITE (1).

Saint-Domingue.

La corvette *la Malicieuse* courrait vent arrière, filant plus de douze nœuds à l'heure, et à la fin de la seconde journée, elle avait dépassé la hauteur de Brest. Alors il fallut renoncer à tout espoir de relâche. Un vieux pilote du port de Dunkerque, enlevé, comme nous, bien malgré lui, se désolait de faire encore à son âge, un voyage au Nouveau-Monde, lui qui se croyait définitivement cloué sur le rivage de l'ancien. Mais toute plainte était inutile. Le bâtiment se trouvait amplement approvisionné de vivres ; l'ouragan le poussait hors de la Manche, il fallait qu'il se rendît à sa destination.

Quoique, depuis l'instant de notre départ nous eussions cessé d'apercevoir la terre, il nous fut aisé de reconnaître notre entrée dans l'Océan, à la hauteur des vagues qui s'élevaient majestueusement devant nous comme des chaînes des montagnes et s'abaissaient sans secousse, bien différentes de ces petits flots tracassiers du détroit qui se brisent par saccades et font plus de mal dans leurs mesquines colères que les autres dans leurs colossales agitations.

La tempête avait duré huit jours et nous étions presque à moitié chemin de Saint-Domingue, lorsque le vent et la mer s'adoucirent. Le soleil reparut dans tout son éclat, la plaine liquide ne présentait plus

---

(1) Voir la *Revue*, tome II, page 210 et 275.

que de faibles ondulations, et les nuits se parsemaient de brillantes
étoiles. Nous jouissions dans une heureuse sécurité de cette double
immensité de l'Atlantique : Les cieux et les eaux.

Je dois avouer, cependant, que, pour mon père, la sécurité actuelle
n'excluait pas les inquiétudes de l'avenir. En effet, croyant n'assister
qu'à un dîner, nous nous étions embarqués sans argent, sans linge et
sans vêtements de rechange.

Le capitaine, vu les circonstances, nous avait bien admis gratuitement
à la table des officiers et ceux-ci nous avaient prêté ou plutôt donné des
chemises et des mouchoirs, ce qui ne nous laissait rien à désirer pour
le moment; mais, à notre arrivée au port, on allait nous mettre à terre
en nous laissant le soin de pourvoir nous-mêmes à notre subsistance ;
aussi, comme nous écoutions avec avidité les récits de ceux des marins
qui avaient déjà fait le voyage de Saint-Domingue ! Mon père cherchait à
connaître à l'avance les ressources que ce pays pouvait offrir à un
artiste ; et moi, j'essayais de me former une idée de la vie toute nouvelle
que nous allions passer dans des lieux si différents par l'aspect, par le
climat, par les productions, par les habitudes de ceux que j'avais habités
jusqu'alors.

Je n'avais pas encore douze ans ; mais ma mémoire était remplie des
détails les plus intéressants de l'histoire de l'Amérique, par Robertson,
que j'avais déjà lue plusieurs fois. Je savais par cœur tous les exploits
de Fernand Cortez et de Pizarre ; mais, pour le moment, ces deux
grandes épopées dont le Mexique et le Pérou furent le théâtre, m'occupaient moins que l'arrivée de Christophe Colomb dans l'île d'Haïti,
appelée par lui Hispagnola, et j'éprouvais une vive impatience de voir si
ce pays méritait bien l'admiration qu'il inspira aux premiers Européens
qui touchèrent ses rivages.

Retenus en pleine mer par des calmes qui survinrent après que nous
eûmes passé le tropique, nous n'arrivâmes en vue de Saint-Domingue
qu'au bout de quarante-quatre jours de route. Notre port de destination
étant le Cap français, on mit en panne, faute d'ancre à mouiller, sous
le canon du fort Picolet qui défend l'entrée de la longue baie au fond
de laquelle se déploie en amphithéâtre la charmante ville du Cap.

Peu d'instants après notre arrivée, des bateaux montés par des nègres
vinrent nous apporter des fruits et des légumes délicieux qui me
donnèrent un avant-goût des douceurs du pays. Les suites de notre
voyage s'offraient à moi sous les couleurs les plus riantes, et si ma mère

se fût trouvée avec nous, j'eusse regardé notre départ de Dunkerque comme un événement heureux. Je dois dire ici que mon père avait profité de la longueur de la traversée pour me donner des leçons de clarinette et que j'avais fait de mon mieux pour en profiter.

Avant la fin du jour, le capitaine de *la Malicieuse* reçut des ordres qui lui enjoignaient de remettre à la voile sur le champ et de se rendre au Port-au-Prince où le quartier-général avait été transféré depuis quelque temps. Dans ce nouveau trajet nous cotoyâmes l'île et nous pûmes juger à notre aise des magnificences de cette végétation où la nature fière et indépendante n'a pas besoin de la main de l'homme pour montrer sa puissance. C'est surtout en passant le canal de la Tortue que nous vîmes se dérouler à droite et à gauche de merveilleuses décorations encadrées dans un ciel de feu, tandis qu'une mer couleur d'émeraude nous laissait silencieusement tracer un long sillon à sa surface.

Cette île de La Tortue, dont je ne pouvais détacher mes yeux, me rappelait encore les sanglants exploits des flibustiers alors que, sous leur premier nom de *Boucaniers*, ils avaient établi là leur quartier général. A l'époque où je la vis, elle appartenait, disait-on, toute entière à un riche et noble colon, qui avait si bien traité ses noirs au temps de l'esclavage, que ceux-ci étaient presque les seuls qui eussent résisté à l'entraînement de la révolte. Ainsi, ce lieu, autrefois souillé par tant de crimes et de brigandages, était devenu l'asile du bonheur et de la paix, alors que de la crête de ses mornes, ornés de palmiers, de cocotiers et d'orangers gigantesques, on pouvait voir la lueur des incendies qui dévoraient les riches habitations de l'autre rive, et entendre les cris des victimes d'une effroyable réaction.

En nous dirigeant toujours à l'ouest, nous passâmes sans nous arrêter devant le môle Saint-Nicolas et le port de Paix, puis, ayant doublé l'une des deux pointes occidentales de l'île, nous entrâmes dans l'immense rade du Port-au-Prince qui, couverte à l'entrée par l'île de la Gonaïve, ressemble à ces beaux lacs de la Lombardie, moins les cimes neigeuses des Alpes.

Au centre de la rade est assis sur un îlot un fort, alors bien armé, qui la commande de tous côtés. Au fond, s'élève en pente douce, la ville de Port-au-Prince qui disputait avec le Cap français la prééminence sous le rapport de la population et des richesses. Cette ville était bâtie toute en bois. Les rues, percées uniformément, les unes de l'est à l'ouest, les autres du nord au sud, formaient comme un vaste échiquier, interrompu de distance en distance par des places publiques de peu d'étendue, excepté celle du Gouvernement qui était très-grande et à l'extrémité de laquelle se trouvait le palais habité par le Général en chef, palais de bois comme tout le reste, mais d'où l'on avait une magnifique vue, car il dominait par sa position et la ville et la rade.

Aucune de ces rues et de ces places n'était pavée; l'on n'y voyait guère circuler qu'une multitude de porcs de toutes couleurs et de toutes dimensions. Les habitants, blancs, jaunes ou noirs, marchaient le long des trottoirs, en forme de galeries, qui étaient élevés de quatre à cinq pieds au-dessus du niveau du sol et abrités contre l'ardeur dévorante du soleil. C'était seulement pour passer d'un côté de rue à l'autre qu'il fallait descendre par des escaliers dans ces chemins déplaisants qui fussent devenus d'affreux réceptacles d'immondices si de fréquents orages, faisant affluer dans la ville les eaux de la campagne qui la traversaient comme des torrents, ne l'eussent entretenue, sans frais, dans un état de propreté assez satisfaisant.

Pendant la première journée nous ne fîmes qu'entrevoir de loin toutes ces choses, retenus que nous étions à bord de notre corvette par l'incertitude où l'on nous laissait sur sa destination, mais, dans la soirée, un ordre vint d'appareiller encore pour aller déposer nos soldats aux Cayes Saint-Louis, petite ville située de l'autre côté de l'île. Il fallait prendre un parti. Mon père jugeant que, dans une ville riche et peuplée, siége actuel du gouvernement, nous trouverions plus facilement soit les moyens de vivre, soit l'occasion de retourner en France, demanda et obtint qu'on nous mît immédiatement à terre.

Au moment de quitter le navire où nous avions reçu la plus cordiale hospitalité, et lorsque nous faisions nos adieux aux officiers, le chirurgien Rebol, cause involontaire de notre mésaventure, partagea sa bourse avec mon père. Elle ne contenait que deux écus de six livres, ils en prirent chacun un; on s'embrassa, et nous partîmes.

Il était neuf heures quand nous descendîmes sur le port, au milieu de câbles et d'amarres, d'ancres et de pièces de charpente qu'il fallait escalader à chaque pas. Mon père tomba et, parodiant en se relevant un mot du normand qui conquit l'Angleterre, dit en riant : *Cette terre me désire.* — Mon Dieu! était-ce un pressentiment?

La brise du soir répandait dans l'air une fraîcheur délicieuse. La ville s'étalait devant nous étincelante de lumières. Nous vîmes écrits sur les vitres d'un café, ces mots : *Bonne bière blanche.* « Entrons ici, me dit mon père, nous verrons ensuite à nous procurer un logement. » Il y avait là une grande salle de billard, autour de laquelle étaient disposés des espèces de cabinets ouverts. Nous en choisîmes un et y bûmes avec infiniment de plaisir une bouteille d'assez bonne bière ; mais, au moment de la payer, mon père cherche dans sa poche de gilet l'écu de six livres du chirurgien, il ne le trouve plus. Cette pièce, notre unique fortune, était probablement tombée sur le port au moment où mon père avait fait sa chute. Retourner sur nos pas pour aller la chercher dans le sable eût été prendre une peine inutile. Se désoler était encore pis. Nous sortîmes du cabinet et restâmes dans la salle à regarder jouer au billard en attendant qu'on vînt nous mettre à la porte, ce qui ne manqua pas d'avoir lieu vers onze heures, pour la fermeture de l'établissement. Mais, fort heureusement, personne ne vint nous demander paiement de notre bouteille de bière.

Nous voilà donc dans la rue ; inconvénient qui aurait pu être fâcheux sous le ciel brumeux de notre Flandre ; mais la nuit est si belle aux Antilles qu'elle invite plutôt à se promener qu'à dormir. C'est l'observation que fit mon père, et il ajouta : *promenons-nous donc*..... en chantant une partie du duo de *l'Irato*.

Notre promenade durait depuis deux heures et je commençais à la trouver longue, lorsque nous rencontrâmes de joyeux soldats qui regagnaient leur caserne tout en chantant de leur côté des refrains en l'honneur du vin et des belles. — Ils venaient sans doute de s'abreuver de tafia en compagnie d'affreuses négresses. — Mon père aborda nos troupiers et, après leur avoir expliqué en deux mots notre position, leur demanda s'il y avait dans leur régiment des musiciens et où ils étaient logés. Dès qu'ils comprirent que nous arrivions de France, ces braves gens nous entourèrent, nous firent mille questions respirant l'amour du pays, et nous assurèrent qu'au quartier où ils allaient nous conduire nous serions reçus comme des frères.

C'est qu'à deux mille lieues de la patrie, tout ce qui la rappelle acquiert de son éloignement même un charme inexprimable. On ne s'est jamais vu ; mais qu'importe! on est né sous le même ciel, on a vécu sous les mêmes lois, on parle la même langue, il s'en faut de bien peu pour qu'on ne se croie en famille.

Nos nouveaux amis nous emmenèrent à la caserne dont ils firent lever le concierge pour nous donner à souper, — il était deux heures du matin.— on but encore quelques bouteilles de bon Bordeaux, vieilli par la traversée;

et puis nous nous couchâmes sur un vieux bois de lit qui servait ordinairement d'armoire au pain pour la musique, circonstance qui nous valut la
visite d'une multitude de rats dont la colère dut être grande en trouvant
au lieu de leur nourriture ordinaire, de la viande fraiche peu disposée à se
laisser entamer. Je parle ici pour mon père, car pour moi, je dormis
jusqu'au grand jour avec un calme à déconcerter les rats eux-mêmes.

La première nouvelle que mon père m'apprit en m'éveillant, c'est que
nous étions invité à déjeûner chez le chef de musique de la garde....
—Le premier Consul, en France, avait une garde, c'était bien le moins
que le général en chef de l'armée de Saint-Domingue en eût une aussi.
—La nouvelle était bonne, et d'autant plus qu'elle fut suivie d'une
invitation à dîner à la même table. Un accueil si amical n'avait rien
d'étonnant entre artistes; mais il s'y joignait un intérêt particulier qu'il
convient que j'explique.

Le chef de musique de la garde était un Polonais nommé Joseph
Czerneski, homme de talent et surtout d'une bonté poussée jusqu'à
l'extrême. Il avait eu la chance d'épouser une Marseillaise qui abusait
du privilége qu'ont les Provençales d'être criardes et méchantes. Madame
Czerneski gratifiait parfois son époux de soufflets qu'il recevait avec une
patience à faire honte au saint homme Job lui-même. Mais ce sont là
des affaires de ménage qui ne me regardent pas. Ce qui nous intéressait davantage, c'est que le bon Polonais, ayant gagné à Saint-Domingue,
grâce à ses appointements, à ses leçons et à la vente d'une pacotille de
flûtes et de clarinettes, assez de gourdes (1) pour en emplir les deux
caisses dans lesquelles il avait apporté ces instruments, éprouvait un
désir immodéré de retourner en France jouir de son trésor; ce qui lui
paraissait d'autant plus juste que son engagement était expiré, mais le
général en chef ne permettait à aucun musicien de quitter la colonie, à
moins qu'il ne fut remplacé. Or, l'arrivée du chef de musique de la 46.ᵉ
était une bonne fortune pour celui de la garde, le remplaçant était trouvé.
Moi-même j'allais avoir mon utilité en facilitant le départ d'un jeune
élève que Czerneski affectionnait beaucoup. Voilà, il faut bien en convenir, la cause secrète de l'excellent accueil que nous firent le débonnaire
Polonais et son irascible épouse. Ils s'en expliquèrent, du reste au dîner
en faisant valoir tous les avantages de leur position et en offrant de nous
l'abandonner.

(1) Aux Colonies on appelle *Gourdes*, les piastres d'Espagne qui valent environ 5 francr
50 centimes.

Mon père se trouvait dans une grande perplexité, son plus cher désir était de retourner en France; mais par quel moyen? Il fallait vivre en attendant le départ d'un bâtiment, et il fallait payer notre passage : 600 francs chacun; où les trouver? D'un autre côté, on nous présentait une existence assurée pour le présent et une petite fortune dans l'avenir; car 350 francs par mois d'appointements, un logement en ville payé par le gouverneur, des vivres de campagne très-bons, 22 francs par représentation à l'orchestre du spectacle, des leçons à 10 francs le cachet, c'était vraiment de quoi éblouir un pauvre artiste qui avait tant souffert pendant les années de la révolution. Mon père ne se détermina pourtant pas sans regret à rester. « Si j'avais de l'argent, me dit-il, nous repartirions par « le premier bâtiment qui mettra à la voile; mais obligé de nous créer « des ressources, c'est un bonheur que cette occasion qui s'offre d'en « acquérir. » Il accepta donc; nous fûmes présentés à l'adjudant-général Néraud qui commandait la garde, et par lui au général en chef Rochambeau fils, qui autorisa la permutation demandée et le départ du Polonais.

En attendant, celui-ci se chargea de nous héberger et s'en acquitta très-convenablement pendant un mois que dura encore son séjour au Port-au-Prince. Au bout de ce terme, nous le vîmes s'embarquer sur cette même *Malicieuse* qui nous avait amenés. Il se confiait aux hazards de la mer avec sa famille et son trésor qu'il n'avait pas voulu convertir en valeurs de commerce. Nous restions à terre pour courir, peut-être, des hazards bien plus grands. De quel côté était la sagesse? De quel côté le bonheur.

BRUN-LAVAINNE.

La suite au prochain numéro.

HISTOIRE.

DE L'ARTILLERIE DE LA VILLE DE LILLE

AUX XIV.ᵉ, XV.ᵉ ET XVI.ᵉ SIÈCLES.

—

Archers. — Arbalétriers. — Canonniers.

XV.ᵐᵉ SIÈCLE.

SUITE (1).

En effet, en 1478, Jehan de le Barre exige L s., pour avoir remis à point *ung baston fondich* mis sur les murs d'entre Rihoult et le tour à l'angle, y fait cincq nouvelles loyures fremant à quevilles, une clef pour fremer le chambre, etc. N'oublions pas de dire que le *fer d'Espagne*, qui coûtait de LIIII à LVIII s. le cent de livres, était alors fort estimé.

Pour fixer *le cent de l'affût d'un gros courtau*, il fallait une bande de fer de trois pieds de long.

Quoique *les ribaudequins* (2) fussent depuis fort longtemps en usage, ce n'est que, vers 1476, que nous les voyons figurer parmi l'artillerie lilloise. A cette date, Druet de Navers en relie de noef XXII qu'il avait

---

(1) Voir la *Revue*, tome II, pages 76, 130 et 283.

(2) Velly, qui cite Monstrelet, dit que ceux qui furent employés au siége de Ham en Vermandois (1411), étaient des couleuvrines de fer, de la grosseur à peu près de nos pièces de campagne modernes, posées sur deux roues. (*Hist. de France*, t. XIII, p. 174.) —Selon Furetière (Dict. au mot ribadoquin), ce mot a été imité de *ribaudeau*, qu'on trouve dans Froissart, qui étaient des brouettes hautes, bandées de fer à la pointe, qu'on menait autrefois dans les armées, à cause que ces sortes de canons étaient portés sur de semblables charrettes. — Voy. aussi Ducange, *Gloss.* au mot *ribaudeau*. — Le *ribaudequin* (Furetière), *ribaudequien* (Roquefort), était un petit chariot ou machine de guerre en forme d'arc de douze à quinze pieds de long, arrêté sur un arbre large d'un pied, dans lequel était creusé un canal, pour y mettre un javelot de cinq à six pieds de long, ferré et empenné, et fait quelquefois de corne ; on le dressait sur les murailles des villes, et par le moyen d'un tour, les javelots étaient poussés avec tant de force qu'il n'en fallait qu'un pour tuer quatre hommes à la fois.

mis jus de leurs affûtz ; Pierart du Molin, féronnier, en place neuf sur de nouveaux affûts : alors même que quatorze autres sont fixés sur nouveaulx bos, et qu'on fait à un quinzième nouvelles embouchures pour servir cambres. De son côté, Phelippart de Hennin, aussi fèvre, demandait XIII l. X s., pour avoir mis jus *troix tables de ribaudequins, chescune table portant troix bastons*, et iceulx avoir remis et reloyé sur nouveau bos, à raison de XXX s. pour chacun de ces neuf bastons.

N'oublions pas que les boulets de grès de ces engins valaient quatre liv. le cent.

Les embouchures des pièces d'artillerie étaient souvent, il est vrai, modifiées suivant les chambres auxquelles on les adaptait ; ainsi l'argentier nous dit que Jehan de le Barre a rengrangié l'embouchure d'un canon, pour faire servir une plus grande cambre. Il porte également en dépense les VI s. à lui alloués, pour avoir fait servir une cambre à une petite serpentine et fait une vireulle à l'embouchure. Ailleurs, il nous apprend que le bombardier Jehan Lanssiel a rappointié deux chambres pour servir à ung gros baston, dont les lumières estoient au millieu des dittes chambres.

En 1487, on mentionne les deux mollettes à chescune deux platinnes d'*ung faugon* (faucon).

Deux ans après, nous voyons figurer parmi l'artillerie lilloise *des tumeriels*. A cette époque, en effet, Jehan Roussel, charpentier sermenté de la ville, reffait ung affust à *ung rouge tumeriel de fer*. En 1492, ung assil pour *ung thumeriel* emprès la porte de Five coûte VIII s., et la paire de roues placées soubz cet engien revient à L s.

C'est, en 1471, comme nous venons de le voir, que nous trouvons les mortiers mentionnés pour la première fois. Cette même année, l'argentier nous parle d'*une voiture de morsiers* menés à la Noble-Tour. En 1478, XXXII s. sont alloués aux bombardiers de Mg. le duc (l'archiduc) et de la ville, pour eulx tenir en récréasion ensemble, aprez qu'ilz eurent esprouvé *ung mortier* appartenant à la ville ; tandis qu'on en accorde VIII à ung compaignon *quy desfouy hors de terre et rapporta deux grosses pierres de grès, dont l'en avoit fait par deux fois la ditte espreuve*.

Longtemps après, Jaques Desmares faisait payer IIII**xx** l. *la bombarde et le mortier* (toujours écrit *morsier*) qu'il livrait à la ville, et l'on accordait, comme jadis, VI s. aux compaignons *qui allèrent quérir et rapportèrent les quattre pieres, tant de lad. bombarde comme du morsier, qui furent jettez en faisant l'assay d'iceulx hors de la porte Saint-Sauveur*, non compris la somme assez forte payée pour le souper des bombardiers, et aux compaignons, au nombre de vingt, qui furent aidans et assistans à mectre à point et jetter lesd. bastons.

Les archives de Saint-Quentin et de Béthune nous ont déjà fait connaître les peintures dont les canons étaient ornés (1). Le même usage existait à Lille, puisque le peintre Rollant Le Roy obtenait XX l. (1460), *pour avoir verny les engiens, tant veughelaires, gros engiens, comme culevrines*. Un autre qui, en 1465, avait besoigné à *enseignier de certaines lettres les canons et veughelaires*, exigeait XXXVI s.

---

(1) Voy. le *Bulletin du comité des Arts et Monuments*, t. IV, pp. 166-369

A Jehan des Bones, peintre, qui avait paint (1471) trois serpentines et les sept chambres servans à icelles, on allouait XXIIII s.; tandis que son confrère Jehan Pillot recevait LXXII s., *pour avoir imprimé couleur à olle et point, aux armes de la ville, noef serpentines, et ce de fin vermeillon à olle, et vernit, et, sur chescune, fait le fin blancq une fleur de lys.*

Observons que Pasquier Le Cat, fèvre, *avait gravé sur leurs affûts le même insigne.*

Longtemps après (1478), Baltazart Dupire ornait des mêmes armoiries *un gros veughelaire.*

Les coulevrines et les arquebuses étaient aussi peintes, puisque le même artiste obtenait (1483) XII s., *pour avoir paint de coulleur vermeil deux haquebutes et deux cullevrines achetées LXI s. à l'inventaire de Grard de Hocron, jadis bailli de Lille.*

Pour garantir *les lumières* des machines de guerre, on faisait usage de *socquetières*, du prix de II s. En 1478, toutefois, quinze *nocquetz*, ayant le même usage, sont payés IIII s. VI d. chacun. On se servait aussi de bendes de fer. En 1487, on n'obtient *les fors locques, à clefz forées et à boutons*, que moyennant VI s. et *les clefs à frumer les lumières*, reviennent à XVIII d. chacune(1). L'argentier signale aussi *les deux nocquières à bende, pour couvrir les lumières de deux engiens, et les deux fors nocques, pour fremer lesd. bendes.* payés XXVIII s. Nous voyons ailleurs que ces bandes, maintenues par des crampons, avaient deux pieds de long pour les grands engins.

. La haute réputation que s'étaient acquise les habiles tailleurs de grès de Béthune (2), engageait les échevins à s'adresser à eux pour *les rondes pierres de canon*, qu'ils désiraient faire tailler, vu surtout que la ville en estoit petitement garnie.

Lolieur, échevin, qui fut envoyé à cet effet dans cette ville (1414), dut faire façonner le millier qu'il y commanda *de la grosseur de trois traux rons, à compas, qu'un escringnier avait pratiqués dans une aisselle de danemarche, de la grandeur que on voloit avoir les dites pierres.* Jehan Malaquin, autre tailleur de grès de Béthune, en fournissait aussi VIII c. IIIIxx, à VIII l. febles le cent, et CXXXIX autres, de mesme sorte, à IIII l. febles le cent. Quant au maçon Jehan Warnier, il faisait payer XLIX l. VII s. febles les III c. XXIX *pierres rondes, tant grosses comme petites pour les canons et veuglares*, qu'on lui avait commandées. En 1416, Nicaise Cambier livre VIII c. LXII *pierres rondes pour traire de veuglares*, à VI l. X s. le cent (3). On se procure aussi un grand nombre de *rondes pierres d'Escaursures*, dites aussi *d'Escaursures* (pierres d'Escossine), à raison de VI l. le cent.

Les pierres d'Escossine avaient acquis une grande réputation, en 1478, car nous voyons qu'à cette époque Pierre Baillet, tailleur de pierre, obtenait L l. par chaque millier de pierre d'Escossine pour servir *aux petis veughelaires*, à cent sous le cent, et exigeait V s. pour chacun de

(1) Une clef de fer, de piet et demy de long, pes. VI l., pour une serpentine.
(2) Voyez *Nos artistes*, p. 144.
(3) En 1476, les bourles de grès pour *veughelaires et autres bastons* ne vallent plus que IIII l. le cent. — En 1480, les bourles de grès sont payées XXX s. le cent. — *Bourlettes* de plomb et de pierre.

ces mêmes boulets ayant XIIII pouces de tour, et III s. pour ceux qui n'en avaient que onze. Quant aux vingt-cinq autres, de XXVIII pouces de tour, pour servir à trois ou quatre gros bastons, il les faisait payer VIII l. XV s.

Pour remédier à la légèreté des boulets de grès on les recouvrait de plomb, puisque Jehan Renier, potier d'étain, réclame le prix de celui qu'il a livré, pour feurer pluiseurs bourles de pierres qui estoient trop légières.

En 1487, les registres nous révèlent une autre invention, qui consistait *à recouvrir de plomb des esclas de grès, que l'on nommait pieres farsies de ploncq* (1). En 1494, on parle d'un manouvrier occupé durant trois jours (à V s. le jour) *à copper ploncq, et à livrer esclas de grès pour farsir une sorte de plommés.* Observons que pour II m. IIIIxx XVII l. de plommés, il fallait VIxx VII l. de pieres.

Nous voyons que, en 1414, IIII c. X grands plommés de plomb servans as canons gettans plommés, pesaient IIII c. XXVI l., et coûtaient XII d. la livre; que, en 1443, les plommés d'une livre et demie valaient deux sous; les moyens plommés, deux deniers, et les petits, un denier. En 1465, les plommés de serpentines, culevrines et *crappaudiaulx* sont mentionnés. Ceux de serpentines, de hacquebuttes et cullevrines reviennent à XII d. la livre, en 1476. Ils variaient, au reste, à l'infini, car, en 1489, l'argentier, après avoir parlé des plommés des bastons, des serpentines et *hacquebuttes à quevallet*, porte en compte XXVIII douzaines d'autres sortes de plommés de hacquebuttes à main. En 1492, il faut III c. V l. de plomb pour faire VII c. XV plommés d'hacquebuttes à main.

En 1478, Bertran Tournemine faisait payer XX s. un moule en cuivre servant à faire plommés *aux rouges serpentines;* tandis que Hubert de Millens exigeait IIII l. XVI s. pour un autre molle servant à jetter plombés à ung gros baston. D'autres moules coûtent VI s. On parle aussi *des hunettes* servant à faire plommés.

On faisait aussi usage de moules en pierre, car, en 1480, l'ouvrier qui fait un moule *de francque pierre,* pour jetter plombés servans à une longhe serpentine de fer, exige huit sous pour la façon seulement.

Ces plombés étaient ensuite soumis à la lime, puisque les registres mentionnent *la ruffle qui servait à les limer.*

En 1404, les tampons pour traire pierres de canons sont payés XXV s. le cent; alors que, en 1475, ils ne coûtent plus que XVI s. VIII d., et que ceux de serpentines reviennent à XVI s. le cent, en 1479, ceux de *courtaux,* à XXXII s. En 1489, ils ne valent plus que VIII s. le cent.

En 1414, des Godaux exige X l. XVIII s. pour XXIIII *martiaux de fer acherés servans à cachier tampons au querquier les veuglares et canons;* tandis qu'il fait payer deux sous six deniers chacun des XLVIII *grannins* qu'il fournit (un charpentier fait pluiseurs *garins* pour les canons), et que ceux destinés aux engiens gettans plommés ne coûtent que deux sous.

Disons ici que *les soufflets* étaient attachés aux engins au moyen de dix chevilles à tête, de huit à dix pouces. En 1493, celui d'une grosse

---

(1) M. de Saulcy regarde cette innovation comme remarquable. (*Bulletin des Sociétés savantes,* fév. 1851, p. 48.)

serpentine, pesant neuf livres , est fixé par une queville à euche. N'oublions pas les XXIIII souffletz ferrés, du prix de VI s. pièce, fournis par Micquiel de Renty, ouvrier de taillant.

L'année 1482 doit être chère aux canonniers lillois, puisque d'elle date la confirmation de leurs priviléges. Nous lisons effectivement dans le registre aux délibérations *du magistrat* les deux pièces curieuses que voici:

« XI mai. Sur la requeste faite à eschevins de Lille par les compaignons
« canonniers, sermentez à lad. ville, affin d'avoir entretenement et rete-
« nue à le discrétion desd. eschevins, comme ilz avoient aultres fois,
« en offrant de bien en mieulx continuer au service de lad. ville, et
« attendu qu'ilz en délaissoient à faire leurs labeurs, iceulx eschevins,
« conseil et huit hommes délibérèrent et conclurent de donner ausd.
« compaignons, à chescun d'iceulx LX s. monn. de Flandres, pour
« aucunement eulx entretenir au service de lad. ville, jusques au jour
« de la Toussains prochains venant. Et se fut avecq ce conclu de donner
« ausd. compaignons canonniers, qui sont en nombre de.... personnes,
« à chescun d'iceulx ung paletot de la parure d'icelle ville, à le cherge
« et des deniers d'icelle, pour les vestir à le procession de lad. ville
« prochain venant.

La seconde pièce nous fait connaître que, « Le 22 jullet, sur la
« requeste faite à eschevins par les canonniers et culeuvriniers de lad.
« ville, afin qu'il pleust ausd eschevins mettre sus une confrarie desd.
« canonniers et culeuvriniers, et leur baillier ordonnances et previléges,
« à ce propos lesd. eschevins, conseil et huyt hommes, à délibéracion
« de conseil, après qu'ils heurent veu et vizité certaines ordonnances
« des villes de Valenchiennes et de Douay, touchant semblables confrairies,
« conclurent et délibérèrent de obtenir de Ms. le duc congié et aucto-
« rité de mettre sus lad. confrarie, et, en ensieuvant ce, et lad. congié
« et auctorité obtenu, mettre icelle confrarie sus de certain nombre
» desd. canonniers et culeuvriniers, tel que on verra que faire se devera,
« et de gens utiles et propises, *sachans jouer de leurs bastons,* en leur
« baillant ordonnance et previléges, avec les gratuitez, selon celle qui a
« esté envoyé par ceulx de lad. ville de Douay. »

C'est, en 1475, que les *hacquebustes* (1) se trouvent mentionnées pour la première fois; car l'argentier porte alors en dépense les XVI s. accordés aux compaignons canonniers, qui assairent pluiseurs serpentines et *hacquebustes* sur la muraille de la ville ; puis, la même somme donnée à Jehan de le Barre, febvre, qui avait ferré les lumières de deux *haque-busches*, remis une manche à une troisième, et nettoyé les lumières de vingt cinq autres. Quant à *leurs escampes,* elles coûtaient XVIII d. chacune. De le Barre venait de fournir aussi une autre arquebuse de fer, au prix de IIII l. XVI s. En 1478, deux autres *hacquebusses* de fer ne coûtent plus que LX s. et C s., en 1489. En 1491, les cinquante que fournit Jehan de Cuppre, M.ᵉ fèvre à Malines, sont payées deux cents livres (2).

N'oublions pas les grands et les petits entonnoirs payés, les premiers

---

(1) Toutefois, il avait esté conclud, l'année précédente, de faire chescun an, pour la seureté de la ville, VI arbalestres et autant de *haquebusches.*

(2) Sans doute les mêmes que les XLI qui sont signalées l'année suivante, et qui pesaient XVIII c liv.

III s. VI d., les seconds, VI d.; les querques grandes, moyennes et petites, variant de II s. VI d. à IIII d., tous employés pour servir de pouldres les serpentines, hacquebuisses et cullevrines.

Pour ces chargeoirs on faisait usage de perches de fresne, à XII d.

Désireux de perfectionner leurs arquebuses, les échevins remettaient LXXII s. à Jehan le Fèvre, pour le fachon d'une belle et grosse *hacque-buche* qu'ils lui avaient fait faire des estoffes de la ville, par manière d'assay.

En 1478, l'argentier signale trois grosses *hacquebusses* et une petite, pesant ensemble CXXVII l.

Pour ces grosses arquebuses, fixées sur des chevalets, il fallait des arrests et des hurtoirs, munis d'estriers, pesant jusqu'à XV l., pour les clauwer à l'affût. On parle aussi des vireulles de ces affûts.

En 1485, L'argentier signale *ung instrument de petites hacquebutes à trois quarés que l'on appelle une orghes* (3), acheté (ainsi que trois serpentines de cuivre) à Ms. Despierre, capitaine du château, moyennant III c. l.

Dès 1476, les arquebusiers étaient nombreux, car nous voyons que Lille en demande un certain nombre, aussi bien que des cullevriniers, pourtant que nouvelles estoient que le roy (Louis XI) et sa puissance avoient intention de mettre le siége devant ceste ville, ou devant Douay. Cette même année, il est vrai, Guillaume de Libersart fournissait aux échevins IIIIxx *hacquebutes* et cullevrines, au prix de XXV s. chaque, et l'on accordait XXIIII s., comme courtoisie, à pluisieurs compaignons qui avoient esprouvé les grosses serpentines et plusieurs autres bastons de trayt à pouldre estans autour de la ville, en bien grand nombre. Quelque temps après, le conseiller pensionnaire, que les échevins avaient envoyé vers la duchesse et son conseil, à l'effet d'en obtenir, pour la garde et défense de la ville, certain nombre de *hacquebussiers* et cullevriniers, mandait à ces magistrats que, du consentement de la loi de Malines, il avait retenu dans cette cité de XII à XVI *hacquebuissiers* et cullevriniers, *bons jueurs*, pour venir à leur service, à raison de VIII s. par jour chescun.

Le tilleul était presque toujours employé pour faire carbon pour faire porre de canons. Quatre pièces de tilloel achetées à cet effet, coûtent XVI s. En 1414, on parle du tilloel que l'on a pelé et faudé, et dont on a fait *carbon de emure* ou *esmeure*. En 1476, un ouvrier de carbon de *faux* demande VIII l., pour avoir cuit ung millier de faissiel de thilleul *en carbon d'arehon*, pour faire pouldres.

En 1453, Grard as Clocquettes, ouvrier à faire pouldres, *reboulit le salpêtre qui était mauvais, et oste le sel hors du souffre.* En 1476, le salpêtre crut coûte XX s. de gros le cent de livres, et une grande caudière pour l'affiner revient à IX l.

En 1406, *II cayers de pappier* à mettre pourre pour les canons, sont payés VI s., et Pierre Demileville, qui en avait fait IIIIxx III *saquiaulx* reçoit VIII s. En 1411, il demande LXXI l. XVI s. fors, pour avoir fait de nouvel et ordonné III c. LIX l. de pourre de canons. Observons que les LVIII l. de soufre, jugées nécessaires, reviennent, à raison de deux sous quatre deniers la livre, à VI l. XV s. IIII d. febles.

Comme dans d'autres localités, la pouldre était souvent conservée

(3) M. de Saulcy le nomme *machine infernale à trois canons.* (*Bulletin des Sociétés savantes*, fév. 1854, p. 48.)

dans les églises (1). Ainsi, nous voyons qu'on avait déposé dans la chapelle de N.-D. des Ardens celle qu'Yolens (1412) avait réparet, de laquelle on ne se eust peut aidier, se besoing eust esté, et que elle estoit toute fresque et amonchelée ensemble ; et que, en 1414, les pourres de canons se trouvaient dans celle des manestrelx. La poudre (2) était renfermée dans des tonneaux de sapin, à douze sous chaque, ou d'ambours, à six sous.

Les poires à pouldre étaient en usage au XV.ᵉ siècle, car nous voyons que la poire d'argent à mettre pouldre, que l'on offrait comme présent de noces (1460) à M.ᵉ Guillaume Dommessent, secrétaire du duc de Bourgogne, avait coûté XXXI l. X s. (Elle pesait XV onces).

Nous laisserons aux savants le soin de décider si le feu subtil, que mentionne le document suivant, était le même que le feu grégeois : 1465, à ung nommé Nicaise Bourgoix, canonnier, lequel, par le consentement des eschevins et mesmes à leur requeste, leur avait montré et de fait par devant eulx jecté deux lanches de feu subtil, affin de savoir se ladite manière de faire seroit propice pour le garde de lad. ville en fait de gherre, IIII l. XII s.

Il paraîtrait, toutefois, que certains procédés de fabrication étaient consignés dans des livres précieusement conservés, puisque les échevins donnaient, en 1479, IX s à Elyot de Noyelle, pour le coppie d'un livret où estoit contenu la recepte de faire pouldre de culevrine, de serpentines et de bombardes, et aussi le manière de faire feu grégois (3).

DE LA FONS-MÉLICOCQ

La suite prochainement.

(1) Voyez le Bulletin du Comité des Arts et Monuments, t. IV, p. 163.
(2) Poudre de serpentine (1479), à V s. IX d. la livre ; poudre de canon, à VI s.
(3) Dans le mystère intitulé : Le Poste du Monde. (Manus. du XV.ᵉ, N.ᵒ 625 de la bibl. d'Arras), Lucifer dit à ses suppôts, au moment où il apprend la mort de J.-C.

Aux portes soyez-bien gaictans :
Qu'il n'y ait fenestres ou pertuis,
Qui ne soit furnis et pourveus
De culurines et de canons.
Et se de la pourre n'avons,
Prendes sorcières et sorciers,
Faulx convoiteux, faulx usuriers,
Larrons, murdreux, faulx advocas,
Qui, contre droit et par nefas,
Ont acquis ceans l'éritaige ;
Prendes, mettes les au potage :
Car de tels gens est bien raison,
C'on face pourre de canon.
Prendez l'avoir des convoiteux,
Fondes le, faites ent cailleux,
Pour craventer Dieu et ses gens.
C'est raison que de telz argens
Garnissons très bien no infer :
Car oncques ne voulrent denner
Une aulmosne as poures gens,
Tant fussent nudz et indigens.
Prendes cros, heuves, taliffes,
Et plussieurs aultres affucques,
Dont les femme se vont parant,

Faictes ent feu cler et ardant,
Et le composés à de goix,
Tant que se soit fin feu grégois;
Car de telz choses qu'ay nommez
Aront les paupières bruslées,
Dieu et ses gens, s'ilz viennent cy.

Faictes du harnas des gens d'armes,
Pour voz bacines et heaulmes,
Et les faulx pillars et larrons
Rotissiez les sur les charbons,
Et en prendes grans carbonées
De fin souffre bien assansées.

Raguissiez irestous voz gravnes;
Faictes que tantos soies prés;
Alez assir guet aux crestiaux ;
Esraillies vez yeulx, vez muziaux ;
Ne dermez pas, braiez, urlez ;
Faictes bon devoir à tous lez ;
N'en faindes pas, gardez-vous ent,
La chose touche grandement,
Faites devoir sans plus parler.
(Fol. CCXVIII, r.ᵉ et v.ᵉ)

POÉSIE

SONNET.

La nuit était hier belle , majestueuse,
On entendait au loin le bruit confus des flots,
Et d'instant en instant la vague harmonieuse
Apportait à mon cœur le chant des matelots.

Le ciel bleu se mirait dans l'onde paresseuse,
Et l'haleine des vents de ses plus doux échos,
Dans l'air faisait entendre une plainte amoureuse
Qui venait de la nuit enchanter le repos.

Sur le fronton des cieux resplendissant d'étoiles ,
Je voyais par moment de magnifiques voiles
Ensevelir la lune aux timides lueurs.

Et devant ce tableau qui charmait tant mon âme,
Je disais à la brise : Emporte à cette femme
L'aveu de mon amour, hélas! mêlé de pleurs ! !

GUSTAVE BOUCHEZ.

15 Août 1853.

LA MORT DE MAGNUS.

La vie est somme toute une assez brave fille ;
Il faut la laisser faire un peu ce qu'elle veut :
S'ébattre dans les champs lorsque le soleil brille
Et boire un coup de plus lorsqu'il vente ou qu'il pleut.
Ainsi pensait Magnus, quand la santé si chère
        Vermillonnait ses traits ;
Il adorait la femme, il faisait bonne chère,
Et n'avait, que je sache, aucuns vices secrets.

Un flacon de vin vieux, une femme jolie ;
Un faisan dont la truffe a doublé l'embonpoint,
Voilà, s'écriait-il, dans ses jours de folie,
Le bonheur.... où morbleu ! je ne m'y connais point ;
Aussi, bien qu'il n'aimât aucun genre de gloire
        Il fêtait les rimeurs :
Car pour bien rimailler il faut aimer et boire,
Ce qui flattait beaucoup ses penchants et ses mœurs.

Mais Magnus devint vieux: sa face rubiconde
Pâlit et se rida ; son regard se ternit ;
Il perdait chaque jour sa joyeuse faconde
Et suivait rarement la poule sur le nid ;
Ne pouvant supporter ce triste état de choses,
        Se sentant dépérir,
Par un beau jour de juin, à la saison des roses,
Magnus quitta son toit, résolu de mourir.

Il voulait une mort la plus douce possible,
La plus originale aussi qu'on put rêver,
Afin que ses amis la trouvant si risible
Et si contraire à tout ce qui peut arriver,
Suivissent son convoi sans verser une larme;
        Pour y mieux réfléchir,
Sur le bord d'un étang, à l'ombre d'un vieux charme,
Magnus vint se livrer aux baisers du zéphir.

Se pendre, disait-il, ça sent la valetaille;
Se noyer, c'est moins laid, mais c'est aussi commun;
De la gorge à la nuque une profonde entaille
Ne peut qu'attrister l'œil loin d'égayer quelqu'un;
Le poison fait souffrir et quelquefois avorte; •
        Le poignard est banal;
Un coup de pistolet rarement vous emporte;
Et puis toutes ces morts n'ont rien d'original.

Reste encor le charbon, la colonne Vendôme,
L'aspic de Cléopâtre et l'indigestion;
Car, à moins d'être fou, je crois qu'il n'est pas d'homme
Qui puisse se résoudre à l'inanition :
Mieux vaudrait imiter ce grand duc de Clarence
        Qui mourût en buvant,
Ou bien (je choisirais ceci de préférence:)
Dans un pâté d'Amiens s'enterrer tout vivant.

Or, pendant que Magnus discourait en lui-même
Sur le genre de mort qu'il aurait pu choisir,
Les arbres, les oiseaux dans un concert suprême
Unissaient leurs accents, frémissaient de plaisir;
Au-dessus de son front deux blanches tourterelles
        Tendrement roucoulaient,
Dans les gazons fleuris couraient les sauterelles
Et sur l'étang profond les phalènes volaient.

Tout riait, s'épanchait, tout aspirait la vie,
Oiseaux, insectes, fleurs tout se disait : Aimons ;
Magnus autour de lui jetait un œil d'envie
Et laissait doucement dilatter ses poumons ;
Une voix soupirait : Cette blanche colombe
       Tu ne la verras plus ;
Regarde-la, demain tu seras dans la tombe,
Demain tu dormiras couché sous ce talus.

Demain plus de parfums, et ces fleurs si vermeilles,
Si fraîches ! à tes yeux cesseront de briller ;
Ces oiseaux dont le chant caresse tes oreilles,
Demain auront pour toi fini de gazouiller....
C'est dommage pourtant, car si le front s'argente
       Le cœur est jeune encor !
Ton verre et plein, Magnus, et Rose est indulgente,
Allons, comme autrefois, vers eux prends ton essor.

C'est vrai, se dit Magnus en essuyant ses larmes,
Je sens comme à vingt ans mon cœur rempli d'émoi ;
Vivons ! vivons ! la vie offre encore des charmes ;
Rose pourrait trouver moins ingambe que moi....
Mais, comme il se levait pour gagner sa demeure,
       Un de ses pieds glissa,
Et dans l'étang fangeux (pardonnez si je pleure),
Magnus, le bon Magnus a jamais s'enfonça.

CASIMIR FAUCOMPRÉ.

Société Impériale des Sciences, des Arts et de l'Agriculture de l'arrondissement de Valenciennes.

CONCOURS DE COMPOSITION MUSICALE DE 1855.

Paroles choisies par la Société.

ANZIN. (*)

> « Le travail le plus humble et le plus rude est celui qui est le plus agréable à Dieu. »
> (Breckelbuys)

Cantate pour voix d'hommes, sans accompagnement.

INTRODUCTION. — CHŒUR.

Pour vous le ciel bleu s'illumine ;
Vous entendez chanter l'oiseau ;
Vous voyez couler le ruisseau
Et fleurir la fraîche églantine.....

Et nous, travailleurs ignorés,
Loin de l'air, loin de la lumière,
Lentement nous creusons la pierre ;
Vivants nous sommes enterrés !...

SOLO.

Mais la ville opulente où les fourneaux gémissent,
Où les cris de l'acier se mêlent à la fois
Au bruit des lourds marteaux qui partout retentissent,
Sans nous, serait sans voix !

(*) La *Revue du Nord* recommande d'autant plus vivement à l'attention des jeunes compositeurs le concours lyrique ouvert à Valenciennes jusqu'au 1.ᵉʳ Juin 1855, qu'à l'intérêt naturel qu'elle porte à l'œuvre de l'un de ses rédacteurs, vient s'ajouter, pour elle, la confiance la plus grande et la plus méritée dans les lumières et l'impartialité du jury examinateur. La Société de Valenciennes est connue depuis longtemps ; les hommes qui la composent comprennent dignement, sérieusement, la mission scientifique et artistique qu'ils se sont donnée : il y a de l'honneur à se faire distinguer par eux.

LE CHŒUR.

Sans nous, serait sans voix?...

TOUS.

Que la lampe s'allume! —
Pour la forge et l'enclume
Nos bras sont toujours prêts!
Descendons dans la mine,
Faisons marcher l'usine,
Mineurs, mineurs, travaillons sans regrets!

SOLO.

Le rapide vapeur, ce conquérant des ondes,
Qui peut, malgré la mer et les vents en courroux,
Aborder tous les ports, visiter tous les mondes,
    Voguerait-il sans nous?

LE CHŒUR.

Voguerait-il sans nous?...

· TOUS.

Que la lampe s'allume!! —
Le vaisseau fend l'écume;
Pour lui nos bras sont prêts.
Descendons dans la mine,
Faisons marcher l'usine,
Mineurs, mineurs, travaillons sans regrets!

SOLO.

Et ce coursier de fer qui sillonne les plaines,
Reliant vingt pays à son vaste chemin,
Sans nos bras producteurs, nos sueurs et nos peines,
    Marcherait-il demain?

LE CHŒUR.

Marcherait-il demain ?....

TOUS.

Que la lampe s'allume ! ! ! —
Pour le chemin qui fume,
Nous sommes toujours prêts.
Descendons dans la mine,
Faisons marcher l'usine ,
Mineurs, mineurs, travaillons sans regrets!

FINAL.

Oui, nous devons voir sans murmure
D'autres goûter les fruits si doux
Que le père de la nature
Avait aussi semés pour nous.

Soldats obscurs de l'industrie,
Restons dans notre humble séjour,
Et reportons à la patrie
Notre labeur et notre amour.

REPRISE.

Soldats obscurs de l'industrie,
Bénissons notre humble séjour,
Et sur l'autel de la patrie
Offrons l'encens de notre amour!

ALEXANDRE DEPLANCK.

BULLETIN DE LA QUINZAINE.

Nouvelles artistiques et littéraires.

— Le souverain Pontife vient d'honorer d'une haute distinction deux savants que le département du Nord compte parmi ses enfants les plus recommandables, en leur conférant l'Ordre de Saint-Grégoire-le-Grand, qui est, à juste titre, l'un des plus recherchés parmi les Ordres étrangers. L'un, M. Decoussemacker, juge au tribunal de Dunkerque, doit cette récompense à des travaux archéologiques d'une très-grande valeur sur la musique religieuse du moyen-âge; l'autre, M. Le Glay, archiviste général du département du Nord, membre correspondant de l'Institut, avait des titres connus de tout le monde savant, non-seulement dans ses principaux ouvrages tels que les *Recherches sur la métropole de Cambrai*, le *Caméracum Christianum*, les *Bibliothèques publiques et particulières du département du Nord*; mais encore dans une foule de mémoires et de rapports dont le mérite est plus grand que l'étendue.

Nous partageons la satisfaction générale causée par cette justice rendue à notre éminent et tout aussi modeste collaborateur.

— Un enfant a fait dernièrement ses premières armes devant le public de l'Association musicale. Il se nomme Ferdinand Lavainne. C'est pour la troisième fois que ces noms apparaissent dans le monde musical. Le premier qui les porta se contenta d'être un professeur plein de talent et de conscience. Le second joint au professorat le génie de la composition. L'estime qu'on fait de lui, même dans son pays! nous dispense de tout éloge. Le troisième commence..... nous ne le jugeons pas encore; mais les connaisseurs ont trouvé en lui l'étoffe d'un grand artiste. C'est par un travail assidu qu'il pourra le devenir. Son avenir est dans ses mains.

— Nous avons annoncé la retraite de M. Nestor Roqueplan; son successeur, M. Crosnier, vient d'être installé dans les fonctions de Directeur de l'Opéra, emploi qui dépend maintenant de la liste civile. Les souvenirs que M. Crosnier a laissés à la direction de l'Opéra-Comique, sont de bon augure pour l'avenir de notre première scène lyrique. Administrateur très-capable et doué du sentiment artistique, il sera, nous n'en doutons pas, à la hauteur de sa mission. M. Certain, qui était attaché à l'administration de l'Opéra-Comique, sous la direction de M. Crosnier, passe avec lui à celle de l'Académie impériale de musique, en qualité d'Inspecteur général.

— Tandis que les Boulevards nous offrent des pièces en quinze actes et autant de tableaux, le Théâtre-Français, par compensation vient de représenter une tragédie en un acte. Il faudrait être bien difficile pour y trouver des longueurs. M. Latour de Saint-Ybars, connu par des succès de plus grande dimension est l'auteur de l'œuvre nouvelle dont le sujet est emprunté à l'histoire des Lombards. Les mœurs de ces peuples y sont peintes dans toute leur férocité native. L'orgie, la lubricité, le meurtre, la vengeance ; tels sont les mobiles qui font agir les principaux personnages. *Rosemonde*, l'héroïne de la pièce, dirige le poignard d'un assassin et se punit elle-même par le poison. La donnée est simple comme on voit ; mais l'intérêt se soutient et grandit de scène en scène jusqu'au dénouement. M.ⁱˡˡᵉ Rachel, chargée du rôle de Rosemonde, a joint, dit-on, un nouveau triomphe à tous ceux dont sa carrière est déjà signalée. Les autres acteurs ont convenablement répondu à l'attente de l'auteur.

— *Les Maris me font rire*. Pauvres maris ! sans eux la plupart de nos théâtres mourraient d'inanition. Cependant malgré le titre de cette pièce nouvelle, il paraît que les auteurs, MM. Delacour et Jaime, ont satisfait à la fois les célibataires et les hommes mariés, en substituant à de grossières plaisanteries, à de vieux quolibets, des aperçus fins, des situations vraies et un dialogue pétillant d'esprit. Tant mieux pour eux et pour le public qui veut bien, faute de mieux, accepter de vieilles choses pourvu qu'elles soient réhabillées à neuf.

— *La rentrée* de M.ⁱˡˡᵉ Cruvelli, dans les *Huguenots*, s'est faite convenablement et à la satisfaction de la chanteuse comme du public. Il n'est pas fort méchant ce bon public de Paris. Il s'est contenté de sourire quand la reine de Navarre a dit à Valentine : *Dis-moi le résultat de ce hardi voyage*. Et puis, quand le rôle commence véritablement, c'est-à-dire, au duo du troisième acte, les applaudissements les plus chaleureux ont éclaté de toutes parts. De là jusqu'à la fin, l'enthousiasme n'a fait que croître. La brebis rentrée au bercail est plus chère que si elle n'en était jamais sortie.

— M. Duret, l'un de nos plus habiles statuaires, a reçu du gouvernement, la commande de deux figures en pied représentant la *Tragédie* et la *Comédie*, qui doivent être placées dans le vestibule du Théâtre-Français, après l'exposition universelle de 1855, à laquelle elles doivent concourir.

— *Ceinture dorée* ; tel est le titre d'une comédie nouvelle que M. Augier vient de présenter au Gymnase.

— On parle de difficultés entre la Comédie-Française et un jeune auteur, déjà accoutumé aux succès. Le pouvoir du comité de lecture serait ici en jeu. Certes, c'est là une grosse affaire, et c'est aussi une grande question que de savoir si les comités de lecture, en général, ont plus avancé que retardé les progrès de l'art. Pour la décider, il faudrait pouvoir sonder les profondeurs de tant de cartons passés et présents où se sont enfouis, peut-être, parmi les ours les plus mal léchés, des chefs-d'œuvre dont les auteurs sont morts de faim ou devenus fous de désespoir. Il faudrait en outre, pénétrer dans la pensée, autres Arcanes encore plus indéchiffrables, de cette multitude de pères nobles et de soubrettes, d'amoureux et de grandes coquettes, d'Orosmanes et de Zaïres à qui il a été donné de décider en dernier ressort que Messieurs tels et tels seraient de grands hommes exclusivement à tous autres. C'est là une terrible tâche ! Si elle est dévolue au tribunal de commerce de Paris, nous nous inclinons d'avance devant sa décision.

Pour tous les articles non-signés :

Les Rédacteurs-Propriétaires :

BRUN-LAVAINNE, *Gérant ;* A. DEPLANCK, CASIMIR FAUCOMPRÉ.

Lille. Imp. de Lefebvre-Ducrocq.

Aux Abonnés de la *Revue du Nord*.

La *Revue du Nord de la France* est sur le point d'accomplir la première année de la tâche qu'elle a entreprise. Son but principal était de propager le goût de la bonne littérature et d'offrir à de jeunes talents, retenus dans l'ombre par les obstacles de tout genre que leur oppose la presse parisienne, un moyen facile de se produire devant un public d'élite.

Ce public a parfaitement compris notre intention, puisque, dès le premier jour, il est venu à nous avec un empressement qui a surpassé toutes nos espérances; mais avons-nous rempli son attente? Si c'est là une question à laquelle il ne nous appartient pas de répondre, nous avons du moins la conscience d'avoir fait tous nos efforts pour ne pas rester au-dessous de notre mission.

Ce serait, néanmoins, s'abuser étrangement que de croire qu'une œuvre de cette nature puisse être appréciée d'après ce qu'elle a produit dans le court espace d'une année. Autant vaudrait juger d'une pièce de théâtre sur son exposition, d'un plaidoyer sur son exorde.

Il faut considérer, en outre, qu'une publication périodique et collective n'atteint jamais d'un seul bond la hauteur à laquelle elle aspire. Il y a des essais, des écoles même à faire. La *Revue du Nord* a passé par ces épreuves, sa marche n'en sera que plus droite et plus ferme.

A vous, maintenant, nos chers abonnés, de décider si nous devons continuer notre route. Vous savez ce que nous avons fait; nous nous efforcerons de faire mieux encore. Entr'autres améliorations que nous devons signaler, des soins tout particuliers seront donnés au *Bulletin Artistique et Littéraire*, au point de vue surtout des choses de nos localités. Le plus grand nombre de nos lecteurs étant dans le département du Nord, il est juste que, sans exclure les nouvelles qui sortent de ce cercle un peu restreint, nous marquions une certaine préférence pour celles qui nous touchent de plus près.

Cette partie du travail est, dès à présent, confiée à M. de Franciosi, qui a bien voulu consentir à nous apporter un concours actif dans la rédaction du journal. Sa plume élégante et facile est pour nous un nouvel élément de succès.

Conservez-nous donc, chers abonnés, l'appui bienveillant que vous nous avez prêté. La *Revue du Nord* est votre enfant aussi bien que le nôtre. Restons unis pour qu'il vive longtemps. Comme nous, vous devez avoir à cœur de prouver que le Nord n'est point antipathique aux travaux de l'intelligence et qu'on peut, aussi bien qu'ailleurs, y fonder un monument littéraire à la fois utile et durable.

BRUN-LAVAINNE, A. DEPLANCK, C. FAUCOMPRÉ.

AVIS. Le premier N.° de janvier 1855, sera envoyé à tous les anciens abonnés qui n'auront pas fait connaître qu'ils ne continuent pas leur abonnement. La conservation de ce N.° sera considérée comme une acceptation tacite du nouvel engagement d'une année.

LITTÉRATURE.

LES TROIS MARIS BAFOUÉS

par le Maître Tirso de Molina. (1)

Dans l'illustre ville de Madrid, — fille émancipée de l'impériale cité de Tolède, laquelle après avoir été successivement mariée à quatre monarques du monde : Charles-Quint, et trois Philippe, se voit aujourd'hui moins courtisée, moins adulée qu'elle ne le mérite, et se trouve éclipsée chaque jour par ses voisines qui, lui devant le jour, mettent à néant le quatrième commandement qui ordonne de respecter l'autorité et le nom du père — dans Madrid vivaient il y a peu de temps, trois femmes belles, discrètes et mariées.

La première était femme du caissier d'un riche Génois, au service duquel il était si occupé qu'il n'avait même pas le temps de rentrer au milieu du jour pour manger au logis et à peine d'y venir dormir la nuit.

La seconde avait pour mari un peintre de renom, que la réputation de ses pinceaux avait fait appeler dans un monastère des plus riches, où il travaillait depuis un mois à un tableau sans qu'il lui fût permis de prendre plus de vacances que le caissier. Aussi les fêtes qui donnaient trève à

---

(1) Tirso de Molina, célèbre poète comique, se nommait en réalité frère Gabriel Telles. La nouvelle que nous donnons ici est tirée de *Los Cigarrales de Toledo*, collection de nouvelles imprimées pour la première fois à Madrid, in-4°, 1631. Quelques-uns l'ont faussement attribuée, ainsi que celles de différents auteurs, au libraire Isidore de Robbes, qui les réimprima à la fin du XVII.° siècle. Tirso de Molina a également écrit quelques comédies sous le titre : *Plaire en faisant profiter*. Ce livre est devenu très-rare.¹

Nous nous sommes attaché à rendre l'esprit et autant que possible le style de cet auteur, ainsi que nous avons fait pour une autre œuvre, dans le but d'initier nos concitoyens à ces productions trop peu connues au moins au point de vue de l'étude linguistique.

ses travaux étaient nécessaires pour le tirer de la mélancolie que lui donnait la vie contemplative de ses hôtes.

La troisième avait à supporter la jalousie d'un mari âgé de plus de 50 ans et qui n'avait d'autre occupation que de martyriser la pauvre innocente. Ils vivaient du produit de la location de deux maisons de médiocre valeur mais qui, bien situées, leur fournissaient un revenu suffisant pour vivoter ; le travail de la malheureuse servait à payer les petites douceurs de la vie.

Ces trois dames étaient grandes amies, car auparavant elles avaient vécu dans une même maison et maintenant encore elles habitaient des quartiers voisins l'un de l'autre. Par la même raison, leurs maris étaient en commerce d'amitié et on se voyait dans les visites que l'on rendait à la femme du jaloux. En effet, si le mari de la pauvre dame ne la menait avec lui, il lui était impossible de rendre de visite ; mais les jours de fête, ou pour se rendre à la comédie, à un assaut, au jeu des anneaux, elles se réunissaient d'habitude.

Un jour que les trois amies se trouvaient chez le jaloux, la pauvre dame leur racontait ses peines, l'impertinente surveillance de son époux, les querelles qu'il lui faisait le jour où elle allait à la messe ; qu'elle l'avait à ses côtés depuis l'aube du jour, se mettant pour ainsi dire sous ses jupes par l'excès de sa jalousie ; les autres, compâtissant à sa triste condition de persécutée lui offraient leurs consolations.

Leurs époux rentrèrent et, se trouvant réunis tous les six, ils se concertèrent pour le jour de Saint-Blaise (1) qui approchait, de sortir vers le midi et d'aller voir le roi qui, au soir, devait se rendre à Notre-Dame d'Atocha, et, pour faire une bonne partie de célébrer, dans un jardin voisin la fête qui, sans être aussi bien placée au calendrier se célèbre mieux que la Pâque. On n'eût pas peu à faire pour obtenir que la femme du vieux jaloux fût de la fête.

Le jour arriva, le pique-nique se fit. Après le dîner, les dames se promenèrent au soleil dont la chaleur était déjà agréable, et elles écoutèrent les lamentations de la mal-mariée. Les maris jouaient à la boule dans une autre partie du jardin. Il arriva que la femme du jaloux aperçut quelque chose qui luisait au milieu d'un mont de balayures dans un coin du jardin et s'écria :

— Grand Dieu ! qu'est-ce que cela qui brille si fort ?

Les deux autres regardèrent et la femme du caissier dit :

(1) 3 Février, époque de carnaval.

— Ce pourrait être un bijou perdu par une des dames qui viennent en grand nombre se promener ici en ces jours.

Aussitôt la femme du peintre se baissa pour examiner ce que ce pouvait être et elle en retira avec la main une bague ornée d'un diamant si beau et si fin que, aux rayons du soleil, il paraissait être le soleil lui-même.

La convoitise de chacune des trois amies s'éveilla à l'idée de ce que lui promettait une si riche trouvaille et chacune affirma que ses droits à la possession de la bague étaient incontestables. La première dit que, l'ayant aperçue, elle avait les meilleures raisons de la réclamer. La seconde prétendait qu'ayant deviné ce que c'était, personne ne pouvait lui en contester la propriété. A cela la troisième répliquait que, ayant retiré la bague du lieu malpropre où elle se trouvait et ayant amené la certitude là où les autres n'avaient fait qu'exprimer leurs doutes, elle méritait d'être seule maîtresse de ce qui au fond ne lui avait pas plus coûté qu'à ses compagnes.

La dispute allait s'échauffer. Mais réfléchissant que si la chose venait à être connue de leurs maris, ce pourrait être la cause de quelque querelle à cause des droits que ces dames prétendaient avoir, la femme du peintre, qui était plus avisé, dit :

— Mesdames, la pierre toute petite qu'elle est, ne conservera sa valeur qu'en demeurant entière, on ne peut la partager. La vendre est le plus sûr, et nous en partagerons le prix avant que nos maris apprennent cette trouvaille et nous privent de notre gain ou s'en disputent la possession. Et alors, ce diamant deviendrait la pomme de discorde. Mais qui de nous en sera la fidèle dépositaire ? En qui aurons-nous le plus de confiance, quand chacune s'en prétend légitime possesseur. J'aperçois, se promenant avec d'autres gentilshommes, un comte, mon voisin. Appelons-le à l'écart, confions-lui notre différend et acceptons sa décision.

— Soit, dit la femme du caissier, je le connais et je me repose si bien sur son jugement, que je suis sûre qu'il m'adjugera la bague.

— Et moi aussi, reprit la mal-mariée, mais comment plaider la justice de ma cause, si je suis en vue de mon vieux pointilleux ? Le comte est jeune et mon jaloux est si soupçonneux !

Elles étaient dans cet embarras quand on annonça que le roi allait passer. Les maris sortirent en courant pour le voir, avec le reste des curieux. Les dames profitant de l'occasion, appelèrent le comte et lui soumirent la difficulté, demandant la solution avant le retour de leurs maris ; elles lui mirent la bague dans la main, pour qu'il la donnât à celle qu'il jugerait l'avoir méritée.

Le comte était homme d'esprit, et avec une courtoisie égale à la confiance qu'on lui témoignait , il répondit :

— Mesdames, je ne trouve pas que personne de vous ait des droits assez bien établis à la seule propriété pour que je puisse priver les autres de ce bijou. Mais puisque vous avez eu confiance en moi, voici ma sentence : Que chacune de vous, d'ici à six semaines, joue un tour à son mari — pourvu que cela ne touche pas à son honneur — et celle qui se sera montrée la plus habile aura le diamant et de plus cinquante écus que j'offre pour ma part. En attendant je demeurerai dépositaire de la bague. Et maintenant, retournez vers vos époux, mettez la main à la pâte et adieu !

Ainsi parla le comte dont l'honneur garantissait la sûreté du diamant, et la cupidité poussa chaque femme à accepter la sentence. Leurs maris revinrent, et comme le jour, en tombant, invitait à se retirer au logis, les époux reconduisirent chez eux leurs femmes dont chacune repassait dans sa tête ses artifices pour en trouver un qui la rendît victorieuse dans la lutte et lui donnât la possession du diamant trouvé.

La farce de la femme du caissier.

Le désir est tout puissant chez les dames. C'est ainsi que la première, pour manger une pomme, sacrifia nos plus précieux priviléges. Le désir n'eut pas moins de force chez la femme du caissier , elle tira de son alembic la quintessence de son esprit rusé et prépara à son époux la farce suivante :

Il y avait au voisinage un astrologue, homme admirable pour deviner les choses à venir, mais s'inquiétant peu de celles de sa demeure, et pendant qu'il traçait des nativités sur le papier, sa femme lui en fournissait d'autres qui criaient à ses côtés, en l'appelant : papa.

Cet astrologue connaissait la voisine, la femme du caissier, et il avait pour elle des désirs peu licites mais qu'il tâchait de dissimuler.

La rusée commère avait pénétré ses sentiments, voulant garder intact son honneur, elle avait repoussé toutes les démarches de l'astrologue. Mais dans la nécessité présente, elle voulut se servir de l'occasion pour arriver à ses fins. Elle se montra donc moins intraitable et dit à son voisin que, dans le but de se réjouir en ce temps de carnaval et pour certain projet bouffon, elle avait besoin de faire croire à son mari qu'avant vingt-quatre heures, il aurait quitté cette vie pour aller rendre compte à Dieu des années qu'il avait si mal employées.

L'astrologue, sans en demander davantage, lui promit de se conduire comme elle le désirait. Pendant ce temps, la femme alla trouver les maris de ses deux amies et se concerta avec eux pour qu'ils jouassent leur rôle dans la comédie, et leur persuada qu'il ne s'agissait, avec cette farce, que de s'amuser dans ces jours qui conviaient au plaisir.

Bientôt l'astrologue rencontra le caissier qui, fatigué d'avoir eu le nez dans ses livres, s'en allait coucher. Il l'accosta.

— Quel mauvais teint vous avez, voisin! dit-il, quelle mauvaise mine! Vous sentez-vous indisposé?

— Point du tout, grâce au ciel, répliqua l'autre, et à part l'ennui d'avoir compté aujourd'hui plus de 6,000 réaux en monnaie de billon, jamais je ne me suis trouvé en meilleure disposition.

— Votre visage au moins n'est guère en rapport avec ce que vous dites. Donnez-moi votre pouls.

Le caissier tout ébahi donna sa main. Le malin astrologue fronça les sourcils et lui faisant des témoignages d'amitié, lui dit:

— Voisin, n'eussé-je retiré de la connaissance du cours des astres d'autre fruit que de pouvoir vous avertir de votre danger, je regarderais mes veilles comme bien employées. C'est en des circonstances comme celle-ci que l'on connaît les amis. Je ne serais point le vôtre si je ne vous avisais de ce que vous avez à faire. Disposez vos affaires temporelles ou plutôt mettez ordre à celles de votre âme, ce qui est bien plus important; car je vous le dis, et cela arrivera infailliblement, demain, à cette même heure, vous aurez appris dans l'autre vie combien il eût mieux valu tenir vos comptes en règle avec votre conscience que les livres de la banque de votre maître.

Le pauvre ignorant caissier, un peu troublé, répondit néanmoins:

— Si votre prédiction est aussi véridique que celle que vous fîtes l'an dernier, quand les choses arrivèrent précisément au rebours de ce que vous aviez annoncé, je me promets une vie plus longue que je ne me l'imaginais.

— Eh bien, reprit le fourbe astrologue, je me suis conduit comme me le prescrivait la religion et les devoirs de l'amitié; faites comme bon vous semblera; au moins n'aurez-vous pas à vous plaindre dans l'autre monde que je ne vous ai point averti.

Et laissant le caissier la parole sur les lèvres, l'astrologue descendit la rue en toute hâte.

Ainsi menacé et effrayé, le caissier s'en alla à sa demeure, se tâtant le pouls et interrogeant toutes les parties de son corps d'où pouvait lui venir quelque crainte de péril, il trouva que chaque chose était en bon état. La confiance que réclamait l'astrologue ne lui parut pas très-justifiée et moitié se moquant de la prédiction, moitié ébranlé, il entra chez lui. Sans rien dire à sa femme, de peur de l'affliger, il lui demanda à souper. Elle s'empressa de lui servir, tout en conjecturant, d'après les manières de son époux que le tour était commencé.

Il mangea peu et mal. Il ordonna qu'on préparât son lit et il commença à se dévêtir en soupirant de temps en temps. La maligne mouche, faisant montre de tendres sentiments, lui demanda ce qu'il avait. Il répondit que son Génois lui avait donné des ennuis et qu'il en était tourmenté.

Sa femme le consola de son mieux. Ils se couchèrent, mais le sommeil fut pire encore que le souper. La dame feignant de dormir, remarqua que tout marchait à bien au gré de ses désirs. Le mari se leva plus tôt qu'à l'ordinaire, la figure blême, et se rendit à ses travaux accoutumés. Ses occupations furent si nombreuses qu'il n'eût pas le temps d'aller dîner au logis.

Vers le soir, comme il revenait chez lui, se trouvaient, à l'angle d'une rue où il devait forcément passer, le suisse de la paroisse et d'autres hommes d'église avec deux ou trois autres prévenus par le peintre, à l'instigation de la femme du caissier. Comme il approchait, ils dirent, feignant de ne point le voir, mais de telle sorte qu'il les entendît :

— Quelle mort malheureuse, en vérité, que celle de ce pauvre Lucas Moreno ! (C'était le nom de leur auditeur.)

— Tout à fait malheureuse, reprenait un autre. Mourir sans sacrements, sans préparation chrétienne. On l'a trouvé mort ce matin, et sa femme, qui l'aimait tendrement, paraissait près de lui faire compagnie par excès de douleur.

— Ce qu'il y a de pis, disait un troisième, dans ce petit cercle, c'est que l'astrologue, son voisin, affirme qu'il l'a prévenu hier. Il s'est moqué de la prédiction et sans débrouiller l'écheveau que les gens de son état ont toujours entre leurs mains, il s'est laissé mourir comme une brute.

— Dieu ait pitié de son âme ! répliqua un quatrième. Ce que nous devons déplorer, c'est la position de sa veuve, qui reste dotée de ce qu'il a méchamment gagné pour réussir dans son mariage. Allons nous coucher ; il fait froid.

Le pauvre Lucas Moreno allait s'enquérir près d'eux si quelqu'autre individu de son nom était mort. Mais eux, avec adresse, se souhaitant une bonne nuit se retirèrent en le laissant dans un trouble que l'on peut aisément se figurer.

Il continua sa route en avant et dans la rue qui précédait, la sienne, il aperçut l'astrologue causant avec le peintre et qui paraissait s'entretenir de sa mort.

— Il n'a pas voulu me croire, disait l'astrologue, quand hier je lui annonçais qu'il serait mort avant vingt-quatre heures. Les sots et les ignorants se rient de la science évidente des astrologues. Je suis bien sûr que maintenant il se repent de n'avoir pas cru ce que je lui disais pour son bien.

— Oh! vous savez qu'il était têtu, ce pauvre Lucas Moreno, répondit le peintre, et un peu gourmand. Il aura mangé de quelque jambon à l'italienne et il y aura gagné une congestion cérébrale. Que Dieu l'ait en sa sainte gloire, qu'il console sa triste femme. Ce qu'il y a de sûr, c'est que nous avons perdu un bon ami.

Le malheureux caissier n'y put tenir et marchant vers eux, il leur dit:

— Messieurs, qu'est-ce cela? me rend-on les honneurs funèbres, moi vivant? Ou qui, prenant mon corps, est mort à ma place? Quant à moi, je me sens fort bien, Dieu merci!

Ils se mirent tous à fuir, feignant d'être épouvantés et criant à haute voix: Jésus à mon aide! l'âme de Lucas Moreno se promène en peine, elle demande que nous fassions une restitution, sur son bien, pour ce qu'il a amassé injustement. Je te conjure de la part de Dieu, âme chrétienne, de me laisser.

Et ils l'abandonnèrent ainsi, fort en peine de savoir s'ils avaient dit vrai et à moitié persuadé par la terreur que paraissait leur causer ce qui n'était pour lui qu'une horrible fiction.

Il courut presque sans haleine et à demi-mort jusque chez lui, et près de sa demeure il vit son ami le jaloux qui feignait d'en sortir. A sa rencontre l'autre fit quelques pas en arrière et, multipliant ses signes de croix, il dit:

— Ames bénies du purgatoire! est-ce une illusion ou est-ce Lucas Moreno le défunt.

— Je suis Lucas Moreno et non un autre, ami Santillane, répondit le pauvre caissier. Pourquoi vous signer ainsi? Ou quand suis-je mort pour faire tant de bruit?

En ce disant, il prit le manteau de Santillane afin de l'empêcher de s'enfuir, mais celui-ci le lui laissa dans les mains et courut en se signant de plus belle et criant:

— Je te renonce, esprit malin ! je ne dois à Lucas Moreno que six réaux qu'il me gagna aux boules, l'autre jour; si c'est pour cela que tu viens, vends ce manteau, car je ne veux point avoir de querelles avec des gens de l'autre monde.

Il s'enfuit ainsi, laissant notre Moreno défaillant et près de tomber par terre Allons, je ne puis plus faire autrement, disait-il, je dois être mort. Dieu m'a envoyé en esprit en ce monde, pour disposer de mes biens et faire mon testament. Mais, par Dieu ! si je suis mort subitement comment n'ai-je pas vu le démon à ma dernière heure ? Comment n'ai-je point été appelé au jugement ? Et si je suis une âme, si mon corps repose dans la sépulture, comment suis-je ici vêtu ? Comment est-ce que je vois, que je touche, que j'ai toutes mes facultés corporelles ? Serais-je ressuscité ? mais s'il en était ainsi, n'aurais-je point vu ou entendu quelqu'ange de la part de Dieu ? Bah ! Sais-je ce qui se passe dans l'autre monde ! Peut-être m'a-t-on rendu mon enveloppe corporelle ; que dans cet autre monde, il n'est point d'usage de parler avec les écrivassiers et comme mon travail est tout de plume, on considère sans doute une conversation avec moi comme de trop peu de valeur.

Ce que je vois, c'est que tout le monde me fuit, me tient pour mort, jusqu'à mes meilleurs amis Cela doit donc être, mais si on dit que le coup de la mort est amer, comment ne l'ai-je point senti ? comment ne m'a-t-il fait aucun mal ? Probablement les morts subites doivent entrer par une porte et sortir par une autre, sans laisser à la douleur le temps de faire son office. Si par hasard c'était une farce de mes amis ! — Le temps y est très-favorable ! — Car jamais jusqu'à présent personne n'a paru effrayé de me voir, excepté eux.

Au milieu de tous ces pensers, il arriva à sa demeure, trouvant la porte fermée, il frappa à coups redoublés. La nuit tombait froide et sombre. La maligne femme savait ce qu'elle avait à faire et connaissait tout ce qui s'était passé.

Il n'y avait qu'une fille au logis, la dame avait très-adroitement envoyé à deux lieues de là les deux garçons qui étaient à son service.

La soubrette n'était pas moins adroite que la maîtresse; en s'entendant appeler elle répondit d'une voix brisée et pleine de larmes :

— Qui est là?

— Ouvre moi, Casilda, répondit le défunt vivant. Ouvre, c'est moi.

— Qui appelle, à cette heure et dans ce logis, où on ne respire plus que la douleur ? où l'on ne rencontre plus que la tristesse et le veuvage?

— Ouvre donc, il bruine, il fait un froid glacial. Je suis ton maître.

— Mon maître ! plut au ciel que cela fût ! mais il est en terre et son âme se trouve, je m'assure, dans un lieu où on doit en avoir fait le caissier en chef de l'enfer — car là, on paie toutes les lettres à vue — si Dieu n'a eu pitié de son âme.

Le malheureux ne put tenir à tant de preuves de sa mort, et donna une douzaine de coups de pied avec une telle violence qu'il brisa la porte et entra.

A sa vue, la fille se mit à fuir, criant d'une manière aussi effrayante que les amis que le caissier avait rencontrés dans la rue.

A ses cris, la dame de Lucas Moreno parut en habit de veuve et feignant une surprise extrême à voir son mari ; elle se laissa tomber presque évanouie, criant :

— Jésus ! que vois-je ?

Le mari pensa en faire autant et commença sérieusement à croire qu'il était mort. Mais après tout, en reconnaissance des démonstrations de tendresse que sa femme lui avait fait voir, il la porta dans ses bras jusqu'à son lit, la déshabilla et la coucha pendant qu'elle faisait semblant d'être à demi-morte. La rusée servante s'enferma dans une autre chambre, contenant à peine son envie de rire.

Enfin, la pauvre âme du ressuscité, sans chercher à vérifier si, dans l'autre monde, on mange, ouvrit un buffet et fit disparaître une quantité de confitures qu'elle accompagna de biscuits et de pruneaux qu'elle fit passer avec force accolades données à la bouteille. Elle y ajouta de certaine gelée de coing, trouvant que la vie de l'autre monde n'avait rien de trop pénible puisque on y trouvait tant de moyens agréables d'y faire la route.

Lucas Moreno se donna de tel cœur à réconforter son courage abattu avec le cordial, qu'il se laissa dompter par la liqueur de Noé et se trouva bientôt dans la gloire de Bacchus. Il se déshabille au milieu de zigzags et se couche à côté de sa femme qui dissimulait sa joie et étouffait son rire non sans grand empêchement.

Enfin Lucas Moreno s'endormit entre deux vins et ne tarda pas à jouir de ce sommeil que, mieux qu'aucun soporifique, sait donner le jus du pressoir. Il dormit jusqu'au matin, rêvant des enfers, du purgatoire et du ciel, pendant que ses amis les bafoueurs venaient s'informer auprès de la servante de la manière dont marchait la comédie et félicitaient le défunt d'avoir si bien pris son parti en se livrant tout entier aux traits de Bacchus.

C. DE FRANCIOSI

La suite prochainement.

MES SOUVENIRS.

Saint-Domingue.

SUITE (1).

Tandis que nous voilà casés et que nous jouissons d'aujourd'hui sans avoir à nous inquiéter de demain, je vais jeter un coup-d'œil sur la situation de la colonie et de l'armée pendant mon séjour à Saint-Domingue.

Les heureux de ce monde sont ordinairement les enfants gâtés de l'histoire. Cette Muse rarement impartiale, enregistre avec complaisance tous leurs faits et gestes, et leur bâtit souvent une grandeur factice ou tout au moins exagérée.

Mais ceux dont le succès n'a pas couronné les efforts, s'ils échappent au malheur d'un blâme immérité, tombent parfois sous le coup de l'injure non moins cruelle du silence.

C'est ainsi que cette vaillante armée, composée de l'élite de nos plus glorieuses phalanges, qu'on avait vue s'élancer avec joie du sein d'une patrie où la paix venait de rendre son courage inutile, pour aller la servir encore au-delà des mers, aussi terrible sous la zône torride que sous le ciel nébuleux de l'Allemagne, avait du premier élan, vaincu l'insurrection et réduit son chef à se rendre; puis, décimée par la fatigue, et par la fièvre jaune, mal conduite, mal gouvernée, ne se trouvant plus à la hauteur des nouveaux dangers qui renaissaient chaque jour sous ses pas, s'éteignit sans bruit, sans honneur, comme une lampe qui finit, sans que personne ait pris la peine de dire à la France comment et pourquoi trente mille de ses plus héroïques enfants, engagés dans une fatale expédition, ne revirent jamais ses rivages.

J'ai tort cependant de dire personne. Beaucoup de nos lecteurs ont vu, sans doute, dans le *Consulat et l'Empire*, ce modèle d'histoire contem-

---

(1) Voir la Revue, tome II, page 849, 875 et 828.

poraine où la plume de l'auteur ne marche qu'appuyée sur des documents authentiques, — parmi lesquels quelques erreurs peuvent s'être glissées, car ce qui est authentique n'est pas toujours vrai, — beaucoup de nos lecteurs ont vu le départ de l'expédition commandée par le général Leclerc, sa composition, son arrivée à Saint-Domingue, ses premiers triomphes, la pacification momentanée du pays, une épidémie affreuse enlevant des corps entiers et le général en chef lui-même, au moment où la guerre recommençait avec plus de furie. Mais après ce récit chaudement coloré, cette exposition habilement faite du drame qui doit suivre, l'historien baisse le rideau et se hâte de retourner en Europe où la rupture de la paix d'Amiens va donner lieu à de nouvelles complications et à d'immortels triomphes. Moi qui n'ai pas les mêmes raisons de me presser, je vais, non pas reprendre l'histoire de Saint-Domingue au point où M. Thiers l'a abandonnée, mais recueillir du moins quelques matériaux pour qui voudrait en entreprendre la continuation.

Le général Leclerc était fort aimé de ses troupes qui avaient la plus grande confiance dans sa bravoure et dans sa capacité. Sa femme, la charmante Pauline Bonaparte, sœur de Napoléon, qui devint, quelques années après, princesse Borghèse et fit l'un des plus gracieux ornements de la cour impériale, était chérie de toute l'armée pour sa bonté touchante, et l'affabilité de ses manières. Plus d'une fois on la vit recueillir dans sa voiture de simples soldats gisant sur une terre brûlante, et près de succomber à la soif où d'être frappés d'aliénation, comme cela arrivait souvent par le seul effet d'un coup de soleil sur la tête. Après la mort de son mari, qui eut lieu en novembre 1802, l'illustre veuve ne tarda pas à repartir pour la France, laissant dans la colonie des souvenirs ineffaçables et des regrets universels dont, à notre arrivée, l'expression était encore dans toutes les bouches.

Le successeur du malheureux Leclerc, dans le commandement de l'armée et le gouvernement de la colonie, fut le général Rochambeau fils. Voici le portrait que M. Thiers fait de cet officier : « Brave militaire, « aussi intelligent qu'intrépide, mais ayant contracté dans les colonies, « où il avait servi, tous les préjugés des créoles qui les habitaient, il « haïssait les mulâtres, comme faisaient les anciens colons eux-mêmes. « Il les trouvait dissolus, violents, cruels et disait qu'il aimait mieux « les noirs parce que ceux-ci étaient, selon lui, plus simples, plus sobres, « plus durs à la guerre. »

J'avoue que j'ai beaucoup de peine à concilier cette peinture avec ce que j'ai vu et su pendant mon séjour au Port-au-Prince au sujet du personnage dont il est ici question.

Sans contester son intrépidité et ses talents militaires que je n'étais pas à même de reconnaître, je dois dire qu'il inspirait peu de confiance à ses soldats et que je l'entendis souvent blâmer de l'inaction où il les laissait, sur quelques points isolés de la côte ; tandis que la révolte était maîtresse de tout l'intérieur de l'île. Nos seules opérations militaires, pendant trois mois que je servis dans sa garde, furent quelques sorties ou plutôt quelques promenades dans la campagne, le long des grandes routes, l'arme au bras et sans apercevoir un seul ennemi ; mais si de malheureux soldats, épuisés de fatigues, demeuraient en arrière de la colonne, ils voyaient bientôt sortir de chaque touffe de cactus une tête noire aux yeux étincelants, et bientôt ces démons s'élançant, le couteau à la main, accomplissaient en silence leur œuvre de destruction. Après avoir fait ainsi des battues sans résultat, nous rentrions en ville de fort mauvaise humeur et, presque toujours la nuit suivante, des bandes de nègres se présentaient au bord du retranchement dont la ville était environnée, poussant de grands cris, soufflant dans des conques marines qui rendaient les sons les plus sauvages, et tirant des coups de fusil au hasard. Alors on battait la générale, nos troupes à moitié endormies se rendaient à leurs différents postes, et l'on jetait à travers cette noire multitude un peu de mitraille pour la tenir en respect. Pendant ce temps là, nous autres musiciens, nous allions éveiller quelque vieille créole pour nous faire une soupe à l'oignon en attendant le jour, dont la seule approche suffisait pour disperser nos ennemis.

Et c'est pourtant à cette ridicule guerre qu'on employait de braves gens, dignes encore d'exploits plus sérieux !

Nous avions au Port-au-Prince deux régiments à peu près complets, sans compter les bataillons et les escadrons de la garde qui formaient une troupe superbe, composée d'hommes parfaitement acclimatés, parmi lesquels on remarquait bon nombre de mulâtres. L'uniforme de l'infanterie était bleu, avec revers, parements et passepoils blancs, le chapeau à *la Henri IV*, le pantalon bleu en petite tenue et blanc pour la grande. Les musiciens, par un goût bizarre du gouverneur, avaient le costume de dragons avec de larges galons d'or sur toutes les coutures et le pantalon de drap cramoisi, retroussé du bas comme celui des Mamelucks. Je portais encore cet uniforme à mon retour à Lille et, franchement on pouvait me prendre pour le musicien d'un dentiste. — Pardon, à cette époque, les dentistes n'étalaient pas un luxe si brillant que de nos jours.

La garnison du Cap-Français était plus forte que celle du Port-au-Prince. Les Cayes, Jacmel et quelques autres villes se trouvaient encore assez bien gardées. Les communications intérieures étaient nulles, mais ces différentes places correspondaient entre elles par mer, grâce à la protection de deux vaisseaux de ligne, le *Duquesne*, de 90 canons et le *Duguay-Trouin* de 74, de plusieurs frégates et d'une flotille de bâtiments légers. Les militaires trouvaient qu'avec toutes ces forces il était possible de se livrer à quelque entreprise sérieuse. Ils étaient honteux de se voir bloqués partout par des hordes indisciplinées, aussi lâches que féroces et incapables de tenir devant une de nos divisions. Ils faisaient remonter la responsabilité de leur inaction jusqu'au général Rochambeau lui-même. Ces vieux défenseurs de la République ne se soumettaient pas sans regret au pouvoir absolu de leur nouveau chef qui était pour eux pis qu'un roi, pis qu'un empereur, car il se donnait des airs de sultan. On l'accusait d'entretenir dans son palais — j'allais dire dans son harem — deux ou trois cents Vénus de toutes les nuances, depuis le plus bel ébène du Congo, jusqu'au blanc mat des filles de nos colons. Je ne les ai jamais comptées; mais chaque fois que notre service de musiciens nous appelait au quartier-général, on en voyait circuler un assez grand nombre. Par exemple, je puis assurer qu'elles n'étaient pas gardées par des eunuques.

Indépendamment de ce mobilier d'un style quelque peu oriental, le général en chef avait en ville une passion dont l'objet était une jeune créole d'une merveilleuse beauté. Il lui faisait des visites avec un appareil peu conforme au rigorisme d'un homme qui eût trouvé les mulâtres *trop dissolus.*

Au milieu d'un groupe de brillants officiers d'état-major, que suivait un peloton de dragons, on voyait, monté sur un magnifique cheval, un personnage gros et trapu, la tête dans les épaules, ayant autour d'un œil une grande plaque brune semblable à l'effet d'un coup de poing artistement appliqué sur la face d'un boxeur. Pour relever sa bonne mine, il portait habituellement, un vieil uniforme de simple hussard, avec des passementeries en fil d'un blanc plus que douteux. Un sabre recourbé reposant dans un fourreau de fer émaillé de taches de rouille pendait sur le flanc de sa noble monture. Ce personnage, dépourvu de grâce et de distinction, laissant percer dans ses regards soucieux les inquiétudes et les embarras d'une situation pleine de difficultés, c'était le général

Rochambeau, s'abandonnant publiquement à une liaison frivole, quand toutes ses pensées, tous ses efforts auraient dû tendre à regagner les avantages perdus, à reprendre l'offensive et à forcer les noirs, jusque dans leurs dernières retraites, comme l'avait fait le général Leclerc.

Quand le cortége arrivait chez la belle créole la musique s'y trouvait déjà. On avait soin de nous faire prendre l'avance et, cachés dans des bosquets de citronniers, au milieu des suaves odeurs de mille plantes rares, nous mêlions à ces délicieuses émanations nos plus douces harmonies. Les instruments en *ut* et en *fa*, alors en usage dans toute l'armée, eussent été trop belliqueux; nous avions pour ces occasions où il fallait éloigner toute idée guerrière et assoupir le sentiment du devoir, des clarinettes en *la* et en *ré* avec un choix de morceaux faits pour n'inspirer que de molles langueurs. On eût pu se croire dans les jardins d'Armide. Seulement notre général n'était pas aussi beau que Renaud.

Et pendant que nous jouions ainsi un rôle accessoire dans des scènes d'amour où de braves militaires servaient de comparses, on lançait dans les bois de grands chiens sauvages tirés de la partie espagnole de Saint-Domingue et dressés à la chasse des noirs qu'ils dévoraient quand ils pouvaient les atteindre. On appelait cela faire la guerre!

Je n'ai jamais vu de près nos ennemis; mais voici ce qu'on en disait dans le public:

Dessalines, nègre aussi perfide que cruel, possédant au plus haut degré l'astuce et la ruse à défaut de talents militaires, était excellent pour diriger une guerre d'embûches et de surprises et détruire des détachements isolés. Ses troupes, répandues dans la partie occidentale et dans le sud de l'île, n'auraient pu tenir en rase campagne; mais, grâce à l'extension de pouvoir que notre faiblesse lui avait laissé prendre, il était considéré comme le principal chef de l'insurrection. On citait de lui une foule de traits de férocité qui avaient répandu la terreur de son nom jusque parmi ses soldats. La moindre désobéissance était punie de mort; les prisonniers périssaient tous dans les plus affreuses tortures.

Christophe, meilleur soldat et moins barbare, s'entendait parfois avec Dessalines, mais ne lui obéissait pas. Il commandait dans les environs du Cap. Une ambition effrénée lui avait mis les armes à la main. Il visait et il parvint plus tard à une souveraineté despotique. C'était le premier qu'il eût fallu abattre et on le pouvait en lui faisant une guerre régulière.

Il y avait d'autres chefs moins connus et dont je ne saurais rien dire.

Je vis cependant au Port-au-Prince le général Laplume, vieux nègre,

alliant le courage à l'humanité et la loyauté à la finesse. Il s'était soumis
un des premiers à l'arrivée des Français et leur avait gardé, même dans
leurs revers, une fidélité inébranlable; mais trop clairvoyant, pour ne
pas apercevoir l'orage prêt à fondre sur nous, il vint au quartier-général
demander l'autorisation de se retirer en France. Rochambeau lui fit fort
bon accueil, en lui disant toutefois qu'il avait un trop grand besoin de
ses services pour le laisser partir. « Couleur à moi pas bonne, répondit
« le noir en hochant la tête, bons blancs aimer moi aujourd'hui; mais
« demain, eux penser que le vieux Laplume est un traître. » Il fit tant
d'instances qu'on lui permit de s'embarquer, fort heureusement pour lui.

Tout le monde n'avait pas la même prévoyance et, à l'exemple du
général en chef, chacun songeait peu aux affaires et beaucoup aux
plaisirs. Il y avait au Port-au-Prince un théâtre dont il fallait souvent
renouveler le personnel, car la fièvre jaune n'épargnait pas plus les comé-
diens que les soldats. Il était arrivé de France, peu de temps avant nous,
une troupe d'acteurs et, suivant l'usage reçu aux colonies, les anciens,
pour fêter la bienvenue des nouveaux débarqués, leur avaient offert un
banquet d'artistes. Au dessert, où l'on ne pouvait s'empêcher de parler
de l'épidémie régnante, l'un des invités, excité par le vin, eut la malheureuse idée de porter un toast au fossoyeur et de jeter sur la table un
écu de trois livres en forme de gratification. Chacun des nouveaux
arrivés suivit en riant cet exemple; mais, trois jours après, disait-on,
le fossoyeur avait gagné son argent; tous les auteurs de cette bravade
impie était couchés dans le cimetière.

Malgré cette légende funèbre, on jouait l'opéra deux fois par semaine
et le spectale était fort suivi. Parmi beaucoup de pièces que j'y ai vu
représenter, je ne me souviens guère que de *Richard Cœur-de-Lion*, du
Marquis de Tulipano et de la *Rosière de Salency*. Ce qui me paraissait
fort original, c'est que tous les choristes, hommes et femmes, étaient
noirs ou mulâtres.

La population du Port-au-Prince offrait aussi, un mélange des deux
races noire et blanche et une grande variété de métis plus ou moins
foncés. Le commerce de cette ville était encore actif, parce que d'immenses richesses s'y trouvaient accumulées et que la franchise du port
établie par Toussaint-Louverture avait été maintenue. Toutes les denrées
d'Europe étaient hors de prix; mais les bénéfices et les salaires leur
étaient encore supérieurs. On ne voyait pas de monnaie de billon; tout
se payait en or ou en argent d'Espagne et il n'y avait pas d'unités infé-

rieures à vingt-cinq centimes. La première fois que j'eus quelques pièces blanches dans ma poche, je demandai le prix d'une superbe orange : — « Cinq sous me répondit la marchande. — C'est bien cher lui dis-je, « et deux oranges ? — Cinq sous, — et six oranges ? — Cinq sous. Toi « pas pouvé donner moins, » ajouta la négresse, en montrant deux rangées de dents d'une blancheur éblouissante. — « Ho ! bien alors, « donnez-m'en le plus possible pour mes cinq sous ! m'écriai-je tout joyeux.

Tous les noirs demeurés dans la ville étaient libres et se livraient à divers métiers ou bien se faisaient domestiques. Il en venait aussi tous les jours de la campagne pour apporter au marché des fruits et des légumes, ce qui prouve que le blocus n'était pas très-rigoureux. Les uns et les autres se montraient fort attachés aux pratiques du catholicisme, aussi, pour les maintenir dans notre parti, faisait-on, presque toutes les semaines, une procession générale où les blancs et les hommes de couleur étaient mêlés, ce qui causait à ceux-ci une grande satisfaction. On voyait dans ces solennités mille à douze cents négrillons rangés sur deux lignes ; les garçons en soutanes rouges, les filles en robes blanches ; mais tous pieds nus. C'était un spectacle à la fois imposant et bizarre. Il est bien entendu que ces costumes appartenaient à l'église et qu'après la cérémonie, tous ces enfants retournaient à leurs jeux, à peu de chose près, comme s'ils venaient de sortir des mains de la nature.

Les nègres ainsi admis dans le courant de nos relations sociales se montraient, en général, bons et serviables ; les femmes, surtout, à part les motifs particuliers qu'elles avaient de s'attacher aux Français, faisaient souvent preuve, auprès des malades, d'un dévouement sans bornes et désintéressé. J'eus lieu, un jour, de me ressentir de l'affection maternelle qu'elles portaient aux enfants, même à ceux qui n'étaient pas de leur couleur. Je faisais, je ne sais plus pourquoi, une course assez longue en plein soleil. Haletant, mourant de soif, j'aperçois une fontaine. Je me précipite vers cette eau et dans mon impatience d'éteindre le feu qui dévore ma poitrine, je plonge, à défaut de vase, ma casquette dans le bassin de la fontaine, puis je la porte à mes lèvres. Aussitôt des négresses qui venaient remplir le baril qu'elles devaient ensuite porter sur leur tête, de maison en maison, m'arrachent la casquette des mains en criant : « Petit blanc ! si toi boire, toi mourir ! » Alors, l'une d'elles me mit à la bouche un citron vert et j'échappai ainsi à un danger qui m'eût coûté la vie.

De cette bonté instinctive dont on voyait souvent des exemples, les hommes sensés auguraient qu'il n'eût pas été fort difficile de pacifier la colonie. Les grands propriétaires étaient tous réfugiés en France. La plupart de leurs agents subalternes, régisseurs, commandeurs et autres dont les cruautés avaient été le prétexte de la révolte, étaient tombés sous le fer des esclaves devenus libres. Il fallait renvoyer du pays ceux qui restaient, afin de faire cesser des vengeances que leur vue irritait, détruire, ce qui était facile sous un gouvernement militaire, le préjugé qui assimilait les hommes de couleur à des affranchis ; attirer à soi les mulâtres en leur accordant beaucoup de confiance. Ceux-ci étaient encore affectionnés à la France républicaine. Beaucoup d'entr'eux avaient acquis de la fortune dans le commerce et possédaient un certain degré d'instruction qui manquait le plus souvent à des Européens de bas étage venus aux Antilles pour s'enrichir. Les mulâtres étaient vains, orgueilleux ; c'est vrai, mais leurs défauts mêmes en faisaient les ennemis naturels des noirs. Au Port-au-Prince on avait assez bien compris les avantages de la fusion, et les distinctions de couleur y avaient conservé moins de force que dans le reste de l'île ; mais au Cap, siége de l'ancienne aristocratie coloniale , l'opinion classait toujours ainsi les rangs : Blancs, hommes de couleur, noirs.

Parmi les insurgés, le préjugé contraire dominait. On plaçait les noirs au-dessus des hommes de couleur et on excluait les blancs.

Les mulâtres étant ainsi rejetés au second degré dans les deux partis, le plus simple bon sens disait que, pour les avoir avec nous, il fallait abaisser toutes les barrières, accueillir dans nos rangs ces hommes qui, après tout, nous valaient bien, leur reconnaître l'égalité des droits à l'avancement militaire et aux emplois civils; ils se fussent battus pour nous comme des lions. Malgré le bon sens, malgré la saine politique, malgré la justice et les lois elles-mêmes, le système opposé prévalut, et voici ce qui arriva :

Ici, je ne parle plus comme témoin ; car les choses n'avaient pas encore changé de face lors de mon départ de Saint-Domingue. Seulement, le général en chef, pour des motifs que le public n'a pas connus, venait de porter de nouveau, son quartier-général au Cap français. Je fis encore ce voyage avec la garde, à bord du *Duguay-Trouin*, et restai huit jours dans cette ville avant de me rembarquer pour la France comme je le dirai dans le chapitre suivant.

Des bruits vagues ayant couru d'un renouvellement d'hostilités avec l'Angleterre, de navires français capturés sans déclaration de guerre préalable, peut-être fut-ce pour s'assurer la possession du Cap, qui était plus facile à défendre que le Port-au-Prince, que Rochambeau retourna dans la première de ces deux villes. Malheureusement il consomma par cette mesure fatale la sission des blancs et des mulâtres. Ceux-ci, plus nombreux dans l'Ouest que partout ailleurs, se rangèrent du parti de Dessalines et ce rusé noir, renforcé par eux, ne craignit plus d'attaquer le Port-au-Prince dont la garnison, quoique considérablement affaiblie, se défendit bravement derrière un simple retranchement en terre avec un fossé sans eau.

Au Cap, les Français luttèrent contre l'armée noire de Christophe avec leur courage ordinaire. Combien de temps cela dura-t-il? Quels furent les faits d'armes qui prolongèrent la défense et l'eussent illustrée sans doute? C'est ce que je n'ai pu savoir, l'histoire ne les a point recueillis. La catastrophe seule a retenti en Europe et le bruit s'en est effacé aussitôt, de même qu'une pierre en tombant dans un fleuve forme à la surface un petit cercle qui s'étend, s'amincit et disparaît.

Cette horrible catastrophe la voici:

Une escadre anglaise étant venue bloquer par mer les ports que l'insurrection assiégeait sans succès, le général en chef fut réduit à capituler et se rendit aux Anglais avec ses troupes. Les habitants blancs demandaient par pitié qu'on les reçut aussi sur les vaisseaux britanniques; mais avant que l'embarquement fût terminé, les nègres de Christophe pénétrèrent dans la ville et y firent un affreux massacre. Les mêmes faits se reproduisirent ailleurs; des torrents de sang furent répandus et bientôt il ne resta plus un seul blanc dans la partie française de cette île autrefois si florissante et devenue si infortunée.

Quant à ceux qui avaient cru trouver un asile sous le pavillon anglais, leur mort ne fut que retardée et rendue plus douloureuse, car ils furent conduits en Europe et ensevelis dans les pontons. LES PONTONS! Ce nom en dit assez; il forme à lui seul tout un sinistre tableau. C'est l'oraison funèbre des débris de l'armée de Saint-Domingue!

BRUN-LAVAINNE

La suite prochainement.

HISTOIRE.

Notes sur la Crimée, il y a un siècle.

(Extrait des Mémoires du baron de Tott).

C'est un bonheur bien vif pour quiconque s'occupe de littérature et de recherches historiques de tomber sur un livre devenu presque ignoré. Combien ont dû en puisant, à ces sources perdues, de l'intérêt de tel et tel roman, de tel et tel récit ?

Il nous est arrivé la semaine dernière, grâce à l'obligeance d'un ami, — qu'il veuille bien nous permettre de le nommer ainsi, — de feuilleter un livre fort intéressant, imprimé à Amsterdam, en 1785, et dans lequel le baron de Tott a consigné le résultat de ses observations sur les Turcs et les Tartares. Nous avons cru qu'il serait agréable aux lecteurs de la *Revue* d'en trouver ici quelques extraits et notamment ceux qui traitent de la Crimée.

M. de Tott accompagna M. de Vergennes, envoyé en mission à Constantinople, en 1755 ; il était chargé d'apprendre la langue et de s'instruire sur les mœurs et le gouvernement des Turcs.

Le style de M. de Tott est extrêmement attachant; il a vu en moraliste qui a pris pour texte spécial de rechercher les résultats du *despotisme* et du *fanatisme*. Il conte l'anecdote à ravir et ses réflexions, parfois de la plus méchante bonhomie, donnent un cachet particulier à ses écrits.

Dans la première partie de ses mémoires qu'il termine par cette phrase d'une piquante naïveté : « Je partis de Constantinople en 1763, pour venir en France avertir le Ministère que je perdrais mon temps et le Roi son argent si l'on ne m'employait pas à quelque chose de plus utile, » dans cette première partie, disons-nous, le baron de Tott raconte son séjour à Constantinople. Nous ne voulons point céder à l'envie de reproduire les pages émouvantes où il raconte un terrible incendie, la peste à Constantinople, et ses remarques sur le caractère et les mœurs.

On y lit, à propos des arbres qui se rencontrent dans l'intérieur même des palais : « Tous les arbres d'un terrain y sont conservés, de quelque manière qu'ils soient placés, ils règlent communément le dessin des bâtiments, et cela sans doute, parce que si dans un climat chaud, l'ombrage des grands arbres est nécessaire, sous un gouvernement despotique, il faut jouir de ceux qu'on trouve, on n'a pas le temps de les voir croître. »

Ou encore, en parlant des dogmes du Coran : « Cependant un Turc ayant tué un Chrétien d'un violent coup de bâton sur le crâne, le juge après s'être fait représenter l'instrument du meurtrier, et avoir bien et dûment vérifié la qualité du bois dont était fait le bâton, prononça qu'elle était trop légère pour que le chrétien fût mort du coup sans une volonté directe de la Providence, à laquelle il n'appartenait pas aux hommes de s'opposer. »

Qui eût pensé à cette circonstance atténuante?

Nous arrivons à la seconde partie. Le bon baron est modeste autant que possible. « Le ministère qui avait des vues sur moi, venait d'être changé en France. Un nom étranger, nul appui, huit ans d'absence passés à Constantinople, rien de tout cela ne me promettait de grands succès à Versailles ...

Enfin il obtint d'être envoyé pour résider au près du Khan des Tartares.

M. de Tott eût lui aussi à faire son passage du Pruth. Le bâton, dont se servait, au grand regret du baron, Ali-Aga, son Nikmandar ou conducteur, fit merveille sur le dos autant que sur l'esprit des Moldaves.

Rien n'est curieux comme les conversations où se met en scène le baron avec un Moldave et Ali Aga. Nous les passons pour en venir à Orcapi (Pérécop). Nous copions :

« J'employai le reste de la journée à visiter les lignes d'Orcapi. Aucun tableau de ce genre n'est plus imposant; mais à cela près que cet ouvrage est un peu gigantesque, je n'en connais point où l'art ait mieux secondé la nature. On peut aussi garantir la solidité de ce retranchement. Il coupe l'isthme sur trois quarts de lieue d'étendue; deux mers lui servent d'épaulement; il domine d'environ quarante pieds sur la plaine inférieure et il résistera longtemps à l'ignorance qui néglige tout. Rien n'indique l'époque de sa construction; mais tout assure qu'elle est antérieure aux Tartares, ou que ceux-ci étaient jadis plus instruits qu'ils ne le sont à présent. Il n'est pas moins évident que si ces lignes étaient palissadées en fausse braye, ainsi que les redoutes qui les coupent, et garnies d'artillerie, et surtout d'obus, elles assureraient la libre possession de la Crimée contre une armée de cent mille hommes. En effet une pareille armée ne pouvant prendre ces lignes d'assaut, serait bientôt réduite par le manque d'eau à chercher son salut dans la retraite. Ce n'est aussi qu'en passant un petit bras de mer marécageux pour gagner la tête d'une langue de terre très-étroite qui prolonge parallèlement la côte orientale de la Crimée, que les Russes y ont pénétré dans la dernière guerre. Cette route avait déjà été tentée avec succès dans les campagnes de 1736 et 1737 par le général Munick; mais cela n'a point inspiré aux Tartares le désir et les moyens de se garantir désormais d'un pareil malheur en défendant la naissance de cette langue de terre, où la moindre résistance aurait suffi pour arrêter leurs ennemis.

« En partant d'Orcapi, j'observai que le chemin sur lequel nous roulions était couvert d'une croûte blanchâtre occasionnée par le transport des sels que les Tartares vendent aux Russes. Les salines d'Orcapi, réunies au domaine du souverain, sont affermées à des Arméniens ou à des Juifs, et ces deux nations également commerçantes et toujours en rivalité, favorisent le fisc par leurs mutuelles enchères. Ils sont assez maladroits dans l'administration de leurs concessions, et leur avidité est toujours la dupe de leur ignorance.

. . . .

« Après avoir dépassé le site des Salines, nous nous trouvâmes au milieu d'une culture plus fertile que soignée, et nombre de villages épars dans la plaine, nous offrirent un coup-d'œil d'autant plus intéressant, qu'il y avait longtemps que nous n'en avions joui. Nous arrivâmes vers le soir dans une habitation située au fond d'un village, où quelques rochers nous annonçaient un nouveau sol. Nous aperçumes en effet le lendemain, un terrain montueux, que nous parcourûmes durant toute la matinée. Il fallut à midi enrayer les quatre roues de ma voiture pour la descendre par un chemin taillé dans le roc et très-étroit, qui me conduisit à Bactehseray. J'arrivai dans cette ville d'assez bonne heure pour apercevoir dans le plus grand détail toutes les commodités auxquelles il me fallait désormais renoncer.

. . . .

« La première observation qui se présente en Crimée, est l'uniformité d'un lit de rochers, qui y couronnent toutes les montagnes sur le même niveau. Ces rochers, extérieurement à pic, sur plus ou moins d'épaisseur, offrent les traces les plus certaines du travail des eaux ; l'on y distingue partout le caractère de ceux qui sont actuellement exposés aux efforts de la mer et ils sont encore semés d'huîtres fossiles apparentes, mais tellement enveloppeés, que l'on ne peut s'en procurer qu'en les détachant avec le ciseau.

. . . .

« J'ajouterai que la côte septentrionale de la mer Noire est aujourd'hui dépourvue d'huîtres et qu'il n'y en a que de la petite espèce dans la partie méridionale de cette mer. »

C. DE FRANCIOSI.

La suite au prochain numéro.

SCIENCES.

Application de la lumière électrique à la microscopie.

Il existe sous nos yeux tout un monde que nous n'apercevons pas, monde infiniment petit qui s'agite, se transforme sans cesse, monde que nous ne pouvons voir qu'à l'aide d'instruments grossissant les objets des milliers de fois. L'appareil dont le pouvoir amplifiant est le plus considérable, l'emploi le plus commode pour étudier la nature dans ses détails intimes, est le microscope solaire que l'on peut appeler maintenant avec raison *microscope électrique*, car c'est, en effet, avec la lumière électrique plus fréquemment qu'avec celle du soleil qu'on éclaire les corps soumis à l'observation. Par ce moyen on peut voir des centaines d'animalcules dans une goutte d'eau croupissante, des anguilles dans la pâte fermentée ou dans le vinaigre.

Les insectes ou portions d'insectes y sont vus avec des proportions colossales : Une patte de mouche commune, par exemple, paraît grosse comme celle d'un tigre, velue et armée d'un ongle formidable, ses ailes ressemblent à une toile à large tissu et se développent comme des portes cochères; quant à l'animal, si l'on pouvait l'y voir tout entier, il serait de la taille d'un bœuf. Une puce y paraît monstrueuse, on prendrait ses griffes pour les serres d'un aigle. La trompe d'un papillon est d'une longueur démesurée et rivalise avec celle de l'éléphant. La tête d'une libellule (appelée vulgairement demoiselle) fait frémir d'horreur.

Les annales du pays rapportent qu'à certaines époques plusieurs villes de France ont été menacées de destruction par l'invasion occulte d'une armée d'êtres infiniment petits ; armée invisible, fuyant le grand jour (1), redoutable par le nombre de ses soldats, terrible dans ses effets, sapant les édifices dans leurs fondations, renversant tout sur son passage et sortant des ruines plus forte que jamais ; armée inattaquable par les moyens ordinaires. A cet ennemi d'un nouveau genre, il fallait opposer un nouvel adversaire. On fit appel à la chimie qui arriva bientôt avec ses poisons et fit prompte justice des envahisseurs que le microscope électrique nous montre armés de pied en cap comme de vrais mineurs.

On rencontre à la surface du globe des montagnes entières formées de débris d'animaux microscopiques. Une pincée de cette poussière contient des millions d'individus (2).

Avec les pouvoirs amplifiants de l'appareil en question on peut examiner les détails de forme, mesurer la petitesse de ces êtres qui occupent le bas de l'échelle animale, de ces *infusoires* qui naissent, croissent, se reproduisent et meurent en quelques instants. Lorsqu'il faut concevoir qu'ils ont des appétits, des instincts, des organes de locomotion, de digestion, de circulation, on reste anéanti devant cet infiniment petit comme on l'est en face de l'infiniment grand dans la profondeur des cieux ; on est saisi d'admiration pour tous ces chefs-d'œuvre de la création ; on comprend l'enthousiasme du naturaliste poète (Linnée) qui s'écriait, à la vue de tant de merveilles :

« Je viens de voir, par derrière, passer le Dieu éternel, tout sachant,
« tout puissant, et je suis resté dans la stupeur... *Deum æternum, om -*
« *niscium, omnipotentem, a tergo transeuntem vidi et obstupui.* »

(1) Les Termites lucifuges, dont les larves jouent le rôle d'ouvrières et ressemblent à des fourmis de taille moyenne. Ils habitent les régions tempérées des deux continents. Dans plusieurs ports de mer de la France, notamment à la Rochelle, à Rochefort et à Saintes, les bois de marine, les charpentes des édifices, les meubles, les portes, les fenêtres, les arbres vivants, les plantes annuelles même ont été attaqués par le Termite qui ne respecte que la couche extérieure (mince comme deux feuilles de papier) des objets qu'il attaque à l'intérieur au point de les réduire en poussière. On a vu des maisons s'écrouler par suite des ravages causés par ce terrible insecte. On n'était plus en sûreté chez soi ; en ouvrant une porte elle tombait quelquefois en lambeaux. Dans l'une des villes que nous venons de citer, à La Rochelle, je crois, on voulut un jour rechercher dans les papiers et parchemins de la mairie, l'époque à laquelle avait déjà paru ce terrible visiteur ; mais grande fut la surprise quand on trouva ces mêmes pièces justificatives mangées presque en totalité par le même Termite.

(2) « Le Gaillonella distans, constitue la presque totalité du tripoli de Bilin en Bohème. »

(*Physique* de Pouillet, t. II, p. 831).

C'est encore avec le microscope électrique qu'on peut estimer à près d'un million le nombre des globules contenus dans une goutte de sang suspendue à la pointe d'une aiguille ; qu'on mesure l'épaisseur d'un fil de soie qui n'est pas la millième partie d'un millimètre ; qu'on observe distinctement la circulation de la sève et du sang dans les plantes et les animaux assez transparents pour se laisser traverser par la lumière, tels sont le chara et le têtard.

Citons un dernier exemple, car on pourrait les multiplier à plaisir, tant est vaste ici le champ des investigations. Sur la tête d'une araignée ordinaire on voit cinq petites masses percées de près de mille ouvertures, de chacune desquelles part un fil ; ce sont ces cinq mille brins qui réunis forment le fil unique auquel se suspend l'animal. Concevez maintenant des araignées cent fois, mille fois plus petites (il y en a de microscopiques), et vous aurez une idée de la divisibilité de la matière.

La poussière des ailes de papillons, les écailles de poissons, les tissus des végétaux et des animaux, les cheveux, la peau, les nerfs, les dents, les poumons, le lait, les feuilles, les fleurs, les fruits, les graines, l'écorce et les racines, les grains de fécule, les cryptogames et les larves qui causent les maladies de la pomme de terre et de la vigne ; la muscardine qui fait tant de ravage dans les vers à soie et une foule d'autres parasites offrent des sujets d'observation aussi attrayants que variés.

Un autre champ ouvert à la curiosité par la lumière électrique, sont les phénomènes de la cristallisation. Des centaines de personnes peuvent assister simultanément à la mystérieuse transformation des liquides en solides d'une régularité géométrique et pour ainsi dire à la création de cette merveilleuse architecture primitive.

Une couche mince de dissolution saline est déposée entre deux lames de verre placées entre deux lentilles. La chaleur due à la lumière électrique fait évaporer le liquide et l'on voit apparaître aussitôt à l'état naissant des milliers de points à forme indécise qui deviennent de petits polyèdres à facettes miroitantes et augmentent promptement de volume. Ces cristaux infiniments petits s'attirent par leurs extrémités les plus rapprochées ; bientôt ils se meuvent avec plus de vitesse puis semblent se précipiter les uns sur les autres. On voit alors la cristallisation courir çà et là sur une large surface, monter, descendre, rayonner instantanément dans vingt directions différentes, faire pulluler les cristaux comme par enchantement, pousser ici des embranchements soudains, là, des arborisations les plus accidentées et couvrir d'un capricieux réseau de diamants tout un pan de muraille où l'on a projeté le cercle de la lumière électrique. Quand l'effet est produit, l'équilibre établi, on distingue des formes symétriques et capricieuses à la fois, figures analogues à celles que nous observons dans l'eau glacée sur les vitres de nos croisées ; mais avec la variété que chaque substance apporte dans la couleur, la disposition, la grosseur des cristaux.

Ainsi, le sulfate de fer présente de grandes arborescences ; l'acétate de cuivre des cristaux de belle couleur verte ; le sel ammoniac offre la disposition de petites croix ; le prussiate de potasse de belles et nombreuses cristallisations.

D'autres sels présentent les jeux de lumière les plus variés et les plus intéressants ; par exemple, les iodures de mercure et de plomb, le succinate de cuivre et d'ammoniac, l'oxalate de chrôme et de potasse, etc.

En général, dans les expériences d'optique, la lumière électrique est employée pour remplacer la lumière solaire, fonction qu'elle remplit à merveille et avec plus d'un avantage sur l'astre radieux. D'abord, l'expérimentateur peut se la procurer en tout lieu, à toute époque de l'année, à toute heure du jour et de la nuit ; il peut en régler à volonté l'intensité, la durée et la direction, et surtout en établir la fixité, chose précieuse qu'on ne peut obtenir du soleil qu'à l'aide d'un instrument très-dispendieux, très-compliqué, difficile à orienter , l'héliostat, dont tient parfaitement lieu le régulateur électrique. Grâce à cette dernière invention, les auditeurs des cours publics de physique peuvent jouir en toute saison des admirables effets de la lumière réfléchie, réfractée ou polarisée.

Désormais, le savant pourra, en tout temps, se livrer à ses recherches, poursuivre ses études sans être à la merci d'un pâle rayon de soleil qu'il est obligé d'épier au passage et qui lui fait défaut au moment le plus intéressant d'une expérience.

C. DECHARMES.

Professeur de sciences physiques et naturelles au Lycée impérial d'Amiens.

POÉSIE

HISTOIRE DE LA MAROTTE.

On m'a conté que Momus dans l'ivresse,
Voulant un jour divertir les humains,
Laissa tomber sur le sol de la Grèce
Une marotte, ornement de ses mains.
Anacréon, au luth doux et facile,
La ramassa dans son riant enclos :
Entre Glycère et le jeune Bathyle,
Ce gai vieillard agita ses grelots.

Le peuple-roi dans la molle Jonie,
Enleva tout : Dieux! plaisirs , liberté!
Cette marotte, alors, à l'Italie
Donna bientôt l'élan de la gaîté.
De Romulus la rude et forte race
Se poliça, tint de joyeux propos :
Et dans Tibur notre élégant *Horace*,
Fit ses beaux vers , aux doux sons des grelots.

Brennus, dit-on, avait l'humeur falotte,
Ce conquérant brilla par ses exploits :
Il apporta la vigne et la marotte,
Pour dérider les austères Gaulois.
La vigne plut, et provoqua le rire;
Mais la marotte obtint peu de bravos....
Puis *Basselin*, longtemps après, dans Vire,
Sut réveiller ses délirants grelots.

Quand Richelieu, d'un roi faisant l'office,
Tenait courbés les porteurs de blasons,
Dans son palais, aux muses si propice,
Il relevait un faiseur de chansons;
De la marotte on connut l'influence;
Elle égaya les plus graves travaux :
Le *Menuisier* auprès de l'*Éminence*,
Faisait, parfois, entendre ses grelots.

Au cabaret du tavernier Landelle,
Quel gai trio fait entendre sa voix?
Du vieux *caveau* c'est la troupe fidèle,
Fêtant Momus en disciples grivois!
Là, le couplet devenait l'anti-dote
Des vers musqués, du mauvais goût, des sots;
De main en main circulait la marotte :
C'était le temps où brillaient ses grelots!

Pour effacer une époque fatale,
Des sons joyeux succèdent au beffroi,
Et *Désaugiers* au Rocher de Cancale,
De la chanson est proclamé le roi!...
Hélas! il meurt! notre gaîté succombe :
Elle n'a plus que de faibles échos;
Et la marotte oisive sur sa tombe,
Voit dispersés chacun de ses grelots.

Mais, qu'ai-je dit?... La gaîté dans la France
Est une fleur qui ne périra pas;
Par nos travaux, conservons l'espérance,
Qu'on la verra briller dans nos repas.
Contre l'ennui que la verve complote,
A bien fronder que nos chants soient dispos;
Du gai Momus relevons la marotte
Et rassemblons parmi nous ses grelots.

JUSTIN CABASSOL.

BULLETIN DE LA QUINZAINE.

Nouvelles artistiques et littéraires.

Aux lecteurs de la REVUE DU NORD.

Vous avez vu, chers lecteurs, que l'on a voulu remettre en mes mains le soin de vous tenir au courant de ce qui se passe dans le monde artistique. J'ai peur que mes collaborateurs n'aient été trop indulgents à mon égard, faites en sorte qu'ils n'aient pas de déception ; venez à mon aide.

Pour cela, je réclame de vous deux choses : Les avis si je m'égare, d'abord ; les renseignements que chacun peut recueillir, ensuite. Il faut, pour faire une œuvre de conscience, que tous vous veniez joindre votre butin au mien, vous me renseignerez, vous me direz : Il y a ceci et cela à voir, à entendre, à lire. Que rien ne nous échappe, nous tâcherons de parler de tout : Littérature légère et sérieuse, Peinture, Musique, Sciences naturelles, que sais-je encore. Je voudrais n'être que le signataire, le metteur en page, pour parler le langage usuel du métier.

Maintenant, permettez-moi encore ceci, que le Bulletin soit une causerie. On dit que cet art charmant si bien connu, si bien pratiqué autrefois en France, n'existe plus, ou du moins qu'il se perd de jour en jour. Relevons-le, si nous pouvons. Et puis, dans la causerie, que de choses on se permet et que repousserait une forme plus didactique ! Est-ce que le papillon volant de fleurs en fleurs, ne va pas un peu au gré du zéphir et au gré de son caprice ? Fi de la ligne droite, Hogarth a fait depuis longtemps sa croisade contre elle. Et vive la ligne courbe.

Aujourd'hui, bornons-nous à une simple entrée en matière; aussi bien n'ai-je que peu de documents à vous apporter. La prochaine fois nous serons plus riches.

Les nouvelles théâtrales sont celles qui nous viennent en plus grand nombre. Ce monstre dévorant, qu'on nomme le public parisien fait la consommation la plus effrénée qui se puisse voir d'auteurs, de pièces, d'acteurs et de chanteurs. Les auteurs, les pièces, on remplace ce qui est usé ; mais les acteurs, c'est tout autrement difficile et c'est bien pis encore quand il s'agit de chanteurs, de ténors surtout. Le Conservatoire vient de faire deux magnifiques découvertes en ce genre. L'une des voix arrive en ligne directe de la cité même des troubadours, de la ville de Clémence Isaure, de Toulouse : c'est de bon augure. Le *sujet* a fait sa première éducation au Conservatoire du pays natal. On dit sa voix d'une beauté, d'une puissance et d'une étendue rares.

Tant mieux que cette voix soit puissante, car maintenant les chanteurs ont fort affaire pour ne pas se laisser écraser par l'orchestre. La nombreuse famille des *Sax* est terrible et comme si cela ne suffisait pas, imaginez-vous qu'en décembre de l'an de grâce 1851 on prépare aux Italiens *trois cloches* et *dix enclumes*, le tout sans préjudice des cuivres et des timbales, pour *Il Trovatore* del signor Verdi.

Les habitants du quartier s'effraient à juste titre de préparatifs si menaçants, on parle vaguement d'enquête à faire *de commodo vel incommodo*.

Le maëstro ne trouverait-il pas opportun de captiver le public par un peu plus de mélodie et moins d'assourdissement.

Après avoir pleuré sur toutes sortes d'infortunes, y compris les siennes, le théâtre Italien a voulu rire à pleine gorge en donnant *Le Tre Nozze*. La musique d'Alary est des plus amusantes, des plus vives, riche en motifs heureux, facile, chantante, remplie de verve et d'entrain. Le libretto est d'une bouffonnerie sans pareille ; il a été écrit, il y a trois ans, par Berettanni qui ayant été lui-même chanteur et comédien distingué, a une grande habitude des choses du théâtre.

En fait de bouffonneries, une compagnie *ad hoc* vient d'être inspirée d'un de ses meilleurs lutins, en écrivant *la Bonne Sanglante*, de MM. Varin et Dupin. C'est la parodie de la *Nonne Sanglante* de Gounod, une impitoyable charge des grands chanteurs et qui par conséquent ne peut avoir tout son sel qu'à Paris même.

A côté du succès de rire fou des *Variétés*, vient se placer celui du *Palais-Royal*. Il se nomme : *La mort du Pêcheur*, de MM. Lafargue et Féraudin. Rien qu'à l'accentuation, vous avez reconnu qu'il s'agit ici de cet être amphibie qui est à une extrémité d'un bâton à l'autre bout duquel se prend quelquefois une ablette. Le public qui aime à rire va là oublier la neige qui noircit les chaussées — c'est sa propriété dans toutes les villes — l'enchérissement des denrées et les éboulements de maison.

De plus MM. Luchet et Desbrords, d'une part, M. Paul Féval, de l'autre, ont commis deux gros drames. Nous sommes gens de trop bonne compagnie pour vous parler plus longuement de cette littérature noire.

Je me hâte de mentionner les répétitions de : *Le Chien du Jardinier*, de Grisar ; *Miss Faurelle*, de Massé ; *Le Muletier de Castille* (pourquoi pas de Séville ?), opéra comique, en trois actes, d'Adam ; *Les Vêpres Siciliennes*, de MM. Scribe et Verdi, et ces dernières répétitions se font sous l'œil du maître qui tient le piano.

De la musique à la peinture, il n'y a qu'un pas.

M. Ingres admet en ce moment dans son atelier ses amis les artistes et les amateurs, pour voir le dernier tableau qu'il vient de terminer, *Jeanne d'Arc à Reims*. La jeune héroïne, armée de pied en cap, tenant l'oriflamme à la main, est près de l'autel assistant au sacre de Charles VII. Cette figure qui forme à elle seule le sujet du tableau, est accompagnée d'un aumônier et de pages qui se perdent dans le fond et laissent briller le principal personnage de tout son éclat. Dans cet ouvrage on retrouve l'élévation de pensées et cette fermeté d'exécution qui distinguent le talent de M. Ingres. Près de cette toile on voit encore une belle répétition de la *Vierge à l'hostie*, à laquelle l'artiste a fait quelques modifications·

puis les portraits de M.ᵐᵉ la duchesse de Broglie, de M.ᵐᵉ Moilenier et du sculpteur florentin Bartolini. Le tableau de *Jeanne d'Arc* et ces trois beaux portraits forment une exposition faite pour satisfaire pleinement les amateurs du génie de M. Ingres.

On travaille en ce moment, pour l'exposition universelle, à la confection de cent exemplaires de l'*Imitation de Jésus-Christ* qui seront de vrais chefs-d'œuvre d'art et coûteront plus que bien des manuscrits ou des Elzévirs, 1500 fr. l'exemplaire feront une somme rondelette de 150,000 fr Qui achètera ces volumes ?

Pour terminer par un bout de littérature et par quelque chose de plus local, j'ai deux mots à dire d'une brochure, une feuille in-8°, de M.Ch. de Linas, un de nos bons amis, à qui nous demanderons des articles d'histoire.

La brochure dont je veux parler est une notice sur la vie et les écrits d'Antoine de Beaulaincourt, roi d'armes de la Toison-d'Or, 1550 – 1561. Ce travail a été fait avec le soin scrupuleux qui distingue les trop rares productions de M. de Linas, il est remarquable surtout par la justesse des critiques.

A bientôt la publication, par le même auteur, des résultats de la mission historique dont l'avait chargé, il y a un an, le gouvernement.

P. S. Une ancienne connaissance nous revient, M. Albert Seigne quitte Valenciennes pour se fixer à Lille. Hélas, le mal se trouve toujours à côté du bien en ce monde. Si nous avons le bonheur de compter parmi nous un artiste de plus, un habile professeur, nous songeons aussi que ce retour est la suite de la triste retraite de M. Leplus, qu'une cruelle infirmité est venue frapper au milieu de sa carrière.

M. Seigne réunira en ses mains la direction de l'orchestre de l'Association musicale, de la musique des Canonniers sédentaires de Lille et des Orphéonistes-Lillois. Nos vœux accompagneront M. Albert Seigne dans ces travaux multiples.

Je déplorais, il n'y a que quelques lignes, le malheur qui a atteint M. Leplus ; si les témoignages de sympathie peuvent être une consolation, M. Leplus peut y compter, et le concert qui s'organise à son bénéfice lui en donnera la nouvelle assurance.

Les concerts, au reste, se succèdent d'une manière vraiment phénoménale, et si ce mouvement continue sa marche ascendante, je ne sais comment ceux qui suivent le torrent feront pour partager leur temps entre les concerts, les soirées, les bals, sans compter tout ce qui ne s'énumère pas.

CH. DE FRANCIOSI.

Pour tous les articles non-signés :

Les Rédacteurs-Propriétaires :

BRUN-LAVAINNE, *Gérant;* A. DEPLANCK, CASIMIR FAUCOMPRÉ.

Lille. Imp. de Lefebvre-Ducrocq.

LITTÉRATURE.

LES TROIS MARIS BAFOUÉS

Par le Maître TIRSO DE MOLINA.

La farce de la femme du Caissier.

SUITE (1).

Quand le matin fut arrivé, la malicieuse femme voyant que son mari dormait encore, se revêtit d'habits de fête et serra ses vêtements de deuil et les coiffes menteuses de veuve, elle donna à toute la maison un air de réjouissance, elle revint ensuite à sa chambre et éveilla le prétendu mort.

— Jusqu'à quand dormirez-vous, mon homme? dit-elle. N'avez-vous point encore digéré tout ce que vous avez bu hier avant de vous coucher?

Lucas Moreno étendit les bras, bâilla à se décrocher la mâchoire, et voyant sa femme si bien parée, la maison tout en joie, au lieu des pleurs et des gémissements de la veille, il ne sut que s'étonner et dit :

— Polonia, où suis-je? Es-tu morte comme moi? Et en témoignage de l'amour que tu me portais sur la terre, es-tu venue me retrouver? Est-ce pour célébrer nos secondes noces en ce nouveau monde? Ou bien est-ce de maladie? Comment? Vive Dieu! si on peut ainsi jurer ici, pour moi, je ne sais comment j'ai trépassé ni en quelle partie du ciel je me trouve. Y a-t-il des chambres et des lits ici? Y vend-on du vin et des biscuits? Quel muletier a apporté les provisions du buffet d'où la nuit dernière j'ai assez tiré pour me consoler de l'isolement que me faisait éprouver ton absence dans ces lieux inconnus?

— Quelle belle humeur! répondit la fine moqueuse, mon cher mari, vous vous ressentez du carnaval. Qu'est-ce que toutes ces folies? Finissons, levez-vous. Déjà deux fois le patron vous a envoyé demander.

---

(1) Voir la *Revue*, tome II, page 362.

— Ne suis-je donc point mort? Ne m'a-t-on point enterré hier? répliqua le mari.

— Tout au moins avez-vous enterré votre âme, pendant la nuit, dans cette outre de vin à moitié vide, pour dire de pareilles sottises.

— Si on enterre aussi les âmes, Polonia de mon cœur ! il est vrai que je m'en suis passé le plaisir cette nuit. Mais déjà mon corps était à l'église, le bedeau pleurait, nos amis étaient tristes, Casilda était en larmes, vous poussiez des gémissements.

— C'est assez plaisanter, votre patron vous demande, vous dis-je.

— Comment, il y a donc aussi des banquiers en ces lieux? Je ne dois pas être sur le chemin du salut si on trouve ici encore des changeurs.

— Laissez ces folies, levez-vous, dit Polonia, car je vois bien que ce que vous faites n'est que pure plaisanterie.

— Femme ! Par notre Seigneur ! répondit Lucas Moreno, il y a plus de vingt-quatre heures que je suis mort et je ne sais combien que je suis enterré. Demandez-le à Casilda, au vicaire de la paroisse, à notre ami le peintre, au jaloux Santillane, à notre voisin l'astrologue, à vous-même que j'ai vue en pleurs et en habits de veuve, hier soir; à vous qui maintenant, à ce que je m'imagine, êtes morte comme moi ; à vous que, je j'ai bonne mémoire, j'ai relevée cette nuit, privée de sentiment, que j'ai couchée dans votre lit ; à vous, à qui ma vue a coûté la vie et qui êtes venue me retrouver sans que je sache comment?

— Qu'est-ce que vous déraisonnez, mon pauvre mari? dit Polonia feignant de se troubler. Nous nous sommes couchés hier en bonne santé. Que voulez-vous dire avec votre enterrement et votre autre monde? Casilda, allez chercher notre voisin l'astrologue qui est aussi médecin et il nous dira ce que l'on a donné à ce pauvre Lucas Moreno, pour en faire une femmelette, une babillarde, en changeant son sexe.

Le malheureux mari ne savait plus que dire. Etait-il fou, mort ou vivant? Sa femme ne venait point à son aide, elle s'occupait de ranger sa demeure.

Alors arrivèrent les deux premiers acteurs de la bouffonnerie. Polonia leur raconta ce qui se passait. Eux, non sans envie de rire, assurèrent à Lucas qu'il était encore de ce monde, à Madrid, chez lui, mais que s'il persistait dans sa folie on l'enverrait au *Nuncio* (1).

L'astrologue vint à son tour, amené par la servante. Il dit que Lucas

(1) L'hôpital des fous de Tolède.

Moreno étant trop demeuré à ses livres de caisse, que les comptes lui
avaient donné le vertige et qu'il avait le cerveau fêlé.

Lucas se réjouissant déjà de vivre quoique fou, s'écria :

— Mais si je ne suis point mort, que signifiaient hier votre épouvante
et vos cris à ma vue ? Pourquoi avez-vous fait plus de signes de croix
qu'une procession de pénitents ?

— Vous m'avez vu hier ? demanda l'astrologue.

— Oui, hier, je me suis trouvé avec vous, répondit Lucas.

— Comment cela peut-il être ? reprit l'astrologue. Je suis resté
enfermé tout le jour chez moi, occupé à tracer des figures pour découvrir un des voleurs qui ont dérobé un écrin de diamants.

— Et moi, dit le peintre, je ne suis pas sorti du monastère que je
n'ai quitté qu'à onze heures du soir.

— Pour mon compte, ajouta le vieux jaloux, j'ai si peu pu vous voir,
que j'ai eu à m'occuper avec un exprès auquel j'avais à remettre des
lettres pour ma terre de la Montagne.

— Diable ! C'est pis que je ne pensais, répartit le pauvre Lucas prêt
à devenir fou pour de vrai. Quoi, seigneur astrologue ! Vous ne m'avez
pas dit avant-hier que mon mauvais teint, mon pouls, votre science, tout
vous indiquait que je mourrais avant vingt-quatre heures !

— Moi ? répondit l'astrologue ; il y a plus de quatre jours que je ne
vous ai rencontré. Revenez à vous, seigneur Lucas Moreno, vous avez rêvé
cette nuit.

— Et bien, si tout cela n'est qu'un songe, je paierai pour étrennes
de la vie qui m'est rendue, les frais du dimanche-gras.

— Accepté, reprirent les autres. Et pour achever de vous désabuser,
habillez-vous et nous irons à la messe à la paroisse. Vous verrez ce qu'a
eu de puissance votre féconde imagination.

Lucas suivit ce conseil, et il en arriva avec le bedeau, les gens d'église,
qu'il avait entendus la veille s'occuper de son enterrement, comme il
en avait été de ses amis.

On rit de lui, on l'accabla de quolibets. Pour lui éviter ces plaisanteries, après lui avoir fait remplir sa promesse, on l'obligea à s'absenter
de Madrid, pour les affaires de son patron, pour une quinzaine de jours.

Pendant ce temps, sa femme se concerta avec tous ceux qui avaient
pris part à la comédie, pour que son mari n'apprît pas la vérité, mais
crût avoir fait un songe, et pour que ses épaules ne payassent pas le prix
de la plaisanterie.

La farce de la femme du Peintre.

Le lendemain, pendant que l'absence du caissier faisait oublier l'histoire de son prétendu enterrement, la femme du peintre se mit à l'œuvre pour exécuter le tour qu'elle avait imaginé, jalouse qu'elle était du succès de sa voisine.

Pour son projet, elle s'entendit avec son frère, amateur de se mêler des affaires d'autrui. Elle l'envoya le jeudi suivant à la place de la Cebada pour y faire emplète d'une des portes que l'on vient vendre en grand nombre en ce lieu. C'était, disait-elle, pour remplacer celle de sa demeure qui, tombant de vétusté, demandait à être mise à la réforme. Elle fut secrètement apportée pendant la nuit et cachée de manière à ce que le peintre ne pût la voir. Puis la femme donna des instructions à son frère et l'enferma avec deux de ses amis dans la cave.

Deux heures après vint son mari. Il avait laissé dans le monastère où il travaillait, ses élèves occupés à préparer ses couleurs, car il devait finir son tableau pour la solennité de Pâques et il fallait se presser.

Marie Perez, — c'était le nom de la rusée commère, — le reçut avec de grandes démonstrations de tendresse et d'amour. Ils se couchèrent de bonne heure, le lendemain il fallait être matinal. Le mari, qui ne se doutait de rien, dormit jusque vers minuit; la femme, occupée de ses projets burlesques, ne put en faire autant.

Au milieu de la nuit, Marie Perez commença à se plaindre, à pousser de grands cris, en se retournant dans son lit et disant :

— Seigneur ! Je me meurs. Voici ma dernière heure, mon cher mari ! Ah ! un confesseur ! Je suis à l'agonie. Aie, aie !

Elle continua de la sorte avec cet art que savent mettre les femmes pour arriver à leur but.

Le mari s'éveilla et lui demanda d'un ton plein d'angoisse de quoi elle souffrait.

— Jésus ! Mère Dieu ! aie, aie ! Je me meurs. Un confesseur, les sacrements ! C'est fait de moi, époux chéri !

Une nièce, qui tenait lieu de domestique dans la maison, se leva à ces cris, — c'était un des personnages de la comédie. Elle se mit à pleurer en voyant sa tante en tel état. Elle appliqua des linges chauds sur le ventre de la malade, lui donna des rôties trempées dans du vin aromatisé de canelle et employa divers remèdes semblables sans que la douleur cessât, la malade n'en avait garde. Elle obligea le pauvre Morales — le peintre — à se lever, lui disant que de la connaissance qu'elle avait de la complexion de sa tante, elle la croyait atteinte d'hystérie occasionnée par la salade qu'elle avait mangée la veille et dont le vinaigre était trop fort. Une fois déjà, disait-elle, même chose était arrivée, et elle avait été en grand péril de la vie pour un morceau de fromage. Le mari gronda sa femme de ne l'avoir pas informé de ces excès ; elle lui répondit d'une voix éteinte :

— Ce n'est point le moment, Morales, de faire des reproches pour ce qui est passé. Allez trouver dame Castejona qui connaît mon tempérament. Elle me donnera un remède contre ce mal furieux, sinon, faites creuser ma fosse.

— Femme, répondit le mari affligé, la Castejona a changé de demeure. Elle habite à la porte de Fuencarral. Il fait une nuit d'hiver, il pleut, et faut-il m'exposer à tout cela ? Savons-nous si elle voudra se lever. La dernière fois que vous avez été malade, je me rappelle qu'elle vous a donné deux onces de thériaque que l'on fit chauffer dans la peau d'une orange et que l'on plaça sur le creux de l'estomac. Je vais en chercher chez le pharmacien. Pour l'amour de Dieu, apaisez-vous et ne m'envoyez pas si loin. Ce serait peut-être en vain et j'en pourrais revenir avec un mal plus terrible que le vôtre.

La femme commença à se plaindre plus vivement en disant :

— Bonté divine ! le brave compagnon que le Seigneur m'a donné ! Voyez ! Ne demandé-je pas l'impossible ? Il n'a pas de sang dans les veines ! Il ne va pas chercher la Castejona, parce qu'il a peur de mouiller ses souliers. Ah ! je savais bien que tu désirais de te marier en secondes nôces, et c'est pour cela que tu te défends de courir chercher un remède à mes maux. Va te coucher, repose et dors, si je meurs, je déclarerai que c'est toi qui as assaisonné la salade avec de l'acide sulfurique.

— Femme, femme, répondit Morales, pas tant de libertés, car malgré vos douleurs, si vous me chagrinez, je pourrai bien faire passer le mal du ventre aux épaules, avec un bon bâton.

—Un bon bâton ! pour ma tante ! dit la fourbe nièce. Malheur à vous. Je vous arracherai les yeux auparavant.

Le peintre se préparait à donner je ne sais combien de coups à la nièce, quand sa femme se reprit avec une nouvelle force à demander un confesseur, la Castejona et les sacrements.

— Aie, aie! disait-elle. Quel poison m'a-t-on donné? Ce n'est pas de l'hystérie, c'est le résultat de la scélératesse de mon mari.

Morales commença à craindre quelque événement plus sérieux que celui qu'on lui préparait. Si sa femme mourrait et qu'il fût accusé d'être la cause de sa mort! Il voulut l'apaiser par des caresses. Puis il prit une lanterne, précaution fort nécessaire pendant cette nuit sombre et dans la boue, il mit ses bottes, son manteau, et sortit à la recherche de la Castejona, recevant l'eau des gouttières qui la versaient à torrents.

Le bon Morales savait bien que la Castejona, était allée habiter dans la rue de Fuencarral, mais il ne savait au juste à quel numéro. Comme il pleuvait, il ne rencontra personne sur son chemin. La nuit était noire comme la gueule d'un four. Morales jurait contre son mariage. Vous pensez bien s'il fut longtemps avant de trouver ce qu'il cherchait.

Pendant que le pauvre diable s'en va ainsi tout trempé, revenons à la feinte malade.

Lorsqu'elle vit son bonace de mari parti, elle appela de la cave son frère et ses deux amis. En un tour de main, ils eurent enlevé la vieille porte, placé la nouvelle à laquelle on avait mis d'avance les serrures et les barres et qui fut ajustée sur les gonds de manière à tourner sans bruit. Au-dessus, ils placèrent une enseigne indiquant une hôtellerie.

Cela fini, elle fit venir une troupe d'amis qui étaient au voisinage. Ils arrivèrent avec leurs femmes, deux chiens qui grognaient, des guitarres, des castagnettes. De chez le traiteur on fit apporter à souper, tout un festin. Puis au milieu des verres et des danses; on se moqua de la course quasi-nautique qu'effectuait le pauvre Morales à la recherche de la Castejona, ne faisant probablement rien d'autre que d'importuner les portiers et de réveiller les voisins.

De l'eau jusqu'à mi-jambes, peu de patience dans la cervelle, notre peintre revint chez lui et, entendant à travers la porte le bruit, les chants et les danses, il pensa s'être trompé, leva la lanterne, et voyant la porte neuve et l'enseigne d'une hôtellerie, il se trouva tout à fait désorienté. Alors il se mit à examiner la rue. C'était bien la sienne. Il considéra la maison de droite, celle de gauche, celle de vis-à-vis; il les reconnut à merveille. Il revint à la sienne. Ce n'était plus elle. Il ne connaissait pas cette enseigne.

— Dieu me soit en aide! dit-il en se signant. Il n'y a pas une heure et demie que je suis sorti de ma demeure où se trouvait ma femme bien plus disposée à nous apprêter à pleurer qu'à danser. Cette maison n'était habitée que par nous deux et notre nièce. La porte, à la vérité, demandait quelques réparations, mais enfin, en sortant, c'était la même qu'auparavant. Je n'ai vu de ma vie d'hôtellerie dans cette rue. Et d'ailleurs, comment pendant la nuit et en si peu de temps aurait-on pu donner à ma femme privilége d'aubergiste. Dire que je rêve ? ce n'est pas possible ; j'ai les oreilles et les yeux ouverts. Attribuer ceci au vin quand il tombe tant d'eau ! ce ne saurait être. Mais enfin, qu'est-ce que cela ?

Il regarda de nouveau la porte, l'enseigne, écouta les danses, sans pouvoir rien comprendre à ce changement à vue et finit par frapper à coups tellement forts qu'ils eussent suffi à réveiller les voisins et que n'entendirent point ou ne voulurent point entendre les danseurs.

Il redoubla. On le laissa quelque temps sous la gouttière, mouillé comme une toile de Galice qu'on met curer. Puis un des invités entre deux vins ouvrit un des châssis de la fenêtre, une chandelle à la main, et dit :

— Il n'y a plus de place ici, mon brave homme, Dieu vous bénisse et frappez moins fort.

— Je ne cherche pas d'autre maison que la mienne, dit le peintre, je ne veux qu'entrer chez moi. Qu'on me dise qui s'est fait maître en mon logis et qui depuis une heure et demie a changé en hôtellerie la demeure qui a été achetée de l'argent de Diégo Morales.

— Allez-vous coucher, bon homme, il ne fait pas bon à demeurer sous les gouttières. Ne cognez plus à la porte ou je vous lâche un mâtin qui vous coûtera une demi-douzaine d'emplâtres.

A ces mots, l'homme du dedans ferma la fenêtre et reprit sa part des jeux et des divertissements, et le pauvre peintre se donnant à tous les diables, s'imagina que quelque sorcière avait passé par là. Le ciel versait des torrents de pluie et de neige que la bise lui soufflait à la figure. La chandelle de la lanterne s'était consumée et en même temps la patience de celui qui la portait. Il recommença de plus belle à heurter contre la porte et il entendit que l'on disait de l'intérieur :

— Garçon, prenez un bâton, déchaînez les chiens, sortez et donnez à cet ivrogne une telle friction sur les épaules, qu'elle lui assainisse les idées de la cervelle.

Aussitôt, la porte s'ouvrit et il en sortit deux chiens que lâcha le garçon en courant à la poursuite du peintre, ils firent prendre à ce dernier la plaisanterie pour chose réelle.

— Homme du diable, pourquoi tant frapper ? Ne vous ai-je point dit qu'il n'y a plus de place?

— Mon ami, c'est ma demeure. Qui a changé cette maison achetée par mes ancêtres et qui nous vient de Diégo Morales.

— Que voulez-vous dire avec votre Morales ? (1).

— C'est moi-même, par la grâce de Dieu, peintre très-connu dans cette ville, habitant cette maison depuis plus de vingt ans. Appelez ma femme Marie Perez, à moins qu'elle ne se soit, elle aussi, transformée en hôtelière, et donnez-moi le fil pour sortir de ce labyrinthe.

— Comment puis-je vous croire ? reprit l'autre. Il y a plus de six ans que cette hôtellerie existe et elle est bien connue de tous les étrangers qui viennent à Madrid. Le propriétaire est Pedro Carrasco, dont la femme se nomme Marie Molino, et moi je suis leur serviteur. Que Dieu vous conduise.

Il rentra et ferma la porte.

Le maître légitime ainsi expulsé de chez lui, ne sachant que dire ni que faire, s'en alla à travers la boue et dans l'obscurité à la maison du jaloux Santillane. Il l'appela, le fit lever à quatre heures du matin, lui laissant à penser quel désastre pouvait être survenu.

A sa demande, le peintre lui apprit ce qui se passait. Santillane fit lever sa femme. Celle-ci, quoique sachant à merveille ce dont il s'agissait, entra dans son rôle et attribua le fait en question à quelque magie ou à Saint-Martin pour lequel Morales n'était pas assez dévôt.

On alluma un brasier pour faire sécher le pauvre amphibie et ses vêtements, on nettoya ses chaussures, on se moqua de son feutre tout déformé par l'eau, on le coucha, tout en disputant, lui, affirmant ce qu'il avait vu, les autres, soutenant qu'il commençait à radoter.

Aussitôt que la bonne Marie Perez sut par ses espions que son mari était couché, elle fit replacer, avec l'aide de ses convives, les choses dans leur premier état. On remit la porte, on ôta l'enseigne, et elle recommanda à tous ses invités de lui garder le secret. Demeurée seule avec sa nièce, elles se couchèrent, les pieds fatigués de la danse; les mains, des castagnettes; l'estomac, de nourriture; la bouche, de rire,

---

(1) Il y a ici un jeu de mots intraduisible en français, Moral signifie aussi mûrier, et l'interlocuteur du peintre lui répond : Qui vous parle ici de mûrier ou de jujubier ? Il y a fréquemment dans les vieux auteurs, surtout Castillans, des calembourgs fort difficiles à comprendre et impossibles à rendre.

et elles dormirent de grand cœur jusqu'au matin, que revint le peintre en compagnie du vieux Santillane, !lequel, presque persuadé par les arguments de Morales, en lui entendant affirmer pendant le jour ce qu'il avait raconté la nuit, désirait voir la merveille.

Enfin, ils arrivèrent devant la maison enchantée. Retrouvant la porte ancienne, sans enseigne au-dessus, bien fermée, le vieux Santillane recommença ses plaisanteries contre le pauvre Morales, et ce dernier de jurer et d'affirmer sur son baptême que ce qu'il avait dit était la pure vérité et qu'il devait y avoir là quelque œuvre du démon.

Ils appelèrent, et la nièce à moitié vêtue, entr'ouvrant le guichet de la porte et voyant son parent, lui dit :

— Quoi, est-ce vous, mon oncle, qui venez voir votre femme ? C'est ainsi que vous revenez tout tranquillement à huit heures du matin et sans la Castejona que vous êtes allé chercher depuis minuit !

— Si tu savais Brigitte, répondit-il, tout ce qui m'est arrivé cette nuit au sujet de ta tante, tu me plaindrais au lieu de me quereller. Dès ce matin, il nous faudra changer de demeure, car les démons en ont pris possession.

La prétendue malade, en entendant ces mots, se leva vêtue seulement d'un manteau et se mit à crier :

— Oh, le bon mari, soigneux de la santé de sa femme! Le serein de la nuit vous a-t-il pas incommodé ? N'êtes-vous point enrhumé ? La tempête de la nuit vous a rendu tout taciturne. Elle ne vit pas loin d'ici la bonne Marthe qui vous a hébergé ! Vous espériez bien me retrouver morte quand vous seriez revenu avec la Castejona, et prendre possession de ma dot et de tout mon bien. Mais malheur à vous et à quiconque me veut du mal. Et que venez-vous faire avec ce mauvais sujet de Santillane? Si c'est pour vous aider à vous disculper, je ne sais, par la vie de ma mère, si je n'ai pas à aller sans retard demander mon divorce. Dieu me garde de vos salades dont le vinaigre a mis ma vie en danger. Donne-moi mes vêtements, Brigitte, prends ton manteau et fuyons de ces lieux.

— Calmez-vous, dame Marie Perez, dit l'ami, il n'y a pas de la faute du seigneur Morales, c'est quelque diablerie pour mettre le trouble dans le ménage.

— Femme, dit le peintre tout affligé, puisque tu n'as pas de raison de te plaindre de moi, écoute mes explications et retiens ta langue, car je n'aurais pas la patience de tout écouter, j'ai perdu ce que j'en possédais dans les traverses de cette nuit.

Alors il lui raconta ce qu'elle savait mieux que lui. Elle feignit de ne pas comprendre.

— C'est à moi que l'on débite ces sornettes ! Vous me croyez donc bien bornée ? Ma maison changée en hôtellerie? Des fêtes ! Des réjouissances ! Un bal cette nuit. Ne feriez-vous pas mieux de me dire que vous avez bu double mesure de vin, mangé des pains d'épices et des biscuits.

— Je te jure, ma chère amie, que tout ce que je t'ai raconté m'est arrivé réellement. Il doit y avoir des revenants en cette maison, et ce que nous avons de mieux à faire c'est de la louer ou de la vendre.

— Ah ! il y a des revenants ! demanda la malicieuse Brigitte. C'est donc cela que je reçois des soufflets la nuit et que j'entends des éclats de rire.

— Comment ne m'en avez-vous jamais parlé ? répliqua la tante.

— C'était pour ne point discréditer la maison de mes parents et maîtres.

— Allons, reprit Santillane, il n'y a ici de la faute de personne ; il faut bien entrer dans le carême qui commence demain.

Ainsi fut-il fait ; le vieux voisin laissa le peintre en butte aux malices des revenants, et sa femme pleine d'espoir d'avoir gagné le diamant.

La fin prochainement.

CH. DE FRANCIOSI.

MES SOUVENIRS.

SUITE (1).

V.

Retour de Saint-Domingue.

Reprenons maintenant le récit des faits qui me concernent à partir de l'endroit où je l'ai interrompu pour faire une excursion dans le domaine de l'histoire.

Après le départ du Polonais Czerneski, nous restâmes en possession de sa maison qui était assez commode quoiqu'elle ne fût composée que d'un rez-de-chaussée, comme toutes les maisons du Port-au-Prince, à cause des tremblements de terre qui, à différentes époques, ont démoli cette ville de fond en comble. Pour amoindrir ce petit désagrément, on ne construisait plus que de jolies cabanes en bois léger. Les cloisons étaient si minces qu'on entendait ce qui se disait d'une maison à l'autre. Lorsque certains indices précurseurs, bien connus des colons et encore mieux des noirs, annonçaient une secousse, tout le monde sortait de chez soi et allait attendre en pleine campagne la fin du désastre. Et puis, quand le calme commençait à renaître, chacun revenait chercher et rassembler les débris de son habitation et de ses meubles ; on renouvelait la vaisselle, on appelait les charpentiers, les peintres, les tapissiers et, au bout de quelques jours, on avait une ville toute neuve, plus jolie et plus coquette qu'auparavant.

Je n'ai pas eu occasion de voir un de ces branle-bas, comme disent

(1) Voir la *Revue*, tome II, page 240, 275, 338 et 371.

les marins; mais cela devait avoir un aspect très pittoresque. Nous dûmes nous contenter de quelques pluies diluviennes pendant lesquelles chaque rue était un torrent. Dans ces occasions-là des nègres se tenaient de distance en distance le long des trottoirs et, pour une modique pièce de cinq sous, ils portaient sur leurs robustes épaules les personnes qui avait une rue à traverser. Un soir que nous revenions d'assez loin et que, pour regagner notre demeure, nous avions beaucoup de ces rivières à franchir et fort peu de pièces de cinq sous à dépenser, il nous fallut faire une partie du trajet dans l'eau. J'en avais jusque sous les bras et si mon père ne m'eût tenu bien fortement près de lui, j'eusse été, sans doute, emporté par le courant.

A cela près, la vie était douce à Saint-Domingue, les habitants avaient, en général, un caractère de gaieté qui rendait leur société fort agréable. Nous avions fait sans peine de nouvelles connaissances, et mon père, tout en s'occupant activement de ses devoirs de chef de musique, avait trouvé moyen de se lier avec quelques personnes honorables parmi les officiers et dans la bourgeoisie. Pour moi, je ne manquais pas de jeunes camarades blancs et noirs avec lesquels je m'instruisais des usages du pays et de ce langage enfantin des créoles qui ressemble à un doux bégaiement.

Ma mémoire en a conservé un type plein de naïveté et qui ne manque pas d'une certaine poésie. C'est le premier couplet d'une chanson fort en vogue dans la colonie.

> Maman moé pas babiller (1)
> Si moé aimer Hypolite.
> Si moé aimer Hypolite
> Ça pas jamais faute à li,
> Li rencontrer moi bord la rivière;
> Li dit moé : bonjour z'ami.
> Moé qui pas v'ler fair' la fière
> Cause bon Dié moé aimer li.

On avait adapté à ces paroles, composées, sans doute, par quelque jeune négresse plus docile aux lois de l'amour qu'à celles de la versification, un air fort joli, genre *Blaise et Babet ;* mais qui ressemblait à la musique des noirs comme les bergers de Boucher et de Watteau ressemblent à des paysans limousins.

J'ai introduit cette chanson dans l'opéra intitulé : *Une matinée à*

(1) Babiller signifie gronder, réprimander

Cayenne, que Ferdinand Lavainne et moi nous avons fait représenter à Lille, le 1.ᵉʳ mars 1836, et franchement, l'air fait par mon neveu, qui n'a jamais passé le tropique, avait bien plus la couleur locale que celui rapporté par moi du pays de production.

Il y avait près de trois mois que nous habitions le Port-au-Prince et l'épidémie régnante avait beaucoup diminué d'intensité. Les cas de mort devenant moins fréquents, la population, était retombée dans son caractère habituel d'insouciance. On était environné de périls de plus en plus menaçants, et l'on ne songeait qu'aux plaisirs ! Chaque soirée offrait une espèce de fête. Tandis que les uns se portaient en foule au spectacle, les autres, aussitôt le soleil couché, se rendaient sur la plage pour aspirer cette délicieuse brise de mer qui console de tout aux Antilles. Là, parmi les lueurs phosphorescentes apportées par les derniers flots qui viennent mourir sur le sable, on n'entendait qu'un vaporeux murmure de causeries à demi-voix, comme si, dans ces entretiens pleins de charmes, on eût craint de réveiller deux terribles éléments doucement endormis.

Par intervalles, pourtant, cet harmonieux silence était interrompu. Les sons lointains de quelques rauques instruments annonçaient que les noirs, — ceux de la ville, bien entendu, — se livraient avec une sorte de frénésie à leur passion pour la danse. Les pauvres gens, pour se dédommager des fatigues du jour, renouvelaient les jeux de leur pays. *La chica* était le seul moyen pour eux d'oublier et de se souvenir. .

Un soir, mon père, en rentrant avec moi de la promenade se plaignit d'un léger mal de tête. Comme nous couchions ensemble, je lui donnai à boire plusieurs fois pendant la nuit. Il ne paraissait avoir aucune inquiétude, cependant le lendemain matin, j'envoyai chercher un médecin qui se contenta d'ordonner la diète et des boissons légères. Dans la journée, mon père se leva; mais ne sortit pas. Il éprouvait une certaine fatigue dans tous les membres et toujours cette pesanteur à la tête qui était plutôt un symptôme du mal que le mal lui-même. Il causa gaiement avec les personnes qui vinrent le voir. Dans la soirée, il eut une forte fièvre. Des voisins lui dirent que les médecins français n'entendaient rien aux maladies du pays et ils amenèrent deux vieilles négresses, fort habiles, disait-on, à les guérir. L'une de ces femmes alla chercher de grandes feuilles d'aloès épineux, elles les dépouillèrent de leur écorce et en appliquèrent la moëlle autour de la tête du malade en forme de cataplasme. Ce remède ne produisit aucun effet.

La nuit, mon père ne voulut pas que je couchasse près de lui, ni même que je restasse dans la chambre pour le veiller. Deux de nos musiciens se chargèrent de ce soin. Un autre m'emmena chez lui.

A peine faisait-il jour que j'accourus près de mon père. Je le trouvai dans un état affreux. Son teint était enflammé ; il avait de l'écume aux lèvres. Il ne voyait plus, ne parlait plus ; mais il m'entendit, me serra convulsivement la main, et puis fit signe qu'on m'éloignât..... Il fallut employer la contrainte.

Dans la maison où l'on m'avait conduit et qui était fort éloignée de la nôtre, je fus enfermé à clé. Je remarquais cependant des allées et venues. On se parlait bas. Je sentais qu'un grand malheur était suspendu sur ma tête et je pleurais amèrement.

Enfin, vers trois heures après midi, n'y pouvant plus tenir, je veux forcer la porte ; elle résiste ; j'ouvre une fenêtre, je saute sur le trottoir et je prends ma course.

Au détour d'une rue j'entends des chants funèbres. La sueur qui découle de mon front se glace aussitôt. Les chants se rapprochent....... un tremblement mortel me saisit. Tout à coup, un convoi m'apparaît ; la croix, les prêtres, tous les musiciens de la garde en uniforme, une bière portée par six d'entr'eux !..... je m'élance sur ce cercueil comme pour lui reprendre mon père ! — à ce moment, tout sentiment s'éteignit en moi, et l'on m'emporta sans connaissance.

.   .   .   .

.   .   .   .

.   .   .   .

Mon malheur produisit sur le public une vive impression. Ces colons, si frivoles dans leurs goûts et leurs amusements, si accoutumés à voir la mort promener sa faux autour d'eux, s'émurent de compassion en me voyant si jeune abandonné à moi-même à deux mille lieues de ma patrie. L'un d'eux, marchand de draps et tailleur, m'offrit de demeurer chez lui. Il avait déjà six enfants ; j'eusse fait le septième, et tout partagé en frère avec eux. Un autre, mulâtre ainsi que sa femme, et jouissant d'une belle fortune, voulait absolument m'adopter pour me la laisser sans partage, car il n'avait pas d'héritiers directs. Mais les avantages les plus brillants n'auraient pu me déterminer à rester à Saint-Domingue tandis que ma mère était en France. Mon cœur naguère partagé, volait maintenant tout entier vers elle. Ma seule pensée, ma seule parole, c'était : je veux voir ma mère.

Tandis que cette résolution s'affermissait de plus en plus en moi et que je faisais toutes les démarches nécessaires pour pouvoir retourner en France, j'entendis un jour frapper aux vitres d'une maison devant laquelle je passais. Je m'arrêtai, une porte s'ouvrit et une négresse m'introduisit dans un salon élégamment meublé dont les fenêtres garnies de jalousies ne laissaient pénétrer dans l'appartement qu'un demi-jour semblable au crépuscule de nos pays d'Europe. Sur un canapé était assise une jeune dame entièrement vêtue de noir. Sa physionomie présentait dans son ensemble un mélange indéfinissable de douceur et de noblesse, de tristesse et de distinction, de sourire et de larmes ; on n'aurait su dire ce qui la rendait plus belle de sa douleur ou de sa bonté. Près d'elle se tenait debout un officier dont la figure mâle et sombre semblait placée là pour faire mieux ressortir cette apparition angélique devant laquelle mes yeux s'étaient baissés après l'avoir entrevue.

La jeune dame m'ayant interrogé avec un accent vraiment maternel, m'apprit à son tour qu'elle était veuve du général de division Wattrin. — Veuve à dix-neuf ans d'un général de vingt-cinq ! — après la perte de son mari, victime, comme tant d'autres de l'affreuse épidémie qui désolait le pays, rien ne la retenait plus à Saint-Domingue ; elle allait repartir pour la France et m'offrait sa protection pendant le voyage, si je voulais y retourner avec elle, j'acceptai avec reconnaissance ce secours inespéré. L'officier présent à cette entrevue et qui avait été aide-de-camp du général Wattrin, me demanda où je pensais retrouver ma mère. « Je ne sais, répondis-je ; mais je désire me rendre d'abord à Lille où « demeure mon grand'père. — Cela se trouve au mieux. Moi je suis de « Tournai, et en allant voir ma famille, je vous laisserai dans la vôtre. » Madame Wattrin parut heureuse de cette circonstance, et elle me recommanda bien expressément de solliciter du général Rochambeau mon passage à bord de la frégate l'*Infatigable* qui faisait ses apprêts de départ.

J'éprouvai assez de difficultés à obtenir ma libération, le général tenait beaucoup à ce que sa musique restât au complet et il fallut toute l'influence de l'adjudant-général Néraud, commandant la garde, pour qu'on m'accordât un ordre de route. Encore ne me fut-il délivré qu'au Cap-Français où je dus suivre le quartier-général, lorsque Rochambeau y transporta sa résidence.

Enfin, après huit jours passés à terre, je montai à bord de l'*Infatigable* et nous appareillâmes dans la nuit.

Ceux qui connaissent l'ordre et la discipline qui règnent aujourd'hui dans la marine française, la propreté admirable des bâtiments, la politesse des officiers, l'honnêteté relative des matelots, ne sauraient se faire une idée de ce qu'était l'intérieur d'un vaisseau et la composition d'un équipage en 1803. Je n'ai jamais vu un spectacle de désordre pareil à celui que présenta la frégate l'*Infatigable* pendant la nuit où elle sortit de la rade du Cap-Français.

Les nombreux passagers qui, avec leurs bagages, encombraient le pont et gênaient la manœuvre, avaient été refoulés dans les chambres, dans l'entrepont et dans la batterie. Il y avait parmi nous sept ou huit aliénés libres, pour le moment, de toute surveillance ; des officiers avec leurs domestiques, des singes, des aras, des perruches. Chacun cherchait un coin pour s'y accommoder de son mieux ; mais à peine était-on installé qu'un voisin éprouvait les attaques du mal de mer ; alors c'était des cris, des jurements, des disputes auxquelles venaient se joindre le caquetage des perroquets et le croassement des aras. Jugez comme il était facile de reposer au milieu d'un pareil vacarme !

En montant à bord, je n'avais pas vu madame Wattrin qui, dès son arrivée, s'était enfermée ainsi qu'une autre dame, veuve aussi d'un officier général, dans les chambres qui avaient été préparées pour elles ; mais le capitaine Datte (c'était le nom de l'aide-de-camp qui devait me ramener à Lille) avait chargé son domestique de veiller sur moi. Celui-ci me donna place sur un matelas dont il s'était muni ; mais, la première nuit, il nous fut impossible de dormir. Nous fûmes un peu plus tranquilles pendant la seconde ; à la troisième, un officier de marine, faisant sa ronde, nous trouva profondément endormis dans la batterie et comme, à ce qu'il paraît, cela était défendu, il donna l'ordre à deux matelots qui le suivaient de nous jeter par une écoutille à fond de cale. Cette mesure un peu incivile commençait à s'accomplir, lorsque mon compagnon sentant un balancement qui n'était pas celui du roulis, s'éveilla en sursaut et en se jetant de côté, eût la présence d'esprit de m'entraîner avec lui, de sorte que notre matelas roula tout seul dans les profondeurs du navire.

Cet accident donna à mon mentor par substitution une mauvaise humeur assez excusable dont il ne pouvait se soulager que contre moi ; cela fut cause qu'il m'envoya promener et qu'après avoir beaucoup cherché, je ne trouvai pas de gîte plus sûr, sinon plus commode, que le dessous d'une pièce de canon. Là, bien encaissé entre les roues basses

des affûts de marine, la tête appuyée sur les poches de ma longue
redingote bleue que j'avais soin de remplir de linge, je dormais parfaitement sans m'inquiéter des officiers de ronde, qui passaient la nuit à
côté de ma chambre à coucher sans m'apercevoir.

Mais j'avais eu à me préoccuper de quelque chose de plus sérieux que
le logement. Dès le matin de notre premier jour de voyage, en voyant
faire la distribution des vivres, je m'étais présenté pour recevoir ma
ration et j'avais été repoussé brutalement. A l'heure du dîner, je me
glissai dans la foule qui assiégeait les différentes cuisines, car à bord
chacun est nourri suivant son grade ; mais partout où je tendis la main
un valet à figure huileuse et couleur de fumée me demanda si j'avais un
numéro. Je ne savais seulement pas ce que c'était que d'avoir un numéro.
Hé bien! à cause de cette ignorance-là, j'étais tout simplement exposé à
mourir de faim.

La journée s'avançait, je parcourais le vaisseau pour tâcher de rencontrer une figure compâtissante. Hélas! M.ᵐᵉ Wattrin ne sortait pas ;
le capitaine Datte était invisible ; son domestique allait et venait d'un
air effaré. Je le crois bien, il n'était pas plus numéroté que moi. Enfin,
vers le soir, en voyant les mousses de la grande chambre se rassembler
dans un réduit pratiqué près de la cuisine N.º 1 pour manger les restes
de la table de Monsieur le Commandant, je m'avançai d'un air timide qui
attira sur moi l'attention et la bienveillance du maître d'hôtel. Ce brave
homme, quand je lui eus expliqué ma position, m'admit à partager le
dîner des mousses. Avec quelle joie je profitai de cette faveur ! je dînai
comme quatre et bien m'en prit, car le lendemain il me fallut faire un
jeûne complet. Ces mauvais garnements de mousses avaient obtenu du
capitaine une défense à tout passager de venir s'asseoir à leur table.

Cela commençait à devenir sérieux ; mais, *heureusement*, mon malheur
était partagé. Sept individus, appartenant à l'armée à divers titres, étaient
comme moi, dépourvus de numéros. Je me réunis à eux et nous allâmes
tous ensemble à la porte de la chambre du commandant, crier : à
manger! à manger! à manger! sur l'air *des lampions*, qui n'était pas
encore inventé.

Après s'être emporté brutalement contre nous, le chef suprême de la
frégate reconnut que, puisque l'Etat payait notre passage, on était bien
obligé de nous donner de quoi vivre. On nous forma donc en escouade
et nous prîmes part aux distributions. A dater de ce jour, j'eus ma ration
de biscuit parfois un peu avarié, un morceau de viande salée qui se

dessalait de lui-même dans la marmite, un gobelet d'une sorte de teinture qu'on appelait du vin et une part toujours trop large de soupe aux *gourganes* qui était bien le plus détestable potage qu'on pût imaginer.

Tranquille sur le chapitre des subsistances, il ne me restait plus à désirer qu'un coucher plus doux que ma pièce de canon, lorsqu'un matin je fus aperçu sortant de ce lit peu orthodoxe, par un homme qui me demanda avec un accent lillois bien prononcé, ce que je venais de faire là-dessous. Je lui répondis sur le même air que j'y avais dormi plusieurs nuits, et, après une courte explication, nous nous embrassâmes avec effusion. Nous étions de Lille tous les deux.

Ce nouveau protecteur que le ciel m'envoyait et dont je regrette bien d'avoir oublié le nom, était canonnier à bord de la frégate. Il me prêta un hamac et le suspendit près du sien au poste de l'artillerie. Grâce à lui j'eus encore un gobelet de ferblanc et une cuiller d'étain, ustensiles qui m'étaient bien précieux, car, faute de les avoir, j'avais dû, jusque là, attendre que mes camarades de gamelle eussent fini de manger leur soupe et de boire leur vin pour entamer la portion qu'ils me laissaient de l'un et de l'autre.

Je dois expliquer ici comment je me trouvais ainsi dépourvu des choses les plus indispensables à qui entreprend un voyage de long cours. C'est d'abord, que le confortable dont j'avais joui pendant ma première traversée ne me faisait pas sentir la nécessité de prendre des précautions, et, en second lieu, que, sur les premiers produits de notre gain, mon père avait acheté du linge et des vêtements pour nous deux; de sorte qu'il ne me restait pas le moindre argent à mon départ de Saint-Domingue. Une fois casé et arrimé, je m'accommodai à ma situation et quand le temps permit à M.ᵐᵉ Wattrin de sortir de sa chambre, je me contentai de la saluer sans lui faire connaître le peu de soin avec lequel ses bienfaisantes intentions avaient été remplies.

Cependant, nous avions fait route avec rapidité, d'abord, en remontant au Nord jusqu'au banc de Terre-Neuve, ensuite en nous dirigeant vers l'Est pour gagner l'entrée de la Manche. Dans le court espace de quinze à vingt jours nous étions passés de la zône torride dans les régions glaciales et nous nous rapprochions maintenant de l'Europe, dont les chaudes émanations à la fin de juillet commençaient à venir jusqu'à nous.

C'est alors qu'un bon petit ange m'apparut. J'avais déjà remarqué près de Madame Wattrin une jeune fille pâle et frêle dont le regard limpide était empreint de ce mélange de tristesse et de bien-être que nous éprouvons lorsqu'après avoir échappé aux étreintes de la mort, nous sentons comme une vie nouvelle qui circule dans nos veines. Il ne me fut pas difficile de deviner que c'était là encore une infortunée recueillie par la noble veuve. De son côté, la jeune convalescente avait entendu parler de moi. Nous étions orphelins tous deux. J'avais douze ans, Adeline en avait onze. Nous nous sentîmes attirés l'un vers l'autre par le sentiment de la plus tendre fraternité. La pauvre enfant était bien plus à plaindre que moi. Fille d'un ancien colon de Saint-Domingue qui s'était retiré aux Etats-Unis, lors de la première révolte des noirs, elle avait perdu sa mère dans ce voyage. A la nouvelle de l'expédition du général Leclercq, le père d'Adeline était revenu au Port-au-Prince avec une partie de sa famille pour recueillir les débris d'une fortune considérable. Rentré dans ses biens, il cherchait à les vendre, lorsque la guerre éclata de nouveau. Ses habitations furent brûlées; lui-même périt dans l'incendie avec une sœur qui servait de mère à ses enfants. La petite Adeline, atteinte de la fièvre jaune, fut arrachée aux flammes par des négresses qui la rapportèrent mourante chez les blancs. Madame Wattrin entendit faire le récit de ce cruel événement; dès lors, l'intéressante orpheline eut une protectrice, les plus grands soins lui furent donnés et l'on parvint à la guérir.

Mais cette protection ne devait pas cesser avec le danger; notre bienfaitrice, en partant pour la France, avait emmené la pauvre petite créole pour s'occuper de son éducation et, plus tard, de son établissement. En France.... Adelide n'avait ni parents ni amis, et moi j'allais retrouver ma mère ! Dans nos entretiens de tous les jours, j'évitais avec soin de lui faire sentir cette différence. Je ne cherchais qu'à la distraire de ses tristes souvenirs et je veillais sur elle comme sur une sœur. Il n'eût pas fallu que le plus hardi des mousses se fût permis envers Adeline la moindre inconvenance. Je me sentais assez de courage pour la faire respecter. D'ailleurs, nous évitions la foule et, le plus souvent, c'était dans un coin du gaillard d'arrière, entourés de cordages et abrités par un pavillon en forme de tente que nous nous retirions pour causer ou bien pour lire des livres que Madame Wattrin prêtait à sa fille adoptive. Chaque fois, Adeline m'apportait une tranche de pain blanc, un verre d'eau fraîche ou quelques morceaux de sucre. Je tenais peu à ces friandises; mais l'intention de ma petite compagne leur donnait un charme infini.

Nous approchions du terme de notre voyage et je ne songeais plus à le trouver trop long. Notre destination était Brest. Quelques jours encore et nous pensions y arriver, lorsque nous eûmes avis par des pêcheurs que la paix était définitivement rompue, et que le port de Brest se trouvait bloqué par une flotte anglaise. Adeline et moi nous regardâmes cet avertissement inattendu comme une nouvelle marque de la protection que le bon Dieu étendait sur nous et nous le remerciâmes ensemble.

Au lieu de continuer sa route vers Brest, l'*Infatigable* alla jeter l'ancre dans la rade de Lorient dont l'entrée était libre. Quand on nous mit à terre, le capitaine Datte se souvint de sa promesse et me fit conduire à l'hôtel où lui-même avait choisi son logement ; mais le lendemain au point du jour, j'appris que ce malheureux officier, qui avait eu une querelle pendant la traversée, venait d'être tué en duel, et je me trouvai encore une fois sans asile. Je pensai bien à Madame Wattrin ; mais je la croyais encore à bord de la frégate, car elle n'était pas débarquée avec nous.

Dans cette circonstance assez semblable à celle de mon arrivée au Port-au-Prince, je me revêtis de mon bel uniforme, j'emportai mon bagage consistant en une petite caisse et un porte-manteau, et j'allai me promener par la ville. J'avais déjà parcouru ainsi les trois quarts de Lorient, lorsqu'au détour d'une rue je vis devant moi un groupe d'officiers parmi lesquels étaient quelques dames. Je reconnus Madame Wattrin ; encore une fois j'étais sauvé !

Cette dame venait d'apprendre la mort du capitaine Datte ; elle me dit de la suivre à l'hôtel qu'elle avait fait retenir. Je passai là huit jours près d'elle, près d'Adeline, après que mon premier soin eut été d'écrire à ma mère.

Efin, je dus quitter cette femme, modèle des plus aimables vertus, cette jeune fille si digne de ses bienfaits.... Nous les retrouverons plus tard et je pourrai encore leur consacrer quelques pages intéressantes. En attendant, il me reste à dire que Madame Wattrin me fit conduire par son intendant, aux messageries et qu'elle traita avec l'administration pour que je fusse transporté, nourri à table d'hôte, logé dans les villes où la diligence s'arrêtait. Je voyageai ainsi commodément de Lorient à Paris, et de Paris à Lille. Dans cette dernière ville j'embrassai mon aïeul, qui faillit mourir de joie en me revoyant. Dès le lendemain, je repartis avec lui pour Dunkerque où ma mère était restée à *nous* attendre.

Il faut que je renonce à décrire ce qui se passa à mon arrivée. Tant de douleur mêlée à tant de joie peut se comprendre, mais ne peut pas s'exprimer.

BRUN-LAVAINNE.

La suite prochainement.

HISTOIRE.

Notes sur la Crimée, il y a un siècle.

(Extrait des Mémoires du baron de Tott).

SUITE (1).

M. de Tott continue ses remarques sur l'histoire naturelle de la Crimée. On se rappelle que dans notre premier extrait, il est question de l'aspect du sol où se trouve comme couronnement des montagnes un lit uniforme de rochers. Le voyageur en vient à conclure qu'autrefois les eaux de la mer baignaient la presqu'île de Crimée.

« La carte des terres supérieures de la Crimée, prise sur le niveau de ces bancs de rochers, ne présenterait qu'un archipel, un amas d'îles plus ou moins élevées, placées à peu de distance les unes des autres.....

« Je me promenais un jour avec un Tartare, dans une des gorges qui joignent celle dans laquelle Bactchéseray est situé. J'y remarquai un anneau de fer placé au haut d'un rocher inaccessible qui couronnait et fermait cette gorge dans son enfoncement. J'interrogeai mon Tartare sur l'utilité de cet anneau. « J'imagine qu'il servait, me répondit-il froidement, à attacher les vaisseaux, lorsque la mer en baignant ces rochers formait un port de cette gorge. » Je restai confondu, j'admirai

(1) Voir la *Revue du Nord*, tome II, page 380.

le génie qui, n'ayant d'autre guide que la comparaison journalière du rivage actuel de la mer avec les anciennes traces de ses eaux, imprimées et conservées sur les montagnes, s'élevait jusqu'à la solution du problème.

« Les anciens Grecs et les Romains eurent des occasions d'admirer aussi la plus sublime philosophie morale dans les Scytes; mais l'idée la plus vaste sur les révolutions du globe est sans doute plus étonnante dans un Tartare, et sa simplicité naïve ajoutait encore à mon admiration..........

« Accoutumés à une existence dont les agréments appartiennent plus à la richesse du sol, qu'au faste qui s'emprisonne dans des lambris dorés, les Tartares 'mettent en jouissance jusqu'à l'air qu'ils respirent, et ce premier besoin de tous les êtres est pleinement satisfait par la beauté du climat.

« Les météores que le ciel de la Crimée présente dans toutes les saisons, ainsi que la blancheur des aurores boréales qui y sont assez fréquentes, attestent la pureté de l'atmosphère. On pourrait aussi attribuer sa qualité pour ainsi dire éthérée, aux plaines immenses et desséchées qui sont au Nord de ce pays, aussi bien qu'au voisinage du Caucase, dont les sommets attirent et absorbent toutes les vapeurs qui peuvent s'élever à l'Ouest.

« Des saisons réglées et qui se succèdent graduellement, se joignent à la beauté du sol pour y favoriser la plus abondante végétation; elle se reproduit dans une terre végétale, noire, mêlée de sable, et dont le lit s'étend depuis Léopold, dans la Russie-Rouge, jusque dans la presqu'île. La chaleur du soleil y fait fructifier toutes les graines qu'on y répand, sans exiger du cultivateur qu'un léger travail. Ce travail se borne effectivement à sillonner avec le soc le terrain qu'on veut ensemencer. Les graines de melon, d'aubergine, de pois, de fèves mêlées ensemble dans un sac, sont jetées par un homme qui tient la charrue. On ne daigne pas prendre le soin de recouvrir ces graines. On compte sur les pluies pour y suppléer, et le champ est abandonné jusqu'au moment des différentes récoltes qu'il doit offrir, et qu'il faudra seulement tirer de l'état de confusion que cette manière de semer rend inévitable.

« Dans le nombre des productions spontanées qui couvrent la surface de la Crimée, les asperges, les noix et les noisettes se distinguent par leur grosseur. L'abondance des fleurs est également remarquable, des champs entiers couverts de tulipes de la petite espèce, forment, par la variété de leurs couleurs, le plus agréable tableau.

« La manière dont on cultive la vigne en Crimée ne saurait améliorer la qualité du raisin. On voit avec regret que les plus belles expositions du monde n'ont pu déterminer les habitants à les préférer aux vallons ; les ceps y sont plantés dans des trous de huit à dix pieds de diamètre sur quatre à cinq de profondeur. Le haut de l'escarpement de ces fosses, sert de soutien aux branches de cep, qui, en s'y appuyant, couvrent tout l'orifice de feuillage au-dessous desquels pendent des grappes, qui par ce moyen y sont à l'abri du soleil, et abondamment alimentées par un sol toujours humide et même souvent noyé par les eaux de pluie qui s'y rassemblent. On effeuille les vignes un mois avant les vendanges, après lesquelles on a soin de couper le cep près de terre, et le vignoble submergé pendant l'hiver par le débordement des ruisseaux, laisse un champ libre aux oiseaux aquatiques.

« Dans les différentes espèces de ce genre qui abondent en Crimée, la plus remarquable est une sorte d'oie sauvage plus haut montée que les nôtres, et dont le plumage est d'un rouge de brique assez vif. Les Tartares prétendent que la chair de cet animal est très-dangereuse. J'ai cependant voulu en goûter, et je ne l'ai trouvée que très-mauvaise.

« Aucun pays n'abonde plus en cailles que la Crimée, et ces animaux dispersés dans tout le pays, pendant la belle saison, se rassemblent à l'approche de l'automne pour traverser la Mer-Noire et se rendre à la côte du Sud, d'où ils se transportent ensuite dans des climats plus chauds. L'ordre qui conduit ces émigrations est invariable. Vers la fin d'août, les cailles qui se sont réunies en Crimée choisissent un de ces jours sereins où le vent du Nord, en soufflant au coucher du soleil, leur promet une belle nuit. Elles se rendent au rivage, partent ensemble à six ou sept heures du soir, et ont fini le trajet de 50 lieues à la pointe du jour, où des filets tendus sur la côte opposée, et des chasseurs qui guettent leur arrivée, déciment les émigrants.

« L'abondance des eaux qui est grande en Crimée, n'y forme cependant aucune rivière remarquable, et la proximité du rivage appelle chaque ruisseau à la mer. Les plus fortes chaleurs n'y tarissent point les sources, et les habitants trouvent dans chaque gorge des eaux d'autant plus belles, qu'elles coulent alternativement dans des prairies agréables, et à travers des roches, dont le choc entretien leur limpidité. Le peuplier d'Italie se plaît dans leur voisinage, et son abondance pourrait faire regarder cet arbre comme naturel à la Crimée, si les établissements des Génois n'indiquaient pas ceux qui peuvent les y avoir apportés. »

L'auteur, après avoir rappelé que les descendants de Gengis Kan furent obligés de céder à l'oppression d'un peuple de négociants, continue :

« On voit encore en Crimée les débris des chaînes qui contenaient les Tartares et les assujettissaient aux Génois. Ces monuments de la tyrannie attestent également la crainte et l'inquiétude qui dévoraient les tyrans. Ce n'est que sur les rochers les plus escarpés que l'on retrouve les traces de leurs anciennes habitations. Le rocher même qui servait de base à des châteaux forts, est creusé tout autour et représente encore le plan de leurs demeures. On y voit des écuries dont les mangeoires sont taillées dans le roc. La plupart de ces excavations se communiquent entre elles et quelques-unes joignent la ville supérieure par des souterrains dont les avenues sont encore libres. J'ai trouvé dans le centre d'une salle assez grande, un bassin carré, de dix pieds de diamètre sur sept de profondeur, actuellement rempli d'ossements humains. Je ne hasarderai aucune conjecture sur cette circonstance et je me borne à rapporter le fait qu'on peut encore observer, puisque ces ruines ne sont qu'à deux lieues de Bactchéseray. On voit en Crimée plusieurs de ces retraites ménagées dans le roc, et toujours sur des montagnes d'un accès difficile. »

M. de Tott termine ses remarques par cette réflexion :

« Les lieux escarpés ont toujours été l'asile de la liberté ou le repaire de la tyrannie. Les rochers sont en effet le site le plus capable de dissiper les craintes qui assiégent les oppresseurs et les opprimés. »

Dans un dernier article nous retracerons des mémoires du baron de Tott les lignes relatives à Balaclava ou Baluklava, et au peuple de cette partie de la Crimée.

C. DE FRANCIOSI.

La fin au prochain numéro.

POÉSIE

Sur ces blancs nénuphars les sveltes demoiselles !
O le bruit vague et doux !
Le brillant coloris ! les vaporeuses ailes !
Les gracieux petits bijoux !

Voletez, voletez, belles capricieuses,
Au souffle du zéphir,
Mirez dans le flot bleu vos aigrettes soyeuses,
Et vos corselets de saphir.

Ecartez-vous surtout de la rive fleurie :
L'enfant aux blonds cheveux
A sur vous l'œil ouvert ; il vous guette et s'écrie :
Venez par ici, je le veux.

Reposez-vous plutôt sur ces vertes lentilles,
Sur ce roseau léger,
Sur ces beaux genêts d'or, et rêvez, mes gentilles,
A vos amours, loin du danger.

Laissez crier, pleurer cet espiègle superbe
Qui se croit tout pouvoir,
Et qui d'un pied mutin frappe et tourmente l'herbe,
Impatient de vous avoir.

Laissez-le.... de la vie il faut être économe
    Et ne la point livrer
Aux désirs d'un enfant, aux caprices d'un homme
    Toujours prêts à tout déflorer.

Et, si bravant les flots, de vous saisir sur l'onde,
    Ils ont la vanité,
Volez plus loin, volez jusques au bout du monde,
    Mais sauvez votre liberté.

CASIMIR FAUCOMPRE.

Juillet 1854.

ROSSIGNOLS ET POÈTES.

BOUTADE N.° 2.

> « Vous n'avez pas de foi, vous n'avez pas d'amour ;
> « Rien chez vous n'est encore éclairé du vrai jour ! »
> (VICTOR HUGO. — *Chants du Crépuscule*).

Tout se taisait au loin ; dans l'ombrage des chênes
Les brises retenaient leurs suaves haleines ;
La nature au repos s'embellissait encor ;
La nuit l'enveloppait de fantastiques voiles ;
Et le ciel, où brillaient de naissantes étoiles,
Semblait comme encadrer un immense décor.

Les petits passereaux, tombés où Dieu les pousse,
Tantôt sur une branche ou dans un nid de mousse,
La tête sous leur aile étaient tous endormis ;
L'herbe s'était mouillée ; aux champs commençait l'heure
Où s'agrandit le son de la cloche qui pleure,
Où cesse le travail au gîte des fourmis.

Je m'en allais rêveur, écoutant le silence.....
Soudain, de la feuillée, un joyeux cri s'élance :
« Salut mon frère ! ici pour chanter je t'attends.
« Je suis le rossignol. N'es-tu pas le poète ?
« Allons, jetons au ciel nos plus doux airs de fête !
« Apprenons à l'écho nos hymnes éclatants !

Et l'oiseau répéta ses préludes sans nombre
Aux hôtes abrités dans le fond du bois sombre :
« Paresseux, disait-il, c'est l'instant du réveil !
« Entendez mes accents ! admirez quand je chante !. ..
— Hélas ! ami, ta voix est peut-être touchante,
Mais pour les réveiller tu n'as pas le soleil.

II

Nous aussi, pauvres fous, nous chantons aux ténèbres ;
Nous marchons à tâtons dans des routes funèbres
Où gisent les tombeaux de nos enfants morts-nés.
Qui donc entend vibrer les cordes de nos lyres ?
Qui se prend aux transports de nos vagues délires ?
Qui voit les pâles fleurs dont nos fronts sont ornés ?

Le peuple reste sourd quand nos muses débiles
Viennent tousser leurs vers et tendre leurs sébiles ;
Nos rires ou nos pleurs ne vont pas jusqu'à lui.
Le peuple est endormi devant nos bucoliques ;
En vain nous fatiguons nos voix mélancoliques,
Pour s'éveiller il veut que le soleil ait lui.

Et le peuple a raison. L'astre qu'il glorifie,
Ce principe éternel de lumière et de vie,
Et dont rien ici bas ne peut nous tenir lieu,
Poètes, c'est la foi, c'est la vertu puissante,
C'est l'inspiration, de nos œuvres absente,
C'est le rayon sacré qui doit venir de Dieu !

ALEXANDRE DEPLANCK.

M. J. Macquart vient de donner à la Société des Sciences, de l'Agriculture et des Arts de Lille, sa bibliothèque et sa collection Entomologique.

La Bibliothèque comprend les œuvres des naturalistes les plus estimés et le recueil le plus complet des ouvrages qui ont trait à l'histoire des Diptères.

La collection Entomologique, malgré l'extrême difficulté que présente la conservation des insectes, et en particulier des Diptères, offre de précieuses richesses.

La Société tout entière s'est transportée chez M. Macquart pour le remercier. Le Vice-Président, M. Violette, commissaire des poudres et salpêtres, s'est fait l'organe des sentiments de tous ses collègues. Il a dit avec quelle reconnaissance la Société qui devait déjà tant à M. J. Macquart, pour les notices dont il a enrichi ses mémoires, recevait ce nouveau don.

En parlant ainsi. M. Violette faisait allusion à des travaux sérieux et constants qui ont répandu par toute l'Europe le nom de leur auteur, mais qui sont peu connus de ses concitoyens Il est donc bon d'en dire quelques mots.

Les Mémoires de la Société des Sciences de Lille comptent maintenant trente-quatre volumes en trente-huit tomes auxquels il faut ajouter deux nouveaux volumes sous presse, et onze autres volumes de Notices agricoles. Dans ces publications se trouvent insérés des travaux de physique et de chimie de la plus haute importance, des mémoires d'Histoire naturelle qui jouissent de la plus grande considération, des renseignements agricoles pleins d'utilité et d'excellentes recherches historiques.

C'est dans cette collection que M. Macquart a publié tous ses travaux, depuis plus de cinquante ans qu'il fait partie de ce corps savant. Dans les premiers volumes, ce naturaliste semble chercher sa voie, il s'occupe d'ornithologie et d'entomologie générale. Dès 1819, il s'attache à quelques familles particulières des diptères, et il ne quitte plus cette féconde spécialité. En 1823, il entreprend de décrire les diptères du Nord de la France. Cette vaste monographie embrasse cinq notices insérées dans cinq volumes différents. Elle établit la réputation de son auteur dans tout le monde savant et suffit à elle seule pour faire rechercher les Mémoires de la Société jusque dans les climats les plus éloignés. M. Macquart fut désormais consulté de toutes parts et, chose aussi flatteuse que rare, on vit le jardin des plantes solliciter son aide pour la classification des insectes étrangers. Cette mission qui lui fut plus d'une fois confiée, jointe à ses acquisitions personnelles lui permit d'écrire l'histoire des diptères exotiques. Cette nouvelle monographie comprend dix autres notices insérées dans autant de volumes. A cette époque de sa vie, M. Macquart semble avoir éprouvé le besoin de résumer ses connaissances acquises et de traiter quelques généralités sous ce titre : *Les arbres, les arbrisseaux et les plantes herbacées d'Europe et leurs insectes*, comprenant trois notices imprimées et une quatrième sous presse. Enfin, ce naturaliste ne se borna point à des études théoriques, très-souvent il fit une heureuse application de la science à l'agriculture. Ses études sur les insectes nuisibles aux végétaux et aux bestiaux le prouvent suffisamment.

Ce n'est là qu'une partie des travaux de cet infatigable naturaliste. Nous parlions tout à l'heure d'une notice sous presse. Une autre encore relative au catalogue du *zoological garden* de Londres est également en cours de publication. D'autres suivront, car l'auteur ne paraît avoir rien perdu de son ardeur pour le travail. Mais tout incomplète qu'elle soit, cette rapide énumération montre combien M. Violette avait raison de dire que la Société devait beaucoup déjà à M. Macquart, avant même ce dernier don.

M. Macquart, avec une émotion que chacun partageait, a répondu en quelques paroles, cherchant à dissimuler la valeur de ses travaux et de ses dons. Il représenta ses vastes études comme ayant été pour lui plutôt une distraction qu'un travail, il expliqua le plaisir extrême qu'il y avait sans cesse trouvé en observant les merveilles de la nature et les lois de cette intelligence suprême qui s'y révèle sans cesse.

Tel est en effet le caractère du talent de M. J. Macquart. Placé tout près de l'infiniment petit, au sein d'observations minutieuses, il ne s'est jamais laissé absorber par elles. On reconnaît vite qu'il est de la grande école des Pline, des Linné, des Buffon, et qu'il puise dans le spectacle de la nature autant d'inspirations que de descriptions. Son style lui-même s'en ressent, simple, élégant, ne se refusant ni les images, ni les grâces, il répand un vif intérêt sur toutes les matières. C'est ainsi que dans un traité intitulé : *Facultés intérieures des animaux invertébrés*, il décrit les mœurs des fourmis, des abeilles et des autres insectes en donnant à ces observations recueillies par la science la plus scrupuleuse autant d'attrait que pourrait en avoir le récit le plus dramatique. Il ne laisse échapper aucune occasion de signaler les harmonies de la nature, les lois heureuses de la création. Enfin, au fond de tous ces travaux on retrouve sous la noble passion de l'étude, ce qu'il y a de plus respectable au monde, de quelque forme qu'elles soit revêtues, des convictions sincères et désintéressées.

Ainsi, le don de M. Macquart, à la Société, n'est pas seulement une louable libéralité, c'est un bon exemple. Bien que les collections représentent souvent de grandes valeurs, ce sont de ces fortunes qui ont une destination plus large qu'une famille, et qui s'adressent à tous les hommes désireux de la science. En doter son pays est une pensée qui honore l'individu qui l'a conçue, la famille qui l'a approuvée.

ALBERT DUPUIS.

BULLETIN DE LA QUINZAINE.

Nouvelles artistiques et littéraires.

Hélas, hélas ! Posthume ! les années rapides s'envolent, s'écriait, il y a dix-huit cents ans, le poète latin.

Aujourd'hui, à la fin d'une année qui va se jeter dans l'abîme du passé, au moment où tout s'occupe du bilan des douze mois, où le grand-livre va balancer son *doit* et *avoir*, il serait bien temps de jeter un coup-d'œil en arrière sur ces jours dont il ne nous reste que le souvenir.

Mais la revue de quinzaine est tellement chargée déjà et l'espace laissé libre à ma plume si restreint que je n'ose entreprendre cette tâche. A peine suffirai-je à ma besogne du jour.

Je commence donc, et reprenant l'une de mes dernières phrases d'il y a quinze jours, après avoir rappelé ce que je disais de M. de Linas, j'annoncerai la publication d'un fort intéressant travail de M. Henri de Laplane, secrétaire de la Société de la Morinie, cette infatigable association à laquelle les beaux-arts sont si redevables. Il s'agit d'une notice sur l'église de Fauquembergh (Pas-de-Calais), histoire concise de la cité, écrite aux pierres des murs des derniers vestiges historiques.

Nous sommes bien pauvres au Nord de la France, de ces souvenirs architectoniques, et ce sera une bonne fortune pour Lille que l'édification de la basilique de N.-D. de la Treille, dont le programme de concours vient d'être adressé à tout ce qui s'occupe d'architecture, dite improprement gothique, en France et à l'étranger.

Les travaux de beaux-arts sont nombreux parmi nous ; sans parler de l'église de Wazemmes, pour laquelle nous n'avons pas de place suffisante aujourd'hui, mentionnons en passant les travaux d'ornementation de l'église Saint-Jacques de Douai, exécutée par M. Buisine-Rigot, notre concitoyen, et en partie sur des modèles de M. Blavier, statuaire.

Malheureusement, après ce simple rappel de la chaire monumentale de Saint-Jacques, je ne puis encore vous entretenir, chers lecteurs, d'une magnifique Transfiguration que j'ai vue dans l'atelier du jeune et déjà célèbre artiste, M. Blavier. Cette œuvre est destinée à l'exposition, et je dois être discret.

Même raison me défend de décrire une toile de grande dimension, commencée par M. Ars. Hurtrel, d'un sujet saisissant et qui rentre dans cette catégorie d'idées dramatiques que j'ai signalées ailleurs à propos de cet artiste.

En revanche, je vous dirai qu'à côté de cette composition, j'ai admiré un magnifique portrait de M. le colonel X.... Comme d'habitude, M. Ars. Hurtrel s'est distingué par le frappant de la ressemblance et en outre il a su heureusement se tirer des difficultés particulières de son œuvre. Il s'agissait de concilier les tons de la carnation, avec le brillant des broderies et les reflets de la dorure du cadre.

Pressé par l'espace, je suis obligé de me restreindre et je passe de la peinture à la musique et à la littérature, par deux mots sur la publication hebdomadaire entreprise à Lille, sous le titre : *Sous les Saules.* Nous voici à la septième livraison et j'en dirai, comme de la renommée, *crescit eundo*, elle croît en avançant. Je craindrais d'être accusé de regarder par le gros bout de la lunette, tout en ne voulant qu'être juste envers M. Faucompré ; cependant je ne puis m'empêcher d'applaudir de tout cœur ses dernières compositions auxquelles M. Th. Desrousseaux sait merveilleusement adapter une musique en parfait rapport. Ne me demandez pas si cette musique est écrite dans toutes les règles et dans tous les calculs mathématiques de l'art : je ne le sais ni ne le veux savoir ; elle est sympathique, elle me suffit.

M. Desrousseaux, à son titre de mélodiste, joint celui de chansonnier Lillois ; les trois dernières livraisons du deuxième volume de ses poésies patoises viennent de paraître et ont reçu le meilleur accueil. Je ne veux que vous recommander la neuvième qui renferme la pasquille de *Violette*, charmante de bonnes et cordiales idées. C'est ainsi que l'on réussit, même parmi les siens.

La *Revue* a publié les paroles de la cantate Ansin, de M Al. Deplanck, couronnée par la Société Impériale des Arts de Valenciennes ; je sais déjà des compositeurs qui se sont mis à l'œuvre pour en écrire la musique, et. . . . Chut ! encore de la discrétion.

A propos de musique, je m'en voudrais de ne pas dire un mot d'un concert passé et d'un autre à venir.

L'un a eu lieu au Cercle, on y a entendu M. Léonard, violon d'une renommée au-dessus de mes éloges. Je n'y reviens que pour mentionner un très-beau morceau de M. Em. Steinkülher, d'un caractère où la science se dissimule sous les élans du génie. Un chan t large contraste admirablement avec la partie dramatique qui en forme le milieu.

L'autre est un concert à venir, c'est celui de l'*Association Musicale*, du 10 janvier prochain, où l'on doit applaudir M. Bosio, c'est-à-dire la Fauvette, le Rossignol, le Phénix de Paris, d'après l'avis unanime.

Je vous permets d'être incrédule pour que vous alliez voir par vous-même.

Depuis la soirée du Cercle, il y a eu celle où M.*""* Jacques nous ont fait leurs adieux ! C'est chose triste à dire, Lille ne sait pas conserver ses artistes. Et cependant, si notre ville ne porte pas le titre d'Athènes du Nord, elle n'en a pas moins ses prétentions pour tout ce qui touche à l'art.

Ce n'est pas que le talent soit méconnu parmi nous, mais l'admiration stérile ne peut suffire à faire vivre l'artiste, généralement peu pourvu de ressources. L'homme de génie est souvent un enfant dans les choses du monde, et il ignore ce que c'est que prendre souci *du vivre et du couvert*. Jean de la Fontaine était bien de ce genre, mais il avait M.** de la Sablière. Or, les dames de la Sablière sont plus rares que jamais.

Sachons donc faire plus que d'applaudir de la voix et du geste, et ressouvenons-nous quand l'artiste s'oublie.

Jeudi l'*Étoile du Nord* a brillé sur le théâtre de Lille, la salle était comble, du parquet au paradis. La représentation a marché beaucoup mieux qu'on ne s'y attendait généralement, et probablement à cause de cette défiance, le public a été fort satisfait. Encore quelques représentations pour le parfait agencement et l'on aura ce qu'il est possible de demander ici.

Que le Directeur fasse de l'argent, tant mieux !

Dunkerque a été moins heureux, la direction a abandonné un *privilége* devenu onéreux, les artistes se sont mis en société, ont donné deux représentations et puis ont levé leur tente.

Douai prospère, dit-on, et cela, en partie, grâce à M. Tandès, ténor, dont on raconte le plus grand bien.

A Paris, une nouvelle fort inattendue est venue attrister le monde musical. M.** Stolz, à peine de retour, songe à prendre sa retraite, on ignore pour quelle cause.

Quand j'écris : songe, il y a plus que cela, c'est chose décidée, le papier timbré a passé par là, et M.*** Stolz paie à M. Crosnier un dédit de 50,000 francs.

De qui ou de quoi aurait donc à se plaindre l'éminente cantatrice, si fêtée, si choyée, si adorée?

Miss Fauvette sera dit-on ajournée et en attendant l'Opéra-Comique donnera le *Chien du jardinier*, de MM. Lockroy et Grisar.

En parlant de jardinier, où diable MM. les vaudevillistes vont-ils chercher leurs titres? Dans le carré d'un potager je suppose. On connaissait *Un Gendre aux épinards*, voici que l'on sert maintenant *Un Oncle aux carottes*. *Les Pommes de terre* ont eu leur revue, les petits pois, les fèves, les betteraves réclament. Pourvu qu'au milieu de cette société printanière, le public ne tourne pas au concombre!

J'aurais trop à faire de dresser seulement la liste de toutes les bouffonneries, des comédies, des nouveautés de tous genres qui se brassent dans la grande cuve parisienne, j'escamote tout cela.

On parle beaucoup d'un ouvrage retrouvé, d'un littérateur décédé.

L'ouvrage retrouvé, ou mieux, trouvé, serait un roman inédit de sir Walter Scott intitulé *Moredun*. C'est tout une histoire que cette *trouvaille* de M. Capany. Il y a eu bien des lances rompues pour et contre, et M. Philarète Chasle a gravement compromis la confiance en l'authenticité de la découverte.

Le littérateur décédé, c'est M. Baour-Lormian, auteur tragique, traducteur du Tasse, autrefois chef d'école, aujourd'hui si bien oublié qu'il fallait sa mort pour faire savoir qu'il était encore de ce monde. Il avait quatre-vingt-huit ans, était aveugle et doyen de l'Académie — qu'on n'épilogue pas. — Voilà un troisième fauteuil vacant dans la docte assemblée des quarante.

Sortons un peu de l'art et de la science pour signaler une excellente innovation dans une filature. Il est effrayant de voir la multiplicité des accidents qui arrivent dans les ateliers. Souvent, les haillons qui recouvrent les ouvrières sont une cause de malheurs; les vêtements en loques se prennent dans les engrenages et attirent le bras d'une manière fatale. Il y a quelques jours, un ouvrier a ainsi perdu la vie.

M. Martiny, filateur à La Madeleine, a imaginé de donner des blouses à ses ouvrières. Elles les prennent en entrant dans ses ateliers et les quittent à la sortie. La sécurité y gagne en même temps que la décence.

Finissez me crie le porteur de copie, vous voici au bout de votre papier.

Finissons donc! et puisque au renouvellement d'année, on adresse ses vœux à tous ses amis, que nous nous flattons de vous compter à ce titre, chers lecteurs, recevez nos souhaits les plus sincères et si vous voulez nous payer de retour, continuez-nous vos sympathies et votre intérêt.

Pour tous les articles non-signés :

Les Rédacteurs-Propriétaires:

Brun-Lavainne, Gérant; **C. de Franciosi, A. Deplanck, C. Faucompré.**

Lille. Imp. de Lefebvre-Ducrocq.

TABLE

DU TOME DEUXIÈME.

—

29

FIN.

Lightning Source UK Ltd.
Milton Keynes UK
UKHW022014090119
335262UK00010B/814/P